国家出版基金项目
NATIONAL PUBLICATION FOUNDATION

“十三五”国家重点图书出版物出版规划项目

面向未来的交通出版工程·政策与规划系列

从工程走向服务

——城市轨道交通发展的反思与创新

倪桂明　孙礼超　潘　安　徐　红　李　健　高　佳　著

同济大学出版社
TONGJI UNIVERSITY PRESS

图书在版编目(CIP)数据

从工程走向服务:城市轨道交通发展的反思与创新/倪桂明等著.--上海:同济大学出版社,2017.5
(面向未来的交通出版工程·政策与规划系列/汪光焘主编)
“十三五”国家重点图书出版物出版规划项目
ISBN 978-7-5608-6967-4

Ⅰ.①从… Ⅱ.①倪… Ⅲ.①城市铁路—交通运输管理—研究—中国 Ⅳ.①U239.5

中国版本图书馆 CIP 数据核字(2017)第 095197 号

面向未来的交通出版工程·政策与规划系列
从工程走向服务——城市轨道交通发展的反思与创新
倪桂明　孙礼超　潘　安　徐　红　李　健　高　佳　著

出 品 人：华春荣
策　　划：高晓辉　陆克丽霞
责任编辑：高晓辉
责任校对：徐春莲
装帧设计：陈益平

出版发行　同济大学出版社　www.tongjipress.com.cn
（上海市四平路 1239 号　邮编:200092　电话:021-65985622）
经　　销　全国各地新华书店
排版制作　南京新翰博图文制作有限公司
印　　刷　上海安兴汇东纸业有限公司
开　　本　787mm×1092mm　1/16
印　　张　20
字　　数　499 000
版　　次　2017 年 5 月第 1 版　2017 年 5 月第 1 次印刷
书　　号　ISBN 978-7-5608-6967-4
定　　价　98.00 元

本书编委会

主任

马伊磊

副主任

孙礼超　倪桂明

作　者

倪桂明　孙礼超　潘　安　徐　红　李　健　高　佳

参与撰写人员

王劲恺　宋立荣　韩国栋　徐　辉　封成杰　张　翼
陈　曦　徐美卿　陈　恒　张丽华　单海军　海德俊
费建勇　何　锋　李　洁　艾克兰木·艾尼娃尔
张　兰　应纯杰　李光红　栗　欢　姜晓翔　许昌威
袁月明　陆哲璐　吴莹莹　余　婷　冯晓玲

总 序

PREFACE

伴随城镇化和机动化进程，交通的发展目标、关注问题和对策方法等也在发生着巨大的变化。未来的交通运输工程将是工程科学、人文科学等学科交叉融合发展又具有独立特色的领域，在这一领域中相关理论与技术正处于挑战、探索和机遇并存的重要发展阶段。

中国快速城镇化、机动化所带来的前所未有的压力，由于受到资源和环境的制约，已经不可能单纯依靠交通基础设施建设来加以化解，需要构建适合中国国情的战略—政策—规划—建设有机融合的城市交通一体化对策理论体系；城市交通进入建设与管理并重的转型发展阶段，将社会管理与交通技术系统建设有机融合，通过理性供给和动态调控，引导城市交通模式进入可持续发展的轨道，是理论研究者、管理者和工程技术人员苦苦思考与探索的问题。

近年来相关技术领域的快速发展，促使交通领域中的许多技术概念正在发生巨大的变化。信息技术与控制技术的融合，促成了车联网的孕育与发展；对交通安全的社会关注，促进了车辆与交通技术设施两方面的主被动安全技术的应用；“互联网＋服务”、“互联网＋交通”催生了共享单车、分时租赁、网约车等新型交通服务模式；新型有轨电车、个人城市交通（PRT）等交通方式正在逐渐走进我们的生活；交通信息系统建设以及大数据理论的发展，为针对具有复杂适应特征的城市交通系统监测和战略调控创造了条件。

在此背景下，无论是交通工程研究者、工程技术人员还是行业管理者，都深感原有知识和经验面临挑战，需要重新认识我们所面对的问题，适应需求和技术环境变化进行理论创新与技术变革。

《面向未来的交通出版工程》这套丛书正是为了适应这种需求而编纂。面对一个快速变化和发展的领域，采用滚动组织编写的方式，力求更快地反映出相关理论研究成果和实践经验。

在本丛书的出版选题中，强调如下三个基本原则。

(1) 适应发展阶段需求的理论针对性。

我国交通进入转型发展的新阶段:对生态环境和城市人居环境的关注,要求在可持续发展理念指导下,研究绿色交通和新能源车辆推广的对策问题;在城市规划进入用地总量控制内涵式发展的背景下,需要正确处理土地再开发引发建成区交通需求增长与交通基础设施难以大规模扩展的矛盾;城镇化进入城市群发展阶段,要求从城市群视野整合综合交通体系,调整中心城交通模式以适应功能布局的演化。

(2) 符合国际交通理论发展趋势的科学技术原创性。

在交通网络流分析和交通行为分析等传统领域的研究日益深化;大数据和复杂性理论的交融对交通理论变革产生了重要的推动作用;城市规划理论关注点从"位空间"转向"流空间"、地理学的关系转型和对空间中行为研究等方面所提供的成果借鉴。整个学科体系正在出现变革的趋势。

(3) 适合中国国情特点的实践探索性。

城市交通战略、政策和规划并非单纯的技术问题,而是一种科学发展观和公共政策的体现。正因为如此,在特定管理制度架构下的实践探索,具有理论和技术研究所不可替代的作用。

中国交通的快速发展急切需要与之适应的理论与技术支持,中国交通的实践又为相关理论与技术的变革提供了成长的"土壤"。面对发展与变革,不必苛求体系的完美,研究和实践中的百花齐放,必然带来中国交通科学与技术领域的万紫千红。

2016 年 4 月

前　言

FOREWORD

自伦敦 1863 年建成世界上第一条城市轨道交通线以来，城市轨道交通在有效缓解城市交通拥堵、提升城市交通服务水平的同时，也有力地支撑和引导着城市可持续发展，因而在全世界得到快速发展。在中国，基于军事战略防备、防空准备的需要，北京修建了国内第一条城市轨道交通线（北京地铁 1 号线），随着中国经济社会的快速发展，城市轨道交通也得到迅速发展，截至 2015 年，中国已建成运营的城市轨道交通总里程达到 3 612 km，到 2020 年国内城市轨道交通总里程预计将达到 6 000 km。

从国内外城市轨道交通发展来看，轨道交通与城市发展是相互支持、相互影响的。一方面，通过对轨道交通沿线及站点周边进行土地利用规划与控制，可以提升轨道交通对城市发展的推动力，引导城市空间结构的优化与土地利用的协调发展。另一方面，轨道交通沿线的综合开发不仅带来大量的客流，而且有效支撑轨道交通的运营。“建轨道就是建城市”是对轨道与城市关系最形象的诠释，也是轨道交通与城市融合发展的要求，城市轨道交通不仅能有效缓解城市交通拥堵，支撑城市空间的拓展，同时也成为推进城市发展的服务平台。

在这样的服务平台上，城市轨道交通除了提供传统的交通运输服务功能，也承载着其他轨道交通相关利益方的服务需求。概括来说，城市轨道交通服务需求来自三个主要的相关利益方：①政府；②企业（指轨道运营企业和其他相关企业）；③出行者。从政府角度来说，轨道交通除了提升城市交通服务水平，还需要考虑与城市总体发展相协调，带动轨道沿线区域发展，展现城市形象，减轻财政负担等。从企业（特别是轨道交通企业）角度来说，希望轨道交通能够吸引最大客流，安全、高效运营，实现经济效益最大化。从出行者（乘客）角度来说，则希望轨道交通能够提供便捷、安全、舒适、可靠的交通服务，同时要求票价在可承受范围内，能够享受更多包括文化、商业等轨道交通带来的其他体验。因此，轨道交通发展面临着更多、更高的服务需求。在轨道交通发展的各个环节（规划、设计、建设、运营与管理等）中如何综合考虑和平衡这些服务需求成为轨道交通发展的一个重要挑战。

这些年来，由于城市轨道交通项目投资巨大、工程复杂，在建设过程中往往存在着许多的工程技术难题，国内城市轨道交通发展更多是以“工程”为导向的，即以工程的进度、安全、质量为核心来建设城市轨道交通系统，这种以“工程”为导向的轨道交通发展模式对我国城市轨道交通发展的起步阶段来说是必然选择，为我国城市轨道交通发展积累了大量宝贵的经验，促进了我国城市轨道交通系统的快速发展。但是我们也必须看到，在国内城市轨道交通快速发展的同时，也留下很多难以弥补的缺憾和教训。这些缺憾和教训一些是由于难以破解的工程难题所造成，但更多是由于对城市轨道交通和城市发展互动以及各相关方对城市轨道交通服务需求理解和认识不足，或者虽然认识到轨道交通与城市发展融合需求，但缺乏相应的科学理论与方法来落实和满足这些需求，在以“工程”为导向的城市轨道交通发展模式中，城市轨道交通只是部分满足了轨道交通出行者的基本服务需求，而对其他轨道交通利益相关者的更多、更高的服务需求考虑不足，无法为城市提供高质量的轨道交通相关服务，从而也无法实现城市轨道交通与城市发展的充分融合。在城市轨道交通相关的理论、技术与管理方法等更加科学、成熟的今天，城市轨道交通发展需要从“工程”走向“服务”。

本书第一部分首先对国内外城市轨道交通发展历程进行分析，在和国内许多城市轨道交通相关单位沟通交流的基础上，对国内城市轨道交通的投融资模式、规划、设计、施工、运营管理等城市轨道交通发展的各环节进行了反思，并提出了国内城市轨道交通发展面临的各种挑战。第二部分在分析既有轨道交通发展过程中对轨道交通相关服务需求考虑不足的基础上，结合国内现有城市轨道交通建设程序的分析，提出了以“服务”为导向的轨道交通发展理念和相应实施方法。从政府、企业、乘客等角度提出了轨道交通各相关方对城市轨道交通的服务需求体系，并提出了对这些服务需求进行整合分析的方法。结合国内城市轨道交通建设管理体制和机制情况，分析了以“服务”为导向的城市轨道交通建设体制和机制特点和要求，提出了在以“服务”为导向的城市轨道交通发展模式下城市轨道交通体制和机制的改善措施和建议。第三部分是以“运行服务”为导向的城市轨道交通发展理念的应用案例，结合乌鲁木齐城市轨道交通 1 号线的发展过程，介绍了如何将以“运行服务”为导向的城市轨道交通发展理念应用到轨道交通的建设过程中，这个案例可为国内城市轨道交通发展应用以“运行服务”为导向的理念起到一个示范作用，为各相关城市推进以“运行服务”为导向的相关工作所借鉴。

本书城市轨道交通文化和城市轨道交通政策的部分内容引用了北京国创策划

有限公司《乌鲁木齐轨道交通1号线运行服务效果策划——文化策划专题》和北京轨道交通咨询有限公司《乌鲁木齐轨道交通1号线运行服务效果策划——政策策划专题》相关成果，方理工程顾问（上海）有限公司和上海共融投资管理咨询公司对本书也提供了支持和帮助，在此表示感谢！

本书的相关工作得到了北京轨道交通建设管理公司陈曦副总经理，长沙市轨道交通集团有限公司曹前副总经理，广州市城市规划编制研究中心王峰副主任，上海申通轨道交通研究咨询有限公司张建斌董事长，沈阳地铁集团有限公司姚春燕副总工程师，乌鲁木齐城市轨道交通集团有限公司李庆凯副总经理、张壮总经理助理、王伟总经理助理，乌鲁木齐市建设委员会苑宝华副主任、宋歌（原）副主任，同济大学交通运输工程学院杨东援教授、吴兵教授、李林波副教授等众多领导和专家的关心和支持，在此一并表示感谢！

城市轨道交通是一项复杂、跨专业的系统工程，本书相关成果一定还存在不足和需要进一步研究之处，欢迎各位读者批评指正！

2017年5月

目 录

CONTENTS

总序

前言

第一部分　我国城市轨道交通的发展与反思

1　城市轨道交通发展历程与趋势 …… 2
1.1　城市轨道交通的产生与发展 …… 2
1.1.1　城市轨道交通的产生 …… 2
1.1.2　城市轨道交通的发展 …… 3
1.1.3　城市轨道交通的成熟 …… 3
1.2　我国城市轨道交通发展历程 …… 5
1.2.1　起步期:战备为主的北京地铁一期工程 …… 5
1.2.2　认识期:交通需求导向的上海轨道交通1号线 …… 6
1.2.3　重视期:城市可持续发展导向的城市轨道交通规划建设 …… 6
1.3　城市轨道交通发展趋势 …… 8
参考文献 …… 8

2　城市轨道交通发展的反思 …… 9
2.1　城市轨道交通投融资模式反思 …… 9
2.1.1　城市轨道交通投融资特点 …… 9
2.1.2　城市轨道交通主要投融资模式 …… 11
2.1.3　城市轨道交通投融资发展趋势 …… 12
2.1.4　城市轨道交通投融资的反思 …… 13
2.2　城市轨道交通规划反思 …… 15
2.2.1　城市轨道交通线网规划 …… 15
2.2.2　城市轨道交通建设规划 …… 17
2.2.3　城市轨道交通沿线控制规划 …… 19

2.2.4 城市功能与轨道交通衔接引导规划 …… 22
2.3 城市轨道交通设计反思 …… 24
2.3.1 城市轨道交通设计的工作内容 …… 24
2.3.2 城市轨道交通设计的工作流程 …… 25
2.3.3 城市轨道交通设计工作的问题与反思 …… 27
2.4 城市轨道交通施工反思 …… 29
2.4.1 轨道交通施工过程中的问题分析 …… 29
2.4.2 反思与改进对策 …… 30
2.5 城市轨道交通运营管理反思 …… 31
2.5.1 我国现行城市轨道交通运营管理内容 …… 31
2.5.2 城市轨道交通运营管理工作的问题与反思 …… 31
2.6 小结 …… 33
参考文献 …… 35

3 城市轨道交通发展面临的挑战 …… 37
3.1 城市轨道交通出行面临的挑战 …… 37
3.1.1 城市轨道交通出行服务的阶段性差异 …… 38
3.1.2 城市轨道交通出行服务的区域性差异 …… 39
3.1.3 城市轨道交通出行服务的层次性差异 …… 39
3.2 城市轨道交通安全面临的挑战 …… 40
3.2.1 传统应急事件对城市轨道交通的影响 …… 40
3.2.2 城市轨道交通在当前形势下面临的安全挑战 …… 48
3.3 城市轨道交通综合开发面临的挑战 …… 50
3.3.1 综合开发的规划控制需要统筹 …… 50
3.3.2 综合开发的开发方式需要创新 …… 51
3.3.3 综合开发的收益反哺需要强化 …… 51
3.3.4 综合开发的政策支持需要保障 …… 52
3.4 城市轨道交通空间环境面临的挑战 …… 52
3.4.1 城市轨道交通空间环境面临的问题 …… 52
3.4.2 提升城市轨道交通对城市空间结构的引导 …… 52
3.4.3 促进城市轨道交通与全线城市空间融合 …… 53
3.4.4 加强城市轨道交通站点周边空间的联系性 …… 53
3.5 城市轨道交通一体化发展面临的挑战 …… 53
3.5.1 多样化多层次的轨道交通服务需求使轨道交通一体化复杂化 …… 54

3.5.2 轨道交通一体化用地需要得到落实 …… 54
3.5.3 轨道交通管理部门与其他交通管理部门的协调 …… 54
3.5.4 轨道交通施工建设与城市交通组织的关系 …… 55
3.5.5 轨道交通一体化设计与周边用地不协调 …… 55
3.6 城市轨道交通商业物业发展面临的挑战 …… 55
3.6.1 站点周边商业开发相关政策有待完善 …… 56
3.6.2 地下商业开发缺乏专项规范和管理机构 …… 56
3.6.3 将地铁乘客转化成有效的地铁商业客群 …… 56
3.6.4 地铁商业需要不断创新以适应新的变化 …… 56
3.7 城市轨道交通服务监管面临的挑战 …… 57
3.7.1 服务需求多元化 …… 57
3.7.2 投融资模式多元化 …… 57
3.7.3 监管体制机制的滞后性 …… 59
参考文献 …… 60

第二部分　创新的城市轨道交通发展理念

——从工程到服务的转型

4 城市轨道交通发展转型的理论与方法 …… 62
4.1 城市轨道交通发展转型背景 …… 62
4.2 城市轨道交通转型发展的相关理论与方法 …… 63
4.2.1 面向多层次服务需求的总策划相关理论 …… 63
4.2.2 行人行为相关理论 …… 64
4.2.3 轨道交通综合开发相关理论 …… 67
4.2.4 轨道交通文化相关理论 …… 69
4.2.5 空间环境相关理论 …… 70
4.2.6 一体化交通理论 …… 74
4.2.7 安全相关理论 …… 77
4.2.8 商圈理论 …… 80
4.2.9 公共政策相关理论 …… 82
参考文献 …… 83

5 城市轨道交通的服务需求体系 …… 85
5.1 政府需求 …… 85
5.1.1 基本需求:优化交通服务体系,支撑城市发展 …… 86

5.1.2 提升需求:优化城市空间结构和产业布局,引领社会发展 …… 89
5.1.3 高级需求:展现城市文化,树立良好形象 …… 95
5.2 运营企业需求 …… 96
5.2.1 基本需求:安全运行 …… 96
5.2.2 提升需求:高效运行 …… 97
5.2.3 高级需求:可持续发展 …… 98
5.3 出行者需求 …… 99
5.3.1 基本需求:安全可靠 …… 100
5.3.2 提升需求:经济便捷 …… 100
5.3.3 高级需求:多元体验 …… 101
5.4 城市轨道交通服务需求关系及服务体系整合 …… 102
5.4.1 出行者、运营企业、政府的需求关系分析 …… 102
5.4.2 城市轨道交通服务体系构建 …… 104
参考文献 …… 106

6 以“服务”为导向的轨道交通运行服务效果策划 …… 107
6.1 以“服务”为导向的轨道交通发展模式 …… 107
6.2 总体策划 …… 109
6.2.1 意义与目标 …… 109
6.2.2 策划思路 …… 109
6.2.3 策划任务 …… 113
6.3 文化策划 …… 113
6.3.1 意义与目标 …… 113
6.3.2 策划思路 …… 114
6.3.3 策划任务 …… 114
6.4 行人行为策划 …… 115
6.4.1 意义与目标 …… 115
6.4.2 策划思路 …… 115
6.4.3 策划任务 …… 117
6.5 综合开发策划 …… 118
6.5.1 意义与目标 …… 118
6.5.2 策划思路 …… 119
6.5.3 策划任务 …… 121
6.6 空间环境策划 …… 123
6.6.1 意义与目标 …… 123

6.6.2 策划思路 …… 124
6.6.3 策划任务 …… 125
6.7 商业物业策划 …… 125
6.7.1 意义与目标 …… 125
6.7.2 策划思路 …… 126
6.7.3 策划任务 …… 132
6.8 交通一体化策划 …… 134
6.8.1 意义与目标 …… 134
6.8.2 策划思路 …… 135
6.8.3 策划任务 …… 137
6.9 安全策划 …… 138
6.9.1 意义与目标 …… 138
6.9.2 策划思路 …… 138
6.9.3 策划任务 …… 140
6.10 政策策划 …… 141
6.10.1 意义与目标 …… 141
6.10.2 策划思路 …… 141
6.10.3 策划任务 …… 143
参考文献 …… 144

7 **以“服务”为导向的城市轨道交通体制和机制研究** …… 145
7.1 现有城市轨道交通体制和机制 …… 145
7.1.1 国家层面 …… 145
7.1.2 城市层面 …… 147
7.2 城市轨道交通体制和机制改善建议 …… 148
7.2.1 国家层面 …… 148
7.2.2 城市层面 …… 148

第三部分 案例:乌鲁木齐轨道交通发展的创新与实践

8 **乌鲁木齐城市与轨道交通发展概况** …… 152
8.1 乌鲁木齐城市概况 …… 152
8.2 乌鲁木齐轨道交通发展概况 …… 153
8.3 乌鲁木齐轨道交通1号线建设模式和创新思考 …… 155

9 策划调研 …… 156
9.1 地铁空间环境与行人行为相关调查 …… 156
9.1.1 调查目的 …… 156
9.1.2 调查意义 …… 156
9.1.3 调查内容 …… 157
9.1.4 调查方法 …… 158
9.1.5 调查组织 …… 161
9.1.6 调查结论 …… 162
9.2 城市轨道交通运营企业调研 …… 166
9.2.1 调研目的 …… 166
9.2.2 调研意义 …… 166
9.2.3 调研内容 …… 166
9.2.4 调研组织 …… 167
9.2.5 调查结论 …… 168
9.3 政府部门调研 …… 177
9.3.1 调研目的 …… 177
9.3.2 调研意义 …… 177
9.3.3 调研内容 …… 178
参考文献 …… 180

10 策划成果 …… 181
10.1 文化策划专题 …… 181
10.1.1 轨道交通文化与城市文化关系分析 …… 181
10.1.2 乌鲁木齐城市文化理解与轨道交通总体主题概念定位 …… 181
10.1.3 轨道交通1号线文化主题定位 …… 182
10.1.4 站点文化主题重点载体指引 …… 184
10.1.5 轨道交通1号线文化设计总体要求 …… 184
10.1.6 轨道交通1号线内外空间文化设计指引 …… 184
10.2 行人行为策划专题 …… 187
10.2.1 沿线行人基本属性分析 …… 187
10.2.2 沿线行人出行特征分析 …… 187
10.2.3 沿线行人出行需求分析 …… 187
10.2.4 轨道交通行人行为信息服务构建 …… 188
10.2.5 车站设计优化 …… 188
10.2.6 行人行为策划仿真分析——以八楼站为例 …… 189

10.3 综合开发策划专题 …… 200
10.3.1 轨道交通沿线调研和土地梳理 …… 200
10.3.2 轨道交通沿线土地利用发展策略 …… 202
10.3.3 轨道交通沿线站位和规划调整建议 …… 205
10.3.4 土地开发价值评估 …… 207
10.3.5 示范站点城市设计概念方案 …… 208
10.4 空间环境策划专题 …… 211
10.4.1 技术路线 …… 212
10.4.2 空间营造体系 …… 212
10.4.3 三阶段空间环境提升总体策略 …… 214
10.4.4 空间评估体系及控制要素 …… 224
10.4.5 轨道交通1号线站点空间环境策划——以南门站为例 …… 225
10.5 商业物业策划专题 …… 232
10.5.1 轨道交通1号线商业市场调研分析结果 …… 232
10.5.2 商业物业策划总体定位 …… 233
10.5.3 分站点商业物业策划——以八楼站为例 …… 234
10.6 交通一体化策划专题 …… 238
10.6.1 客流及站点接驳设施规模需求预测 …… 238
10.6.2 站点交通一体化衔接策划 …… 241
10.6.3 站点交通一体化衔接策划——以南门站为例 …… 244
10.7 安全策划专题 …… 247
10.7.1 安全评估体系 …… 247
10.7.2 安全预防措施建议 …… 249
10.7.3 大客流事件及其应对措施 …… 250
10.7.4 突发事件及其应对措施 …… 252
10.7.5 轨道交通应急管理体制 …… 253
10.7.6 应急辅助决策技术 …… 254
10.7.7 安全策划——以体育中心站为例 …… 255
10.8 政策策划专题 …… 266
10.8.1 城市轨道交通政策架构分析 …… 266
10.8.2 轨道交通政策分析 …… 267
10.8.3 轨道交通的专题政策研究 …… 268
10.8.4 轨道交通政策的实施 …… 274
参考文献 …… 276

11 **导则和指引——以南门站为例** …… 277
11.1 站点总则 …… 277
11.2 规划层面 …… 279
11.3 设计层面 …… 285
11.4 施工层面 …… 287
11.5 运营管理层面 …… 288

12 **策划成果落实和推进** …… 291
12.1 项目工作会议 …… 291
12.2 工作成果对接 …… 299

第一部分 我国城市轨道交通的发展与反思

1 城市轨道交通发展历程与趋势
2 城市轨道交通发展的反思
3 城市轨道交通发展面临的挑战

1 城市轨道交通发展历程与趋势

1.1 城市轨道交通的产生与发展

1.1.1 城市轨道交通的产生

城市轨道交通的产生和英国产业革命及其带来的快速城市化密切相关。城市化是农村人口转变为城市人口的过程，其实质是农民从农业劳动转为从事工业、商业及其他非农业劳动。城市化按照产业革命为时间节点，大致可以分为两个阶段。在产业革命出现之前的相当长的历史时期，人类以农业经济为主，城市的发展和城市人口的增加比较缓慢。在1800年，全世界的城市人口仅占总人口的3%[1]。产业革命后，机械化解放了大量劳动力，农村劳动力出现大量剩余，而城市机器生产和工厂制度的兴起，促使农村人口涌向城市，转变为工业劳动力，城市人口与城市数目迅猛增长，推动了原有城市的扩大和新工业城市的兴起。例如，在英国，原来经济落后、人烟稀少的西北地区成为棉纺织业和煤铁工业中心，新的城市如曼彻斯特、伯明翰、利物浦、格拉斯哥、纽卡斯尔等迅速发展起来。

快速城市化导致大量人口积聚在城市，由此带来大量的交通出行需求，由工业技术进步所创造的城市轨道交通应运而生。1775年，英国人约翰·乌特兰发明的有轨马车是世界上最早的城市轨道交通工具。它是用马匹作动力、牵引车辆在钢轨上滚动行驶的交通运输工具，可搭载双倍于普通马车的乘客和货物重量。由于车辆是在轨道上行驶，减少了颠簸，提高了运行的速度和舒适性，从而备受市民的青睐。1832年，约翰·斯蒂芬森在美国纽约第四大街建立了第一条市区有轨马车的线路，并运营达3年之久。第一个提出将马车轨道嵌入路面的是法国人埃米尔·卢巴，根据这项发明，1835年，他为巴黎修建了第一条嵌入式凹形马车轨道(图1-1)。

图1-1 有轨马车

受当时科技条件的限制，城市轨道交通在产生阶段设计较为简单，技术装备水平较低，且在城市交通中所占份额有限。产生阶段的城市轨道交通是建立在马车的基础上，以蓄力为动力，虽然服务水平和舒适度较传统马车有较大提高，但系统整体提升有限。此外，在城市交通系统中，仍以个体交通工具为主。

1.1.2 城市轨道交通的发展

为了缓解快速城市化人口集聚带来的交通需求激增，工业革命带来的技术革新被迅速地应用于城市轨道交通。1804 年，英国人理查德·特雷维塞克设计制造的蒸汽机车"新城堡号"，经过在圆形轨道上试车后，沿着专门铺设的轨道由默尔瑟开到阿伯西昂，这是世界上第一条成功行驶蒸汽机车的轨道。1879 年，德国工程师维尔纳·冯·西门子在柏林的博览会上首先尝试使用电力带动轨道车辆。此后俄国的圣彼得堡、加拿大的多伦多都进行过开通有轨电车的商业尝试。匈牙利的布达佩斯在 1887 年创立了首个电动电车系统，1888 年，美国弗吉尼亚州的里士满也开通了有轨电车。

城市化初期，轨道交通首先用于解决城际交通问题，而后随着城市规模的不断扩大，才逐渐用于服务城市内部交通出行需求。1825 年 9 月 27 日，世界上第一条行驶蒸汽机车的永久性公用运输设施在英国斯托克顿至多灵顿的铁路上正式通车，线路全长 31.8 km，由设计者斯蒂芬森亲自驾驶运行。它标志着世界轨道交通运输业的诞生和用轨道交通来解决城市交通出行问题的开始。1843 年，英国律师查尔斯·皮尔逊针对当时伦敦人口日益膨胀给交通造成的压力，向国会提交了修建地下铁道的建议。经过近 20 年的酝酿，1860 年英国开始修建地下铁道。它采用明挖法施工，为单拱砖砌结构。1863 年 1 月 10 日，世界上第一条长 6.5 km、采用蒸汽机车牵引的地铁线路在伦敦建成通车。它是世界首条地下铁路(简称地铁)。此后，地铁作为新型城市公共交通方式而不断发展。

随着城市轨道交通的不断发展，城市交通系统从人力车、马车和轨道马车进化到公共汽电车、有轨电车、市郊铁路和地铁等，其承运能力和规模均有大幅度提升，为城市化的发展提供了重要支撑。城市轨道交通的产生以大众运输作为服务对象，并逐步发展成为城市交通系统中至关重要的组成部分[3]。

1.1.3 城市轨道交通的成熟

第二次世界大战以后，世界各国的经济进入一个新的发展期。在第二次世界大战前城市化水平较高的国家，战争后又迅速进入城市化发展较成熟阶段。而不少在第二次世界大战前城市化水平并非很高的国家或地区，由于城市经济的飞跃发展也迅速达到城市化较成熟阶段。由城市化发展与城市交通发展的紧密关系所决定，一些发达国家或地区的城市交通，特别是轨道交通发展也进入成熟期。

成熟期城市轨道交通系统的结构已较为完善，在公共交通中的主导作用日益显著。其主要交通模式包括地铁、轻轨、独轨、市郊铁路、有轨电车、磁悬浮等，具体介绍如下。

1. 地铁

地铁是地下铁路的简称，原本是指在地下运行的城市轨道交通系统，但实际上地铁也会因建造环境的约束而将部分线路设置在地上。如今地铁泛指高峰小时单向运输能力在3万～6万人，沿着地下铁路系统的形式逐步发展形成的快速大运量的城市轨道交通系统。

地铁按照运量可大致分为高运量、大运量和中低运量三种类型。高运量地铁采用A型车，线路以地下隧道为主，路权专用，运能4.5万人以上；大运量地铁采用B型车、线路以地下隧道为主，路权专用，运能3.0万～5.5万人；中运量地铁采用C型车，线路采用地下或高架，路权专用，运能1.0万～3.0万人。

2. 轻轨

轻轨是轻轨铁路的简称，是指轻载重，而和轴重、轨重无关。早期的轻轨系统一般是在旧式有轨电车系统的基础上改建而成。20世纪70年代后期，一些国家才开始建造现代轻轨系统。与旧式有轨电车系统相比，现代轻轨系统在车辆性能、环境影响、乘客舒适度等方面均有较大的提升。目前世界各国轻轨系统并无统一技术标准，技术标准高的轻轨接近于轻型地铁，而技术标准较低的轻轨则接近于有轨电车。

3. 市郊铁路

市郊铁路主要利用干线铁路或修建专用线路，用于连接城市市区与郊区以及城市周边的卫星城镇。市郊铁路相对于地铁和轻轨，通常站距较大、停车次数较少、行车密度不大，以及投资节省、造价低等；列车编组较多、大多线路采用高架或地面方式，设站少，车站结构简单，建设费用低，而且与干线铁路技术标准相兼容，可实现二者功能衔接与设备共享。

4. 独轨铁路

独轨铁路是车辆或列车在单一轨道上运行的城市轨道交通系统。独轨线路一般采用高架结构，车辆则大多采用橡胶轮胎。从构造形式上可分为跨骑式独轨与悬挂式独轨两种，跨骑式独轨是列车跨坐在轨道梁上运行的形式，而悬挂式独轨则是列车悬挂在轨道梁下方运行的形式。橡胶轮独轨系统采用全高架运行，不占用地面道路，具有振动小、噪声低、爬坡能力强、转弯半径小、投资较省等优点，当前的独轨、新交通系统和VAL系统均属橡胶轮系统。

5. 有轨电车

有轨电车通常采用地面线，有时也有隔离的专用路基和轨道。隧道或高架区间仅在城市中心交通拥挤的地带采用。旧式的有轨电车由于其与公共汽车及行人共用街道路权，且平交道口多，因而其运行时所受的干扰多、速度慢。现代有轨电车与轻轨交通已很接近，只是车辆尺寸稍小些，运营速度一般为20 km/h。

6. 磁悬浮

磁悬浮是根据电磁学原理，利用电磁铁产生的电磁力将列车浮起，并推动列车前进的高速交通工具。由于它运行时悬浮于轨道上，因而没有轮轨的摩擦，突破了轮轨黏着极限速度的限制。按照运营速度可大致分为中低速磁悬浮和高速磁悬浮两类。

1.2 我国城市轨道交通发展历程

我国的城市轨道交通建设发展已经从初期以北京地铁环线为代表的人防设计，到后来逐渐认识到轨道交通作为城市交通骨架在解决交通需求上的基础地位，以上海轨道交通 1 号线和 3 号线为代表。近年来，随着城市可持续发展在国内外被广泛关注，轨道交通在战略层面已经成为推动城市可持续发展的有力抓手。一方面，为了加强轨道交通建设与城市总体规划的协调，注重社会效益与经济效益的平衡，轨道交通网络的规划建设逐渐重视与城市发展联动；另一方面，轨道站点的建设也重视与区域开发联动，关注站点与周边地块/区域整合设计，集聚人口、商业及交通功能，充分体现综合开发带来的直接增值效益。城市轨道交通在我国的发展历程见图 1-2。

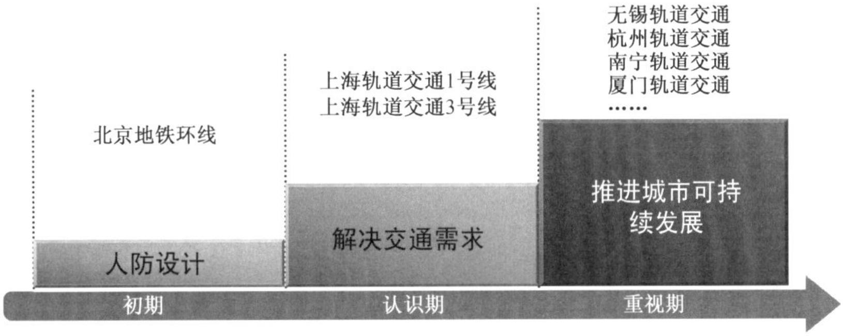

图 1-2 城市轨道交通在我国的发展历程

1.2.1 起步期：战备为主的北京地铁一期工程

北京地铁一期工程是北京地铁的第一条线路，也是我国首条地铁线路。该工程是为了防范空袭和核弹的威胁，和平时期兼顾交通需要所建，故全线均为地下线，并且按照防空工事标准设计。

1953 年，中共北京市委《关于改建扩建北京市规划草案》中首次提出为了交通和国防需要兴建地铁。此后，经过方案论证和试点工程建设，1965 年，北京军区、中共北京市委、北京市政府、铁道部联合向中央书记处报送了《关于北京地下铁道建设近期规划方案的专题报告》。报告中确定了北京地铁的建设方针为“适应军事需要为主，同时兼顾城市交通”“浅层埋设，加强防护，通向山区”，并提出了“一环两线”的分期建设方案（图 1-3）。其中，“一环”为沿北京内城城墙的环线，利用城墙和护城河占地修建地下铁道，以避免拆迁，防止施工影响交通，同时降低造价。“两线”中，一线从东郊热电厂沿长安街向西，至北京路站与环线共线，至复兴门结束共线，继续沿长安街向西经公主坟、石景山进入山区；另一线从西直门向西向北经白石桥、中关村、颐和园至青龙桥，进入西北部山区。工程于 1965 年 7 月开工建设，1969 年 10 月 1 日新中国成立 20 周年之际正式通车。[①]

① 内容来源于百度百科：北京地铁一期工程。

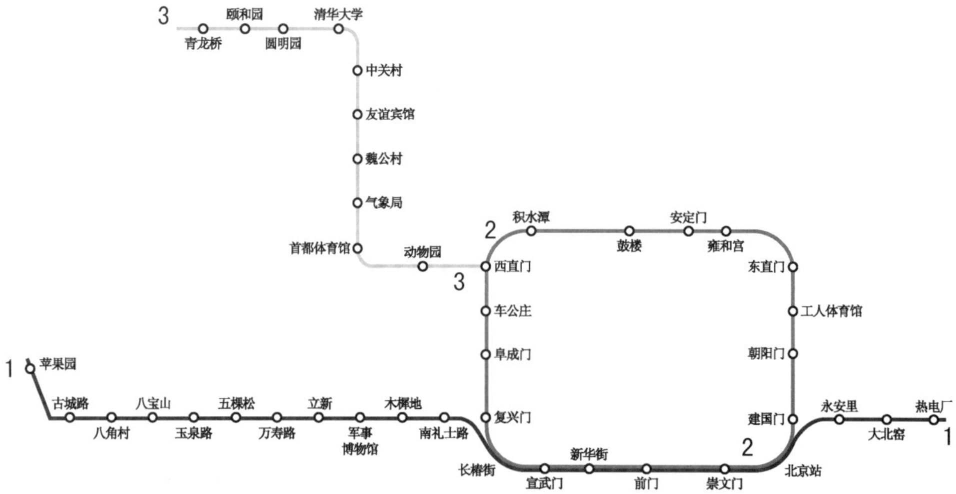

图 1-3　北京地下铁道规划方案(1965 年)

1.2.2　认识期:交通需求导向的上海轨道交通 1 号线

上海轨道交通 1 号线是上海第一条地铁线路,也是上海轨道交通最繁忙、最重要的线路之一。与北京地铁一期工程的战备需求不同,该工程建设之初是为了配合上海市城市总体规划中发展南北两翼的指导思想,以交通需求为导向规划建设。

早在 1959 年,上海市地铁筹建处和市公用事业管理局对上海 109 万市民做了交通调查,提出了多种方案,其中有一条自漕宝路经漕溪路、淮海路、复兴路、人民广场、新客站、彭浦新村、张庙到上钢五厂的线路。1983 年,为了配合上海市城市总体规划中发展南北两翼的指导思想,加强市中心至闵行、金山卫和吴淞、宝山的客运交通联系,市计委、市建委组织市规划局、公用局、铁路局、市政工程局共同编制了《建设南北快速有轨交通线建议书》,分为三段,其中中段为现 1 号线上海火车站到石龙路段。同年 8 月,市人民政府批准该建议书,随即成立了南北快速有轨交通项目筹备组,进行上述三段线路的可行性研究。规划地下铁道 1 号线,南起新龙华,经徐家汇、文化广场、人民广场、新客站等人流集散点和漕溪路、衡山路、复兴中路、西藏中路等主要道路,沿共和新路、长江路,北至吴淞。

项目于 1990 年经国务院同意正式开工建设,1993 年南段新龙华至徐家汇建成通车,1994 年全线建成通车运营。①

1.2.3　重视期:城市可持续发展导向的城市轨道交通规划建设

近年来,越来越多的城市意识到轨道交通在优化城市空间结构、缓解城市交通拥挤、保护环境等方面都体现出积极的作用,对于城市可持续发展有重要意义。特别是 2008 年以来,政府加大基础设施建设力度,各级政府也纷纷开始筹建轨道交通,在中国

① 内容来源于百度百科:上海轨道交通 1 号线。

各大城市掀起了一股“地铁热”，城市轨道交通步入了一个跨越式发展的新时期。根据城市轨道交通协会统计，截至2015年底，我国(不含港澳台地区)有26个城市建成3 612 km的轨道交通线路[包括地铁、轻轨、单轨、现代有轨电车、磁浮交通、市域快线、APM(旅客自动输送系统)]，其中有23个城市建成地铁线路2 658 km，具体见表1-1。

表1-1　　2015年全国已开通城市轨道交通线路长度统计　　单位:km

序号	城市	2015年年末运营线路长度							
		合计	地铁	轻轨	单轨	现代有轨电车	磁浮交通	市域快线	APM
1	北京	631	554					77	
2	上海	677	582			9	30	56	
3	天津	147	87	52		8			
4	重庆	202	113		89				
5	广州	259	247			8			4
6	深圳	179	179						
7	武汉	126	91	35					
8	南京	232	143			8		81	
9	沈阳	114	54		60				
10	长春	56		48		8			
11	大连	165	38	104		23			
12	成都	182	88					94	
13	西安	52	52						
14	哈尔滨	17	17						
15	苏州	76	58			18			
16	郑州	69	26					43	
17	昆明	59	59						
18	杭州	82	82						
19	佛山	15	15						
20	长沙	45	26				19		
21	宁波	49	49						
22	无锡	56	56						
23	青岛	12	12						
24	南昌	29	29						
25	淮安	20				20			
26	兰州	61						61	
合　计		3 612	2 658	239	89	161	49	412	4

1.3 城市轨道交通发展趋势

由国内外城市轨道交通发展历程，我们可以看出，城市轨道交通的发展与当时的科学技术水平、城市发展对轨道交通的相关需求以及人们对城市轨道交通的理解认识有着紧密关系。一方面，城市轨道交通发展需要车辆技术、土木工程、通信信号系统等相关科学技术的支持；另一方面城市对交通的相关服务需求以及人们对城市轨道交通认识和理解的提升也促使轨道交通相关技术不断进步和成熟。

随着城市化进程以及城市规模的不断扩大，轨道交通已经成为支撑大城市发展的重要基础设施。城市交通需求的快速增长而导致交通拥堵、空气污染、噪声严重等使人们认识到缓解城市交通拥堵需要依靠城市公共交通系统，特别是城市轨道交通系统，因此城市轨道交通在 1980 年以来得到高速发展，特别是随着中国社会经济的快速发展，城市轨道交通在中国近 30 年来得到跨越式发展。

与此同时，在城市轨道交通的快速发展过程中，人们对城市轨道交通发展的认识和理解也不断加深和提高。城市轨道交通作为城市客运交通运输的一种方式，建设城市轨道交通的主要目的就是提供交通服务功能，但随着对城市轨道交通理解和认识的加深，人们深刻认识到，城市轨道交通不仅仅能够提供交通出行服务功能，优化城市交通服务体系，支撑城市发展，还可以优化城市空间结构和产业布局，引领城市和社会发展，同时在展现城市文化、树立城市形象方面也有着独特的作用，而人们在享受轨道交通安全可靠的出行服务同时，也更希望轨道交通经济便捷并能提供多元的文化商业等服务。因此人们对城市轨道交通附加的服务需求也越来越多，服务水平也从基本的出行向着更高的服务迈进，可以说，城市轨道交通已经从传统的交通运输方式发展成为一个城市服务平台，已经成为城市发展的重要组成部分，城市轨道交通需要与城市融合发展。“建轨道就是建城市”就是目前社会对城市轨道交通的最形象也是最深刻的认识。

参考文献

[1] 中国大百科全书《本卷》编委会. 中国大百科全书：建筑 园林 城市规划[M]. 北京：中国大百科全书出版社，1988.

[2] 龙江，徐爱农，曹钟勇. 城市轨道交通发展的阶段性研究[J]. 铁道学报，1998(4)：126-130.

2 城市轨道交通发展的反思

城市轨道交通的发展，从其过程来说主要包括投融资、规划、设计、建设与运营管理等环节。经过这些年城市轨道交通快速发展，国家和地方政府在这些环节都出台了相关的标准规范以及审批流程来对这些环节进行有效管控，这些工作对我国城市轨道交通的发展进行了很好的指导和管理，有效地推进了我国城市轨道交通发展，也积累了丰富的发展经验。

但是，城市轨道交通快速发展的过程中，在积累了丰富发展经验的同时，轨道交通发展以及各环节中也存在着需要总结和反思的问题和教训。根据轨道交通的建设过程，本章分别从投融资、规划、设计、施工以及运营管理 5 个方面来进行分析，并从整体上提出现有城市轨道交通发展需要思考的问题。

2.1 城市轨道交通投融资模式反思

2.1.1 城市轨道交通投融资特点

城市轨道交通作为重要的城市基础设施，其投融资具有以下几个重要特点[1]。

1. 建设和运营成本高，资金需求量巨大

建设成本高是城市轨道交通最显著的特点，特别是对于地下线路。图 2-1 列出了国内主要城市轨道交通的建设成本情况，其中建设成本最高的是深圳，平均建设成本为 8.59 亿元/km，最低的长春平均建设成本也达到 5.18 亿元/km。由此可见，城市轨道交通的建设成本是巨大的。

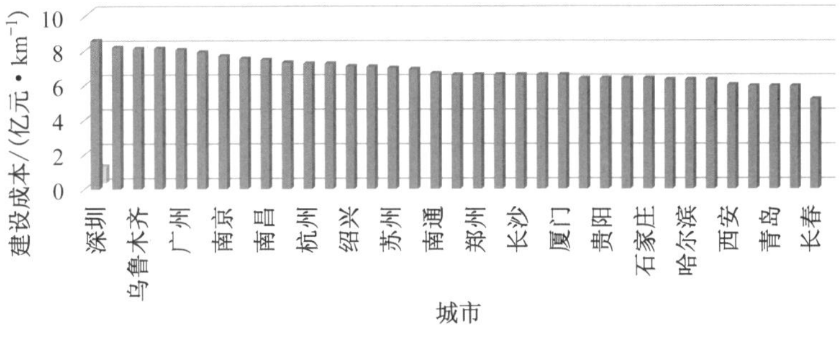

图 2-1 中国城市轨道交通建设成本

据中国城市轨道交通协会发布的《城市轨道交通2015年度统计和分析报告》，2015年全国城轨交通完成投资3 683亿元①，同比增长27%；在建线路总长4 448 km，可研批复投资累计26 337亿元。截至目前，共有44个城市规划获批（包括2016年2月11日获国家批复的芜湖，以及获地方批复的珠海、淮安和南平等3座城市），规划规模4 705 km。城市轨道交通成本和资金需求量巨大，成为制约城市轨道交通发展的关键问题。

同时由于城市轨道交通系统复杂，在投入巨大建设成本后，城市轨道交通还将面临较大的运营成本。由于政策性票价与运营成本仍有较大差距，各轨道运营城市每年需给轨道交通提供巨大的运营补贴，如北京地铁2015年的地铁补贴高达50多亿元。按照中国城市轨道交通协会的统计数据，2015年年末，中国大陆地区共26个城市开通轨道交通运营，共计116条线路，运营线路总长度达3 612 km。其中，地铁2 658 km，占73.4%；其他制式城轨交通规模954 km，占比达26.6%。2015年度新增运营线路长度445 km，同比增加14%。可以预见，随着城市轨道交通规模的扩大，城市轨道交通运营需要更多的补贴。

2. 建设周期长

相对于其他城市基础设施，城市轨道交通的建设周期长，如表2-1所示，国内城市轨道交通的建设周期一般需要4～5年。

表2-1　城市轨道交通建设周期

城市	线路名称	开始年份	完工年份	时间/年
北京	1号线	1965	1969	4
	2号线	1971	1984	13
上海	1号线	1990	1995	5
	2号线	1996	2000	4
	3号线(明珠线)	1996	2001	5
广州	1号线	1994	1999	5
	2号线	1999	2003	4
深圳	1号线	1999	2004	5
长沙	1号线	2010	2014	4
	2号线	2009	2013	4
南京	1号线	2001	2005	4

3. 投资回收期限长

城市轨道交通具有公益性强、建设资金需求巨大、投资回收期限较长，甚至难以直

① 引用国家统计局2016年2月5日发布的数据。

接回收等经济特征，且多属于市政公用工程，一般由城市政府主导建设。资本金主要来源于政府财政资金注入。同时，随着以市场为导向的投资体制改革不断深化，原有的以政府为主导的投融资模式面临挑战。迫切需要根据中国国情及不同城市特定发展阶段的具体情况，进行投融资模式创新。

2.1.2 城市轨道交通主要投融资模式

城市轨道交通由于巨大的建设和运营成本，各城市都根据各自实际情况选择不同的城市轨道交通投融资模式。从国内外城市轨道交通的实践来看，现有城市轨道交通投融资主要有如下几种模式。

1. 政府全额投资

在这种模式下，城市轨道投资全部由政府承担，实行事业制经营，亏损全部由政府拨款补充。这种模式的特点是：投资来源可靠，借款来源稳定，融资成本较低，有利于运营管理统一；票价低；受限于政府财政资金，渠道单一，财政压力大；运营亏损面大；投资效率较低。城市建设轨道早期大多采取这种模式，其主要代表有纽约地铁和伦敦地铁。

2. 建设-移交(Build-Transfer, BT)模式

BT 模式是 BT 主办方通过招标等方式确定投资人(BT 承办方)，投资人负责筹集资金建设城市轨道交通，完工后，主办方以约定价格一次性或分期收购轨道交通设施所有权。这种模式一定程度上能够缓解政府的短期财政压力，提高轨道交通工程建设效率。但是这种模式下承办方可能有重进度和投资控制、轻质量和安全控制的倾向，可能提高建设成本。这种模式的主要代表有深圳地铁 5 号线和北京奥运支线。

3. 政府主导投资+前期补偿

这种模式是政府将承担城市轨道交通的土建工程部分投资，然后以一定的价格租给城市轨道交通运营企业，土建投资作为城市市政设施资产进入轨道交通运营企业资产，以降低城市轨道交通企业的投资总额，减少折旧成本，使得轨道交通企业能够实现运营盈利。在这种模式下，运营企业可能对地铁设施进行掠夺式使用，一定程度上提高了运营效率。东京地铁是这种模式的主要代表。

4. 政府主导投资+后期补偿

政府承担轨道土建工程部分投资，然后租给运营企业，政府投资全部运营企业资产，对运营后的亏损给予财政补贴、资源补偿等。这种模式的特点是政府补偿要以一定的补偿标准和约束机制为基础，但难以确定补偿标准和有效的约束机制。新加坡地铁和巴黎地铁是这种模式的典型代表。

5. 建设-经营-转让(Build-Operate-Transfer, BOT)模式

由社会资本自筹资金建设地铁工程全部或一部分，而后地铁的最终所有人将地铁设施以一定价格租与 BOT 承办方，并赋予一定年限的特许经营权，特许经营权结束，BOT 承办方按约定再无偿将地铁设施移交最终所有人(政府组建的地铁公司)。这种模式可大大缓解政府的财政压力；引入社会资本，有助于提高效率；从工程总体来看，亏

损仍然存在，政府仍需对地铁进行大量补贴。这种模式代表有北京地铁 4 号线、北京大兴线、北京地铁 14 号线。

6. 建设-拥有-经营-转让(Build-Own-Operate-Transfer，BOOT)模式

基本内容与 BOT 相同，差别在于 BOOT 承办方不仅可获得地铁设施的特许经营权，还可获得地铁沿线部分土地的开发权。这种模式可极大缓解政府的财政压力；效率大大提高，但仍有空间；工程总体可实现盈利。这种模式的代表是深圳地铁 4 号线二期。

7. 地铁＋物业模式

政府和社会资本共同投资，建成后地铁设施归运营企业所有，政府投资折算成股权，地铁企业以没有地铁建设和开通预期下的地价或其他价格获得地铁沿线土地开发权。通过地铁和沿线物业的整体规划，将地铁投资的外部化收益内部化，实现地铁运营盈利。香港地铁是这种模式的典型代表。

8. PPP(Public-Private Partnership)模式

PPP 模式下，城市轨道交通特许经营权一般为 30 年，一般情况下，由政府出资基建投资，项目公司负责提供列车和相关机电系统等投资。在特许经营范围内，项目公司拥有地铁的运营和管理特许权，同时拥有沿线站点内的商业经营权，这种模式可实现投融资主体多元化，减轻政府财政压力；可实现企业化经营，提高投资收益。缺点是受企业信用限制，融资速度慢，操作复杂，可靠性较低。这种模式的代表有北京地铁 4 号线。

9. 企业债券

政府发行城市轨道交通企业债券来进行融资，企业债券模式可广泛吸引社会投资，实现投融资多元化。这种模式如北京城投发行 20 亿元，期限为 10 年浮动利率，按年付息的企业债券；上海久事发行 40 亿元，期限为 15 年固定利率，按年付息的企业债券。

2.1.3 城市轨道交通投融资发展趋势

随着城市轨道交通的快速发展，城市轨道交通投融资体制机制不断创新和发展，其主要发展趋势包括以下几个方面。

1. 政府在城市轨道交通投融资中仍将起主导作用

由于城市轨道交通的准公共物品性质，具有投资规模巨大、盈利能力较弱、回收周期长等特点，政府投融资在世界各国城市轨道交通建设中一直起着支配作用，除少数国家和地区有部分市场投融资成分以外，多数国家和地区政府投融资占到城市轨道交通投融资总额的 100%。同时，城市轨道交通项目运营初期普遍收益不足，政府补贴仍是弥补运营亏损的重要来源，因此，未来城市轨道交通建设投资仍是以政府为主导。

2. PPP 成为城市轨道交通投融资多元化的重要途径

政府主导城市轨道交通投融资，但不意味政府承担所有建设和运营成本。城市轨道交通的巨大建设和运营成本是政府财政所无法承受的，特别是过去十几年来，土地出让金一直是地方政府财政收入的主要来源之一，也是城市轨道交通建设资金的重要来源。而随着这些年房地产市场的低迷，土地出让金大幅减少，导致城市财政日趋紧张，

使得城市轨道交通的建设资本金难以得到保障。

同时为防范金融风险，增强地方政府负债的透明度和偿债责任，国家及相关部门出台了多项政策措施，对地方政府融资平台进行规范清理，规范地方政府融资平台的融资担保行为，防范公司的债务风险。地方政府融资平台的银行贷款也受到了极大的限制，从而也影响了城市轨道交通融资力度。

在这样的背景下，城市轨道交通项目投融资必须通过社会融资来解决，在前述的城市轨道交通投融资模式中，PPP 模式具有较好的优势。在城市轨道交通建设领域推行 PPP 模式，既可吸引社会资本，解决城市轨道交通建设庞大的投资需求与资金短缺的矛盾，也可有效地避免政府主导投资经营的低效率。PPP 将成为城市轨道交通投融资的重要途径。

3. “轨道＋物业”模式增强城市轨道交通“造血”功能，成为城市轨道交通投融资的重要资金来源

城市轨道交通的建设将带来沿线土地和不动产的增值，提高沿线企业、商家的收益，对城市发展来说，城市轨道交通有巨大外部正效应。将城市轨道交通的正外部效应内部化将建立城市轨道交通的自我“造血”功能，而“轨道＋物业”正是重要手段之一。应用“轨道＋物业”不仅能建立城市轨道交通的自我造血功能，同时也将为城市轨道交通带来更大的客流，增加城市轨道交通的客运收入。香港地铁是应用“轨道＋物业”的全球典范，而上海、广州的经验表明，轨道物业的良好开发，将极大支持轨道交通建设和后期运营，其不仅可以带来稳定客流，也能产生巨大的经济效益。

总的来说，随着城市社会经济的发展以及投融资体制机制的变化，城市轨道交通投融资将经历由政府完全无偿投入到寻求多元化的转变，城市轨道交通社会化融资将发展迅速，BT、BOT、PPP、“轨道＋物业”等融资模式在城市轨道交通建设中运用越来越多。而城市轨道交通的市场投融资将主要运用企业自有资金、银行贷款、股票债券发行等商业化融资手段进行融资，独自承担风险；新兴的投融资工具，主要包括企业债券、信托融资、资产证券化、融资租赁等也将在城市轨道交通投融资中得到应用。城市轨道交通投融资将呈现以“PPP”“轨道＋物业”为主要特征的多元化新投融资体系。

2.1.4 城市轨道交通投融资的反思

随着城市轨道交通的快速发展，城市轨道投融资多元化体系不断完善，为城市轨道交通发展提供了充足的资金支持，有力地支持和推动了城市轨道交通的可持续发展。但是我们也要看到，在城市轨道交通投融资方面还有一些问题需要进行反思。

1. 城市轨道交通投融资不仅要关注城市轨道交通工程本身，同时也要关注城市轨道交通相关资源开发的资金需求

目前的城市轨道交通投融资主要关注的是城市轨道交通工程本身，解决的是城市轨道交通建设和运营方面的资金问题，即给城市轨道交通提供“输血”功能，这对保证城市轨道交通发展来说无疑是最重要的。但是我们也要看到，城市轨道交通不仅需要“输血”功能，同样需要“造血”功能。城市轨道交通的“造血”功能是通过轨道交通的相关资

源开发来实现的。但轨道交通发展带来的各种资源开发也需要大量的资金投入，因此，这些资金需求也应纳入到整个城市轨道交通投融资体系中进行统筹考虑。轨道交通资源开发虽然可以充分应用市场投融资手段，通过与相关方的合作来进行，但是如果能够通过相关政策、体制机制创新，降低城市轨道交通资源开发成本，则可以获取更多的资源开发收益来反哺城市轨道交通建设和运营，实际上也间接地降低城市轨道交通投融资压力和成本，从而保证城市轨道交通的可持续发展。因此，城市轨道交通投融资不仅要关注城市轨道交通工程本身，也要关注城市轨道交通相关资源开发的资金需求。

2. 金融体制机制创新是城市轨道交通投融资的重要基础

国家正在全面深化改革财政金融体制，在剥离地方融资平台公司政府融资职能的同时，要求“建立规范的地方政府举债融资机制，推广使用政府与社会资本合作(PPP)模式”，并不断出台相应政策措施，推动地方政府发行政府债券，推动 PPP 模式落到实处。另外，在投融资创新方面，积极推动企业项目收益债的发行、补充抵押贷款(PSL)的发放等，这些为城市轨道交通投融资转变和创新创造了良好的外部环境和条件，PPP 已成为城市轨道交通投融资的重要途径。

当前我国正处在城市轨道交通快速建设发展期，投融资环境也正在发生较大的变化，城市轨道交通投融资更需要不断地转变和创新，通过发行政府性债券、推广政府和社会资本合作模式，充分发挥企业项目收益债、优先股和央行抵押补充贷款的作用，实现投资渠道和投资主体多元化，才能保证建设项目的资金来源，保障我国城市轨道交通行业的持续健康发展。

3. 新的城市轨道交通投融资多元化体系下需要加强对城市轨道交通相关服务的监管

新的城市轨道交通投融资多元化体系为保证城市轨道交通可持续发展打下了坚实的基础。但是，在这种城市轨道交通投融资多元化体系下，轨道交通建设和运营主体已不再仅仅是国有的或者政府的城市轨道交通公司，而是更加多种多样，这些投融资主体有着各自不同的利益诉求，因此，如何在平衡和满足这些投融资主体利益诉求的基础上，保证城市轨道交通的服务水平成为政府面临的一个重要挑战。通过对城市轨道交通全过程的各种服务需求的分析和策划，平衡城市轨道交通相关方的利益诉求，以城市轨道交通运营服务的导则和指引来加强对城市轨道交通相关服务的监管是必然的选择。

总体来说，城市轨道交通需要不断进行投融资体制机制的创新，在保证城市轨道交通建设资金的同时，应用政策创新，建立城市轨道交通“造血”功能，才能保证城市轨道交通的可持续发展，提升城市轨道交通服务水平，满足更多的城市轨道交通相关利益方对城市轨道交通多样化、高品质的服务需求。在城市轨道交通投融资多元化前提下，政府需要创新城市轨道交通工作模式，加强对城市轨道交通相关服务的监管，才能实现城市轨道交通的可持续发展。

2.2 城市轨道交通规划反思

规划是城市轨道交通发展的第一步，也是推进轨道交通与城市融合发展的关键。国家通过制定与城市轨道交通规划相关的技术性标准、设计导则等来指导和规范城市轨道交通规划工作，明确其编制内容、编制深度、关键环节等，对提高国内城市轨道交通规划的编制水平、保证成果的科学性具有重要意义。目前，国内城市在轨道交通规划相关工作中采用的国家标准和导则主要包括《城市轨道交通线网规划编制标准》(GB/T 50546—2009)、《城市轨道交通规划编制和评审要点》、《城市轨道交通工程项目建设标准》(建标 104—2008)、《城市轨道交通沿线地区规划设计导则》(住房和城乡建设部，2015)等，基本上涵盖了轨道交通线网规划、轨道交通建设规划和轨道交通沿线控制性详细规划，以及城市功能与轨道交通的衔接引导规划等不同阶段城市轨道交通规划的需求。随着对城市轨道交通理解和认识的加深以及轨道交通与城市融合发展的需要，人们对城市轨道交通的需求也越来越多，需求从基本的出行提高到更高层面的文化精神体验，城市轨道交通也将从传统单一的交通运输系统向城市多功能服务平台转变。因此，相关规划编制工作也需要充分考虑这些需求，向精细化阶段过渡，并反思现有城市轨道交通规划是否与服务需求相匹配，是否能够提高服务水平和客流效益并促进城市轨道交通的可持续发展。

2.2.1 城市轨道交通线网规划

1. 现有线网规划编制要点与分析

《城市轨道交通线网规划》(以下简称“线网规划”)作为城市轨道交通长远可持续发展的总体性方案，也是建设规划的重要依据，应具备科学性、稳定性和前瞻性。根据现有的《城市轨道交通线网规划编制标准》(GB/T 50546—2009)，其规划编制要点包括：

(1) 研究范围和年限。研究全市域范围内轨道交通的网络布局、功能定位和总体安排。在城镇密集地区，考虑与相邻城市轨道交通系统的衔接和协调。规划年限应包含远期和远景，远景线网应基本达到远期线网研究深度，并与之协调。

(2) 功能定位和发展模式。统筹市域范围不同区域，以交通调查数据为基础，分析客流特征、建设条件等，区分不同类型轨道交通功能分工和服务水平，合理选择发展模式。

(3) 网络布局。基于定量测试的多方案比选，构建与城市用地形态、空间结构和客流分布等相适应的网络布局，提出各规划期出行结构、线网规模和密度等指标。确保线网规模合理，功能层次分明，满足不同年限的发展要求；线路基本走向方案可行，保证规划稳定性。

(4) 环线与市域快线。对于中心城区面积较大、各方向发展较均衡的城市，在规划放射型线路的同时，研究设置环线的必要性。对城市外围组团，需要开展市域快线的规划研究工作。

(5) 综合衔接。做好城市轨道交通与干线铁路、机场等综合交通枢纽的衔接。大型铁路客站和机场要规划城市轨道交通引入。

(6) 深化研究重点。梳理可能对线网规划实施产生重大制约因素，落实车辆基地、换乘节点、联络线等关键方案。

(7) 规划用地控制。编制与线网规划相对应建设用地专项控制性规划，做好用地预留和控制，并与城市控制性详细规划紧密结合、相互协调；确定线路、场站、资源共享、大型交通接驳等设施用地范围，纳入城市规划管理体系。

从现有线网规划编制要点来看，城市轨道交通线网规划作为城市规划体系中的一部分，属于交通专项规划类别，以城市总体规划为指导，注重对城市总体规划的落实[2]。主要是根据城市总体发展要求，统筹研究城市轨道交通发展的必要性，确实需要发展的则应编制线网规划并确定其长远发展目标；按照前瞻性和系统性要求，线网规划应统筹人口分布、交通需求等情况，确定城市轨道交通的发展目标、发展模式、功能定位等；确定城市轨道交通线路走向、主要换乘节点、资源共享和用地控制要求，实现与城市人口分布、空间布局、土地利用相协调；做好城市轨道交通与主要铁路客站和机场等综合交通客运枢纽的衔接。

同时，结合国内一些较早开展轨道交通线网规划的城市所积累的经验，线网规划将明确较为稳定的编制方法和工作内容。主要是考虑从城市和交通的总体需求出发，分析城市轨道交通线网规模、线网架构、线网布局等，建立评价指标体系，开展多方案的比选，从而明确最终的线网布局方案、配套设施布局、分期建设规划和政策保障等成果内容。

2. 现有线网规划的相关问题与反思

城市的发展往往不会完全遵循城市规划的编制成果，实际的需求也往往会偏离人们的预测。同样地，从目前线网规划的要点分析来看，既有线网规划通常是以城市总体规划为基础，着重强调交通设施对城市发展的被动适应性，而会弱化交通对城市发展的反作用性[2]，同时也会忽略轨道交通面向政府、企业以及出行者等对象的本质属性，即服务功能，从而造成资源供给与服务需求的错配，不利于轨道交通的可持续发展。

从城市发展的历程来看，由于城市规划忽视了服务对象需求的复杂多变，仅为其提供设施，进而造成了规划成果在落实中阻力极大，即便落实，也往往与预期不符，因此只有以服务对象的需求为目标，才能够真正提升规划的实施效果。再者，城市的快速发展和机动性要求的不断提高都对公共交通服务提出了更高的要求，城市轨道交通作为城市公共交通的重要组成部分，服务水平的高低自然也成为决定其成败的主因。为此国内不少城市也开始了以提升服务为目标的公共交通发展规划的探索，比如重庆市借助世界银行贷款开展的以服务为导向的公共交通网络化研究建立了公共交通网络化服务措施体系[3]；乌鲁木齐市的公交服务一体化研究提出借助公共交通服务一体化以及其他辅助交通政策所形成的综合措施，在真正实现公共交通基础设施与公共交通运营服务一体化的基础上，构建多种交通模式定位清晰、层次分明、衔接顺畅的安全、灵活、舒适、经济、环保、可持续的城市公共交通服务体系，并最大限度地形成使用者（能实现每天乘坐公共交通出行的目标）、运营方（能实现提高运营收益并降低运营成本的目标）以及管理者（能实现高水平的公共交通服务系统且减少公共部门负担的目标）三者之间的多赢模式[4]。

综上所述，城市轨道交通的线网规划编制过程中，不应被动地去适应或迁就城市规划的要求，转变目前以城市总体规划为导向的方法，在基本判断层面以城市总体规划和交通发展趋势研判相结合为导向，在方案制订过程中以服务对象的需求（出行者的需求、企业的需求和政府的需求）为导向，在多方案评价和优化中以提高服务水平和轨道线网效益为标准和目标，具体流程如图 2-2 所示。

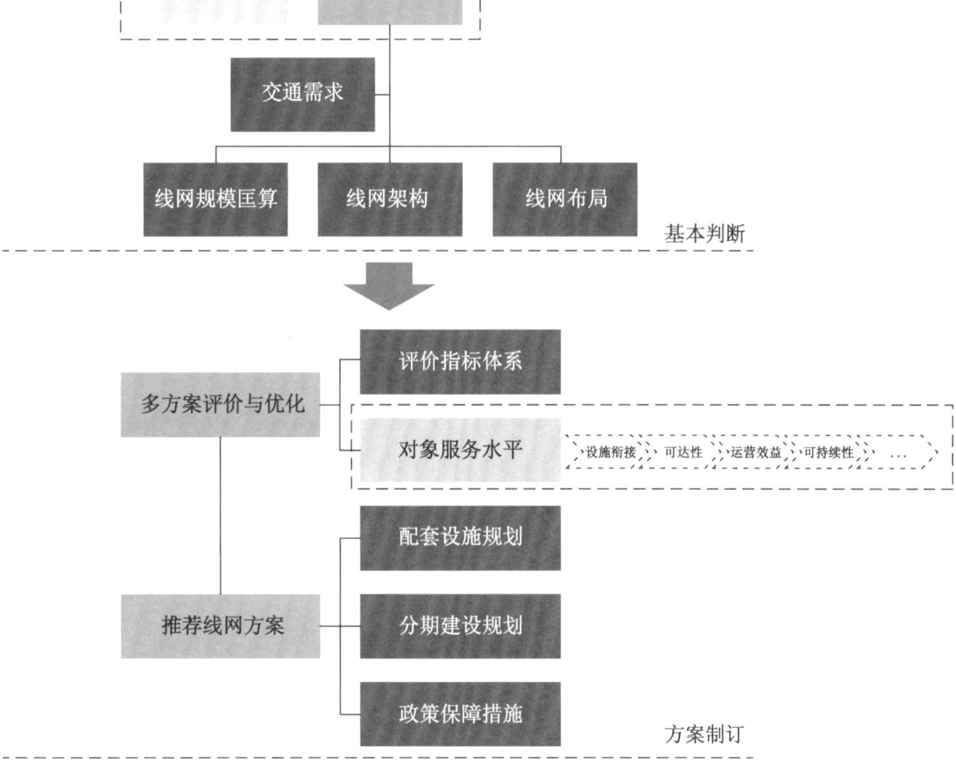

图 2-2　服务为导向的轨道交通线网规划方法示意图

2.2.2　城市轨道交通建设规划

1. 现有建设规划编制要点与分析

据统计，截至 2016 年 11 月底，我国大陆地区已有 44 个城市（不含港、澳地区）的城市轨道交通建设规划（以下简称建设规划）获得国家审批通过。这些城市中有一些是首次申报，另外一些城市是第二次或第三次、第四次申报，进入到第二轮、第三轮或是第四轮的建设规划由于涉及与上一轮的关系，编制内容和侧重点也发生了变化。但总体来说，建设规划还是以国家发展改革委《关于加强城市轨道交通规划建设管理的通知》(发改基础〔2015〕49 号)的要求为依据来编制。

具体而言，《建设规划》以线网规划为基础，对站点地区功能与空间进一步梳理，提出近期建设方案，作为项目实施的依据，并为控规调整和工程设计提供指导。目前的建设规划是按照“问题—需求—目标—方案—保障”的逻辑思维过程进行编制[5]，其规划编制要点包括：

(1) 项目选择。优先建设客流需求大，缓解交通拥堵明显的线路，并规定了不同制式轨道交通系统在项目初期的客流要求。

(2) 建设规模。建设规划期限为 5～6 年，建设规模应与交通需求、政府财力和建设管理能力相适应。

(3) 总体要求。在对建设规划实施情况及时总结的基础上，根据线网规划、交通需求、建设管理能力、政府财力、新技术发展和国家政策导向等，结合城市发展重点提出建设规划。

(4) 客流预测。以 5 年内交通调查数据为基础，利用交通预测模型开展客流预测专题研究，满足规划方案比选、线路系统规模确定和经济分析等要求。

(5) 规划方案。从规划层面提出近期建设重点，明确近期建设方案构建原则，匡算近期建设规模，从方案与城市规划和交通需求的适应性、与财力的匹配性以及投资和客流效益等方面进行多方案比选分析，提出推荐方案，明确建设任务和时序安排，确定线路服务水平和技术标准。

(6) 工程方案。近期建设项目应达到可行性研究深度，重点落实线路起讫点、基本路由、敷设方式、车站分布、系统规模、设备初步选型和资源共享等内容。

(7) 投资能力。深化工程投资和前期费用的估算，确保工程投资合理可控、征地拆迁等前期费用符合实际，合理确定资本金比例，明确资金筹措方案，落实资本金和债务资金来源。

(8) 建设保障。建立健全规划编制的公众参与制度，做好环境影响评价工作，开展社会稳定风险分析和评估，积极预防和化解风险。

(9) 发展地铁和轻轨的城市将有轨电车纳入建设规划做好衔接，其余城市有轨电车建设规划由省级发展改革部门做好衔接。

从现有建设规划编制要点来看，建设规划的编制需要重视上位规划对建设规划的指导作用，并以客流作为确定轨道交通建设规模、建设方案和修建时序的重要依据；在稳定线网架构的前提下，近期建设规模需要与城市经济发展水平及城市环境承载力相适应，同时考虑网络化资源共享的问题，并深化工程技术的可行性方案；提高资金筹划工作的可实施性，使项目在建设期和运营期均有可靠的资金平衡方案，以多元化的投融资方式来尽可能减轻政府财政负担；加强对建设条件的分析，包括环境影响、沿线用地、节能减排、交通一体化、社会影响分析等。

2. 现有建设规划相关问题与反思

目前的建设规划更多强调的是确定设施的规模、设施的工程技术方案和资金筹措等问题，而对环境影响、沿线用地、节能减排、交通一体化、社会影响分析只是作为建设条件进行分析，相应的需求并未真正地落实到建设方案中去。城市轨道交通建设作为解决大城市交通问题的有效手段，应始终贯彻“城市是为人而建立”的理念，从“以人为本”和“以需求为导向”两方面入手进行建设规划的编制：以服务为导向，政府、企业的责任不再是简单提供交通基础设施，而是向出行者提供一种不需要消费更多物质资源的交通服务，即有设施不一定有服务，在建设规划编制时应考虑在满足多样化需求的运输组织方案基础上落实线网方案。

结合北京、深圳、上海、重庆、南昌等城市在轨道交通发展和建设规划编制的经验，通过反思可以发现：

(1) 稳定而有前瞻性的远景线网方案是建设规划编制的基础，需要重视结合城市和交通的发展，定期对远景线网进行滚动修编完善，为建设规划编制提供依据。

(2) 在城市快速发展期和轨道交通大规模建设期，建设规划的规划期很有可能难以适应城市的发展需求，因此在政府财政和投融资许可的情况下，合理且适度超前的规划年限是适应城市快速发展期的需要。

(3) 在建设规划编制过程中应加强与城市规划、片区规划的衔接，加强对城市未来5～10年重大发展政策、发展定位、发展规划等进行预判，使得轨道建设与城市发展紧密结合，避免由于对前景判断的不足导致建设项目的调整[6]。

(4) 城市轨道交通的出行便捷性很大程度上依赖于与其他交通方式的衔接，为满足出行者多样化的出行需求，提高服务质量，重视交通衔接系统是十分必要的。不仅仅是落实接驳系统的用地，还应落实资金，应在上报建设规划的附件“城市轨道交通用地控制”中包含交通衔接系统的用地控制，同时在建设规划中落实衔接系统的投资[7]。

(5) 轨道交通建设规划的结果应符合政府、企业和出行者的利益，而实现该利益的最有效保障就是制定完善的程序性法律，保证方案的权威性和法律效力，因此需要将建设规划作为指导性文件纳入城市建设法规，以指导项目按既定计划和方案进行建设。

2.2.3 城市轨道交通沿线控制规划

1. 现有控制规划编制要点与分析

城市规模不断扩大和城市建设快速发展限制了轨道交通的用地供给，以致轨道交通用地供需矛盾日益突出，严重制约了轨道交通项目的顺利实施，及早开展城市轨道交通用地规划与控制工作势在必行。因此，2003年国务院办公厅发布《关于加强城市快速轨道交通建设管理的通知》(国发办〔2003〕81号)，要求“对规划建设城市轨道交通项目的线路，要搞好沿线土地规划控制，编制专项土地控制规划，防止新建建筑物对线路的侵占。”2008年7月，建设部和发改委批准实施《城市轨道交通工程项目建设标准》(建标104—2008)(以下简称《建设标准》)提出“控制保护地界”的概念，要求“在城市轨道交通建设走廊应以城市轨道交通线网规划为依据，对建成线路和规划线路应确定控制保护地界，并应纳入城市用地控制保护规划范畴。”2010 年 4 月，住房和城乡建设部批准实施《城市轨道交通线网规划编制标准》(GB/T 50546—2009)，在编制内容中增加用地控制规划，提出线网规划阶段“用地控制规划的主要内容应包括线路、车站和车辆基地”，并要求“提出用地控制原则和控制范围”；2015 年 1 月，国家发改委关于加强城市轨道交通规划建设管理的通知中提出“编制与线网规划相对应建设用地专项控制性规划，做好用地预留和控制，并与城市控制性详细规划紧密结合、相互协调”，并明确要求“确定线路、场站、资源共享、大型交通接驳等设施用地，纳入城市规划管理体系”，明确控制用地的法律地位。

同时，随着对轨道交通的认识越发深刻，许多城市也越来越重视城市轨道交通沿线的控制性规划。目前，国内城市轨道交通沿线用地规划和控制工作主要分为以下三种情况，但我们这里仅针对第一种情况分析目前《城市轨道交通沿线控制性规划》(以下简称《控制性规划》)编制要点。

(1) 以线网规划为基础完成用地控制规划的编制，其成果已纳入城市管理体系，明确其法律地位，落实相关用地规划与控制，如《上海市轨道交通规划管理办法》等。

(2) 以线网规划为基础完成用地控制规划的编制，但其成果仅作为城市轨道交通项目报批的支撑材料，未纳入城市管理体系。

(3) 未开展用地控制规划，只是开展工程方案的研究。

轨道交通沿线控制规划是一项轨道交通专项规划，以预留和控制轨道交通建设用地为主题，研究内容以及规划管理方法均不同于城市控制性详细规划，但又与城市控制性详细规划密切相关，必须在轨道交通专业的设计或咨询机构以及城市规划部门的参与或合作下完成，依据详细的规划方案来确定规划控制范围，并在城市总体规划中逐步落实[8]。

《控制性规划》的工作技术路线如图 2-3 所示[9]。

具体而言，线网控制规划是对线路两侧城市片区的功能与空间发展进行梳理，为控制规划调整提供指导；控制规划是在线网规划基础上进一步稳定线网层次和核心架构，稳定线路走向和站点分布，最终完成用地控制红线的绘制，并纳入城市规划管理体系，使得轨道交通沿线的土地得到有效控制，以确保工程的可实施性[10]。其主要工作内容包括以下几个方面：

(1) 客流预测分析及线路功能定位；

(2) 线路规模及运营模式分析；

(3) 线路、车站用地红线规划；

(4) 换乘枢纽用地红线规划；

(5) 车辆基地用地红线规划；

(6) 联络线用地红线规划；

(7) 轨道交通变电站及控制中心统筹布局方案和用地红线规划；

(8) 交通一体化衔接方案及设施用地规模和用地红线规划；

(9) 城市轨道交通沿线土地利用调整优化。

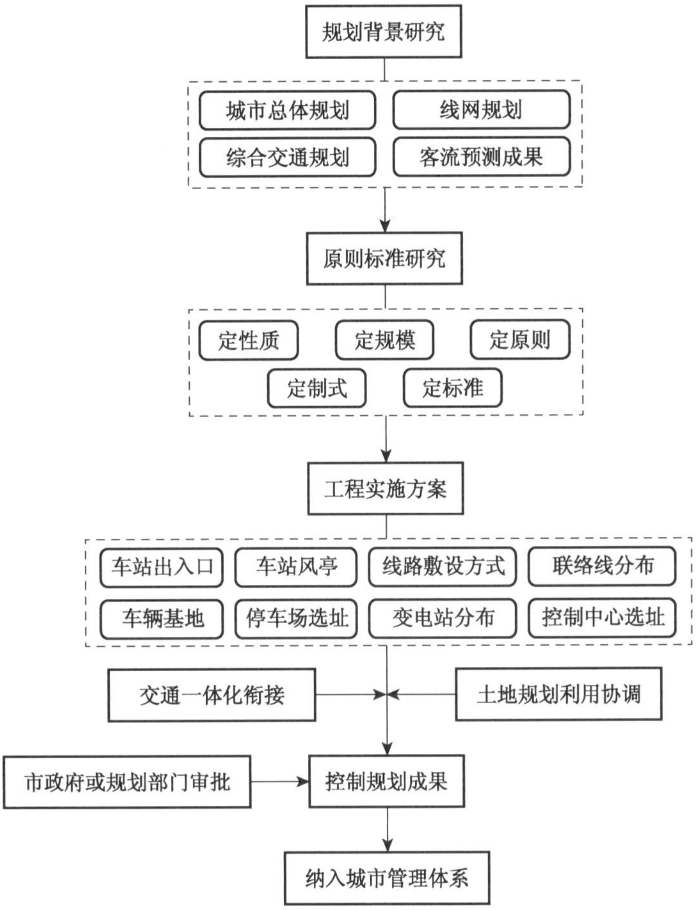

图 2-3 城市轨道线网控制规划技术路线示意图

2. 现有控制规划相关问题与反思

目前,用地的控制规划工作主要来源于建设标准中提出的控制保护地界,针对规划线路地段以线网规划为依据按走廊进行控制[8],但在实际的规划控制管理中,仍存在一些问题需要进行反思。

(1) 建设标准所规定的控制保护地界是保障轨道交通建设用地和通车后运营安全的重要措施,控制保护地界虽然在图纸上划定较为简单,但在实施过程中由于用地范围较大,会存在大量技术论证和协调工作,势必将影响到方案的审批效率,造成线路实施时存在较大障碍。

(2) 城市轨道交通设施包括线路区间、车站、车辆基地等,这些设施对建设用地的要求存在明显差异,由于控制保护地界的规定忽略了各项设施的用地特征,导致确定的控制范围缺乏针对性。

(3) 城市轨道交通设施用地还包括车辆段、停车场和控制中心等配套设施,这些设施由于占地面积大、技术条件相对复杂,通常会存在选址困难、拆迁面大等问题,因此在规划阶段就需要强调对大宗用地的规划与控制的重要性。实际上，很多城市通过建设经验的积累，已认识到规划与控制大宗用地的急迫性和重要性，并在线网规划阶段就投入较大精力去着手落实。

针对上述问题，在实际工作中可结合轨道交通规划设计各阶段的研究深度，以及城市规划各阶段的管理要求，分阶段去落实用地。另外，控制规划所确定的规划控制范围可理解为轨道交通建设与周边城市建设的衔接区，在实际操作中对已经开始建设的建筑物应按照既有条件考虑，规划控制范围尽量避开；对已批出但尚未建设的项目，应积极向建设方提出规划协调要求，尽可能留出衔接条件；对尚未批出的建设项目，应严格按照规划控制范围予以控制。

2.2.4 城市功能与轨道交通衔接引导规划

1. 现有引导规划编制要点与分析

为了加强城市轨道交通沿线地区的规划引导，实现城市轨道交通沿线城市功能与交通的一体化发展，促进公共交通支撑和引导城市发展的规划模式，建立可持续的交通发展结构，鼓励多功能立体化轨道站点综合开发模式，住房和城乡建设部于 2015 年 11 月批准实施了《城市轨道沿线地区规划设计导则》(以下简称《导则》)。《导则》将城市轨道线网分为两个级别，将轨道站点分为 6 种类型，重点从城市层面、线路层面和站点层面，对城市轨道沿线的规划设计工作进行引导(表 2-2)。

表 2-2　导则确定的站点类型

站点类型 线网等级	A类	B类	C类	D类	E类	F类
Ⅰ级	Ⅰ A 枢纽站	Ⅰ B 中心站	Ⅰ C 组团站	Ⅰ D 特殊控制站	Ⅰ E 端头站	Ⅰ F 一般站
Ⅱ级	Ⅱ A 枢纽站	Ⅱ B 中心站	Ⅱ C 组团站	Ⅱ D 特殊控制站	Ⅰ E 端头站	Ⅰ F 一般站

(1) 城市层面规划编制引导，完成《轨道交通引导城市发展专题研究》，纳入城市总体规划成果，并对建设规划提供依据。

在城市层面，《导则》以城市轨道交通规划和建设为契机，构筑公共交通支撑和引导城市发展的城市结构；以轨道交通廊道和枢纽为骨架及节点，布局城市各级公共服务中心；以轨道交通及其他公共交通服务水平为依据，分布城市的居住和就业功能及建设强度。要求轨道廊道周边布局优先生活功能，远离交通性道路；在轨道影响区范围内推行公交先导政策，促进功能混合的用地开发，保障步行、自行车交通的空间品质。

(2) 线路层面规划编制引导，完成《轨道沿线用地调整规划》，成果纳入相关控制性规划的编制或修编中予以落实，并为《轨道交通工程可行性研究》提供依据。

在线路层面，《导则》以轨道为核心组织城市生活、构建公共空间，使轨道影响区成为全市的公共活动中心和为周边社区服务的设施配套中心；在轨道影响区塑造以人为本、步行、自行车优先的交通环境,保障支路网及人行道密度和连通性;有效控制和保障与轨道相关的路外交通换乘设施的功能空间;保障轨道沿线用地的有效控制与合理高效利用,保证对公共开放空间的有效控制;加强对轨道建设用地及相关轨道设施的控制。规划引导重点在于以轨道站点组织城市生活,为轨道可持续的建设和运营做好土地储备工作,以轨道站点重构城市公共空间,搭建以人为本的接驳交通街区网络,确定轨道交通换乘按照步行、自行车、地面公交、出租车、小汽车优先递减,并对其规模和设施提出控制指标。

(3) 站点层面规划编制引导,完成各站点的《轨道站点一体化规划设计》,为相关地区用地开发提供详细的规划控制条件,为相关修建性详细规划提供引导。

在站点层面,《导则》以落实生态修复、城市修补为原则,以轨道站点为核心,构建以人为本、环境友好、可持续运营和管理的城市空间;整合轨道出入口和周边建筑及公共空间用地,塑造人车分行、全天候、无障碍的换乘环境;促进轨道站点核心区地上、地下空间一体化利用以及交通功能与城市生活服务功能的有机结合。

同时,为便于指导规划编制与管理实践,《导则》还包括三个附录,分别对各层面各阶段规划编制的内容与深度进行引导,如图 2-4 所示[11]。

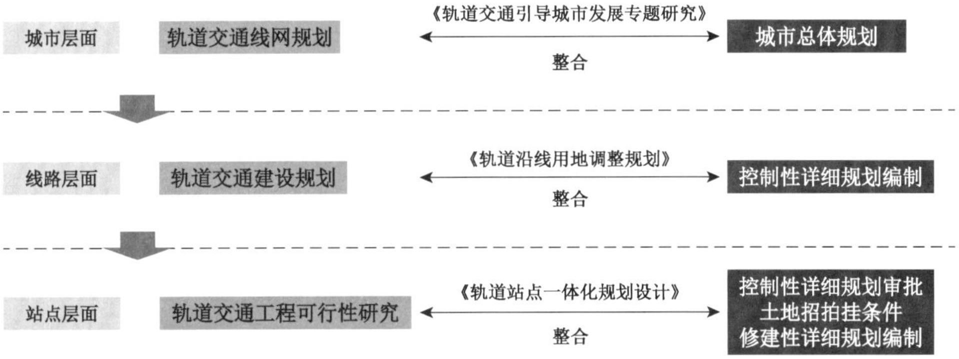

图 2-4 导则的实施机制及对各既有专项规划的整合作用

综上所述,《导则》以绿色交通理论为主题贯穿始终,扭转"车本位"思维,倡导"以人为本"的规划设计理念,从城市功能优化、线站位优化、站点与周边用地衔接、站点"最后一公里"接驳系统等方面强化轨道交通塑造城市空间的功能,强调精细化、人性化交通设计理念和方法。《导则》的实施是对原有规划设计体系的有益补充和衔接手段,以深化城市总体规划战略思想,向上承接综合交通规划和各类交通专项规划,向下将规划理念通过控制要素具体化以指导具体交通基础设施的施工设计和实际建设。

2. 现有引导规划相关问题与反思

实际上,轨道沿线和站点周边的规划与建设问题十分复杂,不同规模的城市,城市不同区位的轨道站点及轨道与对外交通的衔接方式,都会造成不同的站点类型[10]。比如北京、上海、深圳这样的巨型城市与百万人口级别的大、中型城市应当有本质上的区别,而非趋同,因此导则中所涉及的各项引导规定及量化指标是否符合实践管理所需,还有待在推行过程中不断检验。总之，需要在坚持“以人为本”“以服务为导向”的理念下，灵活协调与既有规范与标准的矛盾，在有利于城市集约可持续发展的前提下，开展适合本地特点的规划设计工作。

（1）在城市的层面，应注重轨道交通与城市总体空间布局的耦合，多中心空间布局与板块化交通整合，多层次枢纽与城市功能中心的融合，建立分圈层多层次多模式的交通网络。

（2）在线路的层面，应注重对服务区域的研究，特别是客流廊道通行能力的规划控制应当引起重视。如轨道交通线路作为人流集散的主要通道，应尽量避开交通性通道，做到人车分流，不建议挑选道路横断面较宽的交通性主干道作为地铁廊道，避免造成城市开发机会重叠、人车干扰、换乘不便、通行能力降低等一系列问题。

（3）在站点的层面，应注重各交通方式间的衔接问题研究，特别是轨道交通与不同交通方式的融合。如轨道与对外交通枢纽的衔接，轨道与城市综合交通枢纽、公交枢纽的衔接，不同层次和模式的轨道网络间的衔接。

2.3 城市轨道交通设计反思

优秀的城市轨道交通设计不但要满足工程要求，更要根据不同特征的出行者服务需求针对性地调整空间布局、设施配置，良好地匹配出行者的出行行为特征，还要与沿线综合开发、城市交通、空间环境、商业物业开发等其他各类相关系统充分整合，一体化考虑。

城市轨道交通系统可以按照对出行者服务的状态划分为直接服务侧和间接服务侧。直接服务侧即直接面向出行者，主要包括车站内的站厅、站台、通道、商业夹层、楼扶梯，以及车厢内部等；间接服务侧即间接服务出行者，处于服务后台，不直接面向出行者服务，主要包括设备层、隧道区间、车辆段等。因此，城市轨道交通的工程等要求主要体现在间接服务侧；而对出行者服务需求的响应，以及与其他各类城市系统的整合要求则主要体现在直接服务侧。

2.3.1 城市轨道交通设计的工作内容

按照工作内容来划分，城市轨道交通设计可分为线路设计、车站设计两项主要工作内容。车站设计主要属于直接服务侧，线路设计主要属于间接服务侧。

1. 线路设计

线路是城市轨道交通工程的基本组成部分，同时也决定了城市空间结构，是城市发展的重要走廊和发展空间。城市轨道交通线路设计分平面、纵断面、横断面三个部分，各自要满足一定的标准。同时，这三者又是同一整体不同侧面的反映，设计时必须有机地结合起来。城市轨道交通线路设计的主要特点如下：

（1）线路走向与路由设计主要考虑的因素：线路的作用；客流分布与客流方向；城市道路网络分布状况；隧道主体结构施工方法；城市经济实力等。

(2) 线路敷设方式主要考虑的因素:根据工程造价和对城市环境的影响选择地下线、地面线以及高架线等。

(3) 车站数量及其分布主要考虑的因素:大型客流集散点;城市规模大小;城区人口密度;线路长度;城市地貌及建筑物布局;轨道交通路网集成式道路网状况;对站间距离的要求等。

(4) 线路平、纵断面设计主要是在线路规划方案的基础上确定线路的城市空间中的详细位置。

总体而言,线路设计主要特点是从工程施工、成本造价等角度考虑整条线路的线路、车站布设,工作过程中会对线路、车站周边的现状及规划进行协调与反应,主要是根据限制条件选定施工手段,或降低成本,对更细节层面的出行者服务则缺乏必要的响应。

2. 车站设计

城市轨道交通车站的主要工作包括:车站总平面布置(包括站位选择、出入口布置、通风亭布置等);车站结构形式选择;车站规模、建筑设计、车站附属设施、纵断面设计等;主体结构各工况内力组合计算;截面验算与结构配筋设计;施工方案、施工工法选择(包括小导洞开挖顺序、开挖进尺、辅助工法等);地表沉降分布变形控制标准制定;现场监控量测设计(包括自身施工安全、地表等)。细致的设计主要以工程实施为主要目的,有严格的设计规范作为设计依据和参考标准。而“以人为本”,以及“使出行者享受到方便、快捷、舒适、安全、可靠的服务”的设计理念,并没有明确的参考标准和硬性要求。

因此,传统的建筑设计中,交通流线设计和交通组织常采用的做法是静态计算和流线分析,但是二者都有无法避免的不足和缺陷。对于静态计算而言,在建筑物交通设计中,设施宽度的确定根据如下公式进行计算:

设施宽度(数量) = (高峰小时需求量 × 超高峰系数)/ 规范要求的最大通行能力

这种设计方法虽然能够满足理想条件下、单一服务环节的交通通行,但是考虑的因素较为单一,对行人需求的考虑是静态的,忽略了不同交通流线之间的相互干扰和冲突,也忽略了行人的空间感受和不同地域行人的行为特征,也没有考虑具体车站的客流需求、空间结构、功能定位、交通服务频率的脉冲性等因素;而且传统的设计方法更难以做到运营管理、客流组织方案与站点设计的结合,无法对设计方案的运营效果进行直观的了解,也无法对空间的使用效率进行评价,在功能需求越来越复杂的轨道交通枢纽中,无法适应新的设计理念。

2.3.2 城市轨道交通设计的工作流程

在设计阶段,按照设计工作的深度划分,城市轨道交通设计一般根据“建设的不同阶段”分为总体设计、初步设计、施工图设计、工程施工、设备安装、联调、竣工验收等各个阶段,如图 2-5 所示。整个流程关注的主要因素即“成本”(纵轴)和“时间”(横轴)。

1. 总体设计主要内容

(1) 线路总图:线路专业为龙头,稳定线位站位,确定建设规模,实现运营功能。

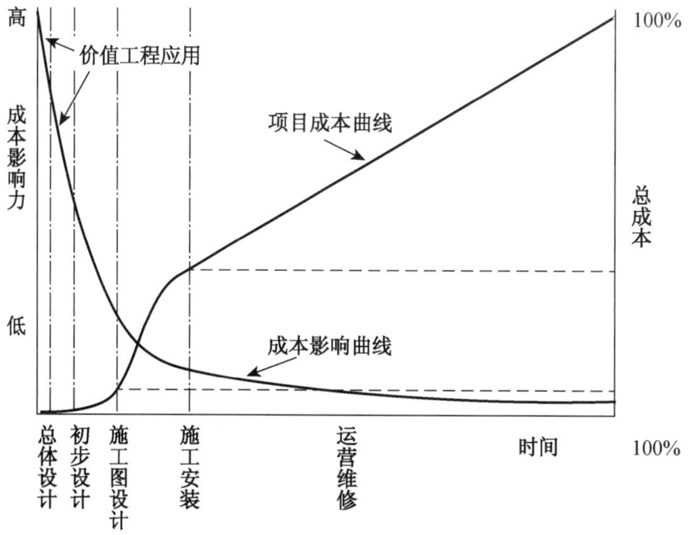

图 2-5　城市轨道交通设计流程

(2) 区间总图:限界、结构专业为主。结合隧道结构形式,实现轨道、车辆、电缆、管线、逃生通道的空间分配。

(3) 车站总图:车站建筑为主。实现列车停靠、乘客乘降和疏解功能;将设备与系统节点汇集于车站,落实结构形式、工法。

(4) 车场总图:以工艺、站场、建筑为主,对车辆与机电设备等作总图设计。

(5) 设备网络总图:对机电设备集约化,实行网、站、线的三资源网络化,综合利用。

(6) 信息网络总图:控制中心为主,对弱电控制系统分级控制,网络全部信息传输,明确运营管理系统智能化和网络化构成。

2. 初步设计主要内容

初步设计应根据批准的可行性研究报告进行编制,要明确工程规模、建设目的、投资效益、设计原则和标准,深化设计方案,确定拆迁、征地范围和数量,提出设计中存在的问题、注意事项及有关建议,其深度应能控制工程投资,满足编制施工图设计、主要设备订货、招标及施工准备的要求。

3. 施工图设计

施工图应根据批准的初步设计进行编制,其设计文件应能满足施工、安装、加工及编制施工图预算的要求。施工图设计文件应包括设计说明书、设计图纸、工程数量、材料设备表、修正概算或施工图预算。施工图设计文件应满足施工招标、施工安装、材料设备订货、非标设备制作,据以进行工程验收。

综上所述,总体设计涉及总图设计、施工、工程推进等方面的内容详细、具体,而涉及外部条件等内容,则相对模糊、粗略,最终的工作内容以及工作成果主要还是以各类设计"总图"为主。而初步设计、施工图设计两个阶段明显缺少对出行者服务需求的明确响应,主要以工程实施和投资效益等内容为主要考虑因素。总体设计、初步设计、施工图设计三个阶段主要是以工程顺利实施为目的，开展由粗到细的各类设计工作，均没有明确提出反映各类服务需求的行人行为、安全服务、商业物业、空间环境、交通一体化、政策支持、文化宣传等方面的内容。

2.3.3 城市轨道交通设计工作的问题与反思

基于以上对城市轨道交通传统设计工作的分析、总结，可以发现，现阶段城市轨道交通“直接服务侧”的设计工作仍有许多问题需要反思、改进。

1. 设计规范对出行者行为特征考虑不足

传统城市轨道交通设计的主要依据是国家相关各类设计规范[《地铁设计规范》(GB 50157—2013)、《城市公共交通站、场、厂设计规范》(CJJ/15—2011)、《城市轨道交通路线客流预测规范》(DB11/T 786—2011)、《公共交通通行能力与服务质量手册(第二版)》、《城市轨道交通运营管理办法》]和地方或城市相关规范《上海市工程建设规范城市轨道交通设计规范》(DGJ 08-109—2004)，这些设计规范可以较好地满足各类“间接服务侧”(设备层、隧道区间、车辆段等)的设计要求，主要对工程地质环境等进行了详细的规定和要求(“间接服务侧”的设施设备环境类似于“纯物理系统”，不涉及人的各类主观行为，边界条件相对清晰、明确)。

“直接服务侧”(站厅、站台、通道、商业夹层、楼扶梯等)直接面对城市轨道交通系统内部的出行者，需要对出行者的行为特征以及与城市其他服务系统的整合要求进行响应，涉及各类人群的不同行为习惯，以及多样化的服务要求，边界条件复杂、多变。这主要是因为：不同地区、不同城市的行人基本属性、出行特征虽然具有很大的相似性，但微小的个体差异在大规模客流的集聚效应下会产生明显的规模差异，进而对服务效率、服务内容提出不同的要求。

传统的设计规范、设计标准采用统一的服务效率指标来指导全国各地的城市轨道交通的各类设计，必然会与各城市出行者的实际行为特征产生较大的差距，导致最终的服务效果不尽人意。

2. 前期设计与后期运营的互动不足

在传统的城市轨道交通设计过程中，主要的项目工作经历了从宏观到微观的逐步细化的单向过程。各个设计阶段之间边界清晰、责任明确，但没有明显的反馈机制，对后期运营管理阶段的各类运营服务需求响应不足，主要依靠各种规范和标准来检验工作质量。各设计阶段所积累的问题，以及与实际需求的不匹配，最终会在实际运营阶段“集中爆发”，但此时已错过了对设计工作的有效反馈，只能通过后期的运营管理工作加以勉强弥补(可能长期消耗大量的人力、财力，加大运营压力，埋下安全隐患)，如图 2-6 所示。

图 2-6 传统城市轨道交通建设程序

3. 缺少融合各方服务需求的有效手段

城市轨道交通未来需要面对多种多样的服务需求，但传统的设计方法主要从工程技术角度考虑城市轨道交通的设计问题，缺少融合多种服务需求的技术手段和工作模式。应该建立全新的工作模式：以运行服务阶段的各类需求和服务内容为主要评价依据，在各设计阶段预先融入完整的综合开发、商业物业、空间环境、交通一体化、文化、安全等服务需求，并对城市轨道交通的运行过程进行仿真评价，促使轨道交通的前期设计工作对后期的运营需求进行积极反馈，优化、完善前期的设计工作，充分反映不同地域、不同线路、不同车站的出行者服务需求特征，如图 2-7 所示。

图 2-7 前后融合的综合策划

4. 对不同服务环节的精细化设计考虑不足

传统的城市轨道交通设计方法主要根据预测客流的需求，进行各环节服务能力的匹配。各服务环节均与客流需求“单向”联系，而各服务环节之间(服务环节上下游之间)缺少必要的协调、组合分析，以及相应的随机影响分析，如图 2-8 所示。

而且在不同的运营场景条件下，城市轨道交通的各种设计、布局、运营管理措施也相差较大。例如，常态运营条件、列车同时到站条件、商业物业综合开发条件、雨雪大客流条件、散场大客流条件、应急疏散条件、不同运营时期(例如，在运营初期出行者的各环节服务效率可能较低，而在运营近期、远期，出行者的服务效率可能会明显提高；在运营初期购票比例比较低，而到了运营近期、远期，出行者的购票比例会明显降低)等均会对城市轨道交通的设计、运营提出不同的要求。

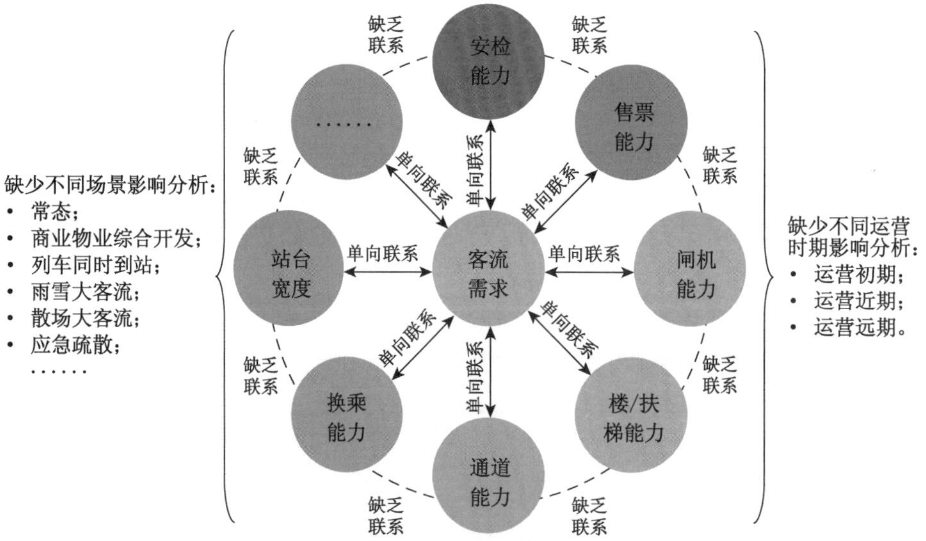

图 2-8 “传统”设计方法分析

传统的城市轨道交通设计方法主要基于出行者行为模式的理想化假设，针对每个服务环节的交通功能进行静态设计，忽略了不同出行者群体的多样化选择，不同流线之间的随机干扰，以及城市轨道交通运行过程的动态变化，进而导致标准化的设计方案在实际应用中出现服务瓶颈、拥堵节点，如图 2-9 所示。因此，标准化的空间设计、设备布局方案仍有优化、提升空间。

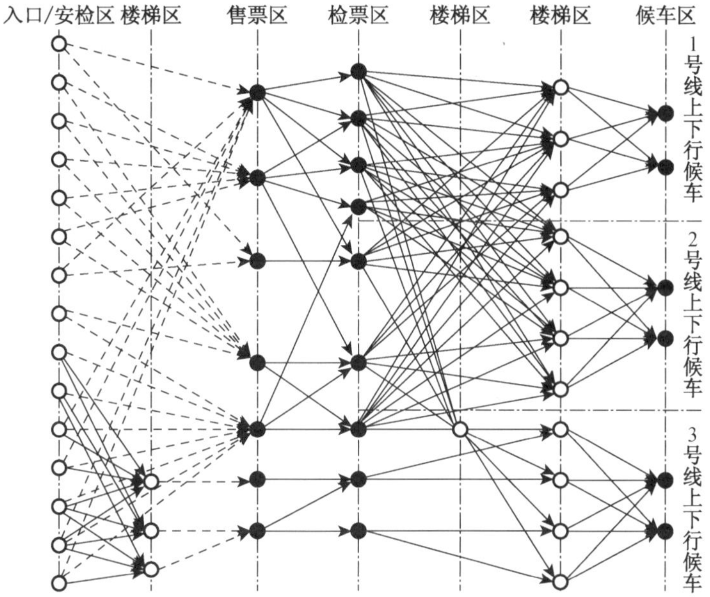

图 2-9　城市轨道交通出行者服务环节链[12]

2.4　城市轨道交通施工反思

2.4.1　轨道交通施工过程中的问题分析

城市轨道交通工程施工是指按照设计图纸和相关文件的要求，在选定的建设场地上将设计意图付诸实现的建设活动。

1. 工程施工和预期效果差距较大

城市轨道交通系统本身是一种非常复杂的系统，城市中道路与市政设施情况复杂，根据轨道交通车站、区段所处的地点不同，而采用不同的施工方案，隧道区间段主要采用明挖、暗挖、盾构的施工方法。地下车站主要采用明挖、暗挖和盖挖的施工方法。

轨道交通系统本身的复杂性，加上受设计勘察、建设工期等因素的影响，加上施工人员对设计意图的理解不够，致使施工过程中往往不能完全按照施工图的要求施工，导致工程竣工后的效果与使用者的感受差别较大，造成乘客的各种不方便，这也会对轨道交通工程的效果产生很大的影响。

2. 施工阶段对周边环境、交通的影响

由于施工方法的粗放，施工过程中对环境的影响较大，尘土、噪声等对周边的干扰较大，另外，建设轨道交通的沿线往往是交通需求比较旺盛的区域，沿线机动车辆较多，由于施工占据机动车道，对道路断面的压缩，会更加加剧车和路的供需矛盾，造成交通拥堵严重，特别是高峰期间，由于轨道交通工程施工一般要 4～5 年，加上几条轨道交通线路同步施工，对整个城市的交通有着持续较长时间的影响。

目前，在轨道交通工程施工期间，也会进行施工期间交通组织措施，但是多作为轨道交通工程施工配套措施进行，其主要目的是配合轨道交通的施工，往往缺乏系统的组织管理，容易造成局部的拥堵点。

3. 和周边综合开发的衔接不紧密

轨道交通工程的施工过程主要是考虑工程本身的要求与进度，而会忽视轨道交通工程与周边设施的衔接。施工过程的开挖与回填措施也往往忽视与周边设施衔接设施的预留。开挖后，回填较深的基坑可以开辟出一层作为商业开发空间或作为停车设施，但常与周边的商业、办公等设施接口预留不足，导致轨道交通与周边综合开发设施连接程度不够，造成绕行、上下困难与过街困难等。

2.4.2 反思与改进对策

1. 转变建设思路

目前的轨道交通工程建设主要是以完成工程设计为主导，从一定程度上来讲满足了工程进度和质量的要求，但是轨道交通工程的建设最终目的还是为出行者服务，需要加入为出行者、市民提供服务方面的考量，加入以人为本的元素，构建新的轨道交通工程建设模式。

轨道交通是城市的一部分，在施工期间，由于经历的时间较长，往往需要数年，因此，在轨道交通建设期间，所有的施工方案与施工组织都要融入城市之中，尽可能地减少对市民生活、交通的不利影响，增加市民活动的认同感。

2. 建立以人为本的施工模式

建议采取精细化施工模式，在施工期间，应充分考虑轨道交通工程施工开挖封闭道路对沿线现有交通的影响，做好施工组织方案，结合工程进展，尽可能地减少封闭现有通行道路，并通过科学的交通需求预测、道路交通精细化组织、加强交通管理重建良好的交通秩序，把影响降到最低。

3. 建立工后评估制度

在施工过程中及施工竣工结束后对轨道交通建设的评估机制，主要是评估规划设计、施工与现场相结合的问题，考虑社会、企业、出行者的需求，在工程建设过程中不符合以人为本的方法或工程建设方案，要及时通过工程评估进行适当的调整，如需要调整规划设计的应修改规划设计，并调整施工图纸，由施工方按照新的要求进行施工，或者通过工程设计变更的模式进行解决，以确保轨道交通工程将来的正常安全运营。

4. 施工完成后对环境的综合整治

轨道交通工程建成通车后，需要将施工期间影响的道路、市政等设施进行恢复，结合恢复工程这一契机，以及地铁出入口、风亭、景观、道路进行综合环境整治，提升空间环境形象。

应尽可能地将轨道交通与周边开发的物业、商业设施、办公设施进行衔接，利用地铁空间开发地下过街设施及便利性商业设施，为乘客提供便利。

2.5 城市轨道交通运营管理反思

2.5.1 我国现行城市轨道交通运营管理内容

我国现行城市轨道交通运营管理可分为行车管理、站务管理、票务管理和设备运营管理四大部分[13]。

1. 行车管理

行车管理是城市轨道交通系统的核心管理工作，该工作把设备系统和客流系统联系在一起，将静态的城市轨道交通系统变成动态的服务系统。行车管理可以进一步细分为：运输计划编制（客流计划与全日行车计划）、车辆配备计划、列车牵引计算、运输能力的计算、列车运行图的铺画、列车交路计划的拟定、列车运行与行车调度指挥等内容。

2. 站务管理

城市轨道交通系统站务管理工作主要包括客流组织、售票组织、客运服务、车站行车指挥和行车组织、客流监控等。

3. 票务管理

城市轨道交通系统票务管理工作主要包括人工、自动售检票系统的布局、管理，以及票制、票价的确定和实施，包括财务统计和经济核算等内容。

4. 设备运营管理

城市轨道交通系统的设备主要包括环控系统、通风及排烟系统、给排水及消防系统、自动扶梯及电梯运载系统等设施/设备、收费系统、供电系统、通信及信号系统等。

这四类运营管理工作相互配合、相互影响，共同为城市轨道交通相关出行者提供必要的服务内容，但这四类运营工作的工作质量以及协调水平却因为各种各样的因素面临着不少问题。

2.5.2 城市轨道交通运营管理工作的问题与反思

我国规划、设计、建设、运营城市轨道交通系统的城市越来越多，但是各城市轨道交通系统的运营管理模式却不尽相同，同时也面临着各种各样的运营管理问题。此外，规划、设计阶段所积累的各类潜在问题最终会在运营阶段集中爆发，进而影响运营服务水平，增加运营管理工作的压力和难度。主要包括以下几个方面。

1. 客运压力越来越大

国内各城市轨道交通系统大多面临着早晚高峰客流压力过大的问题，运营管理方不但要保证基本的运营安全，还要提高运输效率和出行者的服务水平，在既有线路、车站硬件设施的基础上所承受的压力越来越大[14]。这主要是因为随着我国城市化进程的逐步推进，各大城市集中了越来越多的人口；而且因为城市轨道交通沿线综合开发的刺激作用，导致城市轨道交通的客流需求远远超过规划、设计阶段的客流预测数据。

因此应该在规划、设计阶段科学预测客流，并利用各种客流（仿真）分析手段准确响应客运需求，优化调整规划、设计方案，确保运输能力适度超前，使城市轨道交通各环节的能力配置在满足运营安全的基础上，进一步提高运输效率和服务质量。在运营阶段应该根据实际运营情况开展相应的客流评估与修正工作，并采用合理的运营组织和限流措施，制订、演练各类大客流预案，在现有硬件设施的基础上合理组织客流。

2. 承接着前期规划、设计的各类后果

城市轨道交通系统最终是为实际运营服务的，各地城市轨道交通的实际运营特征和服务需求千差万别，需要提供差别化的运营管理服务，但前期的规划、设计工作主要根据各种统一的规范、标准来完成，缺少针对各地实际运营特征、服务需求的响应，这导致运营管理部门面临着长期、巨大的工作压力，影响了各类服务质量。

各城市轨道交通系统应该建立政府牵头的沟通协调机制，综合权衡出行者、企业、社会公益等多角度的服务需求，把运营管理要求和各类服务需求向规划、设计、建设方及时反馈，并督促落实。应均衡规划、设计、建设、运营等各阶段参与单位的运营服务责任，保证实际运营后的服务质量。

3. 运营安全问题突出

在客流压力过大的情况下，城市轨道交通还经常面临各类可预知以及不可预知应急事件的影响，例如，可预知的各类大客流事件（节假日大客流、散场大客流、大型活动大客流、雨雪大客流等），以及不可预知的突发事件（设备故障、纵火、停电等），导致运营设施/设备超负荷运转，运营组织难度增大，安全隐患也随之增大。

导致安全问题产生的因素多种多样，准备工作难以面面俱到，应该通过构建统一的安全管理体系，定期评估运营组织、工作人员、出行者、周围环境等影响安全运营的各类因素，并制订各类应急预案，定期演练各种可能的应急场景，增强应对各类应急事件的管控能力。

4. 运营管理规章制度不健全

由于我国各城市轨道交通规模大小、投资渠道、出行者行为特征、各地经济能力各不相同，因而各城市轨道交通管理的规章、制度、标准都不尽相同[15]，甚至相同城市的不同线路也存在差异。这种差异体现了多元化的运营管理需求。但是，单就某一城市轨道交通运营管理单位来说，针对不同情况的管理方法和规章制度仍不够细化，缺乏应对不断发展的、越来越广泛的客运问题的有效机制。而且随着未来各城市轨道交通的逐渐成网，规章制度发展往往滞后，难以满足网络化运营的需求。

因此，各城市轨道交通运营单位之间应该相互借鉴、定期调研，基于本地城市轨道交通运营特点和服务需求，充分参考其他城市轨道交通运营单位的运营管理特点，博取众家之长，不断完善本地城市轨道交通运营管理的规章制度。

5. 运营管理单位组织架构复杂

我国城市轨道交通在规划建设、投融资体制、后期运营等各个环节和方面都有其独特的方法和途径，这也导致已成熟运营的城市轨道交通单位的组织架构和管理模式各不相同[14]。有的将投融资、规划建设、运营管理、商业物业统一管理，也有的将上述内容分项管理；有的采用企业化运营管理模式，而有的采用行政事业管理模式。不同的运营管理模式对城市轨道交通运营管理的岗位设置、业务流程、权责关系等会产生重要的影响，不同特点的城市轨道交通系统应当采用适应其特点的组织架构，并随着运营成熟度以及线网规模的变化，适当调整其架构，满足相应运营需求。

运营管理单位的组织架构和不同运营特点之间的对应关系非常复杂。但我国很多新的城市轨道交通运营单位在组建之初，缺乏对本地城市轨道交通运营特点和需求的充分研究，直接参考、照搬运营成熟的城市轨道交通单位的组织架构和管理模式，往往在实际的问题暴露后才采取行动调整架构，很少能做到提前完善和预防。

城市轨道交通运营单位的组织架构，需要从多角度、多层面构建，例如，包括：线网层面、线路层面、车站层面的组织架构；运营起步期、运营成长期、运营成熟期的组织架构；不同时期、不同层面的组织架构之间的协作、互动机制，等等。这些组织架构的构建需要根据各城市轨道交通系统的投融资体制、商业物业开发规划、人力资源状况、出行者服务需求等具体特征，开展深入的分析与研究工作。

2.6 小 结

从上述轨道交通发展过程，我们可以看到，现有的轨道交通发展已经从投融资、规划、设计、运营管理等环节建立了相对完善的建设程序和相关标准规范体系。

我国现有的轨道交通建设程序如图 2-10 所示。该程序很好地体现了城市轨道交通的建设工作经历了从宏观到微观的逐步细化的过程，实际上也是“建轨道就是建城市”理念的逐步实施的过程。

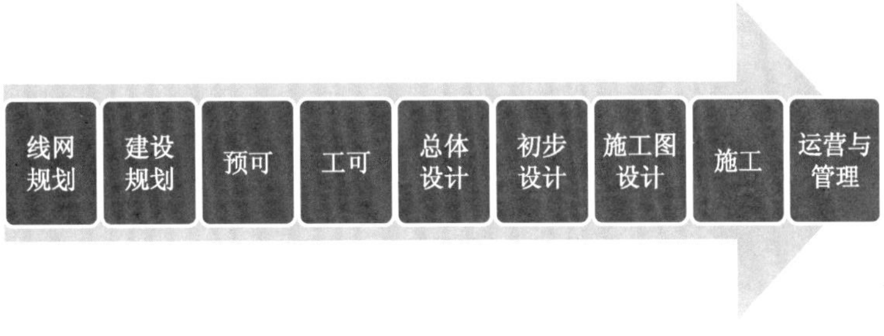

图 2-10 现有城市轨道交通建设程序

但是，从现有的各城市轨道交通建设实践来看，还存在如下几方面的不足：

1. 投融资、规划、设计、建设与运营管理之间缺乏整体的协调

国内各城市轨道交通系统在处理规划、设计、建设、运营的关系上普遍存在重视规

划、设计、建设阶段，对运营管理阶段考虑不足的现象。这种以工程实施为导向的城市轨道交通发展思路不可避免地造成了后期运营管理阶段各类问题的产生。不同城市、不同线路、不同车站的客流服务需求都不尽相同，相应的运营管理服务要求也不尽相同，如果在规划、设计阶段没有将各类服务需求和运营管理要求融入其中，便会在后期运营管理阶段产生各类服务问题，有时甚至面临着线路刚开通，就需要解决运营难题，有些问题需要通过加大运营管理力度和成本来解决，有些问题甚至需要通过耗时耗力的后期改造才能解决。城市轨道交通系统首先是一个工程实施问题，但其最终要为后面长期的乘客服务和运营管理服务，因此城市轨道交通规划、设计、建设阶段与运营阶段的协调配合就成为各城市轨道交通面临的主要问题。

2. 投融资多元化使得轨道交通发展面临更多、更复杂的协调问题

城市轨道交通的巨大建设和运营成本使得地方政府财力不堪重负，PPP，BT，BOT等各种投融资模式成为地方政府寻求城市轨道交通投融资的方式和来源，从而使得城市轨道交通投融资多元化，这种投融资多元化带来的是利益多元化，因而地方政府在城市轨道交通发展中将面临更复杂的利益协调和平衡问题。

在政府投资模式下，政府(或代理机构)主要考虑的是如何在控制成本的基础上能够建设高质量的城市轨道交通系统，提供高水平的轨道交通服务，更多的是站在公共利益的角度来建设城市轨道交通系统。

而在投融资多元化的背景下，由于利益各相关方有着各自的利益诉求，从而使得在城市轨道交通建设过程中必须对这些利益诉求进行充分协调和平衡，才能有效推进相关工作，并保证城市轨道交通的建设和服务水平。如目前的PPP模式，由于能够减轻地方政府债务负担而深受地方政府青睐，但是由于轨道交通项目的投资收益回报并不大，如国内昆明5号线的中标年投资收益率仅比央行公布的5年期以上贷款基准利率高2%，因此，PPP投资方更多是采用“PPP+工程总承包”的模式来投资建设，通过丰厚的工程总承包利润一次性实现投资方的收益，因而目前国内城市轨道交通PPP的投资方基本是工程承包商，几乎没有专业地铁运营商，因此，如果在轨道交通发展过程中不结合城市实际情况，对轨道交通的各个环节提供指导和有效把控，将为后来轨道交通的正常运行留下隐患，特别对于新建轨道交通的地方政府来说，更是如此。因此，在城市轨道交通投资多元的背景下，如何在城市轨道交通的各个工作环节，平衡和协调好各利益相关方(特别是投资方和公共利益)的利益成为城市轨道交通发展面临的一个重要问题。

3. 轨道交通规划、设计与运营管理精细化仍待加强

经过二十多年的快速发展，我国在城市轨道交通的规划、设计与运营管理方面已经形成了一系列规范标准体系，能够为城市轨道交通的相关工作提供很好的指导。但是我们也必须看到，由于轨道交通系统的复杂性以及未来发展(包括客流预测等)方面的不确定性，现有的轨道交通规划、设计与运营管理工作还不够精细化，现有的轨道交通规划、设计与运营管理工作方法和工具在处理不确定性和突发事件等方面仍显不足，需要进一步提升和改善。

4. 对轨道交通各相关利益方的诉求缺乏全面系统的分析

城市轨道交通包括出行者、企业（轨道交通运营管理企业等）以及政府等各利益相关者，这些利益相关者对轨道交通都有着不同的诉求和期望，如何将这些诉求和期望在城市轨道交通的各个环节进行充分考虑和平衡是轨道交通发展必须面对的问题。从国内城市轨道交通发展的实践来看，轨道交通对这些利益相关者的诉求和期望还缺乏系统、全面的分析。

5. 轨道交通与城市融合发展缺乏科学的方法指导和落实

总体来说，轨道交通必须与城市融合发展，才能实现可持续发展的目标。要实现轨道交通与城市融合发展，必须跳出轨道交通本身，站在更高的角度，通过全面系统的轨道交通与城市融合发展理论与方法来指导和落实。

目前，国内外学者在轨道交通与城市发展领域研究比较多的是轨道交通与城市空间结构的理论研究。北京交通大学的盛来芳在《论轨道交通与大城市的时空耦合》一书中，从时空视角研究了城市交通轨道网络与城市空间结构的演化机制问题，应用运输经济理论、交通区位理论、城市经济理论建立了基于交通需求与交通供给时空特征的解释框架，分析了轨道交通网络对城市时空资源配置方式和配置效率的影响机制，以期望从协调城市时空关系的出发点去规划好、设计好轨道交通的线网布局与城市就业和与商业中心的空间衔接、与其他交通方式接驳方式以及与城市未来形态的引导关系，从而最终实现轨道交通网络与城市空间体系的时空耦合。该研究是从理论层面尝试提出轨道交通与城市融合发展的机制，但是在如何实现轨道交通线路与城市发展的融合方面，国内外的研究还相对不足。

住房和城乡建设部在 2015 年 11 月发布了《城市轨道沿线地区规划设计导则》。《导则》借鉴国内外先进经验，参照既有标准和规范，针对城市总体规划、控制性详细规划及修建性详细规划三个层次，提出有针对性的规划原则、控制重点与设计方法。《导则》对轨道沿线地区的引导主要包括功能结构、土地使用与建设强度、道路网络、换乘设施、轨道站点出入口及步行系统等方面，对各层次城市规划与轨道建设的一体化衔接具有指导意义。但是我们看到这个《导则》主要针对的是轨道交通规划层面，对于如何从城市轨道交通发展的各个层面以及层面之间如何有效协调和衔接还缺少相应的导则。总体来说，轨道交通和城市融合发展的理论和方法体系研究还比较缺乏，城市轨道交通和城市融合发展需要科学的理论和方法来指导和落实。

参考文献

[1] 王灏. 城市轨道交通投融资模式研究[M]. 北京：中国建筑工业出版社，2010.

[2] 蔡燕飞. 以服务为导向的轨道交通线网规划方法[J]. 山西建筑，2016，42(12)：20-22.

[3] 安诚傲林规划设计顾问（上海）有限公司. 以服务为导向的重庆都市区公共交通系统网络化研究[R]. 重庆：重庆市轨道交通（集团）有限公司，2014.

[4] 安诚傲林规划设计顾问（上海）有限公司，南京市城市与交通规划设计研究院有限责任公司. 乌鲁

木齐市公交服务一体化研究[R]. 乌鲁木齐：乌鲁木齐市城市综合交通项目研究中心，2014.
[5] 张杰. 从协调性看轨道交通建设规划编制要点[J]. 都市快轨交通，2014，27(2)：26-29.
[6] 王远回，宗传苓，刘永平，等. 深圳市轨道交通建设规划总结与思考[C]. 2016 中国城市交通规划年会，2016.
[7] 张格妍. 城市轨道交通建设规划编制要点浅议[J]. 城市建设理论研究：电子版，2012(4).
[8] 于艳强. 关于城市轨道交通用地规划与控制的思考[J]. 都市快轨交通，2016，29(1)：82-86.
[9] 北京中城捷工程咨询有限公司，宁波市规划设计研究院. 宁波市城市快速轨道交通沿线用地控制性详细规划[R]. 宁波：宁波市规划局，2004.
[10] 吴爽. 城市轨道交通用地控制性详细规划方法[J]. 城市交通，2005，3(2)：43-46.
[11] 王昊. 我国城市轨道沿线地区规划建设的问题与对策[C]. 2015 中国城市交通规划年会，2015.
[12] 邹晓磊. 城市轨道交通车站乘客行为及客流组织研究[D]. 上海：同济大学，2009.
[13] 卢渝，金辰虎. 我国城市轨道交通运营管理模式的发展趋势[J]. 现代城市轨道交通，2004(1)：35-38.
[14] 张在龙. 北京城市轨道交通运营管理问题分析及对策[J]. 综合运输，2014(11)：80-84.
[15] 何宗华. 城市轨道交通运营管理的规范化[J]. 城市轨道交通研究，2010，13(10)：1-3.

3 城市轨道交通发展面临的挑战

传统的城市轨道交通发展模式（规划、设计、建设、运营模式）主要为满足轨道交通乘客基本的出行需求（提供乘客的位移服务），很少考虑政府通过轨道交通实现各种社会公共利益，各类相关企业的发展利益，以及与轨道交通相关的各类居民和出行者（包括非轨道乘客）的出行服务感受。而随着时代的进步、社会的发展，传统城市轨道交通的服务内容、服务方式逐渐不能适应、满足相关方越来越多、越来越高的服务需求。原有的城市轨道交通发展模式（规划、设计、建设、运营模式）面临着巨大的挑战。

3.1 城市轨道交通出行面临的挑战

轨道交通作为公共交通的一种特殊方式，以其舒适、快速、可靠等特征体现出强大的出行吸引力，甚至在某种程度上改变了人们的生活方式，这种改变主要体现在居住位置的选择、通勤时间的安排、购物的一站式期望、休闲的公共空间选择等，由此带来的需求愿景、行为选择、驻留融合对轨道交通服务体系提出了全面的挑战，这种服务已不再仅仅局限于运输层面，而是整个出行过程中所涉及的生活行为等方方面面。

随着现代社会经济的快速发展，出行者对城市轨道交通的服务需求越来越多，车站结构也越来越复杂，城市轨道交通成为社会生活的重要一环，其内部的服务环节主要包括车站内的乘客服务、列车上的乘客服务以及城市轨道交通与外部城市系统的一体化衔接服务等内容。随着出行者服务需求和服务质量要求的不断提升，城市轨道交通的客运服务产生了越来越多的问题。这些服务问题有些是全新的，有些已长久存在，但随着出行者对服务要求的不断提高而凸显[1]。

例如，车站服务方面：在早晚高峰时段，进出站客流拥堵不堪的现象越来越严重；站内所提供的各类辅助服务设施（银行、便利店、报刊、餐饮等）越来越不能满足出行者的各类需求；当城市轨道交通发生断电、故障等各类突发事件时，车站的服务人员不能有效、及时地疏导客流，解决问题；车站内各类乞讨、卖艺、偷窃事件屡禁不止，困扰着出行者。

列车服务方面：普遍存在车厢拥挤严重、滥发广告、冲门吊门、争抢座位等现象；列车延误频发，预报、预防不及时；车厢内饮食影响乘车服务质量等问题。

城市轨道交通与城市生活一体化衔接方面：普遍存在进出站交通一体化衔接不合理的现象（例如与公交、自行车、私家车、出租车等交通方式的一体化衔接）；以及轨道交通与周边社会生活设施之间的衔接不足(例如跨街道出入口,商业物业一体化衔接,周边空间环境的一体化融合等)。

"服务质量没有最好,只有更好",这反映了传统服务行业面对的最普遍挑战,需要不断提升服务质量,以应对出行者越来越多的服务需求。因此,服务质量该如何提升,是每个服务企业需要关注的重要问题。基于城市轨道交通服务发展变化的分析研究,可以发现城市轨道交通服务提升的挑战主要体现在三个方面:阶段性差异,区域性差异,层次性差异。

3.1.1 城市轨道交通出行服务的阶段性差异

城市轨道交通是城市建设百年大计,因此在城市轨道交通发展的不同阶段(起步期、成长期、成熟期),出行者的服务需求也具有逐渐成长、变化的阶段性差异,相应的城市轨道交通服务也应当提供各阶段相应的服务内容,并满足相应的服务质量。

例如,在城市轨道交通前期的规划、设计、建设等阶段,虽然都有各类规范予以控制,但难免由于车站、线路周边用地、开发情况的变化等原因,导致规划设计脱离现实,或者对实际需求疏于考虑等情况。因此,克服规划、设计、建设与出行者需求的偏差使之符合实际,就是城市轨道交通提供良好服务的关键挑战。

城市轨道交通运营后,虽然直接的服务提供方为运营单位,但出行者所享受的服务已经包含了前期规划、设计、建设等阶段的各类服务质量。城市轨道交通运营管理方需要在此基础上,了解出行者的实际需求,提供针对性的客运服务。如果前期的规划、设计、建设留有不足则会严重影响后期的服务质量。例如:车站的结构设计、功能布局、空间面积等是很难在后天来改造的,就需要尽可能在前期得到解决。此外,在城市轨道交通的前期规划、建设阶段,虽然没有实际运行,但出行者也具有不同种类的服务需求,例如,在规划阶段,出行者可能需要了解车站的位置、线路的走向等资讯服务;在建设阶段,出行者可能需要了解交通导改服务水平,线路开通时间等资讯服务并避免噪声、污染的影响等。

在城市轨道交通的漫长运营阶段,根据线网结构的成熟度、可达性以及出行者不断成长的服务需求,可以将其划分为运营起步期、运营成长期、运营成熟期等不同的阶段。在不同阶段,出行者的服务需求是不断变化的。在试运营期,出行者可能不会苛求完整的客运服务,但对磨合期的各种基本运营问题较为关注,希望运营能够尽快正常;在正式投入运营后,出行者可能会对购票、安检、导向标识、照明、温度、客流组织等客运服务提出更高的要求。随着运营网络的不断扩展,出行者的服务需求以及相应的服务质量要求也在持续提高。因此有必要分析研究不同运营阶段的服务需求,规划、预留相应的客运服务。

此外,在运营的小周期内,虽然城市轨道交通每天都可能面临相对固定的出行者群体,或者在相对固定的车站、线路出行,但运营服务需求也会发生小阶段的变化,例如工作日、非工作日的差异影响,季节、假日、天气的差异影响,等等。因此,运营管理方需要密切关注各类大小运营阶段服务需求的变化,抓住客运服务的不同特点,提供针对性的运营服务。

3.1.2 城市轨道交通出行服务的区域性差异

不同区域、不同城市的轨道交通，甚至同一城市、不同区域的轨道交通可能面临不同出行者群体，例如，一条轨道线路可能贯穿市中心、郊区、居民区等不同区域，因此按照居住地、出行里程、出行目的、出行路线划分的出行者群体的服务需求也有所不同。在更广泛的范围内，比如南方城市的轨道交通和北方城市的轨道交通，或者少数民族聚集地区的轨道交通与汉族聚集地区的轨道交通所面临的服务需求差异也会较大。因此有必要针对不同的出行者服务需求，提供差异化的客运服务。

出行者对于城市轨道交通最主要的服务需求是“位移”，但同时会对相关的辅助服务产生服务需求，例如站内、站外的导向服务、售票服务、信息服务、安检服务等内容，这些辅助服务会受到区域、城市等不同行人行为的影响。例如，不同城市出行者的行人步行速度、购票习惯、信息服务倾向、安检服务模式差异(例如有些城市采用“人物同检”模式，有些城市采用“纯物检”模式)。因此需要因地制宜，采取合适的服务模式，满足出行者的服务需求。

出行者对主要服务需求“位移”的要求相对简单，如果能按时到达目的地即是满足需求，如果不能按时到达目的地，则代表服务质量不高。但是“位移”的服务过程、服务质量并没有统一的标准，主要取决于出行者的主观感受和服务评价。相同的服务内容(例如“位移”)对于不同地域、不同城市的出行者，可能得到完全不同的服务评价。从国内各地的城市轨道交通的服务满意度调查中可以看到，不同地域、不同城市的出行者对客运服务的服务内容、服务质量均有不同需求。

基于国内外城市轨道交通运营的实际经验，各区域、各城市(甚至同一城市不同区域)的出行者需求各不相同(出行者的服务需求、行为特征会受到地域、民族、社会环境、生活习惯等一系列因素的影响)，需要针对不同出行者的心理和行为进行深入研究(例如需要根据实际情况，开展各地专门的行人行为调研分析，进而掌握相关出行者的行为特征、服务需求等属性)，提供“量身定做”的服务体系。

3.1.3 城市轨道交通出行服务的层次性差异

除了出行者服务需求的阶段性差异、区域性差异外，出行者的服务需求还具有动态发展的特性，即出行者的服务需求会随着经济的发展、社会的进步，涌现出更高层次的服务需求。例如，相同地域、类似发展阶段的出行者面对相同的城市轨道交通可能会提出更高的要求，而不是简单地重复各个发展阶段的服务需求。

根据马斯洛理论，人的心理需求在实现基本需求之后，开始逐层上升，逐步寻求改善，追求更高的实现目标。该理论超越了地域与文化的差别，同样可以将其应用于城市轨道交通领域。出行者对城市轨道交通的服务需求类似于马斯洛需求层次理论，也是从底层向高层发展，满足基本需求后追求更高层次的服务目标。

例如，出行者对城市轨道交通系统最基本的服务需求即是“安全可靠”的位移服务，这是城市轨道交通发展的初期最主要的服务需求；在此基础上，随着时代的发展，城市轨道交通出行者还在追求“经济便捷”的服务体验，例如城市轨道交通的可达性、快捷性、准点性、导向性、经济性等一系列衍生服务；进而还会产生“多元体验”的服务需求，即出行的人性化、智能化和信息化，如图 3-1 所示。这些要求既有对交通服务、信息便利、出行环境、文化品位、交通的运营管理和组织调度等软件方面的要求，还有对交通工具的现代化程度等硬件方面的要求。未来还会产生更多、更复杂的服务需求。

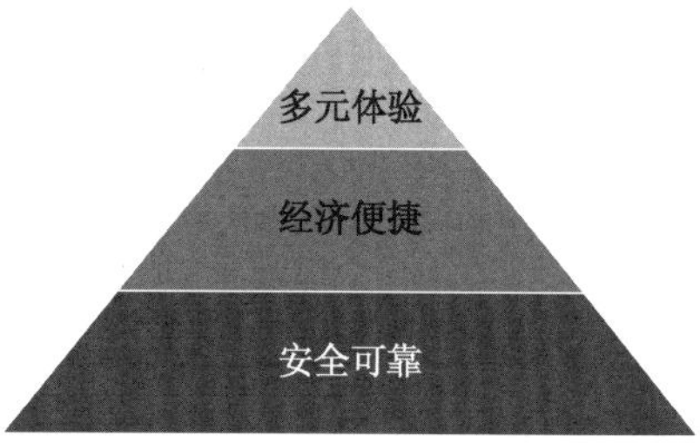

图 3-1　出行者需求层次金字塔

如前文所述，未来城市轨道交通的服务提升需要面临出行者服务需求的阶段性差异、区域性差异、层次性差异等一系列挑战。而当前的城市轨道交通服务常常出现服务水平不尽如人意的现象，这主要是因为传统的以“工程”为导向的城市轨道交通发展模式不能准确反映日益复杂、不断发展的出行者服务需求（阶段性、地域性、层次性）。因此，未来的城市轨道交通发展模式应该在保证出行者“硬件”（基本）服务的前提下，不断提升城市轨道交通“软实力”，即根据实际情况，分析调研具体的出行者服务需求和行为特征，提供不同阶段、不同地域和更高层次的客运服务[1]。

3.2　城市轨道交通安全面临的挑战

城市轨道交通作为现代城市的交通主动脉，一旦发生各类应急事件，将会造成难以估计的影响。安全是城市轨道交通运营服务的生命，是其他一切服务实现的基础。随着我国城市轨道交通的大规模建设和发展，以及现代城市、社会所面临的各种新形势和新威胁，城市轨道交通的安全服务也将面临更大的挑战。

3.2.1　传统应急事件对城市轨道交通的影响

城市轨道交通系统内部空间封闭、人员密集、通道狭窄，一旦发生各类应急事件（例如火灾、设备故障、恐怖袭击等），极易导致信号中断、浓烟弥漫等问题，并进一步诱发恐慌疏散等二次事故，会严重影响救援工作和疏散引导工作，最终造成重大伤亡和财产损失[2]。

轨道交通运营以来，国内外许多城市的轨道交通系统都发生过不同类型的事故，如爆炸、火灾、人为纵火、毒气、列车脱轨、列车相撞、踩踏、停电以及出行者坠落等，这些事故均造成了不同程度的后果。

因此，针对国内外城市轨道交通应急事件展开统计分析，了解不同事故种类的影响因素及应急处置过程、应急处置效果，可以预防并控制未来城市轨道交通安全服务所面临的巨大挑战。

1. 国外重大轨道交通应急事件统计分析

2000 年以来，国外重大轨道交通应急事件发生的原因及影响见表 3-1。

表 3-1 国外重大轨道交通应急事件统计分析[2]

时　间	地　点	事故原因	事故影响
火　　灾			
2000 年 4 月	美国华盛顿	区间隧道电缆故障	10 多人受伤,影响地铁运行 4 小时
2000 年 11 月	奥地利萨尔茨堡州	机械故障引发火灾	155 人死亡,18 人受伤
2003 年 2 月	韩国大邱	人为纵火	198 人死亡,147 人受伤
2005 年 1 月	美国纽约	人为火灾	1 个信号室烧毁,2 条地铁线路陷入瘫痪
2006 年 7 月	美国芝加哥	最后一节车厢脱轨酿成火灾	152 人受伤
2010 年 2 月	美国芝加哥	地铁起火	19 人受伤,其中 5 人伤势严重
2010 年 6 月	美国芝加哥	天气炎热导致保护地铁枕木的化学药剂引燃	19 名乘客呛伤送医,其中 5 人伤势严重
2014 年 7 月	韩国釜山	第 5 节车厢上方的集电装置过热发生火警	5 人受伤,大约 400 人被疏散
脱　　轨			
2000 年 3 月	日本东京	列车脱轨与另一车相撞	5 人死亡,60 余人受伤
2000 年 6 月	美国纽约	列车出轨	89 人受伤
2000 年 8 月	法国巴黎	超速引起列车脱轨	24 人受伤
2003 年 1 月	英国伦敦	机械故障导致列车脱轨	32 人受伤
2005 年 4 月	日本兵库县尼崎市	西日本铁路公司福知山线冢口到尼崎车站之间的一处弯道(曲率半径约 300 m)	事故列车共搭载约 580 名乘客,死亡人数达 106 人,另 458 人轻重伤
2005 年 9 月	美国芝加哥	列车脱轨	1 人死亡,83 人受伤,其中 17 人重伤
2006 年 7 月	西班牙巴伦西亚	司机缺乏驾驶经验和安全意识,超速驾驶造成列车脱轨翻车	41 人死亡,47 人受伤
2006 年 7 月	美国芝加哥		152 人受伤
2007 年 1 月	美国华盛顿		23 人受伤
2007 年 7 月	英国伦敦		37 人受伤
2008 年 6 月	俄罗斯莫斯科		9 人受伤
2009 年 5 月	西班牙马德里		无人员伤亡
2009 年 12 月	法国巴黎		17 人受伤
2010 年 2 月	美国华盛顿		无人员伤亡

（续表）

时 间	地 点	事故原因	事故影响
2010 年 6 月	美国华盛顿	列车出轨	乘客受困 1.5 小时，3 人受轻伤
2012 年 2 月	韩国首都圈 1 号线	天气严寒，推测寒流导致向电车传输动力的电池电压下降	地铁 1 号线脱轨，全程中断瘫痪 5 小时
2014 年 7 月	俄罗斯莫斯科	地铁工人应该使用特殊的闭塞器来固定道岔，但是他们却用普通的金属丝取代了这种可移动的闭塞设备	20 人死亡，161 人受伤
恐怖袭击			
2000 年 8 月	俄罗斯莫斯科	恐怖袭击	13 人死亡，90 多人受伤
2001 年 2 月	俄罗斯莫斯科	恐怖袭击	15 人受伤
2004 年 2 月	俄罗斯莫斯科	恐怖袭击	至少 40 人死亡，100 人受伤
2004 年 3 月	西班牙马德里	恐怖袭击	201 人死亡，1 500 多人受伤
2004 年 8 月	俄罗斯莫斯科	恐怖袭击	10 人死亡，50 多人受伤
2005 年 7 月	英国伦敦	恐怖袭击	52 人死亡，700 多人受伤
2010 年 3 月	俄罗斯莫斯科	恐怖袭击	39 人死亡，95 人受伤
2011 年 4 月	白俄罗斯明斯克	恐怖袭击	12 人死亡，200 多人受伤
2014 年 9 月	智利圣地亚哥	恐怖袭击	8 人受伤，其中 2 人伤势严重
停 电			
2003 年 8 月	加拿大多伦多、渥太华，美国纽约、克利夫兰、底特律	北俄亥俄州变电站发生事故引起线路跳闸	地铁系统瘫痪
2003 年 8 月	英国伦敦	错误规格保险丝的安装致使自动保护设备被误启	近 2/3 地铁停运，约 25 万人被困
2005 年 5 月	俄罗斯莫斯科	洽吉诺变电站发生火灾和爆炸引起大面积停电	43 辆地铁停运，2 万多名乘客被困
2007 年 10 月	日本东京	供应电车电力的变电所出现问题致使停电	大江户线地铁 72 班电车停驶，9.3 万人行程受到影响

（续表）

时　间	地　点	事故原因	事故影响
2010 年 10 月	英国伦敦		5 列地铁列车陷入停顿，2 000 多名乘客被困在隧道中近 2 小时，4 000余人的出行受到影响
2014 年 8 月	韩国首尔		800 余名乘客不得不走下列车步行至清凉里站，经历了诸多不便
列车相撞			
2004 年 10 月	西班牙巴塞罗那		50 多人受伤
2004 年 11 月	美国华盛顿		20 人受伤
2005 年 1 月	泰国曼谷	人为因素导致列车相撞	212 人受伤
2005 年 9 月	西班牙巴伦西亚	地铁列车相撞	42 人受伤，其中重伤 2 人
2006 年 10 月	罗马维托艾曼纽二世车站	列车超速行驶	1 人死亡，约 110 人受伤，6 人伤势较重
2007 年 7 月	委内瑞拉加拉加斯		1 人死亡，12 人受伤
2008 年 4 月	美国芝加哥	集装箱拖车撞入地铁站	2 人死亡，18 人受伤
2009 年 5 月	美国波士顿	地铁追尾	50 多人受伤
2009 年 5 月	西班牙马德里	地铁站内，司机未看到红灯	22 人受伤
2009 年 6 月	美国华盛顿	两列地铁相撞	9 人死亡，70 多人受伤
2009 年 7 月	美国旧金山		48 人受伤
2009 年 9 月	日本东京		无人员伤亡
2014 年 5 月	韩国首尔	自动安全距离保持装置出现故障引起；怀疑前班列车有两节车卡脱轨，致尾随列车首尾相撞	249 名乘客受伤

通过上述统计分析，可以发现：国外城市轨道交通应急事件的重大危险源主要包括列车脱轨、列车相撞、爆炸（恐怖袭击）、火灾、停电等。

应急事件具有不可预知的特性，因此，做好车站的人群疏散和消防管理是预防事故发生，减小事故影响的重要手段。

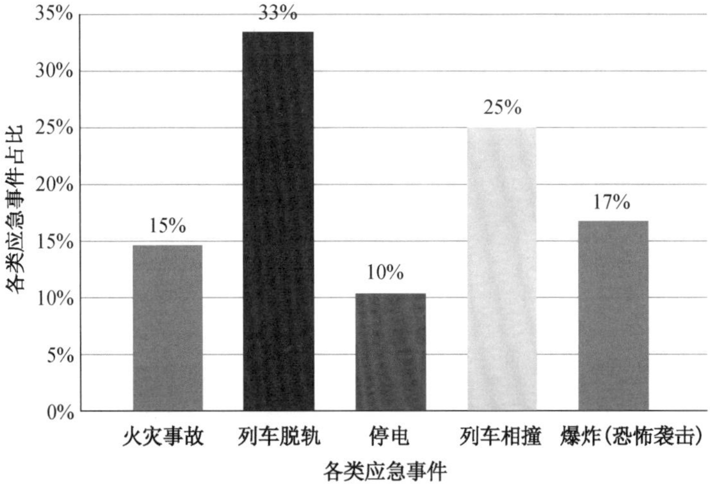

图 3-2 国外轨道交通重大应急事件统计分析(2000 年以后)

2. 国内重大轨道交通应急事件统计

自 2000 年以来,我国重大轨道交通应急事件发生的原因及影响见表 3-2。

表 3-2 国内重大轨道交通应急事件统计分析

时 间	地 点	事故类型	事故原因	事故影响
设备故障				
2009 年 3 月	广州地铁 3 号线	设备故障	设备故障	3 号线中断运营超过 12 小时
2010 年 7 月	上海地铁 2 号线	设备故障	车门故障	死亡 1 人
2011 年 9 月	上海南京路站	设备故障	车门故障	2 号线车门故障,死亡 1 人
2011 年 9 月	上海地铁 10 号线	设备故障	信号故障及违规操作,两车追尾	280 多人受伤
2011 年 7 月	北京地铁动物园站	设备故障	A 出口上行自动扶梯断裂	1 死 29 伤
2011 年 11 月	北京地铁望京西站	设备故障	自动扶梯故障	多人受伤
2013 年 7 月	北京地铁 10 号线	设备故障	西钓鱼台下行出站信号设备故障	造成大批乘客滞留
2014 年 2 月	上海地铁 9 号线	设备故障	信号和道岔故障	限速限流
火 灾				
2004 年 1 月	香港	火灾	尖沙咀站和金钟站的过海隧道内纵火	14 人受轻伤

（续表）

时　间	地　点	事故类型	事故原因	事故影响
2005 年 7 月	北京地铁 1 号线朝阳门站	火灾	排风扇电路老化短路	无人员伤亡，停运近 50 分钟
2014 年 7 月	北京地铁 13 号线	火灾	高架桥下一仓库起火，引燃地铁线路外围隔挡	导致地铁部分路段停运，火灾没有造成人员伤亡
列车相撞				
2008 年 10 月	香港	列车相撞		27 人受伤
2009 年 12 月	上海地铁 1 号线	列车相撞		多人受伤
2011 年 9 月	上海地铁 10 号线	列车相撞	行车调度员未严格执行调度规定，违规发布调度命令	40 余人受伤，大部分乘客为轻微伤
停　电				
2010 年 6 月	上海地铁 3 号线	停电	上海南站至漕溪路上行区间触网失电	正线运营中断 57 分钟
2013 年 6 月	上海地铁 2 号线	停电	上海市中心突然发生大面积停电事故	红绿灯失效，有人被困电梯；停电事故持续大约 1.5 小时
踩　踏				
2008 年 3 月	北京地铁东单站	踩踏	电梯故障	11 人受伤
2010 年 5 月	深圳华强路站	踩踏	无视安全提示违规运货，管理原因	15 人受伤
2010 年 12 月	深圳地铁国贸站	踩踏	扶梯逆行	
2014 年 6 月	广州地铁 3 号线梅花园站	踩踏	一名乘客突然晕倒，却有不明情况的乘客喊“砍人”，大量乘客恐慌中往外涌	6 名乘客擦伤
乘客坠落				
2001 年 12 月	上海地铁 1 号线人民广场站	乘客坠落	站外拥挤、乘客争抢上车、车站未安装屏蔽门	1 人死亡
2002 年 1 月	北京地铁 2 号线公庄车站	乘客坠落		1 人死亡

（续表）

时　间	地　点	事故类型	事故原因	事故影响
2003年6月	上海地铁1号线人民广场站	乘客坠落		1人死亡
2006年3月	北京地铁1号线公主坟站	乘客坠落		1人受伤
2006年8月	北京地铁1号线国贸站	乘客坠落		1人受伤
2006年10月	北京地铁2号线崇文门站	乘客坠落		1人死亡
2006年10月	北京地铁1号线苹果园站	乘客坠落		1人死亡
2008年1月	北京地铁2号线车公庄站	乘客坠落		1人受伤
2008年3月	北京地铁2号线东直门站	乘客坠落		1人受伤
2008年8月	北京地铁2号线长椿街站	乘客坠落		1人受伤
2008年10月	北京地铁2号线长椿街站	乘客坠落		1人死亡
2008年10月	北京地铁1号线玉泉路站	乘客坠落		1人受伤
2009年7月	北京地铁1号线南礼士路站	乘客坠落		1人死亡
2010年7月	上海地铁2号线中山公园站	乘客坠落		1人死亡
2014年11月	北京地铁5号线惠新西街南口站	乘客坠落	乘客被夹在闭合的安全门和车门中	1人死亡
2015年2月	北京地铁1号线木樨地站	乘客坠落		1人死亡，大量延误
		天　气		
2001年9月	台北地铁	天气原因	台风	18座地铁车站被淹，地铁陷于瘫痪
2003年11月	北京地铁	天气原因	大雪	13号线中断运营约2小时
2005年8月	上海地铁	天气原因	台风	1号线隧道积水中断运营约2小时
2007年7月	重庆地铁	天气原因	雷击	2号线中断运营3小时
2013年7月	杭州地铁	天气原因	炎热，数百人到地铁车站纳凉	造成站内拥堵与限流

我国轨道交通运营历史较短，群死群伤重大事故较少。导致事故发生的原因主要是轨道交通系统本身的原因（如设备设施故障、未安装屏蔽门等）（图3-3），受系统以外的因素（如恐怖袭击等）影响较小。

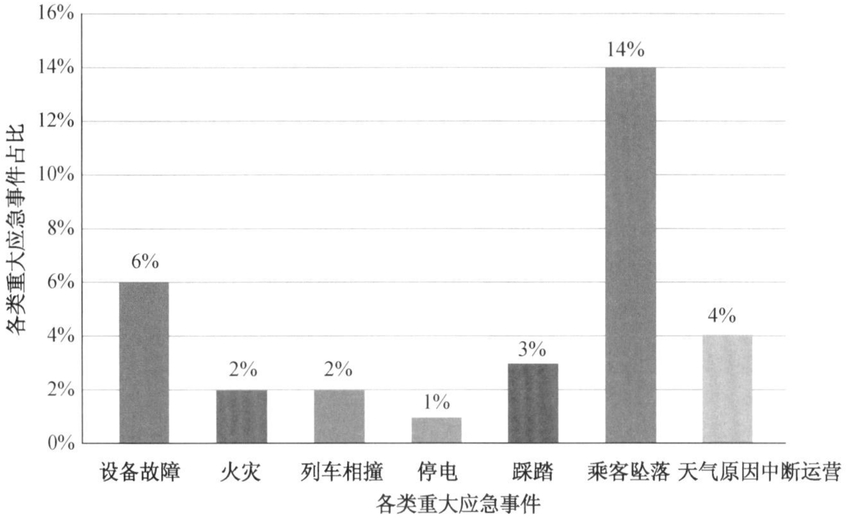

图 3-3 国内轨道交通重大应急事件统计分析(2000 年以后)

3. 轨道交通安全的风险因素多样化

城市轨道交通系统的应急事件可以按照事故发生源分为设施设备故障事件、大客流事件、自然灾害事件和人为事件等。各类不同的应急事件会对城市轨道交通产生不同的安全挑战和影响,可以将上述轨道交通的应急事件按照其可预知程度的不同,分为不可预知突发事件和可预知大客流事件两类(图 3-4),以较好地把握不同预知程度应急事件的应急指挥决策特点及要求。

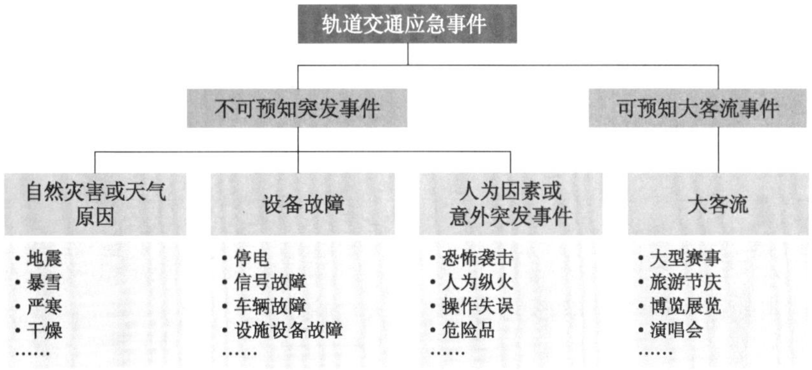

图 3-4 轨道交通应急事件分类

(1) 不可预知突发事件。即事前完全无法预知的各种可能事件。这类事件的发生时间、发生地点、事件类型等所有重要的相关属性信息都具有很大的随机性,事前根本无法准确预测,只能在事发后才能获取,其随机性强、危害性大、紧迫性高的特点要求应急指挥决策相关人员在极短的时间内迅速做出正确的反应,工作的重点在于应急处置。

(2) 可预知大客流事件。即事前能够预知事件类型、发生地点、发生时间、事件等级等重要属性信息的事件，主要指大型活动引发的大客流事件。这类事件可在事发前预知相关情况，进而留有相对充分的准备时间，要求应急指挥决策相关人员做好事件影响分析和运营计划的调整，工作的重点在于计划与组织。

从城市轨道交通安全服务的提供角度考虑，导致上述各类事故不能预防、及时处置的内部因素同样可以归结为人为因素、设备设施因素、环境因素和管理因素四大类。

（1）人为因素：主要是城市轨道交通工作人员的操作失误，以及乘客的不合理行为。

（2）设备设施因素：主要指车站和列车内各类设备故障造成的事故，例如，停电、电梯故障、车辆故障、屏蔽门故障等。

（3）环境因素：主要是指车站内的空间环境、列车内的空间环境以及车站周边的空间环境因素等。

（4）管理因素：主要是指客流组织、工作人员管理、设施设备管理等方面的管理体制、预案、组织机构等方面的潜在风险因素。

国内外轨道交通重大应急事件事故原因统计分析如图 3-5、图 3-6 所示。虽然国内重大事故统计中，设备故障原因直接导致的运营安全事故居多，但其中有很大一部分是由于人的操作不当或出行者损坏造成的，人的因素直接和间接造成的运营事故所占比例达 70%以上[3]。而管理水平的高低直接决定了人、机、环三个方面风险的高低。良好的管理水平可以降低设备设施的漏检漏修和故障率，提升工作人员的工作技能和事故排查救援能力，改善车站内外环境，从而可以提高安全服务水平。

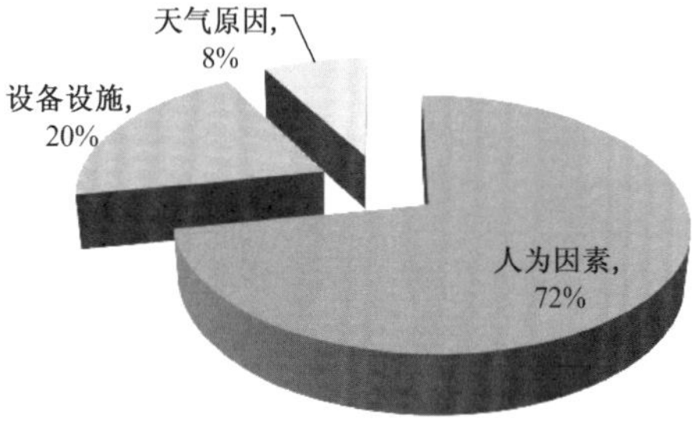

图 3-5 国外轨道交通重大应急事件事故原因统计分析

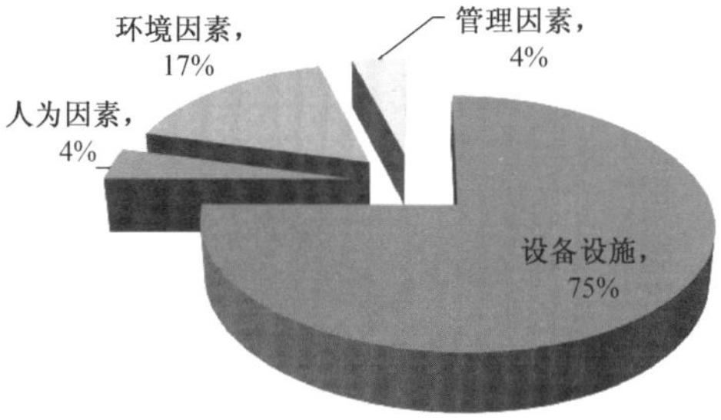

图 3-6 国内轨道交通重大应急事件事故原因统计分析

3.2.2 城市轨道交通在当前形势下面临的安全挑战

上述风险因素在不同的城市、社会发展阶段会对城市轨道交通造成不同的影响，在当前的城市、社会发展形势下，城市轨道交通主要面临着如下的安全挑战：越来越多的大客流事件、不断升级的反恐压力、频发的自然灾害事故、出行者越来越高的安全服务要求以及越来越高的安全成本，等等。

1. *大客流事件越来越多*

随着我国城镇化进程的快速推进，大中城市集中了越来越多的人口，带动了相应的城市轨道交通客运需求的“水涨船高”，各城市轨道交通常常面临着越来越多的大客流事件。常见的大客流事件主要包括演出赛事大客流、节假日大客流、大型活动大客流、恶劣天气大客流，以及早晚高峰大客流等。

（1）演出赛事大客流。随着现代城市居民文化、娱乐生活的不断丰富，各演出场馆、体育馆常常举办形式各异的体育赛事、演唱会等文体活动。这类文体活动聚集客流规模较大，在开场时段的客流压力相对均匀，但因为散场时间的集中，会为附近城市轨道交通车站带来巨大的散场压力。相关运营管理部门需要根据实际情况来确定合理的客运分担方案、运营组织方案以及限流控制措施，等等。

（2）节假日大客流。由于我国各行业的节假日集中统一，导致在节假日会形成规模巨大的节假日大客流。节假日大客流主要由旅游观光、购物休闲、返乡探友等客流组成。节假日期间，不但原有城市轨道交通客流的时空分布会发生变化（时间分布、空间分布），而且会带来巨大的单程票客流需求（外地的旅游观光客流），进而会对车站的购票环节、闸机环节（携带更多的行李）、问询服务环节等造成压力。

（3）大型活动大客流。大型活动大客流主要是指由于城市举办各种形式的体育盛会（例如奥运会、亚运会），展览会（世博会等），在一定时间段内（例如数月），对城市轨道交通系统形成全新的客运压力。这些客运压力持续时间较长，规模较大，往往会对原有的城市轨道交通客运需求造成全面的影响，需要专门的客运组织方案乃至建设方案予以应对。

（4）恶劣天气大客流。近年来，极端天气肆虐全球，我国也时常发生各类型的大雪、暴雨、酷暑、台风等恶劣天气，这些天气因素会对城市居民的出行产生重要影响，例如大量出行者进入站内避雨、纳凉等，增大城市轨道交通的客运压力，为城市轨道交通车站的客运组织带来挑战。

（5）高峰小时大客流。随着我国城市化进程的快速推进，各大城市集中了越来越多的人口。而且因为城市轨道交通沿线综合开发的刺激作用，导致城市轨道交通的客流需求远远超过规划、设计阶段的客流预测数据。这就为城市轨道交通的运营管理部门带来了巨大的常态客运压力，在早晚高峰时段尤为明显。例如，在车站内的楼扶梯、安检、售检票、候车等服务环节的拥挤、拥堵现象，这不仅会降低城市轨道交通的出行体验，还可能会造成踩踏、窒息等安全隐患。

2. 反恐压力越来越大

城市轨道交通具有速度快、运力大的特点，在现代城市交通中扮演着越来越重要的角色，但是其密集的人流和宽松的准入限制，使其逐渐成为恐怖袭击的重要目标。第一次针对城市轨道交通的恐怖袭击发生于伦敦克罗斯地铁站（1987 年），随后针对城市轨道交通的恐怖事件逐年增加，其主要的袭击方式有三种：爆炸、纵火、投毒。尤其是随着爆炸技术的不断发展，爆炸成为针对城市轨道交通的恐怖袭击的主要方式。近年来，“东突势力”在北京、新疆、昆明等地策划了一系列恐怖袭击事件，对全社会的安全构成了严峻挑战，这同样对城市轨道交通的安全运营造成了巨大压力。如何通过先进的安检技术、监控技术、救援方案等，来预防、控制、减小恐怖袭击事件的恶劣影响，成为各地城市轨道交通部门的重要工作。

3. 安全服务要求越来越高

城市轨道交通属于密闭的（地下、高架或地面）、大运量交通方式，人流密集，运转速度极快，一旦发生各类型不同严重程度的应急事件，不但会直接影响城市轨道交通系统的正常运行，还会造成恶劣的社会影响。随着社会信息流通速度的不断加快，任何安全事故均可能会对社会造成巨大震撼。因此政府、运营企业、出行者对城市轨道交通的安全要求越来越高：不但要求保证运行服务的平稳、正常，不出现人员伤亡或者大量的财产损失，减少小型事故的发生概率，还对各类不正常运营事件（延误、限流、封站等）的预防和处置提出了更高的要求。因此具有保证治安安全、消防安全、设备安全、行车安全、反恐等方面的基本需求。

4. 安全运营成本越来越高

城市轨道交通安全形势（大客流事件增多、反恐压力增大、安全服务要求提高）的不断紧张，导致城市轨道交通运营管理部门不断增加对安全服务环节的投入：增加或升级安检服务（由“纯物检模式”升级为“人物同检模式”）；增加视频监控设备；增加安全保障人员投入，等等。这些投入的增加导致地铁安全成本直线上升，最终为运营管理部门带来巨大挑战。尤其在新投融资体系的模式下，城市轨道交通的日渐增加的安全成本如何在不同投资主体之间合理分配，成为当前城市轨道交通系统建设、运营亟须解决的关键问题。

3.3 城市轨道交通综合开发面临的挑战

轨道交通是城市公共交通网络的核心组成部分，随着社会和经济的进一步发展，大城市土地资源日益稀缺，国务院出台了《关于城市优先发展公共交通的指导意见》，鼓励支持对轨道交通用地的地上、地下空间，按照市场化原则实施土地综合开发利用，收益用于弥补建设和运营亏损。国务院办公厅还出台了《关于支持铁路建设实施土地综合开发的意见》，对铁路及周边土地综合开发利用政策做出了进一步的规定。近年来国内一些城市尝试对轨道交通场站进行综合开发利用，并取得了一些效果。

相关城市经验表明，轨道交通场站及周边土地综合开发利用可以促进土地资源的集约利用、城市功能结构和空间布局的优化提升，缓解城市交通拥堵状况，促进轨道交通建设和沿线区域经济发展。同时土地开发收益可以反哺轨道交通建设、降低运营成本，缓解轨道交通建设投融资压力，减小轨道交通后期运营的财政投入，对支持轨道交通可持续发展，提升轨道交通建设和运营管理水平具有重要的意义。城市轨道交通综合开发涵盖规划设计、开发运营、收益管理、机制保障等方面，与政府部门、轨道企业、广大市民有着或多或少的联系，面临着众多的挑战。

3.3.1 综合开发的规划控制需要统筹

城市轨道交通综合开发具有建设周期较长、耗资较大、与轨道交通建设工程联系密切等特点，在规划上和其他城市建设项目有较大的差异。通过综合开发可以完善场站周边城市功能，提升环境品质，促进场站周边土地开发与城市发展战略的协同，实现各轨道交通场站及周边地区的规划发展。但长期以来，由于缺乏明确的规划要求与技术引导，在城市规划的相关阶段，城市功能规划缺乏与轨道系统规划和工程建设的有效衔接，造成轨道对城市结构引导不足、轨道站点与周边建筑缺乏衔接，造成空间无序、换乘低效、用地浪费等问题。可以说城市轨道交通综合开发和城市规划之间存在着互相促进、互相制约的互动关系。

综合开发在与城市总体规划、土地利用总体规划、环境保护规划、控制性详细规划以及地区开发需求衔接的基础上，需要与规划部门对接，加强场站综合开发前期工作统筹，开展场站综合开发前期专项研究，编制轨道交通场站综合开发规划，推进轨道交通场站及周边地区城市设计，编制轨道交通场站及周边地区的控制性详细规划，确保具体综合开发项目建设用地合法合规。

3.3.2 综合开发的开发方式需要创新

香港地铁物业开发运作时间长、市场化经验丰富，利用物业收益反哺轨道建设投资运营的“地铁＋物业”综合开发模式，实现了运营盈利，成为我国内地地铁建设的标杆。但是，研究其核心内容可以发现，香港地铁的成功缘于其不同于内地的法律和制度基础，能够将场站与涵盖物业的策划、规划、开发、运营统一进行，这在内地是很难实现的。

在内地，轨道运营企业实现土地的综合开发面临着众多挑战。首先土地的整理收储权利属于政府土储部门，其次，国有土地使用权出让采取下列方式：协议、招标、拍卖，用于轨道交通的土地按照划拨方式，由轨道经营单位统一管理；不具备单独规划建设条件或宜与轨道相关设施同步实施的经营性土地，可按协议方式办理出让手续，由轨道经营单位统一经营，土地使用权不得转让；其他满足规划建设条件的经营性土地，按照招拍挂或股权转让方式公开出让。因此，轨道交通用地是通过划拨形式获得，综合开发的经营性土地需要通过招拍挂程序，两类用地的供地方式不同，客观上造成了轨道交通建设和综合开发的主体不同，难以将地铁综合开发和地铁开发建设结合。这使得很多综合开发项目在招拍挂环节之后才能操作，缺乏共同的利益取向，在实践中规划设计、建设施工、运营管理难以统筹。创新轨道交通综合开发土地储备机制，创新轨道交通与综合开发项目统一实施的投融资模式，将轨道交通用地与综合开发用地共同储备，统一开发，可以从源头上为轨道交通综合开发提供支持。

3.3.3 综合开发的收益反哺需要强化

目前国内城市轨道交通建设投资，除已筹集的资本金外，还需要还本付息，加上运营亏损，数额巨大。这给各级政府带来了压力，也增加了地方政府负债数额。在投资主体相对单一的情况下，仅依靠政府筹资承担轨道交通建设资金需求是难以为继的。因此，国内不少城轨集团公司以政府配置的资源为依托，通过综合开发项目运作实现还本付息，也进行了不少尝试。如轨道交通建设所涉及的市、区、县轨道交通收储土地出让收益全额上缴市财政，扣除中央、省级各项刚性计提后，市级用于重大建设项目的刚性计提外，全额用于轨道交通新线建设等。这些收益管理的措施都需要在轨道交通建设、运营的过程中进一步强化。

轨道交通场站及周边土地收益应当纳入轨道交通发展资金，用于支持轨道交通可持续发展。综合开发利用收益中轨道交通建设主体所得部分，优先用于轨道交通建设和运营维护。建议按照划拨方式和协议方式获得的轨道交通用地经营收益，全额用于支持轨道交通项目建设和弥补运营亏损。按照招拍挂或股权转让程序获得的轨道交通用地经营收益，其收益分账按照项目协议履行。在轨道交通场站综合开发规划区内，按计定比例收取商业开发项目的轨道交通设施配套费或相关税费。

3.3.4 综合开发的政策支持需要保障

轨道交通综合开发牵涉的方面广、利益大，需要强有力的政策和相关机制保障。需要成立市委、市政府主要领导挂帅，市各有关部门、区县参与的地铁建设领导小组，强化对轨道交通建设工作的领导；制订落实发展轨道交通工作规划和措施，积极向国家、省等有关上级部门争取，加强对轨道交通产业的政策扶持。需要定期召开专题会议，部署检查工作落实情况，协调解决建设运营中的重大突出问题，加强市地铁指挥部的工作力度，确保安全、质量和工期掌控。市各相关部门在轨道交通场站及周边土地综合开发利用项目的规划、审批、建设、运营过程中，需要积极给予支持，制定符合综合开发利用实际的建设管理标准，研究鼓励轨道交通场站综合开发和土地复合利用等方面的政策，支持综合开发利用尽快取得成效。

3.4 城市轨道交通空间环境面临的挑战

3.4.1 城市轨道交通空间环境面临的问题

传统的轨道交通建设对空间环境的关注很少，然而随着城市的发展，对于轨道交通建设的需求已不仅仅是交通建设工程的功能性需求，而涉及城市发展建设的一系列综合性需求，因而对城市空间环境方面的要求也随之提高，带来了方方面面的挑战与问题。

从城市层面来讲，轨道交通的建设应当与城市空间结构耦合，以推进城市发展轴的建设以及向多中心的城市结构进化。

从全线层面来讲，轨道交通建设应当符合全线城市区域风貌定位，以及加强全线城市意向空间的营造，提升全线空间的标志性。

从站点周边区域来讲，轨道交通建设应当加强与周边地上、地下城市空间的联系性，整合站点周边各类服务空间，以及提升四小件设施与周边环境的融合度，进行人性化设计提升。

3.4.2 提升城市轨道交通对城市空间结构的引导

轨道交通的建设与城市的扩展方向及城市发展轴的形成密切相关，不同的城市空间结构和规划布局影响着城市轨道交通线网的选择，而轨道交通线网的形成又决定着未来城市空间的构成，因此城市的空间发展与轨道交通系统存在一定的互动关系。

事实上，由于城市快速的城市化进程导致人口迅速增长，从而带动城市的扩张，反过来又导致人口的继续集聚效应。城市也因此出现“无序蔓延”的现象，主要表现为人口向市郊以及城市边缘地带无序扩张，占用未开发土地、农田以及城市绿地。这就带来了一系列的城市问题，诸如人口密度低、缺乏科学合理的规划和统筹发展等，以至于出现零散、无序、配套缺乏、市政基础设施不完善的城市片区和城市扩展形态，土地利用单一、农田、开敞空间、城市绿化流失等都会相继出现。传统交通方式的发展尤其是小汽车的普及更是加剧了这些现象的蔓延，造成城市空间结构的紊乱。轨道交通是城市发展到一定阶段、一定规模后的产物，对于这类城市问题无法回避。因此在轨道交通网络的规划中我们应有意识地引导城市空间结构，以解决城市无序蔓延式发展带来的城市病。

3.4.3 促进城市轨道交通与全线城市空间融合

不同的轨道交通线路穿越城市的不同区域，其线路定位也不同，因而全线空间的风貌及城市意向的营造也有其特殊性。应当结合不同的行政区划、城区历史、文化特色等，综合考虑，提升轨道交通全线的标识性，促进轨道交通区域的人气聚集，加强轨道交通对于城市发展的引导作用。

3.4.4 加强城市轨道交通站点周边空间的联系性

轨道交通涉及城市生活的方方面面，通过站点将周边相关的城市资源及节点整合起来，形成向心力，加强与周边城市空间联系性是轨道交通站点周边空间最重要的目标之一。主要是与地上慢行系统建设，以及地下城市空间网络的衔接，尤其需注意与轨道交通密切相关的功能服务及空间的衔接，包括安检疏散空间、街道驻留设施、交通接驳设施、交通标识系统及便民商业。尤其是地上慢行系统，由于红线划分的原因，红线内外的建设协调性有待加强，借由轨道交通建设的机会，可进行统一设计管理，形成一体化的轨道交通站点周边空间。

另外，轨道交通相关的附属设施与城市环境的融合也是周边空间营造的重要部分，通过对于轨道四小件自身的整合，与建筑物的整合或景观融合，达到与周边城市环境相融的目的。

3.5 城市轨道交通一体化发展面临的挑战

城市轨道交通一体化是要实现城市轨道交通与其他交通方式之间的无缝换乘，消除影响轨道乘客选择换乘的各种障碍。因此需要针对各类交通设施、票制票价、信息服务等进行一体化整合，从而为乘客提供良好的换乘场所，减少换乘距离、时间和费用。

轨道交通与其他交通方式的一体化具体包括多方面的含义，既有轨道交通与其他交通方式在物理设施（“硬件”）上的一体化，以减少换乘距离，也要实现运营时间、班次以及管理等（“软件”）上的一体化，同时在投资、建设、体制、政策等各方面进行一体化统筹协调。

目前，城市轨道交通一体化理念得到广泛认可和实践，国内各城市在交通一体化方面积累了较丰富的经验，但也存在需要进一步改善的问题。随着轨道交通与城市的进一步融合发展，城市轨道交通一体化方面将面临更多的挑战。

3.5.1 多样化多层次的轨道交通服务需求使轨道交通一体化复杂化

轨道交通与城市的融合发展使得轨道交通面临多样化多层次的服务需求，这些服务需求（如出行安全便捷、运营安全高效、展现城市文化、带动区域发展等）使得轨道交通与其他交通方式一体化更加复杂。如政府希望通过各种交通方式的一体化高效衔接，促进公共交通的使用效率，从而缓解地面交通压力。而作为出行者，则希望轨道交通能与其他交通方式形成便捷的换乘，以缩短从出发点到目的地所需要的时间和距离，并提升出行过程的舒适性。

因此，在轨道交通的规划、设计、建设、运营与管理过程中充分平衡各相关方的需求和期望，以满足日益增长、多样化的轨道交通服务需求，是轨道交通发展必须面对的挑战。

3.5.2 轨道交通一体化用地需要得到落实

城市轨道交通不仅是城市居民出行的一种交通方式，同时还引导城市发展，带动沿线用地开发。但由于轨道交通的投资建设主体往往与沿线公交主导发展模式（Transit Oriented Development，TOD）开发的投资建设主体不同，这导致不同主体间利益诉求的不同。作为大多数 TOD 开发主体的房地产公司，是以土地开发利益最大化为目标的，所以在对站点周边土地进行规划设计时，不会预留具有社会效益的交通设施空间。而作为轨道交通建设主体的轨道公司，为了提升轨道交通服务品质，满足轨道出行者对于其他交通设施无缝换乘的需求，则希望规划一定的交通接驳设施用地。二者诉求的不同，就导致了在土地开发规划中，交通衔接设施用地难以得到有效的预留和控制。这是轨道交通一体化发展中不得不面对的一个挑战。

3.5.3 轨道交通管理部门与其他交通管理部门的协调

伴随着城市的建设、经济发展，城市出行者的出行目的、出行距离都与以往有了很大的变化，同时对出行的可达性、便捷性、舒适性等也有了更高的要求。轨道交通服务为了满足城市出行者的新需求，势必要与城市其他各交通方式形成一体化的衔接与无缝换乘。

但目前国内轨道交通的管理部门与城市其他交通方式的管理部门都不同，这就造成轨道交通的规划建设与其他各交通方式的规划建设不能协调开展，特别是在开发建设时序上的不同。轨道交通站点周边的其他交通设施往往先于轨道交通规划建设完成，并且在规划建设时因管理部门不同，并未对与轨道交通的衔接需求进行考虑。这就导致等到轨道交通管理部门在对轨道交通一体化接驳设施进行规划和建设时，才发现周边已建交通设施无法与轨道交通一体化的服务需求相匹配。最终已建交通设施影响了轨道交通一体化服务的需求效果，或不得不对相应交通设施进行二次建造，造成浪费。这也是在满足城市出行者更高、更广泛的出行要求时，需要面对的一个挑战。

3.5.4 轨道交通施工建设与城市交通组织的关系

城市轨道交通不仅可以缓解城市交通拥堵，提高城市交通服务水平，同时也对城市可持续发展有着重要影响。城市轨道交通建设具有工程量大、建设站点多和周期长的特点，且线路经过区域多为主要客流走廊，在施工期间对城市交通的影响是十分巨大的，不仅涉及“点”“线”的影响，而且涉及“面”乃至区域性的交通影响。由于施工期间道路资源和公共空间被部分占用，导致城市交通负担加重，影响车辆和沿线居民的正常出行，对周边的社区和商业活动也会造成干扰。但是从另一个角度来看，城市轨道交通线路通常经过的是主要客流区域，也正是受到快速机动化发展影响最严重的区域，这些区域日复一日地承担着大量的与日俱增的机动车流与公共交通客流，交通拥堵状况日益严重，同时受到地形地貌与地面建筑的限制，地面通道也没有新增交通通行能力的空间，城市轨道交通的建设成为继续支撑这些区域乃至城市可持续发展，满足市民日益增长的交通出行需求的必然选择。

因此，轨道交通施工期间交通引导与组织方案的编制在于在保障地铁施工正常进行的情况下，确保施工区域的道路交通安全，缓解施工对道路/公共/慢行交通的影响，同时保障沿线居民/物业的正常交通进出通道。面对上述挑战，结合施工需求及城市轨道交通沿线道路与交通实际情况，制订施工期交通引导与组织方案，对进出及经过施工区域人流与交通流进行合理的引导是非常有必要的。

3.5.5 轨道交通一体化设计与周边用地不协调

目前对轨道交通站点周边用地规划仅停留在对开发用地的考虑，却并未对站点周边交通衔接设施所需的用地空间进行充分考虑，提出合理的用地要求。这往往造成轨道站点周边被各类开发用地所包围，却未预留合理的交通设施用地空间，直到轨道站点建设时、甚至建设完成运营后，才发现周边没有足够的交通设施布置空间，如未预留充足的非机动车停车场、P＋R 停车场用地等，导致后期再想增设此类交通衔接设施就非常困难，影响了这些轨道交通站点与其他相关交通方式的一体化衔接。

3.6 城市轨道交通商业物业发展面临的挑战

地铁的出现，提升了所在地皮的价值和所在城市的经济竞争力，集聚了大量的人流、物流，相应商业和服务设施出现，地铁商业由此而生；而城市空间的拥挤、商业向城市的集聚以及经济发展本身，都促进了地铁商业的不断繁荣；地铁商业已经成为现代大城市商业重要的组成部分。发展地铁商业，充分利用地下交通系统，促进地区的繁荣与发展，已是现代国际化大都市商业发展的必然趋势。如何合理开发利用地铁商业，达到交通畅通、商业发达的双赢局面，在我国城市地铁建设步伐加快的今天，仍然面临较多的挑战。

3.6.1 站点周边商业开发相关政策有待完善

国内绝大多数地铁都存在建设和营运亏损，可借鉴香港地铁发展经验，将地铁建设与地铁商业开发结合，地铁运营商享有土地储备权，从而参与地铁上盖物业开发，地铁建设与周边物业开发统一规划、联动开发、同步施工，确保轨道交通功能与地铁商业发展相协调，地上、地下商业互补经营，实现地铁商业价值最大化。目前国内已有部分地区地铁借鉴港铁模式，但相关的配套政策有待完善。此外，国内城市对商业和居住开发用地的容积率均有上限要求，容积率的限制无法体现轨道交通站点上盖土地的高附加值，不利于地铁建设和运营成本的收回。对于大都市，实行“地铁站点中心区域高强度开发，外围区域梯度递减”的规划原则，可以充分发挥轨道交通站点周边用地的土地利用效率，也可为地铁上盖物业开发增加方案设计的灵活性，增强资金平衡能力，实现可持续发展。

3.6.2 地下商业开发缺乏专项规范和管理机构

由于地下空间开发利用方面的专门立法尚属空白，缺乏一部专门针对地下空间资源规划开发和管理利用的综合性法律规范，没有明确地下空间建设用地审批和权属管理，制约了地铁商业的发展。没有合法的土地批准文件，许多已建成的地下建筑物无法办理房地产登记，导致不能进行转让、抵押，影响了投资者开发利用地下空间的积极性，进而严重影响了地下空间开发的力度，从而阻碍地下商业的发展。除立法方面的缺失之外，我国尚缺乏专门具体的地下空间资源开发管理机构，往往容易导致多头管理与无头管理并存的局面，不利于地下空间开发的整体规划及长远发展。未来我国轨道交通地下商业的繁荣发展离不开地下空间开发的专项法律规范以及专业的管理体制和机构。

3.6.3 将地铁乘客转化成有效的地铁商业客群

地铁站点为地铁商业带来了人流，这仅是影响地铁商业的一个优势因素，地铁交通人流并不能实现商业的大发展，更重要的挑战在于将地铁带来的人流转化为有效的消费者群体，形成消费吸引力。要做到吸引消费，关键在于精准的商业定位及合理的商业业态组合，对于不同的站点，应结合站点周边具体情况进行不同的商业定位和不同的业态组合。香港地铁成功运营的因素之一是对地铁商业市场分析透彻，定位精准，业态组合合理，主题鲜明，采取市民评价制度，优胜劣汰，保持地铁商业的活力。目前地铁商业大多为大众化的消费和服务类的中低档商业，地铁商业依附于地铁所带来人流的特点，决定了其商业的定位是大众化、非高档、时尚化，然而仅依赖于快速消费为主的人流特征无法形成真正意义上的商业前景。国内大多数城市都要面对这样的挑战，即如何引入知名商家，提升地铁商业的人气和吸引力，将地铁站点打造为繁荣的商业区。

3.6.4 地铁商业需要不断创新以适应新的变化

目前国内地铁商业“趋同化”现象显著，业态过于单一且商业布局简单，不能形成各站点自身的商业氛围，对消费者的吸引力较弱。地铁商业发展可结合具体的地区环境、历史文化和风俗习惯，创造出舒适、人性化而又有特色的地下消费空间。地铁商业业态的选择、环境的营造等要能够适应消费需求的变化和消费方式的变革，只有通过不断的变化以及创新，紧跟时尚潮流，才能拥有持续不断的生命力，地铁商业才能拥有长远的发展。

3.7 城市轨道交通服务监管面临的挑战

3.7.1 服务需求多元化

城市轨道交通建设与运营涉及政府、轨道交通运营企业、出行者三类对象，不同对象在城市轨道交通建设与运营中的角色不同，其需求也不相同。城市轨道交通作为城市功能的一部分，政府要求城市轨道交通发挥大规模运量与准点的优势，使城市交通系统运行更加顺畅，与城市完美融合；轨道交通运营企业在保证安全运营的前提下，获得更多的经济效益与社会效益；出行者则希望在较低的费用下，城市轨道交通提供更加完善的出行服务。

1. 政府城市管理目标监管

政府规划建设城市轨道交通系统主要是从其社会准公益性角度出发，其目标主要是希望解决城市发展过程中面临的各类社会问题，如交通拥挤、用地规划、环境污染等。因此，在轨道交通系统的规划、建设、运营管理等各阶段，如何对政府城市管理的目标进行评估与监管，以保障社会整体的利益，是城市管理者面临的问题与挑战。

2. 企业经营目标的实现

由于轨道交通的特殊性，一般是由政府授权的国有企业或者控股的国有企业建设和运营城市轨道交通，对于城市轨道交通企业来说，其重要的目标是运营安全、高效与国有资产的可持续性。当前，也逐渐出现了社会资本参与到城市轨道交通建设与运营中来，社会资本的目的是追求合理的利润，因此对社会资本参与的轨道交通企业来说，在合作前期，应确定其合理的目标，并对目标进行细化。

在城市轨道交通建设与运营过程中如何通过有效的监管，实现企业目标与城市轨道交通系统的准公益性相平衡，也是城市轨道交通服务面临的挑战。

3. 出行者服务质量评估与监管

城市轨道交通系统是为城市的出行者服务的，提供高质量的轨道交通服务，提高出行者满意度是城市轨道交通的服务目标。城市轨道交通服务质量的评估主要是从出行者满意度角度来进行评估，从影响出行者满意度的出行便捷性、舒适性、安全性、可承受性等因素出发，对城市轨道交通系统的进出站、乘车、信息等各服务环节进行具体分析，选取代表性的评价指标，建立出行者满意度评价指标体系及建议标准和出行者满意度调查的长效机制，对城市轨道交通服务进行动态监控，提高城市轨道交通的出行者服务质量，也是城市轨道交通面临的挑战。

3.7.2 投融资模式多元化

随着城市轨道交通的大量建设，单纯依靠政府投资的模式越来越难以维持城市轨道交通长远发展的要求，于是以“PPP”“轨道＋物业”为主要特征的多元化新投融资体系越来越多地出现在城市轨道交通的投融资模式中，吸引更多的社会资本投入到轨道交通建设与运营中。有了社会资本、物业开发参与进来，城市轨道交通服务体系更为复杂，从而服务监管体系也具有更大的挑战性。

1. 监管的必要性

轨道交通系统具有其独立的路权和系统，与其他交通系统相比，轨道交通系统具有准时、安全、舒适、快捷的特点。城市轨道交通在解决城市交通拥堵、引导城市发展、重构功能布局、促进轨道交通沿线的综合开发以及改善人居环境等方面具有很明显的优势。

但是，作为城市重大基础设施以及为市民提供出行服务，其系统的运营安全与服务质量关系到万千的群众，因此，政府加强对轨道交通工程的监管是非常必要的。在新型投融资体系下，PPP 合作的一方为社会资本，由于其资本社会属性与轨道交通工程系统准公益性有着明显的不同，因此，需要政府对其进行监管，以达到资本需求与社会准公益服务之间的平衡。

2. 监管的特点

政府对新投融资体系的监管具有以下特点[4]：

1）注重社会效益

城市轨道交通系统作为城市公共交通系统的骨干，关系到城市居民出行的安全与效率，要求政府必须承担起对其严格监督和管理的责任；另外，由于城市轨道交通系统具有自然垄断性和社会公益性等准公共物品的特征，因此不能使其完全市场化、私有化，而应将其置于政府合理而有力的协调、监督、指导和调节之下。

对于新投融资体系下的城市轨道交通系统的监管，需要政府监管发挥城市轨道交通系统的社会效益，促进社会效益与城市整体利益的发挥。

2）规范性

PPP 模式的组织方式是政府部门或代表政府部门的国有轨道交通企业与社会资本签订合同，或成立新的 PPP 公司，并约定合同各方的任务分工以及各方责任，在轨道交通建设与运营期间，按照相关的法律法规进行建设与运营。

政府对 PPP 的监管主要是针对 PPP 公司在轨道交通建设与运营期间是否符合法律和合同约定的内容要求。同时，政府对 PPP 公司的监管也要合理、合法。

3）责任落实

政府的监管主要是通过制定各项规范性的规章制度，监管 PPP 合作各方的责任是否落实到各责任主体，从而能正常地执行轨道交通系统建设中的各项工作。

3. 监管的内容

政府对新投融资模式的监管主要是对轨道交通系统运行过程的安全、效率、服务等内容进行监管。

1）安全监管

安全监管的主要内容是以预防为主，制订安全运营条例，主要是针对轨道交通系统运行过程是否符合安全条例，高峰期大客流、节假日大客流以及紧急状况下乘客疏散的应急预案是否完善，安全设施是否到位、是否制定了安全操作的规章制度。

2）效率监管

城市轨道交通系统作为城市中重要的基础设施之一，投资量巨大，最终的财务需要由政府、全体市民承担，因此，需要提升轨道交通的运营效率，在规划期需要处理好轨道交通网络与城市空间布局的关系，线路与产业布局、人流向的关系，建设期需要监管轨道交通站点与周边用地、周边交通衔接设施的紧密结合关系，在运营期，需要监管轨道交通的运营时刻、发车间隔、出入口通道是否最大化地发挥轨道交通系统的功能。

3）服务监管

轨道交通系统的最终目的是为乘客出行服务，需要政府部门通过乘客出行服务需求调查与乘客出行满意度调查等方法对乘客服务进行监管，对于新投融资模式下的运营管理，为提高调查与服务监管的客观性，政府部门可以通过委托第三方监管的模式进行。

3.7.3 监管体制机制的滞后性

1. 国家立法与监管层面

城市轨道交通系统作为服务城市功能的重要组成部分，与沿线的产业布局有着密切的关系。一方面，城市轨道交通的建设会促进沿线土地价值、物业价值的迅速升值；另一方面，又面临着城市轨道交通的建设与运营投入高昂，运营期的票务收入远远不足以弥补建设与运营成本的尴尬。

要解决这样的问题，首先要建立起国家层面的城市轨道交通的建设与城市规划、投融资体系、综合开发、城市管理相关的法律和法规制度，做到有法可依；其次要完善现有法律与法规体系之间的衔接，解决法律法规之间的冲突问题；最后要确定审批与监管权限、责任主体，解决监管滞后的问题。

2. 地方立法与监管方面

到城市地方层面，城市轨道交通一旦开始建设，有着自身明确的工期与投资边界，而城市轨道交通沿线的土地开发又涉及规划、国土资源等政府部门的协调，土地开发时序与城市轨道交通的不一致也导致轨道交通站点的建设与周边的土地综合开发不能同步，导致建成运营之后的交通衔接不便等问题。

地方政府需要根据上位法律法规的变化，适时地修改地方立法的课题，制定与国家层面相衔接的法律法规体系，做好与上位法律法规的对接。制定有效的监管机制，特别是跨部门的委员会制度，明确责任与权限。制定适应本地的有针对性的规则，形成长期稳定的制度保障。

3. 操作层面

城市轨道交通开通之后，将会对城市的文化、空间结构、土地利用、空间环境、商业物业、交通、安全等带来重大的影响或者改变，对出行者的活动方式也产生很大的影响。城市轨道交通从无到有，如果前期缺少系统化的研究与策划，那么在实施的过程中，城市轨道交通与其他系统的衔接操作层面将缺少切实可行的监管手段，导致城市轨道交通工程运营之后出现很多本该在工程建设期间避免的问题。因此，在城市轨道交通建设过程中，建立一套行之有效的策划体系也是提升政府监管的手段，可避免轨道运营之后出现前期考虑不周所引起的问题。

在新投融资体系下，社会资本的引入，"轨道＋物业"的开发模式，使越来越多的社会资本参与到城市轨道交通系统之中来，应针对城市轨道交通规划、项目立项、设计、施工、运营管理，甚至招投标等方面建立一套完整的操作指引和社会资本引入的操作层面的程序。

为增强政府对社会资本参与的城市轨道交通系统建设与运营监管的客观与公正性，可采用第三方咨询机构评估的方法进行监管，在制度建设方面要明确主管部门、运营商和第三方咨询机构的职责、权限、工作范围与工作程序。对于第三方咨询机构的选择，要从其业绩、工作能力、人员组成、市场声誉等方面进行考察。[5]

参考文献

[1] 王觅. 高铁客运服务的发展与完善[J]. 科海故事博览・科技探索，2014(2).
[2] 交通运输部道路运输司. 国内外城市轨道交通事故案例评析[M]. 北京：人民交通出版社，2011.
[3] 王志华. 地铁车站运营安全风险评价研究[D]. 北京：北京交通大学，2012.
[4] 张晓蕾. 我国城市公共交通 PPP 项目的政府监管研究[D]. 北京：中央财经大学，2012.
[5] 蒋玉琨. 城市轨道交通运营行业监管模式研究[J]. 城市轨道交通研究，2012，15(6)：5-7.

第二部分 创新的城市轨道交通发展理念
——从工程到服务的转型

4 城市轨道交通发展转型的理论与方法

5 城市轨道交通的服务需求体系

6 以“服务”为导向的轨道交通运行服务效果策划

7 以“服务”为导向的城市轨道交通体制和机制研究

4 城市轨道交通发展转型的理论与方法

经过几十年的快速发展，国内已在城市轨道交通领域积累了丰富的工程经验，人们对城市轨道交通的理解与认识得到加深，特别是对轨道交通与城市发展的关系有着更多的理解，“建轨道就是建城市”得到普遍认可。但是我们必须看到，在城市轨道交通快速发展的同时，轨道交通发展也面临着许多不同的问题，其突出问题也恰恰是如何将轨道交通与城市融合发展，如何满足更多更高品质的轨道交通服务需求。在城市轨道交通进入快速发展的关键阶段，我们需要思考如何在已有城市轨道交通发展经验的基础上，全面系统分析城市轨道交通服务需求，通过相关理论和方法的应用，来创新城市轨道交通发展的新理念、新方法和新途径，实现城市轨道交通的转型发展，更好地促进轨道交通与城市的融合发展。

4.1 城市轨道交通发展转型背景

城市轨道交通转型发展的背景主要来自于以下三个方面：

(1) 城市轨道交通技术成熟和经验积累为转型发展打下坚实基础。从伦敦建设全球第一条城市轨道交通至今已有 150 多年，从北京建设中国第一条城市轨道交通至今也有近 50 年。随着科学技术的发展，城市轨道交通相关技术得到不断进步，同时在轨道交通建设过程中，也积累了丰富的工程经验。这些技术和经验为世界和中国城市轨道交通的转型发展奠定了坚实的基础。

(2) 轨道交通与城市融合发展新理念为转型发展提出更多服务需求。人们对城市轨道交通认识和理解不断深入，城市轨道交通已不仅仅是一种交通方式来提供交通出行功能。轨道交通与城市发展有着密切的联系，轨道交通不仅支撑城市发展，同时也引导城市发展。轨道交通不仅要提供传统的交通出行功能，同时也要考虑城市对轨道交通的更多更复杂的服务要求。轨道交通与城市的融合发展将使得轨道交通面临更多以往没有思考的问题以及更加多样的服务需求。

(3) 国家新型城镇化建设对轨道交通发展提出新要求。中国正在经历快速城镇化的进程，在这样的进程中，面临着各种各样的矛盾和障碍。为此中央政府提出了新型城镇化战略，新型城镇化战略的本质是不断提升城镇化建设的质量内涵。与传统城镇化比较，新型城镇化更强调内在质量的全面提升，也就是要推动城镇化由偏重数量规模增加向注重质量内涵提升转变。

按照新型城镇化发展理念，城市轨道交通的发展也需要粗犷型发展向精细化、集约化方向发展；城市轨道交通的规划、设计、施工以及运营管理等各个工作环节需要与城市的规划、设计、建设以及城市日常生活等紧密衔接，城市轨道交通需要从传统的满足交通出行功能走向满足与城市全面融合发展的更多更高的服务需求，以响应国家新型城镇化战略对城市轨道交通发展提出的新要求。

4.2 城市轨道交通转型发展的相关理论与方法

社会和技术的进步使人们对事物的认识得到不断深入，从而总结出许多的理论、技术和方法。而这些理论、技术和方法又帮助人们更深入地去理解世界和事物，实现社会和技术的进步。在城市轨道交通领域，也是如此。各种相关的理论、技术和方法不断在城市轨道交通领域得到成功应用，推动城市轨道交通的不断进步和发展。在城市轨道交通快速发展的今天，下面的相关理论和方法将为城市轨道交通的转型发展提供重要支撑。

4.2.1 面向多层次服务需求的总策划相关理论

1. 马斯洛需求理论

心理学家马斯洛认为人的行为受到心理需求的影响，总结这些影响分为五部分内容，像金字塔一样由下而上依次为生存、安全、社会、尊敬和自我实现需要。这些理性上的需要超越了地域与文化的差别，在实现基本需求之后，逐层上升的反应，改善人的自我意识，来实现人类最终的自我实现。在总结五种需求内容的同时，强调了各层级之间的层次关系，只有低层次的需求得到基本满足之后才会向更高层次思考，提示我们在地铁运营与服务效果策划中，必要的出行快捷、便利、安全是基本，在此之上更加鼓励人与人之间的交流互动，甚至提供更多艺术的空间以激发人们的创造欲望。

马斯洛需求层次理论基于心理学、社会学内容，但五种需求间的层次并不绝对。安全与生存需求互为基础；个体与爱的需求并存，二者在不同场合下可以互相转化；物质与包括自尊在内的精神需求；需要的各个层次都包括自我实现的需要。

在公共场所提供安全保障，并不引起心理的不适反应，是满足更高层级需求的必要条件，但是，需要指出的是，它并不是充分条件。

安全的需求：领域与私密。领域是个人空间或组成某一类型团体的集体空间。轨道交通沿线领域的主要特征有归属明确、界域明确并具有安全感。

社交的需求：半公共空间与交往。非控制性，不为交往任一方所控制；过渡性，连接公共空间和私密空间；内聚性，通过认识上的共性和相似的生活习惯，形成共鸣。

自我实现的需求：迭现历史印记。轨道交通沿线文化展示集中了各个时期人类智慧的结晶，出行者可以在空间构建中渗入自己的价值观。

2. 系统工程学

现代城市轨道交通的发展是各部门、多因素共同作用的结果，具有很强的综合性、系统性等特点。一个稳定的城市轨道交通系统，其内部繁多的组成部分、功能机构都紧密联合，相互影响，属于典型的复杂系统。要协调、组织好城市轨道交通这个复杂系统，单纯依靠传统的线性、定性手段是无法达到目的的。单一因素、关键环节的变化，可能会对整个城市轨道交通系统造成较大冲击。因此某专业领域的规划、设计，如果不与其他专业领域密切协调、配合，可能会引起不可预知的变化，最终导致规划、设计结果不尽如人意（或不能落实），使城市轨道交通系统整体难以实现最优服务效果。

而系统工程学理论正是从“局部—整体关系”“局部—局部关系”的角度出发，分析研究复杂系统，科学地规划、发展局部系统或者整体系统。因此该理论方法可以很好地应用于城市轨道交通系统，预测各专业规划的成果（文化、行人行为、综合开发、商业物业、空间环境、交通、安全等），提示不同专业领域和功能结构的相互依赖关系，整合不同规划成果使之达到预期目标。

4.2.2 行人行为相关理论

1. 行为科学理论

行为科学理论属于管理学派的主要研究领域之一，是主要研究人类行为的综合性学科，包含了心理学、人类学、社会学、政治学、经济学、法律学、历史学、精神病学、教育学及管理理论和方法，其主要关注领域是人或群体行为的产生、发展、交互影响、相互转化的规律，以便于管理方的预测和控制人群。

行为科学理论已经广泛应用到管理领域的方方面面，该理论重新塑造了各领域管理者的管理方式和思想观念，将以前由以“事物”为核心的管理模式，改变为以“人”“行为”为核心的管理模式，由以前对“组织模式”“规章制度”的研究转变为对“人的行为”的分析。

城市轨道交通系统是面向大规模出行者的城市骨干交通系统，不同类型的出行者具有不同的服务需求，了解、掌握这些服务需求是提供良好出行服务的基本要求，而出行者的各种行为直接反映了其具体的或潜在的服务需求，行为科学理论正是分析行为特征及其潜在服务需求的关键理论和方法。

2. 行人仿真技术

1）行人行为仿真研究

国外已经开展了针对行人交通行为的研究，并在原有的传统解析方法的基础上采用了先进的仿真方法，而国内在仿真研究方面还处于起步阶段。在仿真技术中，存在两种技术思路：宏观、微观。宏观思路是将人群整体看作一个研究对象，而不详细研究个体之间的相互作用和影响；微观思路是将行人个体看作一个研究对象，进而研究个体与个体、个体与群体之间的相互关系和影响[1]。毫无疑问，微观思路的仿真分析更加具体，更加逼真。

微观仿真模型又可以细分为连续型模型和离散型模型。连续型模型将仿真时间和仿真空间看作连续的变量,仿真行人通过类似于动力学的微分方程将不同的变量和不同的行人联系在一起。比较经典的连续型模型包括社会力模型(Social Force Model)、行人气体动力学模型(Gas Kinetic Model)等。而离散型模型将时间、空间划分成微小的时间段、空间方格,仿真行人的仿真过程即是在其中的离散运动。最典型的离散型模型即是元胞自动机(Cellular Automata)。相比较而言,连续型模型的仿真效果最为逼真,但是会消耗较大的运算能力;而离散型模型的计算效率较高,但仿真效果相对较差。

2) 客流分布仿真应用系统

国外的轨道交通车站设计、运营以及突发事件处置应用了直观、量化的检验方法。采用以研究行人群体和个体行为特征为基础和依据的仿真方法来优化车站空间布局和规模设计、评价和优化紧急情况下的行人疏散预案,并且这种仿真分析方法正向辅助支持实时应急处置的方向发展。对车站空间特征和行人行为特征的仿真分析,也越来越多应用于对集购物、餐饮以及出行为一体的中心商业区多功能新型轨道交通车站的建设和运营的辅助决策。

轨道交通车站的客流分布仿真研究在国外已有较多的研究成果:

(1) 英国 Legion 软件。Crowd Dynamics 公司开发的软件,基于人群动态学的相关模型,用于场馆、车站的人群疏散评价。该软件在世界范围内应用最为广泛和成熟。

(2) 英国 Mott MacDonald 公司开发的 STEPS 软件。该软件运用"元胞自动机"理论,把人群看成由很多个体组成的自组织系统,个体按照简单确定或不确定的法则移动。该软件分别针对车站正常情况下和应急情况下行人的决策和运动进行模拟,研究不同情况下的行人疏散,评价车站的可靠性和设备的设计效果。

(3) 日本铁道综合技术研究所开发的旅客流动仿真软件。该软件建立了车站模型,可以绘制车站的平面图,建立了行人移动模型,根据列车运行和客流量变化模拟车站客流的分布和疏散问题。该软件可以同时实现面积约 2 万 m^2 的平面空间,行人人数达到数万人的车站客流步行仿真。

(4) 荷兰代尔夫特理工大学(Delft University of Technology)开发的 SimPed 软件。该软件主要针对轨道交通站台上的行人步行交通流进行仿真,同样建立了空间模型和行人步行模型,采用微观仿真的方法模拟行人在站台上的分布,评价和优化站台的设计。该软件开发者还建立了微观行人步行流模型,研究换乘车站行人流动和车站的优化设计。

(5) 英国 Pedroute 软件。该软件基于 Pedroute 模型开发,用色块来表示客流的密度和流量,评价通道和设备的通过能力和合理性。

上述行人仿真系统被广泛应用于交通场站、商业物业空间、体育场馆等各类场所,为行人的服务水平、公共安全提供了切实可行的定量评价和优化建议[2]。目前,国外在开展大型公共设施以及城市轨道交通等公共交通设施的规划设计时,各阶段的规划师、设计者、工程师大都要采用行人仿真系统来对各类方案进行评估和优化分析工作,主要包括常态运营仿真分析、应急疏散仿真分析、商业场景仿真分析以及其他特殊场景仿真分析。利用行人仿真系统可以对行人的空间服务水平、安全性、舒适性开展定量的评价分析(图 4-1)。在规划、设计阶段对原方案进行反复优化,在运营阶段优化客流组织,有效利用公共空间,在后期的改扩建阶段对设施、设备布局设计进行完善优化。实践证明,行人仿真技术是未来各类建筑物规划设计优化的必要手段和技术。

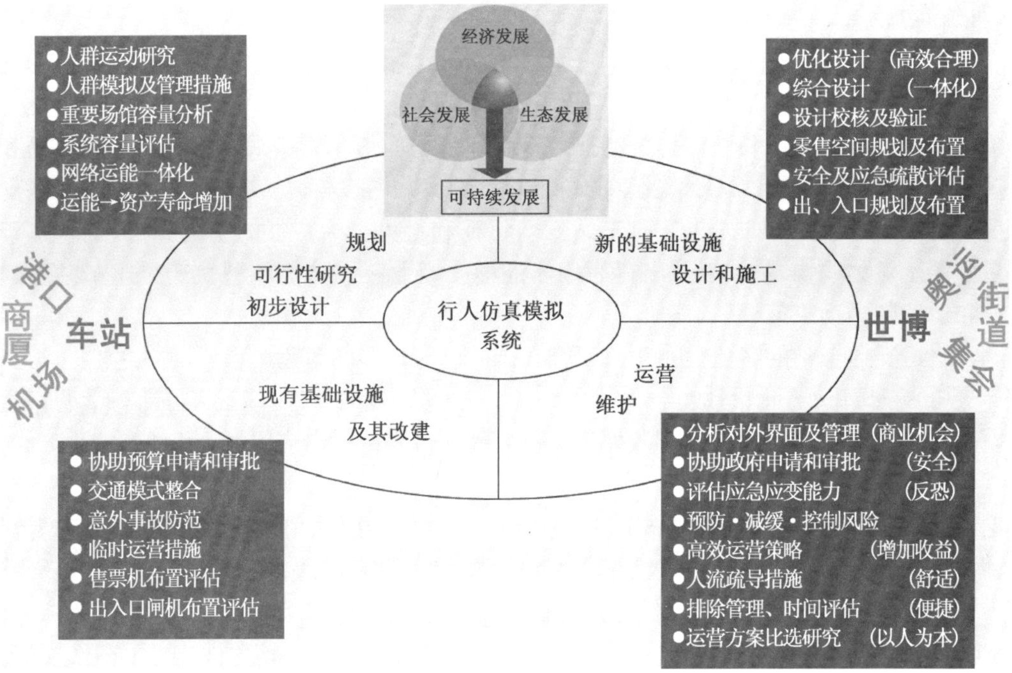

图 4-1　行人仿真系统应用范围

国内对行人仿真技术的研究起步于 20 世纪 90 年代。专家学者基于不同目的开展了各自领域的相关研究,例如针对奥运会和世博会的行人疏散和交通组织研究、火灾应急疏散研究等。同济大学对虹桥高铁站(图 4-2、图 4-3)、广州南站、长沙南站等新型高铁车站的客流行为、客运组织及与枢纽内其他交通方式的衔接换乘进行了调查研究。通过对旅客在铁路客运站接受服务、运动及动态分布等过程的实地调研和分析,研究建立了结合宏观导航算法、A＊路径搜索算法和行人运动算法的乘客个体的“服务路径选择、空间路径搜索和运动动力学”三层模型,结合列车运行组织初步开发了“铁路客运站客运组织与客流分布仿真及评价系统”,并对车站客流的成组出行行为、不同客流的交叉干扰等客流群体不同层次的问题及对车站客流疏散的影响进行了理论研究,初步实现了对大型铁路客运站空间内部的客流组织及换乘组织的动态仿真,基于仿真结果对客运设备和车站空间利用情况、客流拥挤程度、流线交叉、旅客运动特征(速度、在站时间、运动路线和距离)等进行评价。

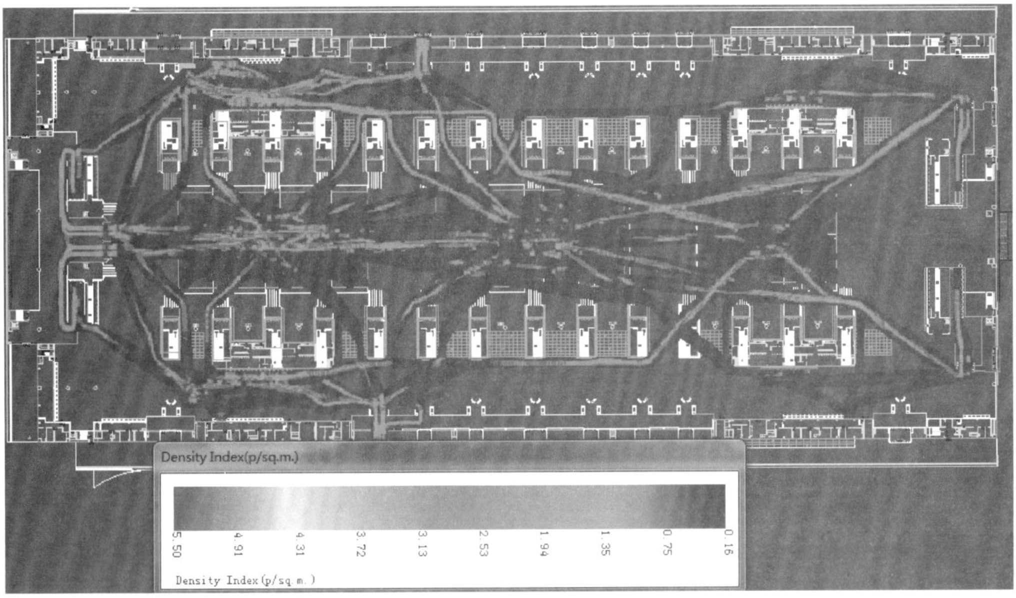

图 4-2 虹桥车站行人仿真人流最大密度示意

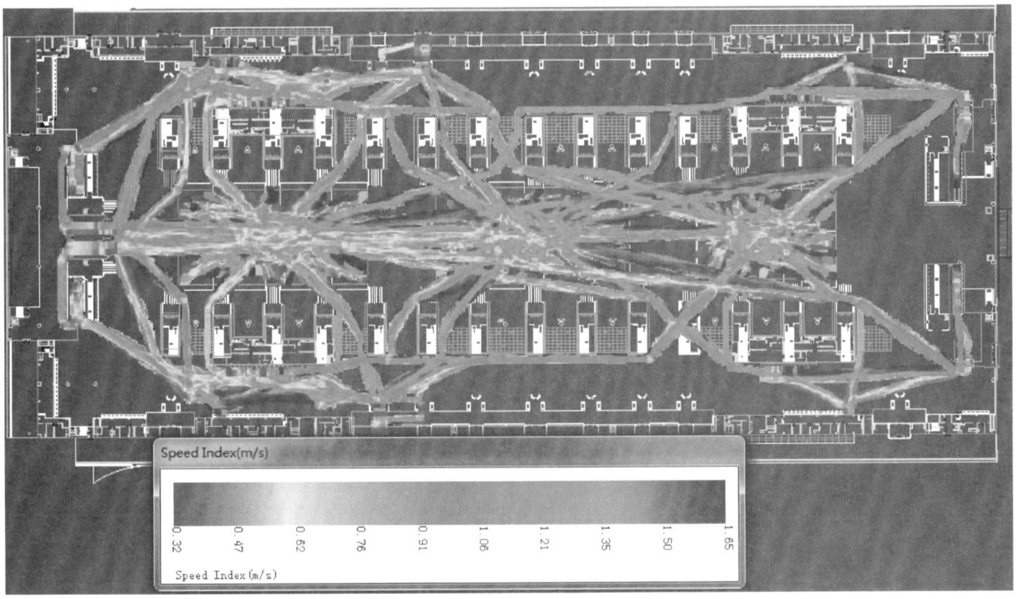

图 4-3 虹桥车站行人仿真人流速度分布示意

4.2.3 轨道交通综合开发相关理论

轨道交通综合开发工作需要有相匹配的城市发展模式支撑，涌现出了从传统邻里发展模式（Traditional Neighborhood Development，TND）、TOD 到可持续引导发展模式（Mobility-Oriented Development，MOD）等相关理论，或多或少地从一定角度或方面阐述了城市如何发展的相关工作。新城市主义是20世纪90年代初针对郊区无序蔓延带来的城市问题而形成的一个新的城市规划及设计理论，其核心思想为：①重视并坚持片区合理规划，强调从整体的角度分析和解决区域问题；②把人作为核心因素，本着以人为本的理念，对于建成环境强调其宜人性，重视对人类社会生活的支持性；③尊重历史，保护自然，强调城市规划设计与自然、社会人文以及历史文脉的统筹性和和谐性。

在上述核心思想的指导下，安德雷斯·杜安伊（Andres Duany）和兹伊贝克（Elizabeth Plater-Zyberk）夫妇则提出了TND，而彼得·卡尔索普（Peter Calthorpe）提出了TOD。TND与TOD是新城市主义思想最典型的代表。TND则更强调城镇内部街坊社区的层面，而TOD偏重城市区域层面。在新城市主义理念的实践过程中，二者是互为嵌套、同步运作的，都体现出了新城市主义理念的最基本特征：紧凑规划、步行适宜、功能混合、可重复性以及环境友好性。

1. TND理论

TND模式认为邻里单元是构成社区的基本单位，一般以5 min的步行距离作为一个邻里单元的规模，单个社区的建筑面积一般应控制在16万～80万m^2的范围内，为了保证邻里中心单元到社区边界的距离在居民适宜的5 min步行范围内，建议社区最佳规模半径为400 m。一般来说，TND模式对于城市设计和土地开发的指引主要包含以下几个要素：

（1）优先考虑公共空间和公共建筑部分，并把公共空间、绿地、广场作为邻里中心。

（2）对于内部交通，该模式主张设置较密的方格网状道路系统，街道不宜过宽，主干道宽度在10 m左右，标准街道在7 m左右。较多的道路联结节点和较窄的路宽可有效降低行车速度，从而营造利于行人和自行车的交通环境。

（3）TND模式强调社区的紧凑度，强调土地和基础设施的利用效率，通过适度提高建筑容积率降低开发成本。

2. TOD理论

TOD模式是由美国著名的城市规划师及学者彼得·卡尔索普在20世纪80年代末提出来的，根据他的定义：混合开发的居住和商业地区在设计上最大限度接近公共交通，来鼓励公共交通出行。从中心向外密度逐步降低，通常TOD开发是在公共交通站点周围最适合步行到公共交通站点的0.4～0.8 km范围内。

TOD在20世纪初期随着轨道交通的发展就已经开始实施，近年来，随着“新城市主义运动”和“精明增长”理论运用于城市规划，TOD又被赋予了新的内容，在世界各地开展了新的实践。一般来说，TOD发展具有以下4个特征：

（1）土地复合利用：以TOD为依托的混合土地利用，通常以商业、办公、居住等为主。

（2）步行环境适宜：在以TOD为基础的开发中，步行可达性是交通设施规划和设计的核心内容。

（3）土地集约开发：一般土地开发强度比较高，从而缩短生活、工作和购物等的空间距离。

（4）靠近公共交通站点：开发围绕公共交通站点进行，距离公共交通站点基本上在步行距离以内。

TOD 理论在美国经过多年的探索和实践取得了不错的成绩。它的作用主要体现在支持精明增长、拉动地方经济、满足变化的市场需求、提供多种生活方式。在我国，由于面临土地资源难以为继和人口持续增长的压力，各个城市都在积极转变传统的经济增长方式和城市建设模式，积极促进集约化城市发展。TOD 模式强调以公交为导向，有利于土地的集约开发、生态环境的优化和交通效率的提高，这也成为目前我国大城市集约、优化、高效发展的首选：

(1) 在宏观层面：TOD 理念和城市总体规划、城市综合交通规划有机结合，从而引导城市空间的有序扩展，支撑新城建设和城市更新，可以对城市的空间结构、骨干交通网络、交通需求走廊分布、优先发展区域等提供参考和支持。

(2) 在中观层面：指引城市片区和次中心区域的城市控制规划和交通规划。

(3) 在微观层面：对交通站点周边地区的土地开发和交通设施的规划标准和准则提供建议，主要包括空间尺度范围、用地功能控制、城市设计与环境要素及交通设施等方面。

3. MOD 理论

近些年，有关 TND、TOD 理论在国内有一些尝试和发展，或多或少地促进了城市轨道综合开发的理念、设计、建设和发展，但也暴露出一些需要强化的地方，需要相关的理论给予支撑和引导，如 MOD。MOD 发展以给城市、给民众提供更多的选择为出发点，具有以下几个特征：

(1) 提高区域人气：通过土地复合利用，以良好的商业、办公、物业设施等的提供，使区域具有活力和人气。

(2) 提倡慢行交通：不鼓励机动车出行，提倡环保、低碳的慢行出行方式。

(3) 友好步行系统：强调步行可达性，塑造环境的友好性，提供完善的交通设施。

(4) 土地集约开发：土地开发强度高，从而缩短生活、工作和购物等的空间距离。

(5) 完善便民设施：围绕有活力的区域塑造，在步行距离以内提供便民服务。

4.2.4 轨道交通文化相关理论

轨道交通文化是城市文化的一部分。一方面，轨道交通文化是在城市文化的基础上形成产生的，各个城市轨道交通建设都离不开当地文化特色，例如伦敦地铁的涂鸦文化、莫斯科地铁的宫殿人文文化、巴黎地铁的流动图书馆文化、北京地铁的中国传统文化、上海地铁的海派文化等；另一方面，轨道交通文化又是城市文化的延伸，通过地铁内空间设施的文化创意展示也可以引领城市文化的走向。例如上海、南京等大城市的地铁文化墙建设，在宣传各自城市特色的同时，也是展示城市精神与发展愿景的重要窗口。

轨道交通文化主要通过车站内部装修和站点周边空间环境设计来具体落地，涉及与周边城市景观、临近土地使用、居民/乘客行为模式、意向品质等，即场所感的营造。20 世纪 60 年代末开始，学术界的关注焦点逐渐从对单纯有形的“空间”概念，转向对无形的社会要素相关的“场所”概念，并逐渐认识到人能够超越物质和感官来体验城市环境属性，感受场所精神，认识地方特色。“场所”也可以称为有意义的空间，反映在轨道交通上，即轨道交通站内及站点周边场所在用户体验上和城市文化是和谐统一、可认同的意象。

有关场所感的研究中，拉尔夫提出的物理环境（physical setting）、活动（activities）与意义（meaning）三位一体的理论模型得到广泛的认同。他认为物理环境、活动与意义是构成场所特性的三个要素，三者的有机融合构成了场所的认同，而三者之间的连接模式形成认同的基本结构关系（图 4-4）。这表明城市轨道交通文化特色和场所感营造不仅仅关系出站口建筑、站内空间形态等物理要素，还涉及周边居民及乘客的活动和感知意象，是三者融合为一体。

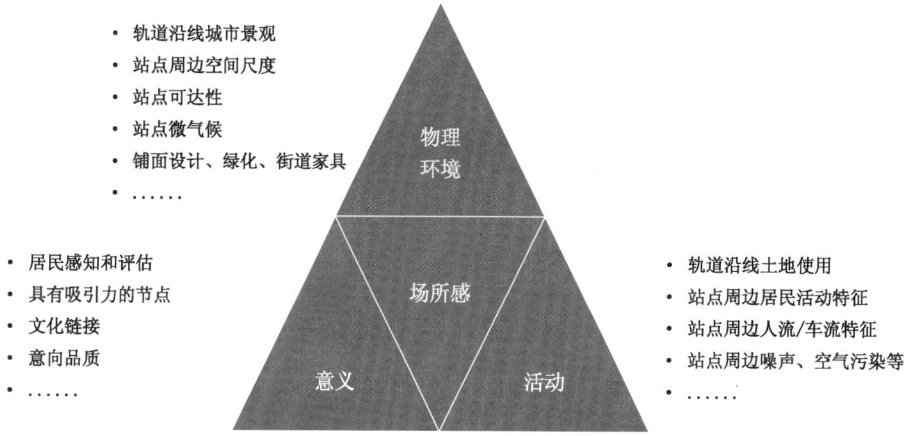

图 4-4　城市轨道交通站点场所感理论

4.2.5　空间环境相关理论

1. 环境认知学

美国城市学家巴奈特最早提出了"环境认知"的概念，强调城市发展过程的重要性，通过提出整合一系列城市元素（广场、林荫大道、建筑等）的方法，形成可辨认城市形态，产生独特的城市风格。

1960 年，凯文·林奇的《城市意向》[3]提出环境认知理论的概念，把城市意向定义为环境对市民产生的心理影响，使市民对生活环境产生多种空间记忆，形成可回忆的空间印象；提出了可吸引市民城市印象感的五大要素——道路、边界、区域、节点和标志物，由此创造一种绘制意向性行为认证成果的"认知地图"。其主要定义如下：

（1）边界是除道路以外的城市线性要素，主要包括自然边界和人工界限。边界在某种意义上还包括了城市中人的"心理界标"，如我们所熟知的贫民窟和富人区的分界，这种边界一定程度上形成了不同的文化心理结构。

（2）区域是观察者能够想象进入的相对大一些的城市范围，具有一些普遍意义的特征。在轨道交通空间环境中主要有商业区、居住区、城市公共活动区（广场、绿地等），这些区域自身的特点形成了不同风格的城市环境特征。

(3) 城市节点是城市空间主要要素的联结点。节点的概念比较宽泛，交通线路中的休息站、道路的交叉或汇聚点、一个广场、一个相对聚集的城市区域，都可以称之为城市节点，轨道交通站点本身也是一种广义上的城市节点。城市空间环境中对于节点的打造一定程度上会影响城市细节和质量，是不同城市结构体系之间的联系纽带和转变的开始。

(4) 城市标志物是城市外部的类点状参照物，是城市人群在城市空间环境中重要的参照点。标志物经常作为一种地标在人们对城市意象的形成中用作确定身份和结构的线索，例如导向标识、地标建筑、店铺或者城市重要自然景观，具有高识别度和吸引力，在某一方面还具有唯一性从而"令人难忘"。

结合环境认知学理论，可将轨道站点周边空间分成如下五个部分：

(1) 路径——广场内过街、进出站口以及等车的不同路线位置；

(2) 边界——广场空间界面限定的各种手段，如道路缘石线、阻隔灌木以及高差等；

(3) 区域——广场上以某一个功能为主的一个区域，可以是有形的区域，如带有旱喷和台阶的休息场所，也可以是无形的区域，如进站口前的缓冲空间；

(4) 节点——地铁进出站口、附近主要建筑、公交车等候区域等；

(5) 地标——各种导向标识牌、雕塑小品、绿化等。

五种要素解构了城市视觉特征，研究表明如果五种要素都清晰可见，则该区域可增强人体体验感觉，使场所归属感有所保障。

轨道周边公共空间的两大主要内容是行人与车辆通行路径的移动空间和人们聚集或者利于活动空间的休憩场所。将路径作为分隔空间的边界形式，使其成为一类空间的边缘，是保证轨道出站口周边公共空间不被打扰的最佳形式。

2. 空间句法

空间句法是英国伦敦大学巴格特建筑学院比尔・希列尔(Bill Hillier)[4]于20世纪70年代提出的一种空间形态分析技术，是一种由建筑师开发出来的描述空间的数学方法，它是一种研究城市的方法，主要是了解社会和经济因素是如何逐步影响并形成空间的。空间句法最为人所知的方面也许是它建立了在建筑环境里分析空间模式或者说分析空间组构的方法。这些方法不仅揭示了城市中的空间结构，而且把它们和人的移动、停留和交流方式相联系。空间句法还能预测设计和规划所带来的中长期效果，因此，能让设计者和规划者在工作中遵循社会和经济发展规律，目前广泛应用于城市规划、城市设计、交通规划、建筑设计领域。该方法在温洛克邦住宅区规划、苏州总体规划、上海轨道站点研究等项目中得到成功应用。如今已经形成专门的空间分析软件技术和一套比较完整的理论体系。

应用空间句法作为轨道站点对于慢行交通可达性的测度分析方法，是空间句法对于城市空间形态的研究领域之一。它以城市空间形态元素之间的整体关联为出发点，从城市构形的层面分析空间不同组合之后的整体联系与空间使用的对应关系。这种方法从便利性角度考虑，提供了城区或城市里到达车站的最佳路径或街道的信息。通过研究分析车站吸引居民的能力，并依靠公共空间提供的设计和相关设施强化这种能力。

其基本思路包括横向比较不同站点的空间形态特征，分析其异同点，通过对比提出空间优化的方向；或者纵向对一个站点周边区域不同时期的空间形态进行分析，通过不同的空间结构特征，归纳空间演化规律，探寻空间结构中存在的问题并提出可能的优化方式。空间句法分析有以下主要要素。

(1) 连接度(connectivity)：与某道路相交的道路数量即为该道路的连接值。连接度越高，则表示该道路的渗透性越好。

(2) 集成度(integration)：整体集成度表示节点与整个系统内所有节点联系的紧密程度；局部集成度表示某节点与其附近局部内的节点间联系的紧密程度。

(3) 深度值(depth)：深度表达的是空间转换的次数，而不是实际距离。平均深度值和总深度值都是整体深度值，是对整个系统的描述，与之对应的是局部深度值。

(4) 理解度(intelligibility)：用来衡量从一个空间所看到的局部空间结构，是否有助于建立其整个空间系统的图景，即能否作为其看不到的整个空间结构的引导。

3. 边界效应理论

边界空间是所有空间中最活跃的地带，边界效应也是事物间极其普遍的一种作用力。我们可以看到：在海洋寒暖流交汇的地方，鱼群最多；陆地与海洋交界的地方，经济发达；不同空间过渡的地方，使用人群最多。荷兰心理学家德克·德·琼治[5]进一步提出，起源于处于森林边缘或者背靠建筑的场所，有助于与他人保持距离，减少对外界的空间暴露，又保证视野开敞且不影响其他人行为，具有容易观察与反应的空间特征。因此森林、海滩、树丛、林中空地等的边缘都是人们喜爱的逗留区域，而开敞的旷野或滩涂则无人光顾，除非边界区已人满为患。在城市空间同样可以观察到这种现象。“边界效应”表达了人的几个需求：

(1) 期待与人交往的需求。边界是个很好的观察点，首先提供了全局浏览，其次才是重点的个别观察。在交往前，人本能地通过观察掌握环境信息，做出合适的判断和选择，考虑哪些人能成为成功的交往对象。

(2) 保留个人领域的需求。相对于中间四周都是空间的环境，边界是个半开放空间，人可以在其中进行观察的同时隐藏自己——保留自己的空间领域，减少暴露。

(3) 保持人际距离的需求。站在边界比站在中心要更容易离开区域。同理，在交往中如果由于对方太过接近自己而产生不安，那么在边界能够方便人重新拉开与对方的距离。

边界效应主要存在于自然和社会现象中的过渡界面中，具有明显的过渡特征。克里斯托弗·亚历山大在他的《建筑模式语言》[6]一书中，总结了有关公共空间中边界效应和边界区域的经验：“如果边界不复存在，那么空间就决不会富有空气。”现代空间理论认为边际空间存在于形态、特征不同的两个相邻区域地带，具有相邻地域的模糊特性。地域交界带上集中了最多的信息，体现了系统价值的增值效应。

人们在公众场合时，尽量减少与他人的接触，意味着减少发生冲突的可能，满足了与他人保持距离的安全感需求。比如在地铁里靠边坐，要比坐在两人中间减少与一个人的肢体接触，让人觉得自在、安全一些。轨道站点周边公共空间作为轨道与道路，地下与地面、交通与其他功能的交汇点，具有很强烈的边界效应，公共空间内部受欢迎的区域多是沿建筑立面区域或者两个空间的过渡区域(柔性边界)，也体现出边界的特征。

4. 公共空间与公共生活[7]

一个城市，应该把追求优质的生活作为目标。充满文化人脉的社区，令人如鱼得水的生活状态，才是城市生活的至高境界。城市是一个有机体，而不是一架机器，更不是一个制造交通的工厂。自由和安全、秩序和变革、生活和艺术都找到内在和谐的城市生活才可爱。

城市户外活动可以分为三种类型，即必要性活动、选择性(自发性)活动和社会性活动。每一种活动对于外界物质环境的要求都大不相同(表 4-1)。

表 4-1　轨道站点周边公共空间活动类型和心理需求一览表[7]

意愿行为	活动类型	基本要求	心理需求
购物 餐饮 健身 邮递 出差 上下班 上下学 候车 避难 等人	必要性活动	安全高效	安全
			快捷
			可辨识
散步 休闲 游玩 坐观 驻足	自发性活动	舒适宜人	有趣味
			环境好
			安全
会面 交谈 参观 宣传 卖货 聊天 集会 游戏 打招呼 调研	社会性活动	合适场所	有趣味
			环境好
			可辨识

1) 必要性活动

必要性活动包括了那些多少不由自主的活动，如上班、上学、购物、等人、候车、出差、递送邮件等。换句话说，就是那些人们在不同程度上都要参与的活动。一般来讲，日常工作和生活事务属于这一类型。在各种活动之中，这一类型的活动大多与步行有关，因为这些活动是必要的，所以它们的发生很少受到物质因素的影响，一年四季在各种条件下都可能进行，相对来说与外部环境关系不大，参与者没有选择的余地。

2) 选择性(自发性)活动

选择性(自发性)活动是另一类全然不同的活动，只有在人们有参与的意愿，并且在时间、地点都可能的情况下才会发生。这一类型的活动包括了散步、呼吸新鲜空气、驻足观望有趣的事件以及坐下来晒太阳等。这些活动只有在外部条件适宜、天气和场所具有吸引力时才会发生。对于物质环境的规划而言，这种关系是非常重要的，因为大部分属于户外娱乐消遣的活动恰恰存在于这个范畴，这些活动特别有赖于外部的物质条件。

3）社会性活动

社会性活动指的是公共空间中有赖于他人参与的活动，包括儿童游戏、互相打招呼、交谈、各类公共活动以及最广泛的社会活动——被动式接触，即仅以视听来感受他人。人在同一空间徜徉、流连就会自然引发各种社会性活动。这意味着只要改善公共空间中必要性活动和选择性（自发性）活动的条件，就会间接地促成社会性活动。这一点，对于空间和环境设施的设计非常具有指导意义。

4.2.6 一体化交通理论

1. 绿色交通

绿色交通是以减少交通拥挤、降低能源消耗、促进环境友好、节省建设维护费用为目标的城市综合交通系统。绿色交通的概念包括了两层含义：一方面是强调交通系统的环境友好性，主张在城市交通系统的规划建设和运营管理过程中注重环境保护和生活环境质量；另一方面包含推动公交优先发展、促进人们在短距离出行选择自行车和步行的出行模式，节约能源、保护环境、建立公共交通为主导的城市综合交通系统等。

由此可见，绿色交通的本质也是建立维持城市可持续发展的交通体系，以满足人们的交通需求，同时注重节约资源、保护环境和社会公平，这与城市可持续交通的概念是等价的，是以较小的资源投入、最小的环境代价、最大限度地满足当代城市发展所产生的合理交通需求，并且不危害满足下一代人需求能力的城市综合交通系统。这样的一个系统应该具有的主要特征包括：安全、畅通、舒适、环保、节能、高效率和高可达性。高效率就是指各种交通方式合理分工、无缝衔接、无效交通少、行程时间短等。高效率的交通运输系统，能够大大降低生产成本、促进实现区域经济圈及经济带发展战略、降低物流成本、提高国际竞争力。高可达性是指综合交通系统的覆盖率高、利用方便、可选性好，体现公平性原则。最终的发展目标包括满足交通需求、优化资源利用、改善环境质量、促进社会和谐、提高安全水平，从而实现社会、经济、交通和环境的良性循环。

绿色交通在具体规划实行时要坚持“以人为本”的原则，注重人的舒适性，考虑人的可达性高于车辆的可达性。不仅要考虑交通出行者的舒适性、安全性和高效性，同时也要考虑道路周围居民是否受到尾气污染、噪声、振动等危害。同时，绿色交通规划注重系统内部的协调性和效率性，以及与外部系统的协调共生，建立方便、快捷的多层次公共交通系统；为步行和自行车交通提供空间；引导私人小汽车适度、合理使用；不断提高交通工具的环保性能；积极建设智能交通管理系统等。

另外，欧盟委员会也曾为绿色交通发展制定了一系列目标，包括：满足对可达性的基本要求以及发展需要；保障安全以及人类和生态健康；倡导当代和后代的平等；廉价、公平和高效；多样化交通选择；支持经济竞争，平衡区域发展；在地球可承受范围内限制排放和浪费；在可再生和替代的速率下使用资源；土地利用和噪声影响最小化等。

2. 交通一体化

交通一体化的本质是整合，包括交通与土地利用整合、交通各系统之间整合、交通各系统内部整合、设施与运行整合、体制与政策整合、投资与财政整合、规划与实施整合等各个方面。

其中交通与土地利用整合是要实现交通与土地利用的协调和统一，主要包括：

（1）要支持在可持续性和土地使用范围内的城市发展；

（2）通过交通基础设施建设支持城市沿轴向走廊发展，引导城市发展形态；

（3）将高密度的城市开发集中在大容量公共交通沿线；

（4）在新区建设过程中，合理安排规模适度的道路交通基础设施；

（5）在旧城改建中，优先考虑改善交通的需要。

交通各系统之间整合是指各交通模式之间需要进行有效协调，以利于充分发挥各自优势，满足出行需求。具体包括：

（1）保持各种交通出行方式的合理比例；

（2）使各种交通系统根据各自特点，在客、货运输中充分发挥作用；

（3）通过客、货枢纽站场整合各个交通系统；

（4）通过道路、公交等设施建立各个交通系统的便捷联系；

（5）通过交通综合整治同步考虑某一交通系统改善与其他系统配套跟进情况，如在道路改善中考虑公交站点布置和线路优化等问题。

交通各系统内部整合是指要充分发挥各交通系统潜力，优化各交通系统，来满足交通需求，包括：

（1）在可以承受的限度内，增加道路交通设施系统的容量；

（2）建立为所有使用者提供有吸引力以及可以承受服务的公共交通系统；

（3）通过交通系统智能化以及整体性的改进来提高整个交通系统的效能；

（4）在时间和空间上合理安排不同交通方式使用道路，优先考虑在高峰时期行人的出行，在另外的时段（在指定的道路上）安排货运车辆。

设施与运行整合是指在进行交通设施规划建设时要充分考虑运营的要求，要将交通设施建设和运行进行通盘考虑，包括：

（1）设施建设方案与在系统中的功能相匹配；

（2）通过谨慎的道路容量增加以及交通管理与控制措施使交通拥堵的经济成本降到最低；

（3）长远可通过对道路使用者收费维持道路出行时间；

（4）机动化与非机动化出行规模与设施供给规模的平衡。

体制与政策整合是指政府交通各相关部门要协调运作，形成一个合理的行政管理体制，使交通政策得到有效贯彻执行。体制与政策整合包括：

（1）建立有力的交通领导和协调机构及运转机制；

（2）明确各职能部门目标责任制度；

（3）运用合理的出行需求管理政策及措施减轻对道路及其他基础设施的要求，如积极的车辆停放以及地方性的交通措施、弹性工作时间以及在家工作模式、交通管制优化交通时空分布等。

投资与财政整合是要通盘考虑二者之间的关系，其整合包括：

(1) 投资规模与财政承受能力相匹配；

(2) 交通投入产出要具有综合效益上的盈余；

(3) 交通改善的外部效益转化为财政收入。

规划与实施整合是指一体化要在规划整合的基础上，将规划与实施进行有效协调。规划与实施的整合包括：

(1) 进行土地利用规划；

(2) 开展多层次的交通规划研究；

(3) 战略规划要具有一定的弹性；

(4) 运用不同的假设及推荐的特定情景来制订相应的战略规划，以适应规划期内人口及相关经济社会因素的变化；

(5) 定期或不定期地开展规划监控、检讨及修正。

3. 可持续的城市移动性

要解决城市交通问题不应仅仅局限于交通设施的建设和供给，应更多地关注人在城市中的可移动能力，即“持续的城市移动性(Sustainable Urban Mobility)”，并结合需求管理等措施来改善整个交通系统的运转。可持续的城市移动性包含了两层含义：一是基于以人为本的发展理念和目标导向，注重人的出行，旨在提升人的可移动性，而不是最大化道路交通容量；二是要求充分发挥公共交通和慢行交通的优势，而不是小汽车交通，通过构建多模式协同交互的、社会公平的、生态健康的、可持续发展的城市交通方式，确保公众对城市空间可达性和生活品质的需求。

与传统交通规划理论更加关注交通物理设施和交通“流量”和“容量”所不同的是，可持续的城市机动性交通理论是在全球变暖、能源危机的警示以及公众对生活品质和文化要求提升的背景下发展而来，更多地是以交通与生活品质、交通与社会整合等问题为关注点。具体策略主要包括：

(1) 提倡多模式交通，强调多模式交通方式间的高效接驳转换，形成优势互补、相互支撑的整合化城市交通体系，提升城市交通的移动性水平；

(2) 维护和进一步支持公交出行，发展多层次公共交通系统，满足不同层次和特征的出行者出行需求，并可提供具有针对性的定制化公交服务；

(3) 削减小汽车交通量，抑制小汽车出行，通过土地开发策略和“完整街道”设计，改善道路空间分配的公平性，降低出行者对小汽车的依赖；

(4) 发展慢行交通，通过规划设计完整的慢行街道网络并有效衔接城市街道与居住区街道，为出行者提供更加安全的慢行出行空间；

(5) 通过创新的服务网络和模式，使特殊人群(残疾人、老人、孕妇、儿童及大件行李携带者等)可以在所有公共空间借助多种交通方式安全出行，并保障其移动性；

(6) 从土地开发和空间环境塑造的角度构建更加宜居的高密度社区，增加城市的多样性和品质，支持可持续的城市移动性交通的建立。

4.2.7 安全相关理论

1. 安全心理学

安全心理学主要是研究各类工作环境中突发事件发生时人的心理活动规律，并为预防突发事件或者控制突发事件的恶劣影响而提供相应的科学依据。其主要的研究内容包括：

(1) 意外事故或突发事件发生时人的属性特征研究，例如情绪、注意力、疲劳程度、社会关系等可能对突发事件产生影响的因素；

(2) 突发事件始作俑者的属性特征研究，例如年龄、性别、情绪、身体条件、工作经验等属性；

(3) 管控、防止突发事件发生、发展的心理学对策，例如规章制度的制定、安全教育、应急预案等内容。

城市轨道交通系统是城市大运量的骨干交通系统，长期集散大规模的人群，一旦发生突发事件，即使原发事故影响较小，也会导致不安情绪的大规模蔓延。因此，常态和应急条件下的安全组织和管理需要充分借鉴安全心理学，有效防范、管控各类突发事件的影响传播，为出行者提供高质量的安全服务。

2. 安全管理相关理论

1) 冰山理论

冰山理论主要是利用冰山特点来比喻不同严重程度的事故之间的相互关系：大海上雄伟的冰山其实只有 1/8 在水面上，而冰山更大的体积(7/8)仍隐于水面之下。将该理论应用于安全领域可以得出：严重的或者已经暴露出来的事故必然会伴随大量相关的不安全行为。预防严重事故应从日常大量的不安全行为入手，因此日常的安全管理关口应该前移，大力排查安全隐患。

2) 金字塔理论

1941 年美国海因里希对各行业、领域的 55 万件机械事故进行统计分析后得出：重伤死亡事故、轻伤事故、无伤害事故的比例约为 1 ∶ 29 ∶ 300，即各类型事故之间的关系呈现“金字塔”形式。该理论对安全管理的启示是：预防严重事故必须从轻伤事故抓起，预防轻伤事故需要从无伤事故抓起，预防无伤事故需要从日常大量的不安全行为入手。从细节入手，抓好日常安全管理预防工作。

3) 木桶理论

木桶理论的主要含义是：一个木桶能装多少水，主要取决于桶壁上最短的木块。该理论对安全管理工作的启示是：安全管理和安全预防是系统性的工作，需要全体成员、不同部门(木板)的全力配合，但事故发生的重要因素即是系统中最薄弱的环节(最短木板)，安全管理工作需要重点关注薄弱环节的监控和建设。

4) 破窗效应

破窗效应是由美国斯坦福大学菲利普 · 辛巴杜所提出的心理学理论，将两辆汽车在夜晚分别停到杂乱社区和中产社区：停放在杂乱社区的汽车当天晚上就被盗窃，而停放在中产社区的车一周都无人理睬；但当将停在中产社区的车的车窗打破，仅过了几个小时，车就被偷了。因此，“破窗效应”的理论主要是：如果有人在某一环境中做出了不安全或者违法行为，而这种不安全行为又得不到及时纠正，其他人就可能会受到启发进而做出更多的不安全行为。

将该理论应用于城市轨道交通的安全管理中，可以得出：某些小的事故隐患或者不安全行为，有可能引发事故隐患或不安全行为的蔓延，进而可能导致严重的重大事故。

3. 环境安全相关理论

通过环境设计预防犯罪理论是将环境心理学、犯罪学、城市规划设计理论相结合的产物，并广泛涉及社会学、地理学、管理学等学科领域。

1）简·雅各布斯的“街道眼”及自然监控

简·雅各布斯（Jane Jacobs）最早注意到城市空间对犯罪行为模式的影响，在其1961年出版的《美国大城市的死与生》（*The Death and Life of Great American Cities*）中指出，传统的街道形式和人行道对于抑制犯罪等不当行为、确保空间安全具有重要作用。随着人口增长及工商业的发展，美国大城市中空间的垂直化、郊区化发展格局破坏了传统的空间形式以及所承载的社会生活，造成人际关系的冷漠，减弱了对犯罪具有抑制作用的社会非正式自然监控力量（Natural Surveillance），城市空间中的治安死角增加，以致城市犯罪率上升。街道的天然居住者必须能够观察街道，临街建筑必须面向街道；人行道上必须总有行人，这样可以增加街道上的监控力量，也可以吸引临街建筑内的居民的注意力。因而，她强调街道等城市空间的设计必须明确划分公共及私人空间领域，保证“街道眼”等自然监控力量，提高人际关系的紧密度及社会责任感，以保护居民生活的安全。

2）奥斯卡·纽曼的可防卫空间理论

建筑师奥斯卡·纽曼（Oscar Newman）进一步拓展了雅各布斯的观点，通过对居民区及住宅中的犯罪研究，在1972年出版的《可防卫空间：通过城市设计阻止犯罪》（*Defensible Space: Crime Prevention through Urban*）中提出可防卫空间理论，认为对犯罪具有抑制作用的可防卫空间具有4项基本要素。

（1）领域感：领域性关系到空间合法使用者对空间行使管理、监控的权利、愿望和能力；空间应具有明确的领域性，以利于土地及建筑的所有者发现和区分空间环境的合法使用者、陌生人及潜在的罪犯，并将邻近的半私有或半公共区域也纳入其监控范围。

（2）自然监控：应通过建筑及环境设计为使用者提供良好的监控视野，便于其观察空间环境的日常活动及正在活动的人，以发现可疑行为并采取相应措施。

（3）意象：建立文明、整洁的环境正面意象，既不吸引犯罪分子，也应避免与周围建筑及居住区隔绝，并促使居住者参与空间的安全维护。

（4）周围环境：居住区及住宅建筑设计要尽量选择犯罪率低、监视程度高的区域。

可防卫空间理论强调通过设计改善居民间的关系，加强其责任感，通过居民间的参与、自助、合作，形成互助互利的联合，来减少犯罪的出现和发生。

3）杰佛瑞的通过环境设计预防犯罪理论

1971 年，美国当代著名犯罪学家和社会学家杰佛瑞（C. R. Jeffery）从社会学、心理学、法学、犯罪学、环境论及行为科学等跨学科角度，分析了犯罪现象出现的原因及犯罪控制的基本模式，认为城市化使人际关系趋于疏离和隔阂，在个人隐匿性加强的同时，人们之间的社会互动、互助意愿降低，共同的社会规范受到损害，成为引发行为偏差及犯罪行为的主要诱因。以此为基础，他首次提出通过环境设计预防犯罪（Crime Prevention Through Environmental Design，CPTED）的概念，从物质环境设计、潜在被害人及犯罪行为改变、监控系统管理、经济、法律五个层面展开。其中物质环境设计强调以日常性的街道、居住区、商业区等为对象，通过改善空间环境，鼓励正当的行为活动，促进社会人际关系及社会互助，强化社会规范的作用，从而达到预防犯罪的目标。

4）克拉克的情境犯罪预防策略

"情境犯罪预防"（Situational Crime Prevention）策略由克拉克（R. Clarke）于 1992 年提出，其理论基础包括理性选择理论（Rational Choice Theory）、日常活动理论（Routine Activity Theory）和环境犯罪学理论（Environmental Criminology）。

理性选择理论认为犯罪者对犯罪行为的过程、犯罪目标、犯罪实施手段等要素的判断和决策具有相当程度的理性特征，其中犯罪获得的回报和被发现的风险是重要的评估因素，犯罪通常是潜在的犯罪分子对犯罪行为的得失进行理性思考后实施的行为。环境犯罪学理论包括可防卫空间及通过环境设计预防犯罪等理论。日常活动理论认为犯罪行为是日常生活中特定时间与空间条件下某些因素契合的结果，这些因素主要包括有动机的犯罪者、合适的犯罪目标、抑制犯罪者（包括家人、路人、守卫、管理者等）的不在场或失效。综合上述理论的情境犯罪预防策略关注犯罪发生的场合，强调对犯罪机遇的干预，主要手段和具体措施包括：

（1）加强犯罪企图识别和增加犯罪难度：目标强化、通道控制、转移潜在的罪犯、控制犯罪工具和武器等。

（2）提高犯罪被发现的风险：出入口控制、正式（机械）监控、自然监控、内部监控等。

（3）降低犯罪回报：犯罪目标移除、财产标识、破坏不法市场、排除利于犯罪的因素等。

（4）移除犯罪接口：制定规则、设置警示标识、强化道德谴责等。

5）综合性通过环境设计预防犯罪理论及策略

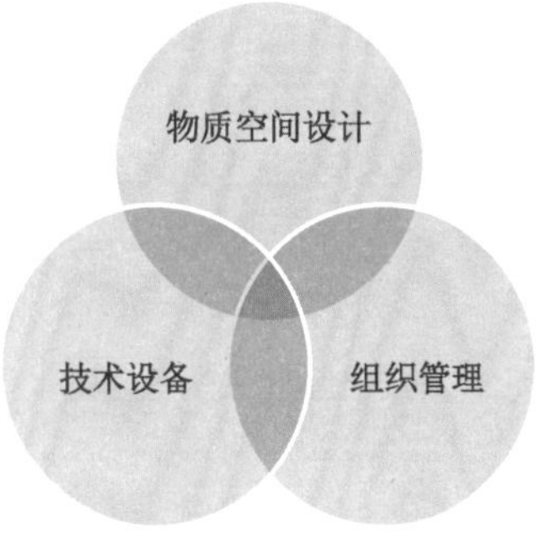

图 4-5　传统城市轨道交通预防犯罪的基本方式

综合性 CPTED 理论以上述理论的相互融合为基础，主要针对具有理性特征的犯罪类型而展开，其基本方式包括物质空间设计、技术设备和组织管理（图 4-5）。物质空间设计通过物质空间组织，支持空间的预期用途和正当的使用活动，同时使空间环境特征利于对潜在犯罪的威慑，阻止犯罪发生。技术设备主要运用门禁控制系统、闭路电视等安保监控设备及硬件系统，增加犯罪的实施难度,降低犯罪回报,以利于及早发现和察觉潜在的罪犯和犯罪行为。组织管理依赖普通居民、空间使用者和特定人群(门卫、保安、管理员、警察等)对相应空间和潜在罪犯进行监督、监视、控制和威慑犯罪,并及时制止犯罪发生。在实践中,这三种方式相互结合使用。

综合性 CPTED 理论在物质空间设计层面的基本策略主要包括相互关联的三个方面:

(1) 自然入口控制(Natural Access Control)——运用象征的和真实的障碍物,拒绝和减少潜在罪犯接近犯罪目标实施犯罪的机会;

(2) 自然监控(Natural Surveillance)——使入侵者和潜在罪犯易于被观察和发现;

(3) 领域强化(Territorial Reinforcement)——创造、培养、加强使用者的所有权、归属感和领域控制能力。

通过环境设计预防犯罪理论及策略有助于分析、认识空间环境与犯罪决意、机会选择、犯罪实施过程的关系及影响,为城市公共空间中的犯罪及破坏行为的相关研究提供了理论依据及实践参考。

4.2.8 商圈理论

商圈是指商店以其所在地点为中心,沿着一定的方向和距离扩展,吸引顾客的辐射范围。简单地说,也就是来店顾客所居住的区域范围。

1. 商圈分析模型

1) 哈夫模型(Huff's Model)

美国加利福尼亚大学的经济学者戴维·哈夫(D. L. Huff)教授从消费者的立场出发,认为消费者前往某一商业设施发生消费的概率,取决于该商业设施的营业面积、规模实力和时间三个主要要素。商圈规模大小与购物场所对消费者的吸引力成正比,与消费者去消费场所感觉的时间距离阻力成反比。商店购物场所各种因素的吸引力越大,则该商店的商圈规模也就越大;消费者从出发地到该商业场所的时间越长,则该商店商圈的规模也就越小。

2) 雷利零售引力法则(Reilly's Law of Retail Gravitation)

美国学者威廉·J·雷利(W. J. Reilly)利用三年时间调查了美国 150 个城市在 1931 年根据牛顿力学的万有引力的理论,提出了"零售引力规律"。他认为一个城市对周围地区的吸引力,与它的规模成正比,与它们之间的距离成反比,用以解释根据城市规模建立的商品零售区。

2. 商圈饱和度

商圈饱和度是判断某个地区同类商业竞争激烈程度的一个指标,通过计算或测定某类商品销售的饱和指标,可以了解某个地区同行业是过多还是不足,以决定是否选择在此地开店。商家决定是否进入某市场前,首先要测算该市场是否已经饱和,是否还有进一步拓展的空间。当饱和度较高时,剩余空间有限,不宜进入,但当饱和度较小时,说明市场空间很大,有很大的拓展机会。

商圈作为城市商业空间的重要组织形式，依赖于区位条件而存在，交通是影响区位条件最主要的因素。地铁作为城市重要的交通方式，高效准时，缩短了人们的心理距离，增加了人们的出行欲望。地铁的建设将改变城市商圈的结构，一般地铁线路会连接城市的两端边缘区域与中心区域，城市边缘地区因为有地铁站点的建设，会促进人流量增加，从而带动商家投资，推动新的城市商圈的形成；而中心城区商圈因地铁的通达性，可以将边缘地带的人流带到中心城区，从而推动中心城区商圈范围的进一步扩大。

3. 中心地理论

中心地理论(Central Place Theory)是由德国城市地理学家克里斯塔勒(W. Christaller)和德国经济学家廖士提出。中心地是指为居住在其周围地区的居民提供商品和服务的地方，城镇是中心地的主要部分，但中心地还包括农村地区的一些具有中心职能的村庄。中心地职能是指在中心地内生产的商品与提供的服务。中心性可以将其理解为关系到其周边区域的一个中心地的相对重要性，或看作其发挥中心职能的程度。中心地服务范围是指消费者愿意去一个中心地得到货物或服务的最远距离。决定各级中心地商品和服务供给范围大小的重要因子是经济距离，由费用、时间、劳动力三个要素决定，但消费者的行为也会影响到经济距离的大小。

中心地理论中的中心地定义与现代商圈的概念较为接近。根据中心服务范围的大小分为高级中心地和低级中心地，二者之间存在中级中心地，认为居民的日常生活用品基本在低级中心地就可以满足，但购买高级商品或高档次服务必须到中级或高级中心地才能满足，不同规模等级的中心地之间的分布秩序和空间结构应该是不同的(图4-6)。随着地铁的建设，地铁沿线将形成新的商业中心，辐射效应将更加明显，但大部分地铁商业应走特色和差异化路线，形成各具特色的商业节点，整条地铁沿线将形成不同等级和特色的商业中心。

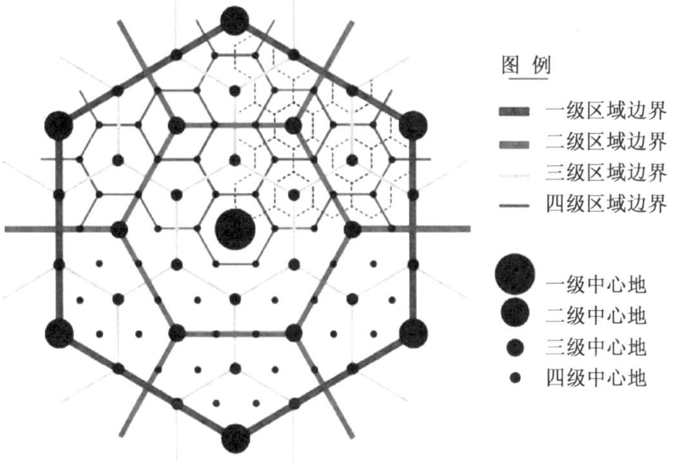

图4-6 中心地理论

4. 环境心理学理论

环境心理学是涉及人类行为和环境之间关系的一门学科，它一方面研究环境对人的心理影响；另一方面研究人的心理需求对环境提出的反馈，从而根据人的心理需求，调整、改善、提高环境质量。

地铁车站地下商业空间兼具商业与城市交通功能。在设计的过程中，不仅需要考虑如何刺激消费，同时需要关注内部交通脉络的清晰化。人们在该商业空间中有着强烈的环境认知需求，通过对其认知特征的研究不仅能帮助人定位、定向、清晰明确地到达目的地，同时也能保证交通疏散的安全与通畅，让潜在顾客有着良好的情绪和愉悦的心态，增加消费购物的可能性。

4.2.9 公共政策相关理论

1. 公共政策价值理论(Theory of Public Value)

公共政策是政府对社会资源配置的最重要的手段，公共政策的价值取向是指在一定价值观支配下的公共政策价值分配的利益倾向与选择[16]。

公共政策价值需要回答：整个政策活动究竟是围绕何种意图来安排和展开的？公共部门究竟为了什么目的将一定量的人力、物力和财力资源配置起来？个体和群体、整个社会、民族和国家在政策活动中究竟得到什么？

公共政策的价值取向是衡量公共政策质量的重要标准，也是衡量公共政策价值合理性的重要指标。现代的公共政策更加重视多元化的价值取向。公共政策的价值取向包含着丰富的内容：公平与效率是公共政策的基本价值取向；以人为本是公共政策的核心价值取向。

任何一项公共政策的出台，都必然包含了政策主体的价值选择，即公共政策价值取向。当前城市轨道交通政策的价值取向受政策主体价值选择的影响，表现出多元的形态，即公平、效率、以人为本等。在城市轨道交通政策制定中引入公共政策价值理论，能够指导在政策制定与实施的全过程中，充分体现社会公平，使城市轨道交通尽可能地惠及每一位市民；同时城市轨道交通政策需体现以人为本，以为市民出行服务作为出发点。

2. 约翰·罗尔斯的正义论

罗尔斯正义原则的一般表述：所有社会价值，自由与机会、收入与财富以及自尊的基础——都应平等地分配，除非任何价值的不平等分配对每一个人都是有利的[17]。分解为两个层次：一是每一个人都有平等的权利去拥有可以与别人的类似自由权并存的最广泛的基本自由权；二是对社会和经济不平等的安排应能使这种不平等不但可以合理地指望符合每一个人的利益，而且使地位和职务向所有人开放[18]。

罗尔斯的正义论可应用于城市轨道交通政策策划，指导我们在政策策划时注重人人平等，使政策制定从出发点就追求政策对每一个人都是平等地分配。城市轨道交通事关千万市民的日常出行，罗尔斯的正义论指导我们政策制定基本价值取向应该是以惠及每一位普通市民为目标，强调社会平等。

3. 弗雷德里克森的社会公平价值理论

弗雷德里克森认为,"社会公平包含着对组织设计和管理形态在内的一系列价值取向的选择。社会公平强调政府提供服务的平等性;社会公平强调公共管理者在决策和组织推行过程中的责任与义务;社会公平强调公共行政管理的变革;社会公平强调对公众要求做出积极的回应而不是以追求行政组织自身满足需要为目的;社会公平还强调在公共行政的教学与研究中更注重与其他学科的交叉以实现对解决相关问题的期待。总之,倡导公共行政的社会公平是要推动政治权力以及社会福利转向社会中那些缺乏政治、经济资源支持,处于劣势境地的人们"[19]。

弗雷德里克森认为"社会正义"是除了效率和经济之外的公共行政学的第三个规范性支柱,促使"社会公平成为公共行政的精神"。

弗雷德里克森是把社会公平的价值引入公共政策的先行者,系统阐述了如何"努力使我们执行的政策尽可能地公平、合理"。将弗雷德里克森的社会公平价值理论引入城市轨道交通政策策划中,可给我们以很好的理论指导。城市轨道交通政策的制定涉及城市广大市民的切身利益,政策核心价值目标应该是社会公平,可以借鉴弗雷德里克森的社会公平价值理论,使城市执行的政策尽可能地把公平、合理放在优先考虑的地位。

参考文献

[1] 高鹏,邹晓磊,徐瑞华. 城市轨道交通车站客流分布仿真方法研究[C]. 中国・同舟交通论坛——公共交通与城市发展学术研讨会,2006.

[2] 贾秀娟. 基于 LEGION 仿真技术的地铁站域地下商业空间优化设计研究——以北京地铁四号线动物园站为例[D]. 北京:北京交通大学,2012.

[3] 凯文・林奇. 城市意向[M]. 北京:华夏出版社,2001.

[4] 比尔・希利尔. 空间是机器[M]. 北京:中国建筑工业出版社,2008.

[5] Joung D. Applied Hodology[J]. Landscape, 1967, 17(2):10-11.

[6] 亚历山大. 建筑模式语言[M]. 北京:知识产权出版社,2002.

[7] 盖尔,欧阳文,徐哲文. 人性化的城市[M]. 北京:中国建筑工业出版社,2010.

[8] 陆化普. 城市绿色交通的实现途径[J]. 城市交通,2009,7(6):23-27.

[9] European Commission DG Environment. Expert Working Group on Sustainable Urban Transport Plans[R]. Brussels: DGEnv, 2005.

[10] 黄德林,袁婧. 从制度层面加强我国地下空间资源管理[J]. 中国国土资源经济, 2013(9):12-15.

[11] 梁桂保. 基于商圈理论的商业物业策划研究[D]. 重庆:重庆大学,2004.

[12] 贾梦莹,陈珺. 地铁对周围商业圈的带动作用——以武汉地铁为例[J]. 中外企业家,2014(13):25-26.

[13] 刘娜,韩宝明,鲁放,等. 中心地空间理论在地铁换乘枢纽设计中的应用[J]. 都市快轨交通,2010,23(3):56-59.

[14] 北京城建设计研究总院有限责任公司. GB 50157—2013 地铁设计规范[S]. 北京:中国建筑工业出版社,2014.

[15] 中华人民共和国公安部. GB 50016—2014 建筑设计防火规范[S]. 北京:中国计划出版社,2014.

[16] 陶学荣. 公共政策学[M]. 2 版. 大连:东北财经大学出版社,2009.
[17] (美)约翰·罗尔斯. 正义论[M]. 何怀宏等,译. 北京:中国社会科学出版社,2009.
[18] 李凯歌. 对罗尔斯《正义论》的解读[J]. 学理论,2013(20):24-25.
[19] H·乔治·弗雷德里克森. 新公共行政[M]. 丁煌,方兴,译. 北京:中国人民大学出版社,2011.

5 城市轨道交通的服务需求体系

城市的发展离不开轨道交通系统，轨道交通作为一种大运量交通方式，其影响和作用也不仅仅局限于交通领域，其服务内容涉及出行者、运营企业、政府等不同对象、不同角度的需求。这些需求在某些方面相互一致，在某些方面相互抵触。如何通过综合策划，在轨道交通的规划、设计、建设、运营与管理过程中，充分满足、协调、平衡各相关方的需求和期望是轨道交通必须面对和需要解决的问题。

本章基于马斯洛理论，对城市轨道交通的相关服务需求进行了全面系统分析。从政府、运营企业、出行者三个主要利益相关者出发，分析各自的基本需求、提升需求、高级需求三个层面的服务需求，在此基础上对这些需求之间的关系进行了整合分析，从而构建了城市轨道交通的服务需求体系。

5.1 政府需求

政府规划建设城市轨道交通系统主要是从其社会公益性角度出发，希望解决城市发展过程中面临的各类社会问题（交通拥挤、用地规划、环境污染等）。但这些需求不可能同时满足，需要分阶段推进，并与其他相关各方（运营企业、出行者）的需求相互协调。利用马斯洛需求层次理论，将政府对城市轨道交通的需求划分为如图 5-1 所示的三个层次（从基本需求向高级需求扩展）。

图 5-1　政府需求层次金字塔

5.1.1 基本需求:优化交通服务体系,支撑城市发展

随着我国经济、社会的快速发展,交通流量飞速增长,城市交通面临的压力越来越大,而城市轨道交通作为一种安全可靠的大运量骨干交通方式,逐渐成为各个城市解决交通问题的重要手段。而政府对其主要需求是:提升城市公共交通的整体服务能力;促进包括轨道交通在内的各种交通方式的高效衔接;促进城区的协调发展。

1. 改善城市交通拥挤的需求

城市轨道交通不占用地面资源,拥有独立通行路权,具有速度快、安全、准时等特点,因此在传统的路面交通已经不能满足城市交通出行需求的条件下,需要构建一定规模的城市轨道交通系统才能缓解城市交通的拥挤状态,对城市日常的交通出行起到骨干支撑作用,满足城市居民日益增长的交通出行需求。

2. 城市交通系统衔接需求

轨道交通行人行为衔接服务的需求内容主要包括公交衔接、出租车衔接、社会车辆衔接、非机动车衔接等。

1)与其他公共交通衔接

常规公交和BRT(Bus Rapid Transit)具有载客量大、网络覆盖面广、人均道路占用面积小等优点,在机动车中,它是最适宜与轨道站点接驳的交通方式。在设计常规公交、BRT与轨道交通衔接服务时,需要充分考虑相应的衔接需求,使出行者在两种交通方式间迅速、安全、便捷地换乘,避免或减少人流、车流在接驳站点的相互交织,提高换乘效率。

换乘布局和规模:常规公交、BRT站台的换乘布局、站台规模应根据换乘客流量的大小、停靠公交的线路数量及其空间需求,并结合站点周围的用地规划综合确定。

舒适度:常规公交、BRT站台应设置在轨道站点出入口附近,换乘通道尽量设置自动扶梯,并辅以行人设施,以缩短换乘距离和时间,提高换乘舒适度。

人、车流分离:轨道站点与常规公交、BRT站台之间尽可能设置专门的人行通道,并组织好公交进出站台的线路,避免人流与车流的交织。

2)与出租车衔接

出租车是城市公共交通中的重要组成部分,其特点为运行速度快、线路不固定、数量较多、可运行于城市各等级道路。因此需要充分考虑相应的衔接需求,使出行者在两种交通方式间迅速、安全、便捷地换乘,减少出租车辆在停靠处的滞留时间。

(1)接驳位置:为了方便出行者换乘,接驳设施最好设置在轨道站点进出口位置附近。

(2)换乘规模:按换乘量的实际需求设置相应的停靠设施规模,在换乘量大的站点适宜设置专门的路外停车换乘场所,在换乘量较小的轨道站点可采用路边停车的形式。

(3)换乘形式:轨道站点有公交接驳的情况下,出租车接驳区域应采用港湾式,且位于公交车站的上游,并与公交车站保持适当距离。

3)与社会客车衔接

社会客车常与轨道站点进行衔接服务,主要以私人小汽车与轨道交通衔接为主。

私人小汽车与轨道交通间最普遍的换乘形式为停车换乘，即人们乘坐小轿车到停车换乘点，然后换乘城市轨道交通进入城市中心。为了满足出行者的停车需求，需要设置停车换乘停车场（Park&Ride，P&R）。

从个体的角度而言，P&R 设施并不是交通参与者的第一选择，而是由于其他因素的制约（停车费、交通拥堵费、时间等），人们才被动地选择它。但是从交通系统整体来看，作为小汽车交通和轨道交通联系的纽带，其主要功能是为城市外围小汽车交通和城市内轨道交通系统之间的换乘衔接提供高效、安全、方便、舒适的换乘条件，从而提高轨道交通的吸引能力，减少私人小汽车在城市中心区域的使用，缓解中心区域交通压力。

相应的衔接需求主要包括：

（1）P&R 需求最大化。P&R 设施选址首先要基于吸引客流最大化的原则，保证 P&R 需求，因此，P&R 应当选址城市边缘、居住密集区等高换乘需求地区。由于 P&R 设施主要的服务客源为基于家的工作出行人群，因此，P&R 设施选址过程中要充分考虑高峰时段发生量。

（2）依附于完善的道路及轨道交通网。依附于完善的道路网是指 P&R 设施尽量设在城市边缘和郊区新城的主干道附近，保证出发地与 P&R 停车场之间有高速或主干道、城市交通走廊相连，以达到小汽车到达停车场的时间最小化的目的；而依附于完善的轨道交通网是指与 P&R 设施相衔接的轨道交通系统应具有完善的服务水平，包括较高的发车频率、行驶速度以及换乘可达性等，这样才能缩短换乘后的出行时间。为了实现 P&R 的出行方便性及快捷性，必须综合考虑各级各类交通网络，进行多层次叠加，选取 P&R 设施最优点。

（3）投入成本最小化。P&R 设施作为一项永久性设施，一经建成很难改作他用。从投资风险上考虑，尽量选用临时停车设施，便于今后需求发生变化时更换或撤销；尽量寻求联合使用同一建筑物的机会，可与周边商业、文化等停车场合并使用；控制 P&R 停车场之间的距离，避免因间距过小而导致恶性竞争；注重待建设施的可扩展性和可改造性。

（4）缓解城市中心区停车压力。我国大城市中心区域内部用地原本就十分紧张，停车设施建设也明显存在不足。因此我们可以在城市中心区外围建设补充设置 P&R 停车设施，这样一方面可以弥补城市中心区域内停车位的不足，另一方面也可以截断进入中心区的车流，缓解中心区交通压力。在 P&R 设施选址过程中，应当选择毗邻交通枢纽、换乘中心，毗邻主要出入道路节点，道路交通状况良好的地区。

4）与非机动车衔接设施

随着“绿色出行”理念的出现，骑自行车出行成为时尚。我国是一个自行车保有量多的国家，自行车在很多城市居民出行中占有很大比重。伴随着轨道交通的运行，许多人愿意选择骑自行车到城市轨道站点，然后换乘轨道交通去往目的地。

我国目前对自行车交通仍采取“鼓励近距离出行，限制远距离出行”的原则，在城市中心区采取对自行车交通“以疏导为主，要有利于向公共交通转化”的政策。根据轨道交通站点分类（轨道换乘站、商业站、非商业站和交通枢纽站），建议不同区域和功能分级站点配建自行车停车场(表 5-1)。

表 5-1　　各类轨道交通站点配置自行车停车场建议

轨道交通站点分类	城市中心区	城市郊区
轨道换乘站	选设	必设
商业站	不设	选设
非商业站	选设	必设
交通枢纽站	不设	选设

在城市边缘区和城市中心区生活性道路附近的城市轨道交通站点可设置自行车停车场,为自行车换乘城市轨道交通提供方便,延伸城市轨道交通车站的辐射范围。在合适地域为自行车衔接城市轨道交通提供方便,也可将一定范围内采用机动车换乘的客流转移到采用自行车与城市轨道交通换乘,从而减少道路机动车交通流量和机动车尾气对环境的污染。

相应的衔接需求主要包括:

(1) 功能的合理性。非机动车停车场建设的首要任务是满足广大出行者的停车需求,在合理选址的基础上,创造出足够的停车空间是停车场的必要条件。此外,对普通自行车、电动自行车、三轮车等进行合理分区,能够使停车空间的利用更加充分,并能配置以相应的停车设施,增加停车空间的完整度。

(2) 空间的舒适性。非机动车停车场空间的舒适性直接体现停车场的环境品质,对出行者的吸引力也是十分重要的。良好的空间舒适性与完善的停车场设施能够使出行者更愿意、更依赖于非机动车停车场。首先需要对非机动车停车场的环境进行整合,达到一定的舒适度标准;其次加入相应的停车设施,改善停车空间品质;最后,加入停车场相关的附属空间如自行车修理、饮品等补给商店等,加入或依托原有的景观资源,打造现代化舒适的停车空间。

(3) 合适的换乘距离。非机动车停车场与 P&R 相比其对于换乘距离更加敏感,一般来说不应超过 100～150 m,换乘距离一旦超过 50 m 就会影响出行者的停车心理,产生乱停乱放现象。

(4) 完善的指引标志。在选址中,非机动车停车场的位置可能相对隐蔽,或距离地铁出入口较远,影响出行者对停车场的寻找与换乘时间,会降低停车场的使用率。为提高停车场的使用率和便捷性,需要对出行者有完美便捷的引导。

(5) 流线设计的合理性。针对非机动车停车场出入口相对地铁出入口的便捷程度不高,形成绕行或安全隐患,或换乘流线与城市其他流线相交叉,影响换乘效率等可能存在的问题,在停车场的设计时要尽量避免。

3. 节约土地资源的需求

城市轨道交通在市内的修建模式一般采用地下或高架,对地面资源占用较少。考虑到城市土地不断升值的潜力,城市轨道交通的土地节约效益是十分可观的。因为城市轨道交通属于大运量交通运输方式，相比于公交、出租车、私家车等交通方式，运输单位客运量所占用的各类资源(包括土地资源)大量减少，也相对地减少了对土地的消耗。此外，由于城市轨道交通方式大运量、安全、快捷、准时等特点，对整个城市的交通出行行为构成了重大影响，吸引更多的出行者采用城市轨道交通方式来出行，进而缓解了路面交通压力，间接降低了对道路交通的改扩建需求，这对土地日益稀缺的城市非常重要。

4. 增加社会就业的需求

城市轨道交通的规划、设计、建设、运营各阶段，均需要大量的相关人力，而且建设过程所需要的大量物资、设备、能源也需要大量人员来生产、运输。因此，有研究指出，每投资1亿元的城市轨道交通，即可带来相关职位4 000个以上。

5. 保障运营安全的要求

政府部门对城市轨道交通最基本的要求即是保证运行安全。只有在安全运行，不出现严重的伤亡事故的基础上，才能实现各类附加的社会公益目标，而且要求在日常运营过程中，尽量减少各类轻型故障、事故的发生概率。

5.1.2 提升需求：优化城市空间结构和产业布局，引领社会发展

从国内外城市轨道交通发展的实际经验来看[1]，城市轨道交通的建设、运营，会对城市的区域发展带来极大影响：会促使中心区向集中化方向发展，而促使郊区向轴线化方向发展。商业区大量向城市中心区聚集，而工业区、居住区则不断向郊区疏散，将重新分配城市的功能空间。这种土地利用方式极大地提高了城市土地的利用效率，同时也为城市新区的形成提供了可靠的交通支撑条件，促进城市规模的不断扩大。

除了对城市功能空间具有极大的影响外，城市轨道交通还会带动相关行业的进一步发展。例如，建设城市轨道交通系统的过程中，会直接带动规划、设计、建筑、机械、运营管理、原材料、能源等行业经济的快速发展。此外，除了这些直接与城市轨道交通相关的行业领域，还可以带动与城市轨道交通建设、运营没有直接关系的旅游、房地产等行业的快速发展。

1. 促进区域经济发展的需求

建设城市轨道交通的城市往往是中心城区发展成熟的大中城市，因此其城市的下一步发展方向是扩大城市规模或者在外围发展卫星城。通过城市轨道交通系统的建设可以带动郊区沿线土地的高强度开发，进而促进卫星城的形成。

大运量、快捷的城市轨道交通会持续加强城市不同区域、中心区与郊区的各类联系，这对各区域的加强商业联系、经济发展具有明显的促进作用，进而会增加生产、创造新的就业机会，增加收入，对城市经济的发展具有明显的推动作用。

2. 解决居民住房问题的需求

随着城市的不断发展，商业经济不断向城市中心区聚集，相应的市中心区域的房价也会不断上涨，低消费人群在市中心购房、生活的压力越来越大，而居住生活在郊区则交通不便，难以满足日常工作、生活的出行需求。随着大运量、快捷的城市轨道交通的发展、建设，居住在郊区的人群也能够与市内的各类工作、生活、公共服务设施便捷地沟

通、联系，变相地解决了城市居民的置业、居住难题，扩大了城市居民购房、生活区域的可选择范围，并反向促使城市中心区域的房价向理性区域调整。

3. 减轻财政压力的需求

城市轨道交通具有规模巨大的社会外溢效益，对整个城市的发展，城市居民生活水平的提高具有难以估计的正面效果，但这种社会外溢效益难以通过传统的票价收入予以体现。而城市轨道交通规划、设计、建设、运营等各阶段均需要大量的资金投入，因此政府面临着巨大的财政补贴压力，需要通过城市轨道交通沿线的综合开发以及各种形式的投融资来减轻财政压力。

4. 节约能源的需求

城市轨道交通属于电力驱动的大运量城市公共交通系统，相对于其他城市交通方式具有单位运输能源消耗低的巨大优势，可节省大量的替代能源消耗。

相关统计资料表明：汽车占我国石油资源消耗的绝大部分，其中汽油资源的 85％和柴油资源的 20％均由汽车消耗。而汽车的人均百公里油耗约为 10 L，如果将城市轨道交通的能源消耗折合成汽油，则其油耗为 0.5 L，相差约 20 倍。根据此假设，如果将 1％的汽车出行人群改为城市轨道交通出行，则全国一年可节省燃油消耗 8 000 万 L，折合人民币 4.8 亿元。因此，在国内石油供应乃至全球石油供应越来越紧张的今天，发展城市轨道交通无疑是一种降低能源消耗的有效措施。

5. 降低环境污染的需求

城市轨道交通属于采用电力驱动的“绿色交通”，而且还具有能耗低、污染少的特点。人均能源消耗、排放量、噪声污染均远低于其他各类型的替代交通方式。例如，汽车的单位 CO_2 排放量是轨道交通的 2.67 倍，而 SO_2 的单位排放量是轨道交通的 1.9 倍。不仅如此，当城市轨道交通建成后，还会与其他交通方式产生竞争，大量吸收其他交通方式的客流，减少路面机动车的出行驾次，进一步扩大节能减排、保护环境的服务范围，这对于缓解尾气污染、温室效应、噪声污染，提高城市居民的生活、工作品质具有明显的正面效应。

6. 优化城市空间结构需求[2]

1）城市发展轴的形成

城市发展轴主要是由具有离心作用的交通干线，铁路、公路和地铁线路等组成，轴的数量、角度、方向、长度和延伸速度直接构成城市不同的外部形态，并决定着城市形态某一时期阶段性发展特征。因此，城市发展轴的变化对城市的内部空间结构有重要的影响。

轨道交通对城市空间结构的影响一个重要的方面，就是基于各个站点的点状影响并通过串联的方式形成连续扩展的发展轴，同时在时间和空间上，轨道交通现行轴线和城市发展轴线形成互为影响、彼此促进的发展关系。一方面城市轨道沿线高强度开发的住宅、商业、办公等居住区和就业岗位为轨道交通的高运量提供了客流保障；另一方面轨道交通的线状发展引导城市空间的功能业态布局，增强轨道线网所经区域的可达性和系统性，从而避免城市的圈层式匀质发展。在城市中心区和次中心区等发展相对成熟的区域，临近站点的区域通过交通接驳、土地一体化开发、城市更新等方式扩展和优化后，由于这类区域轨道交通沿线设站距离本身较小的缘故，扩展区域常常会连在一起，形成与轨道交通线路重叠的带状发展形式，而在城郊区域，轨道交通站距较大的情况下，则形成点状高强度扩展区。如图 5-2 所示的汉堡城市轴线发展的模型，轨道站点周边形成的点状和带状的扩展区，分别形成了点状扩张单元和带状城市发展轴。

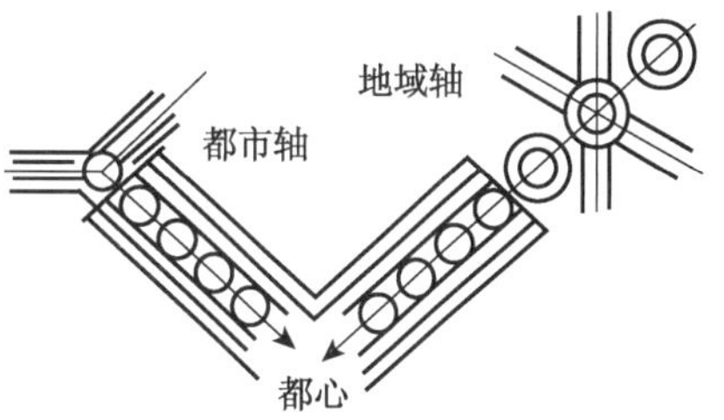

图 5-2 汉堡的轴线发展模型

2）城市中心的发展

（1）单中心—多中心发展

社会生产力发展到一定阶段，非转农的加速化导致乡村转化为城市，人口聚集效应更加明显，城市范围不断扩大，城市空间也在不断扩展。但从我国大城市现有空间扩展方式来看，我国大城市空间主要仍以集中发展模式为主，多数特大城市的空间均呈现向周边扩张的趋势。以小汽车为主导的城市交通发展模式需要更多的土地用于道路建设和满足停车需求，是以设施需求满足型为导向的城市发展模式，城市缺乏有效的轴向拉动力，从而导致城市空间向四周圈层式蔓延，造成摊大饼式的匀质性和低强度开发。反过来又加剧了交通出行难度，使居民出行更加依赖小汽车，形成恶性循环，并且交通设施占用大量土地资源，消耗过多能源，带来更严重的空气污染，这种模式给大都市的空间结构带来了普遍存在的问题。

与常规交通体系相比，轨道交通的优势在于能够有效引导城市空间的持续发展，其线状分布的运行特征适应城市空间的带状扩展条件，因此，轨道交通能够引导和促进城市空间结构的调整和优化。当城市发展大到一定的规模时，有必要引入城市轨道交通，并通过合理的轨道交通线网的规划和建设来优化城市空间结构的调整，有效扩展城区人口，引导城市周边组团的自我生长和对外延伸，形成由单一中心城市空间向多中心城市空间的转化，实现城市空间多样化、多功能、多中心、可持续发展。

（2）城市中心强化发展

城市中心是指城市中集商业活动、娱乐购物、文化交流、公共设施、行政中心于一体在城市空间位置上趋于城市中心区，人群活动最频繁的地区，通常是由城市内最繁华的地段和街区组成。城市中心在城市中具有占地面积小、人群活动最频繁的属性，其所属区域功能强大、配套齐全。在倡导城市多中心发展的过程中，城市中心职能的强化依然是保持一个城市的特色和综合实力的重要发展战略。这就要求城市中心拥有高效率、大运量的公共交通，常规公交的运量有限是城市中心强化的重要瓶颈，甚至严重阻碍了城市中心的进一步发展。因此通过引入大运量的公共交通来克服这一瓶颈成为城市中心进一步强化发展的重要选择，轨道交通的大运量和高效率因而受到青睐。轨道交通能够维持城市中心的强大并且可以带动起进一步发展的重要原因在于：①常规公交运量有限，无法满足城市中心巨大的公共交通需求，轨道交通具有大运量、高速度、准点的特性，能够有效解决城市中心的高密度客流，快速分散客流，解决拥堵问题，从而有效缓解交通压力，增强城市中心的活力，促进中心城市更快、更强发展。②轨道交通大运量、高速度、准点并且和常规公交无缝接驳，大大增强了城市中心区的可达性，增强了城市中心对周围更大范围区域的吸引力，能有效地带动城市中心的发展，从而实现中心城区的复兴。

3）城市土地利用

城市功能结构影响并在一定程度上反映城市空间结构，而土地利用是影响城市功能结构的重要因素。

（1）土地开发强度的提升

我国大部分城市建设用地低下、人口密度高，部分发展程度较高的地区人均城市建设用地不足 50 m^2，在如此有限的空间要按规定布置各类用地，就必然会导致城市道路用地和城市绿地的不足。轨道交通相比常规城市道路用地少，且大部分为地下或高架形式，同时轨道交通用地可以和城市绿地复合利用，从而可有效地缓解城市用地紧张的情况。轨道交通强大的运输力和快速、高效、安全的特性，可以形成人员的定向聚集效应，促进站点周边城市用地的高强度、集约化利用。哈里森 20 世纪 80 年代对美国的多个大城市的分析得出，城市有轨电车每延伸 1 km 就可以将沿线住宅需求量提升 3.2%，这直接加速了城市土地的高强度开发。而轨道交通对于土地开发强度的提升作用将会比有轨电车的效果更加明显。

住房和城乡建设部 2015 年颁布的《城市轨道沿线地区规划设计导则》也明确了不同类型轨道交通站点沿线的功能开发和开发强度指引，并确定了轨道站点影响区①和轨道站点核心区②的概念，并在站点影响区和核心区结合站点定位和发展需求确定相关潜力地块③，对于潜力地块实行高密度、高强度的开发，以充分利用轨道站点带来的经济价值。实践表明，这种开发的效果是立竿见影的。

（2）土地性质的优化

随着城市轨道交通线路的增加和建设规模的扩大，其与城市的关系必将越来越密切，其发挥的作用也将更为重要，未来，轨道交通也将会成为城市土地开发、土地优化利用和旧城改造的有机组成部分。轨道交通能够让人流快速进出城市中心，大大缩短轨道交通沿线区域到达城市中心区域的时间，从而可以实现将居住区疏散出城市中心，实现居住、商业、工业等用地在区域上实现空间分离，将城市轨道交通沿线的土地利用性质进行合理优化，并按照市场规律进行优化重组。轨道交通通过良好的可达性来实现对周边用地性质的优化，借鉴国内外研究结果，轨道交通对商业、商务、居住等用地开发

---

① 轨道站点影响区：指距离站点 500～800 m，步行约 15 min 以内可以到达站点入口，与轨道功能紧密关联的地区。轨道站点未确定位置时，可采用线路两侧各 500～800 m 作为轨道影响区范围。一般情况下，单一线路的城市轨道影响区可作为一个带型地区统一规划控制。

② 轨道站点核心区：指距离站点 300～500 m，与站点建筑和公共空间直接相连的街坊或开发地块。

③ 潜力地块：指轨道影响区内建设强度较低、土地权属情况简单、功能有待升级，仍具有开发潜力、可以优先收储的用地，以及通过开发筹集轨道建设资金的地块。

的吸引力最明显，而工业用地开发对其需求不明显。因此对于轨道交通站点的影响区的用地开发应以商务、商办、居住开发为主，对工业用地应实行用地性质的优化，实现土地的高效再利用。

(3) 区域活力的带动

轨道交通的作用大小和区域经济活力强弱互相促进，相辅相成。轨道交通的建设可以促进区域经济发展，区域经济的发展也能增加轨道交通的运量。城市轨道交通可带动中心区的改建与重建，恢复商业街区的活力；交通站点周边的城市空间环境将因轨道交通设施的引入获得改造和重建的契机。轨道交通的发展成为带动城市土地开发、提升城市活力、引导城市发展的重要契机。

现在西方许多城市希望通过轨道交通改变城市衰落的市中心区域。伦敦码头占地 2 km^2，曾是英国最大的通商码头，在 1981 年被全部关闭。为了恢复昔日的繁华，伦敦码头区开发公司(LDDC)优先发展公共交通，增设多条公共交通线路、一条地下轨道线、一条轻轨线，从而形成了良好的区域交通接驳换乘系统，增强了区域可达性和区域活力，成为交通设施与旧区改扩建相互促动的典型成功案例。

(4) 土地价值的增值

轨道交通在提升区域活力的主要外在表现为站点周边土地价值的上升。轨道交通可有效地改善城市的交通可达性，缓解交通拥堵问题，拓展城市空间，提升土地价值。轨道交通对不同区域、不同站点周边不同距离的土地价值的影响是有区别的。

1995 年，上海轨道交通 1 号线建成通车后，给房地产价格带来了明显的变化。地铁通车前，上海长桥地区房价高于梅陇地区 1 200 元/m^2 左右，1 号线建成通车不久，梅陇地区因靠近地铁口，房价迅速上涨，1994 年，梅陇地区房价高于 3 000 元/m^2，而此时的长桥地区房价不足 3 000 元/m^2，轨道交通站点所经过的梅陇地区的土地价值有了明显的提升。研究发现，在美国俄勒冈州波特兰市的 MAX 开通两年后，站点 500 m 范围内的住房价格高于其他同等发展地区的 10%以上，且离车站距离越近房产价格越高。轨道交通附近土地价值较高的主要原因是因为轨道交通提高了区域的可达性并缩短了交通消耗时间。

7. 站点周边区域发展需求

轨道站点周边区域的发展需要与轨道交通所带来的大客流特点相协调，有其特殊的需求。总的来说，站点周边区域的发展需要重视轨道交通与步行交通的效率，鼓励人们使用公共交通，强调站点与本地社区的步行衔接，并以轨道站点为中心，利用相关设施为前提，进行高密度的商业、办公、住宅等综合性的复合混合用途的高效率开发。成功的发展将形成在合理密度基础上的混合土地使用模式，形成便捷、有情趣、快节奏的社区。

鉴于站点周边区域发展的这些特点，其发展需求可归纳为集约化、复合化、宜人化。

1) 集约化需求

集约化即一定范围内的高密度开发，轨道交通作为大运量的公共交通工具，能够形成很强的城市内聚力，从而对站点周边核心区域的发展产生高密度、高强度的需求。

一方面是因为土地利用与交通系统是“源”和“流”的关系，也是交通需求与供给的关系，二者是相辅相成又相互制约的关系。站点周边直接吸引范围内的土地开发类型及开发强度是轨道交通网络客流的主体，当容积率与到达车站的距离成反比，离车站越近，容积率越高时，就可以使更多的人到达车站的时间缩短，为轨道交通这种大运量交通方式保证稳定的公共交通客流，如图 5-3 所示。

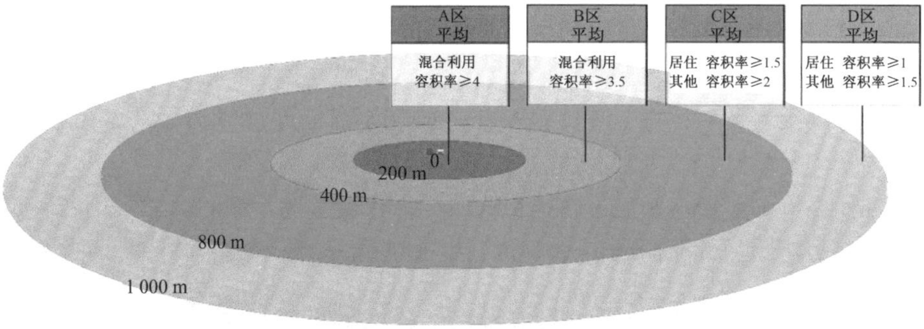

图 5-3 轨道站点周边开发容积率圈层

另一方面是因为轨道交通站点对周边区域土地价值的增长有很强的促进作用，而这种促进作用会随着土地与车站的距离增加而递减。通过对图 5-4 的分析，可以发现在地铁站旁的一定距离范围内(500 m 影响区)，站点对居住、办公、商业等用地都有比较明显的价值提升，特别是在更近距离的核心区，居住用地价值可提升 40%以上，办公用地价值的提升也能达到 20%，而这种提升随着与站点距离的增加持续衰减。站点周边区域集约化发展需求正是为了能更有效地利用轨道站点所带来的土地增值这一优势，形成周边土地开发效益最大化。

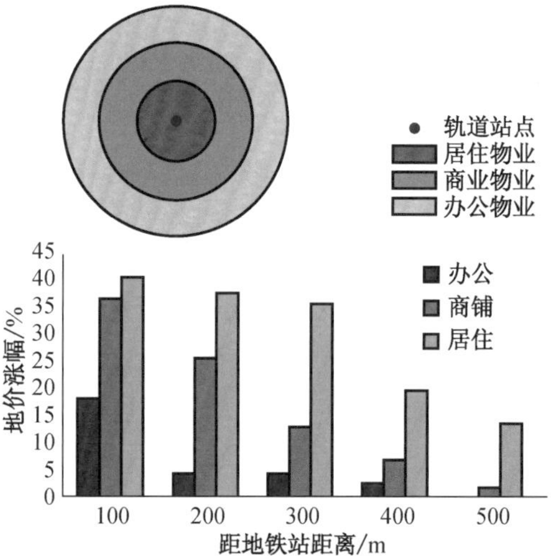

图 5-4 轨道站点周边各物业地价涨幅[3]

在地铁站点周边土地集约化发展这一总体需求下，还需考虑不同用地功能对距离站点远近的敏感性不同，如办公用地地价对距离较敏感，离车站越近，地价越高，而住宅对距离则相比较不敏感，在发展空间结构上形成圈层向外辐射的形式。因此商业、办公类用地紧凑，地价对距离反应灵敏，宜贴近站点布局，居住则相对放在外层，同时开发强度也可随与站点的距离有所降低。

2) 复合化需求

复合化是指一定范围内用地功能的混合利用及同一空间中多种功能层次的并置和交叠，是在平面上土地功能的混合布局，也是立体空间上最大限度的综合开发。

首先，混合用途的土地使用能够有效地减少出行次数，降低出行距离，并且促进步行等非机动方式的出行，有助于在站点周边形成高度集聚的功能群组。

同时，考虑到不同用地功能受轨道站点的价值提升和距离敏感性不同，在以轨道交通站点为中心，一定半径的范围内混合使用土地，按照离站点的距离不同，紧凑高效的分布各类用地，有助于最大限度地获取轨道站点带来的周边土地溢价，如从土地价值角度来看，在站点 250 m 左右的范围，对居民住宅和办公进行混合搭配开发是经济效益比较高的方式。

另外，复合化的发展需求也体现在立体空间上的混合，如同一建筑组群内包含酒店、办公楼、零售商业、住宅，甚至博物馆等文化娱乐功能。这种开发模式，既能共享设施及公共空间，亦有助于建筑在不同时段都能有不同的使用者，保证站点周边的开发在全天各时段上都具有一定的活跃性和吸引力。

3）宜人化需求

鉴于站点周边区域与轨道站点的衔接是以步行交通为主，并辅以部分非机动车交通方式，所以周边区域的发展必须注重步行出行的方便，以宜人化发展为要求，对人们具有吸引力。

宜人化的发展需求应该是以人的尺度为导向，以适合步行为发展原则，采用紧凑而流畅的街区结构，鼓励区域内的步行出行及活动。主要包含区域合理的街区尺度设置，相互之间连接顺畅，避免尽端路的出现，避免大尺度的连续街墙等；在区域内设置便捷、直接、连续的景观及公共空间，形成景观网络，并与周边相邻建筑物有机结合，如部分公共空间也是相邻建筑物或社区的出入口或节点，由建筑底商及文化休闲功能界定的街道界面等，以此营造全天候的城市步行空间环境和适宜的轨道站点出入客流驻留空间。

宜人化与集约化、复合化需求是相互协调统一的，在更紧凑、功能混合的区域发展模式下，势必有助于宜人空间环境的形成，更利于人们步行出行及与轨道交通的衔接。

5.1.3 高级需求：展现城市文化，树立良好形象

城市的发展离不开文化形象、文化品牌的打造和维护[4]，这对于提升一个城市的知名度，促进城市经济发展，增强城市的竞争力和凝聚力具有难以估量的正面效应；而且城市文化也体现了城市的魅力、活力和灵魂，直接反映了居住、生活在其中的人群的气质和精神。

国内外已建的城市轨道交通，其文化内涵无不与本城市的形象、精神保持内在一致，并通过城市轨道交通的发展、建设、运营，进一步提升了城市文化的品位和层次，使出行者及外来访客在日常工作、生活、出行的过程中感受到清晰的文化氛围，宣传、推广了城市形象。

政府对城市轨道交通文化层的主要需求是：

1. 以城市文化为源头建设城市轨道交通文化，体现城市文明

（1）城市轨道交通的文化定位和引导方向应该和城市的形象、精神、发展的方向保

持一致。

(2) 城市轨道交通应该以城市文化的基本特征为依据,定位自己的文化特色和展现方式。

(3) 城市轨道交通文化所展现的内容应该以城市文化为核心、灵魂,提炼、浓缩城市文化。

2. 城市轨道交通文化应该是城市文明建设的延伸和提升,对城市文化的发展起到推动作用

(1) 城市轨道交通文化的打造和建设,可以对文化特色并不突出,城市特点不甚明显的城市起到推动、提升文化品位、文化层次的重要作用。

(2) 对于城市文化丰富、城市特点明确、历史悠久的城市,城市轨道交通文化还可以进一步延伸、引导城市未来的发展方向。

3. 文化建设与经济建设密不可分,城市轨道交通文化要促进城市的布局和经济发展

国内外已建城市轨道交通的城市已经表现出文化与经济发展不断融合的明显趋势。城市轨道交通文化已经成为各个城市经济发展的重要动力和塑造城市形象的重要手段。因此,城市轨道交通文化应该和城市经济融合发展,并与城市区域经济的定位和发展模式保持一致性。

5.2 运营企业需求

城市轨道交通运营企业主要是从其公司运营角度出发,希望解决城市轨道交通的各类发展问题(降低成本、增大客运量、扩大公司规模等)。但这些需求不可能同时满足,需要分阶段推进,并与其他相关各方(政府、出行者)的需求相互协调。利用马斯洛需求层次理论,将运营企业对城市轨道交通的需求划分为如图5-5所示的三个层次(从基本需求向高级需求扩展)。

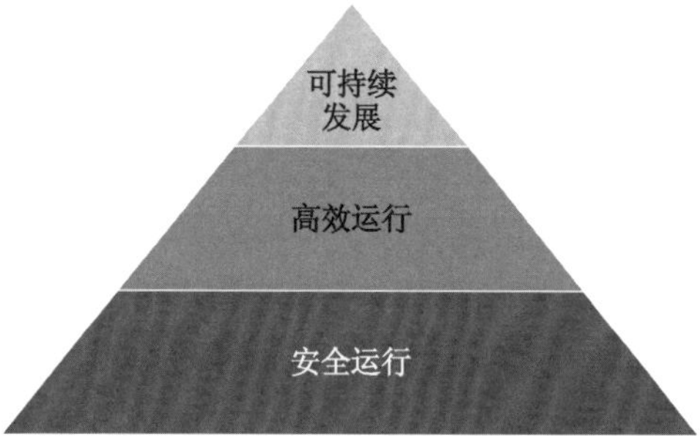

图5-5 企业需求层次金字塔

5.2.1 基本需求:安全运行

城市轨道交通属于密闭的(地下、高架或地面)、大运量交通方式,人流密集,运行速度快,一旦发生应急事件,不但会直接影响城市轨道交通系统的正常运行,还会造成较大的社会影响,而首当其冲的责任者即是城市轨道交通运营单位。因此,城市轨道交通运营单位最重要的诉求即是保证运行服务的平稳、正常,不出现人员伤亡或者大量的财产损失,并尽量减少小型事故的发生概率,具有保证治安安全、消防安全、设备安全、行车安全、反恐等方面的基本需求。

5.2.2 提升需求:高效运行

虽然城市轨道交通具有很强的社会公益属性,但是其运营模式大多采用企业化,这种模式导致了其具有明显的追求效率、增收减支的需求。例如,寻求提高、增加各类收入,降低运营成本,争取补贴等需求。

城市轨道交通运营单位所追求的效率[5],主要是从后期运营角度出发(当然也包含了前期规划、设计、建设等阶段的既成成果)的各类需求,例如车辆周转强度、客运周转强度、客运成本等方面,主要包括以下内容:

(1) 利用既有的物理线网运送更多的客流(客流强度);

(2) 尽量减少单位运营成本;

(3) 提高城市轨道交通运营管理技术的先进性和科学性等。

1. 增大客运量的需求

城市轨道交通的收入来源主要是客运票价,增收的主要手段是增大客运量。但城市轨道交通的客源同时也是其他交通方式的竞争对象,因此首先需要通过城市交通一体化协调、规划,来合理分配城市客运量,保证城市轨道交通的骨干作用,并提高城市轨道交通的服务水平,通过比价优势来参与竞争,增大客流量。

2. 降低运营成本的需求

减少城市轨道交通的客运成本同样是运营企业所追求的主要目标之一,减少各类运营消耗,提供尽可能简洁的客运服务,可以提升城市轨道交通运营的经济效益。

1) 降低单位运输成本

城市轨道交通的运输成本主要是为乘客运输而产生的,属于城市轨道交通运营的主体成本,主要内容包括:城市轨道交通车辆的运行磨损,自动售票机、安检服务设施、进出站闸机、自动扶梯等设备的折旧损耗。

车辆的运行损耗是不可避免的,降低成本的主要手段是根据实际的客运需求,合理地安排列车的运行计划,在保证一定客运班次的基础上,尽可能减少列车运行密度。

自动售票机、检票设备、自动扶梯、安检等设备的使用也可以根据实际的客运需求,合理地设置高峰时段和非高峰时段的工作方案,例如在非高峰时段可以适当减少设备的工作数量或工作方式。

维护成本主要是指为保证城市轨道交通系统内部各类设备(机电、通信信号、工建等)的正常使用而开展的日常检修工作成本,检修工作越频繁、越细致,成本就会越高,但更能防止严重突发事件的发生,因此建议维护成本不宜因成本原因而降低。

2) 优化票务管理

城市轨道交通运行过程中,不可避免地会出现逃票、漏票问题。为保证城市轨道交通系统的主要财务来源,应该加强对票务管理盲点的整治、预防。例如,可以通过采用先进的监控、管理手段,或加强对乘客的宣传教育,来减少逃票、漏票、人情票的损失。

3) 实行阶梯票价

城市轨道交通较高的运输成本必然要求采用阶梯式的计费方式(分段、分区、分线、分里程等),不能采用传统的公共交通的单一票价(虽然能增大客流量,却会降低企业效益)。阶梯式计费方式可以较为真实地反映城市轨道交通的客运服务成本,避免各类无效出行行为在城市轨道交通系统内部的空耗。

4) 减少优惠票

优惠票在原本较低的票价基础上又进行了不同程度的折扣,如果大规模发行优惠票,必然会对城市轨道交通的票务收入带来不利影响。

5) 合理减少工作人员

城市轨道交通具有规模大、环节多、服务密集的特点,需要大量的工作人员参与其中。因此城市轨道交通运营支出中,每年的工资、社保、医药费等会占总支出的很大部分。通过采用先进的管理模式(例如参考香港地铁公司的管理模式),或采用先进的管理系统、管理技术,可以起到减少人工成本,进而降低运营总成本的作用。

6) 节约站务管理成本

站务管理成本主要包括水、电等资源的支出。例如可以考虑减少长明灯、广告灯、装饰灯的使用,有效控制公厕用水,以及实现洗车水等再利用等。

5.2.3 高级需求:可持续发展

城市轨道交通由于巨大的成本投入(建设成本以及运营成本),导致其常年需要政府的大力补贴才能维持正常的运转服务。这不但为政府带来了巨大的财政压力,也不能有效提高运营公司工作人员的收入水平,难以有效调动其劳动积极性。

城市轨道交通系统具有巨大的正向社会效益[6],但这种社会效益很难通过票务收入体现出来,而主要体现在沿线土地由于城市轨道交通系统的辐射效应所带来的土地增值、综合开发、商业物业增值等方面,进而促进周边区域的经济发展。如果适当地将这种"外溢"效益反哺回城市轨道交通运营公司,则可能实现运营公司的财务平衡,弥补前期巨大的建设成本,以及后期漫长的运营成本。因此有必要深入研究城市轨道交通规划、建设、开发的一体化方案,将不同种类、不同性质的功能设施与车站设施充分结合在一起,增加城市轨道交通系统的多元服务功能,进而增加运营单位的商业物业、综合开发等的额外收益。

1. 车站、物业统一规划,综合开发

城市轨道交通站点是促进土地升值、商业物业开发的核心枢纽。在城市轨道交通站点的交通功能确定后,应该根据周边的土地利用规划,同步启动城市轨道交通和土地之间的交互影响分析,并合理调整周边土地的利用性质,这不但可以保证城市轨道交通建设所带来的交通便利、环境改善等辐射效应能够被充分利用,而且还可以为城市轨道交通带来充足的客流量。例如,充分考虑站点周边的酒店、住宅、商场、写字楼等不同种类土地利用形式的合理分布,在不同区域、站点实现物业形式的最佳组合,进而实现土地价值的最大化,为政府提供最优质的税收来源。此外,在城市轨道交通车站的建设过程中,会产生大量的地上、地下土方工程,应当充分利用地下空间、高架空间,实现一体化的综合开发,有效解决城市发展空间不足的问题,同时为城市轨道交通运营单位提供更多的经济来源。

2. 多种经营、副业补主业

城市轨道交通的广告、商业、物业、地产等综合开发项目可以为运营公司带来充足的财务来源。参考香港地铁运营公司的经验，如果采用"以副业养主业，多种经营，综合开发"的模式，运营公司财务经营就可以实现良性循环。城市轨道交通线路沿线土地升值空间巨大，商业物业利润可观，如果将部分土地划拨运营公司独立开发运营，或者充分利用每个车站的地下、地上空间，精打细算，合理布局每一寸空间，结合城市轨道交通日常的大规模客运量，就可以为运营公司带来丰沛的商业收入，减轻政府的财政补贴压力。

3. 政策扶持

目前，城市轨道交通运营企业直接拿到沿线的土地来综合开发，仍面临一定的政策、法律障碍。考虑到城市轨道交通运营企业是国有的社会公益企业，与政府的服务目标在根本上是一致的，政府给予城市轨道交通运营企业一定的土地开发利用政策、权益，不但可以有效减缓政府的财政压力，还实现城市轨道交通运营企业的可持续发展。因此，当前的城市轨道交通运营企业迫切需要解决土地获得、综合开发等方面的政策、法律支持。

5.3 出行者需求

城市出行者主要是从其出行体验角度出发，希望城市轨道交通能够解决城市生活中的各类"出行难"问题(通达性、拥挤、延误等)。但这些需求不可能同时满足，需要分阶段推进，并与其他相关各方(政府、运营企业)的需求相互协调。利用马斯洛需求层次理论，将城市出行者对城市轨道交通的需求划分为如图5-6所示的三个层次(从基本需求向高级需求扩展)。

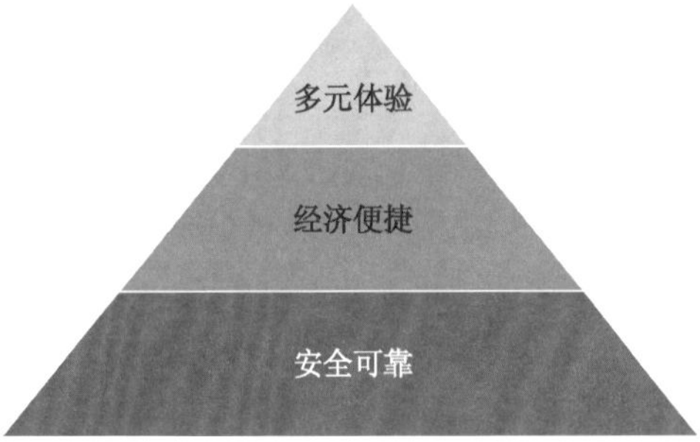

图5-6 出行者需求层次金字塔

此外，我国城市轨道交通车站的规划设计和运营管理经常按照标准的设计规范或者管理规范模式化处理，很少深入研究不同城市、不同线路、不同车站的出行者心理、行为特点。城市轨道交通车站作为城市大规模人群聚集、流动的地下公共空间，常常因为大量个人行为的群聚而涌现出不同的客流现象，产生差异化较大的服务需求。为了使各城市、各线路、各车站的出行者行为与车站环境构成一个协调、互动的有机整体，行人行为特征及其相应的服务需求必须得到深入的分析和研究，为车站设计和运营管理提供定性、定量、个性化的指导建议。

地铁站内空间复杂，环节较多，出行者行为在不同的时间和空间会表现出相应的行为特征和服务需求。出行者行为服务需求，主要是指出行者进入城市轨道交通系统后，基于进站(安检、购票、验票、通过楼/扶梯、候车、上车)、出站、换乘、疏散等各流程的服务行为特征，对车站的设计方案、运营组织方案等提出的各类服务需求，主要包括空间布局、设施布局、流线组织、大客流应对、应急疏散等各种需求。每个环节都存在很多有差异的行为现象，只有真正理解不同行为现象背后的服务需求，才能得到相应的优化建议。

5.3.1 基本需求：安全可靠

出行者对城市轨道交通最主要的服务需求虽然是出行的便捷性，但在便捷性的基础之下仍有更重要的服务需求：安全可靠[7]。“安全第一”是各类服务的最基本内容，虽然城市轨道交通的安全性远高于其他各类交通方式，但是考虑到城市轨道交通具有大运量、人群密集、高效快速、地下或地上封闭空间等特点，一旦发生应急事件，所造成的影响是很大的，这就对城市轨道交通的安全服务提出了较高的要求。

安全可靠又可以细分为两种服务需求：安全、可靠。影响城市轨道交通“安全”服务环境的主要因素包括自然灾害、设施设备故障、人为破坏、意外事故等因素。这些因素可能会造成严重的应急事件，对各类人群造成人身伤害，并造成严重的财产损失。而影响城市轨道交通“可靠”服务环境的主要因素主要包括由于客流量的波动（各类大客流事件的影响）、运力的不足、运营组织的疏忽，而导致的运营延误甚至中断等故障，导致出行者出行延误，进而降低城市轨道交通运输服务的可靠性。

5.3.2 提升需求：经济便捷

在安全可靠的基础上，出行者会延伸出许多较高的要求。

1. 可达性

出行者对城市轨道交通可达性的要求很高[8]，希望能够从出发地到目的地之间所需的出行时间、换乘次数、步行距离等指标尽可能小。这就对城市轨道交通的网络密度、站间距离、站点周边的交通一体化衔接等服务提出了很高的要求。城市轨道交通的可达性是其竞争客流最基础的属性，只有线网基本可达，城市轨道交通才会成为出行者的出行选择之一，否则其快速、准时、大运量等优势完全发挥不出来。

2. 快捷性和准点性

出行者对城市轨道交通的快捷性服务需求主要体现在以下四个服务指标：进出站时间、候车时间、车内旅行时间和换乘时间。考虑到城市轨道交通的列车运行速度、列车运行间隔、列车折返时间、停站时间等都属于标准的服务水平，主要根据客流需求来调整，因此，影响常态快捷性服务水平的指标主要包括两类：城市轨道交通规划设计方面的相关指标（换乘方式、换乘次数、换乘衔接方式），以及出行者的站内服务水平指标（进出站时间、购票时间、检票时间、进出闸机时间等）。为提高出行者的快捷性服务水平，首先，应当在前期对城市轨道交通的规划设计进行反复的优化、调整，保证符合出行者的行为习惯，提高交通一体化衔接效率，减少城市轨道交通系统内、系统外的换乘次数。然后，在城市轨道交通的后期运营阶段，采取有效的客运组织方式和设施设备利用模式来优化、提高出行者的站内服务水平，缩短站内服务时间。例如，可以通过仿真评估等技术手段分析站内的各种潜在冲突、拥堵点,通过设计优化、运营组织优化等手段提高站内通行能力,满足快捷性服务需求。

3. 导向需求

出行者在城市轨道交通车站内最常见的服务需求是方向引导,导向服务不仅在大型换乘车站或者综合体内需求较强,而且由于标准化车站的设计方式导致普通站内不同方向、各个角度外观高度一致,缺少分辨方向的标志物,因而在普通车站内的导向服务需求也很强。导向布局混乱会给出行者带来出行困惑,影响其他各环节的服务质量,是需要重点解决的服务需求。

影响站内服务的问题主要体现在导向标识(衔接、换乘、方向)的样式不统一、不连续,以及花样繁多的各类广告对导向标识的干扰。这些问题经常导致出行者对方向辨识的困难,造成不必要的客流紊乱、无效折返、站内滞留等现象。城市轨道交通运营管理方应当借鉴国内外先进的导向系统设计模式,结合当地的文化习惯,提高导向服务的可识别性和一致性。

4. 经济性

现代城市交通正在朝多样化的方向发展,出行者有了越来越多的交通出行选择。交通出行的经济性是出行者在选择交通方式时的重要影响因素。合理的票价、计费方式,以及相对其他交通方式的比价优势是影响出行者最终选择城市轨道交通,或以城市轨道交通为核心的出行方式组合的关键因素[9]。城市轨道交通运营企业应该分析城市居民的消费结构和收入状况,推算城市居民的交通出行承受力,进而制订合乎出行者交通出行承受力的票制、票价体系。

5.3.3 高级需求:多元体验

随着社会、经济的不断发展,出行者在经济便捷的服务需求之上,还会产生更多元的服务体验需求,例如出行的舒适性、信息化、智能化、人性化等。这些服务需求不但对城市轨道交通的硬件服务提出了更高的要求,还对出行过程中的文化体验、信息服务、景观环境等软件服务提出了更高的要求。

例如,出行者对城市轨道交通的多元体验需求可能包括:

(1) 车站内丰富的便民服务设施(ATM、卫生间、零售、报刊亭、娱乐设施等)。

(2) 列车运行时起加速平稳,噪声影响小。

(3) 空间环境舒适:例如各类灯光、温度、通风、除尘、垃圾清理、味觉、视觉、电磁辐射防治等站内服务体验优良;站外公共服务设施、活动场所、绿色景观等优美、舒适。

(4) 车站工作人员服务态度良好,具有良好的工作精神状态和熟练、高效的工作技巧。

(5) 信息服务及时可靠。城市轨道交通系统运行状态的各类信息会及时通过各种形式向出行者推送,包括延误信息、故障信息、客流信息、运行计划调整信息、寻人信息等,同时还包括与出行者互动的投诉与处理、建议与反馈等信息。

(6) 公益服务完备。城市轨道交通车站需要向各类特殊人群提供各种特殊服务。

例如提供为老人、儿童、残障人士使用的特殊设施、设备和引导标识。

(7) 城市轨道交通系统内部应当保证通畅的通信、Wi-Fi 信号服务。

(8) 完备的出行者权益保护。城市轨道交通系统出行者的知情权、人身与财产安全、自主选择权(自主选择换乘方式、线路、上下车等权利)、建议权、监督权、赔偿权应当得到充分的保障。

(9) 其他特色服务。

5.4 城市轨道交通服务需求关系及服务体系整合

政府、运营企业、出行者三者之间不同层次的需求之间有的相互抵触,有的相互一致,需要根据各个城市轨道交通的具体管理模式特征,研究三者之间的相互协调、融合关系,寻求不同需求之间的最佳平衡点,进而构建完善的城市轨道交通服务体系。

5.4.1 出行者、运营企业、政府的需求关系分析

1. 出行者、运营企业需求关系分析

如上文分析,轨道交通出行者的服务需求与轨道交通运营企业之间的需求在某些方面相互一致,在某些方面甚至相互抵触(图 5-7)。例如,出行者对城市轨道交通服务水平的要求是越高越好,永无止境;而城市轨道交通运营企业的主要诉求是在满足一定服务水平基础上,尽量降低运营成本,并增加各类收入。

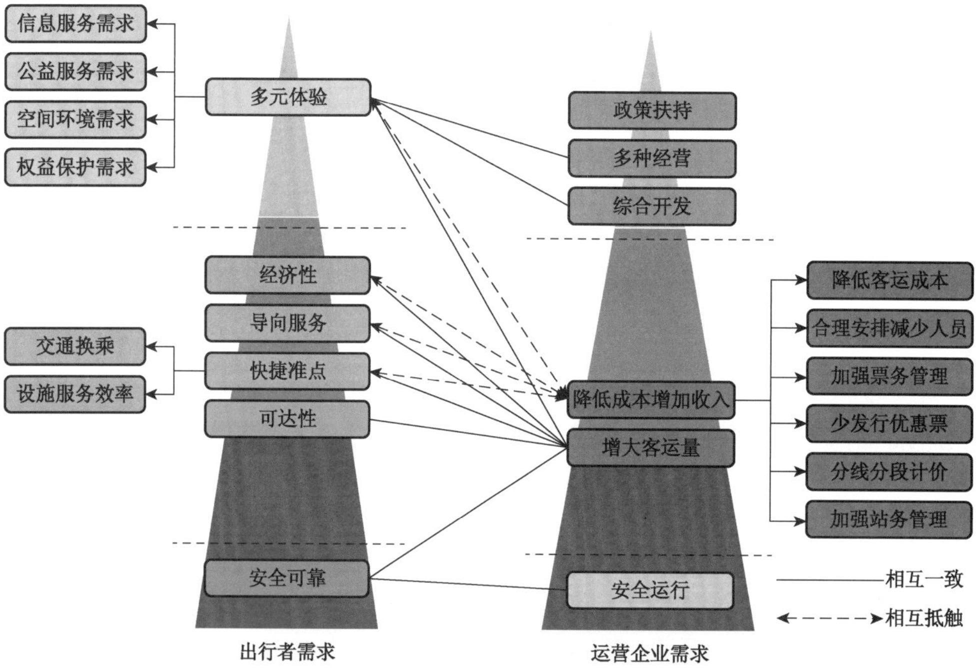

图 5-7 出行者、运营企业需求关系

2. 出行者、政府部门需求关系分析

轨道交通出行者群体的服务需求主要包括轨道出行的舒适、便捷、安全等需求，以及由此延伸出的各类辅助需求。而政府监管部门对轨道交通的需求主要是筹划市民的长远利益，促进社会公益事业和服务的发展；而且需要考虑不同社会群体的利益需求，维持总体平衡(图 5-8)。相互之间需求层次不同，涉及领域也相差较大，部分领域甚至有所抵触，其中城市轨道交通线网的可达性是与政府需求一致性最大的关键因素，代表了城市轨道交通规模的不断扩大与发展。

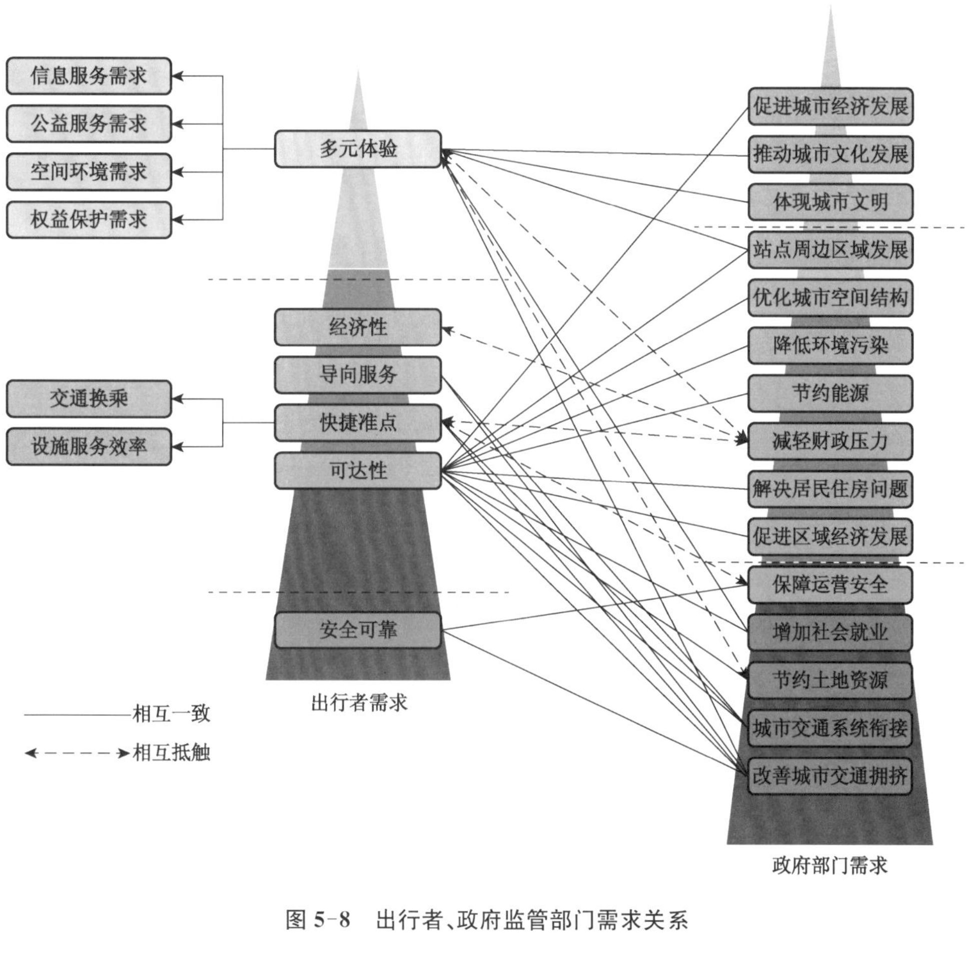

图 5-8 出行者、政府监管部门需求关系

3. 运营企业、政府部门需求关系分析

运营企业与政府部门之间的需求目标、需求层次相差较大，部分需求有明显抵触。政府主管部门应该通过各类监管措施、优惠政策，在保证企业正常盈利水平和生产服务积极性的基础上，促使企业的局部利益服从城市的整体利益(图 5-9)。其中运营企业的高层需求(政策支持、多种经营、综合开发等)与城市的社会效益具有广泛的一致性，应通过各种方式、方法给予城市轨道交通企业灵活的开发、运营、管理权限，保证企业发展

的可持续性，同时实现良好的社会效益。

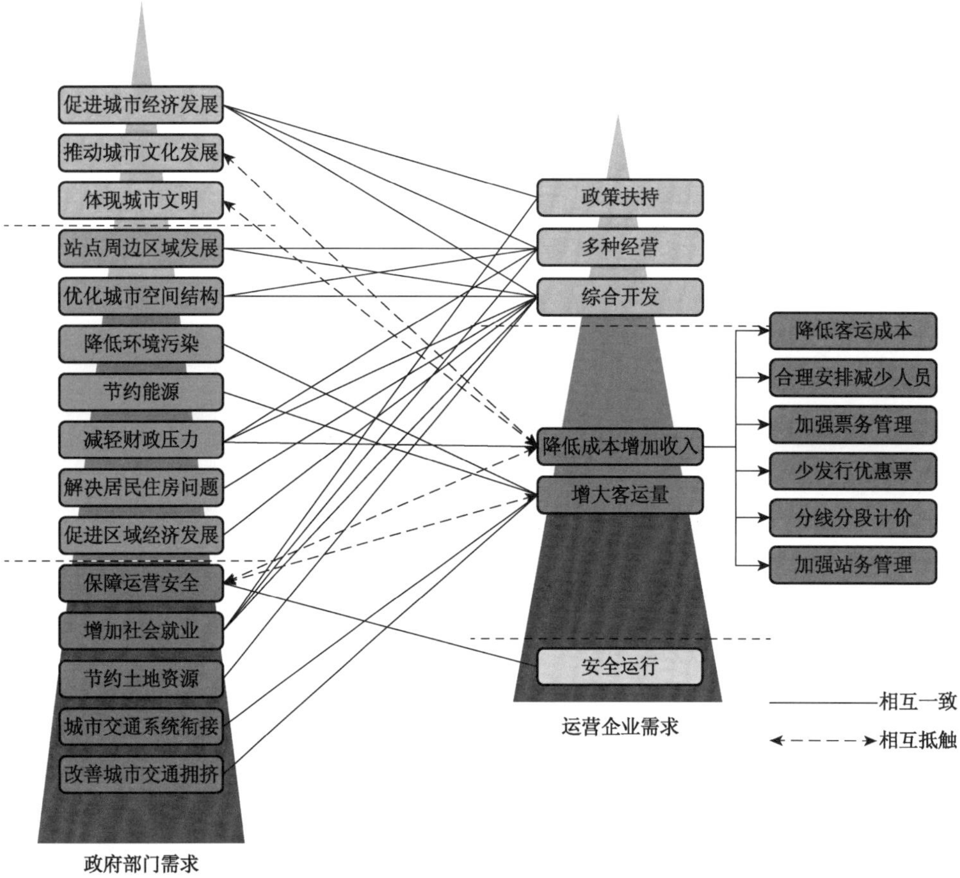

图 5-9　运营企业、政府监管部门需求关系

观察上述三组需求关系，可以看出其基本趋势是各方面的低层需求相互一致，高层需求有一致，也有抵触。平衡政府、运营企业、出行者之间需求的基本思路应该是努力统一低层需求，然后根据各个城市轨道交通不同的管理模式、需求特点来针对性地平衡其高层需求内容。

5.4.2　城市轨道交通服务体系构建

在平衡政府、运营企业、出行者之间的需求之后，可以按照站内、站外周边的空间划分方法，构建融合上述三种需求的城市轨道交通系统的完整服务体系。

其中，(轨道交通运营)企业增收减支的需求(例如商业物业)需要结合各站点出行者的实际需求，并保证基础交通服务处于一定的服务水平；政府公益、安全的需求应该以出行者的各类诉求为归依，并均衡考虑企业以及轨道系统周边单位的各种利益。

完整的城市轨道交通服务需求主要包括如图 5-10 所示的内容。

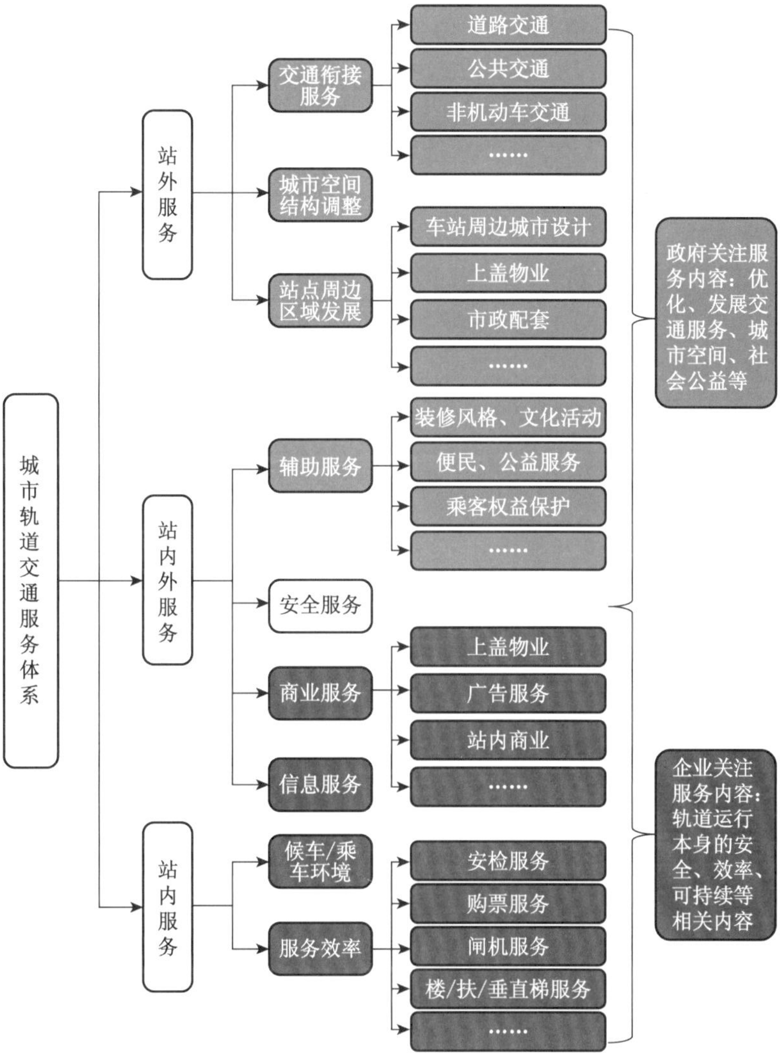

图 5-10 城市轨道交通服务需求体系

1. 站外服务

(1) 交通衔接服务：包括自行车、小汽车、公交、出租车等交通方式与轨道交通之间的换乘，轨道交通内部的换乘等。

(2) 站点周边区域发展：主要包括车站周边的良好城市设计，便利、丰富的车站周边驻留空间、市政配套等服务内容。

(3) 城市空间结构调整：城市轨道交通属于城市骨干型的交通系统，其开通与运行会对原有的城市空间结构带来巨大的影响，导致城市不同区域发展规划与产业结构的调整与优化。

2. 站外、站内共有的服务

(1) 治安环境：包括治安设备、事故预防、紧急情况预案和应急响应等。

(2) 辅助服务:包括服务设施的舒适性以及补充服务设施(如卫生间、银行、通信设施和文化娱乐设施)是否到位等;能否提供丰富的文化娱乐体验;提供为残疾人、儿童、老人、体能障碍者提供公益服务;提供询问、投诉、赔偿服务;保证出行者拥有乘车、购票等的选择权;充分考虑和关心不同出行者的需要(如对带自行车乘车的出行者进行规定)等。

(3) 商业服务:出行者在城市轨道交通的出行过程中,会产生多种消费需求,轨道交通运营企业通过相应的商业开发,满足出行者的各类消费需求,既是服务出行者的重要内容,又是充分挖掘自身资源,创收开源的重要机遇。

(4) 信息服务:及时向出行者提供有效、可靠的信息,包括导向标识,客流组织信息,运行时间、线路图、时刻表、动态提示信息、客流信息、安全信息等一般信息,事故、故障、事件等非正常状态信息,投诉、建议及其处理意见等城市轨道交通互动信息,等等。

3. 站内服务

(1) 乘车/候车环境:包括向出行者提供适宜或舒适的候车和乘车环境;包括通风、减振、降噪、除尘、清扫垃圾、防治电磁辐射与电磁干扰、使出行者的味觉及视觉感觉良好等。

(2) 出行者行为服务效率:包括安检服务,售票服务,进出站闸机服务,楼梯、扶梯、无障碍电梯等的通行能力,站台空间容量,站厅布局方式等车站内部基本服务环节的服务效率。

参考文献

[1] 管宏建.浅析地铁建设运营对城市发展的积极影响[J].商情,2015(16):24.

[2] 中国城市规划设计研究院.GB/T 50280—98 城市规划基本术语标准[S].北京:中国建筑工业出版社,1999.

[3] 深圳市城市规划设计研究院.深圳轨道交通二期工程综合规划策略研究[R].2003.

[4] 李睿,王强,曹传明.论地铁文化与城市文化之间的关系[J].沈阳建筑大学学报(社会科学版),2006,8(3):248-250.

[5] 毕湘利,宋键.从效率角度谈城市轨道交通的规划、建设和运营[J].城市轨道交通研究,2007,10(10):12-14.

[6] 蔡蔚,陈烨,羊利锋.城市轨道交通综合开发工作的实践与建议[J].城市轨道交通研究,2008,11(7):10-13.

[7] 刘天顺,朱效洁,徐瑞华.城市轨道交通系统运营安全和可靠性分析[J].城市轨道交通研究,2006,9(1):15-17.

[8] 陈晶晶.地铁服务质量关键点探讨[J].广东科技,2014(16):25-26.

[9] 王敏.地铁票价制定相关因素分析[J].铁道运输与经济,2011,33(9):6-8.

6 以“服务”为导向的轨道交通运行服务效果策划

6.1 以“服务”为导向的轨道交通发展模式

如前所述，我国的城市轨道交通经过几十年的发展，已经形成了一套比较有效的轨道交通发展程序和标准规范体系。这套程序和标准规范体系是我国城市轨道交通发展的经验总结，也为我国城市轨道交通发展发挥了重要作用。

但是我们应深刻认识到，随着我们城市化进程的加快，城市轨道交通与城市如何融合发展成为城市轨道交通发展必须认真思考的问题，我们需要对现有的城市轨道交通发展模式进行反思和提升。

按照马斯洛理论，我们可以认为，现有的城市轨道交通发展模式是在基本层面的服务需求的基础上提出，也就是说我们现有的城市轨道交通发展模式只是考虑了政府、企业、出行者基本层面的服务需求，是一种在“工程”层面的轨道交通发展模式。主要是围绕城市轨道交通工程的进度、质量和安全等来建设轨道系统，满足和平衡的是政府、企业和出行者基本层面的服务需求。

随着社会经济的发展以及城市发展面临的新要求，我们必须在更高层面上将相关服务需求纳入城市轨道交通发展过程中，也就是说，要以政府、企业以及出行者的更高层面的服务需求为目标来进行城市轨道交通建设，即建立以“服务”为导向的城市轨道交通发展模式。

以“服务”为导向的城市轨道交通发展模式，不是对以“工程”为导向的城市轨道交通发展模式推倒重来，而是在现有轨道交通模式的基础上对城市轨道交通相关方的服务需求体系（特别是高层面的服务需求）的整合，通过全面系统的专业策划工作将相关服务需求纳入城市轨道交通相关环节工作中，同时通过相关管理体制和机制，确保相关需求在城市轨道交通建设中得到落实和推进。

以“服务”为导向的城市轨道交通发展模式如图 6-1 所示。

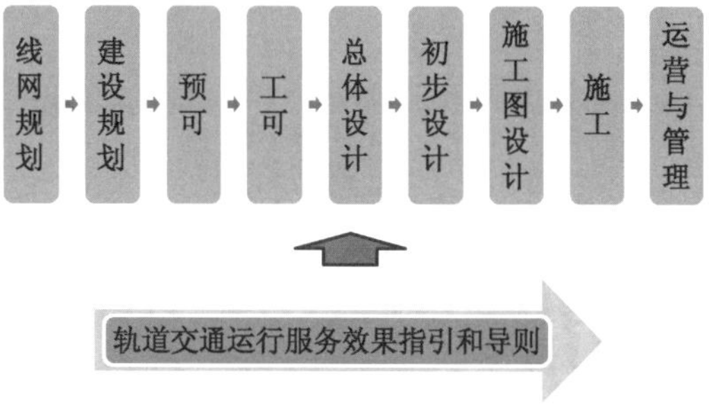

图 6-1 以“服务”为导向的城市轨道交通发展模式

从图 6-1 中可以看到，与传统的以“工程”为导向的城市轨道交通模式相比，以“服务”为导向的城市轨道交通发展模式主要是在现有工作基础上增加了城市轨道交通运行服务效果导则和指引的制定工作，通过导则和指引来整体协调城市轨道交通的各项相关工作。

城市轨道交通运行服务效果导则和指引的制定则是在对城市轨道交通相关服务需求整合分析的基础上，通过全面系统和专业的城市轨道交通运行服务效果策划共同来完成。城市轨道交通运行服务效果导则和指引的制定工作如图 6-2 所示。

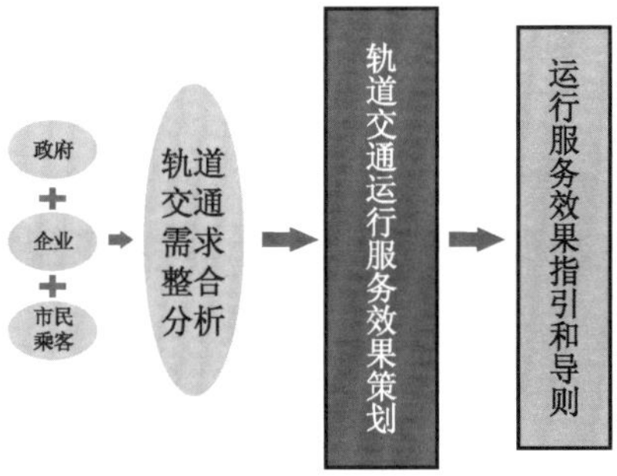

图 6-2　城市轨道交通运行服务效果策划

城市轨道交通运行服务效果策划工作是一项复杂的跨专业的策划工作，需充分吸收国内外城市轨道交通发展的经验和教训，以国际先进的城市与轨道交通发展理念为指导。前文已从政府、企业和出行者的相关服务需求出发，梳理了兼顾相关各方的服务需求体系，这些服务需求内容可以进一步整合为具体的专题策划工作，如图 6-3 所示。

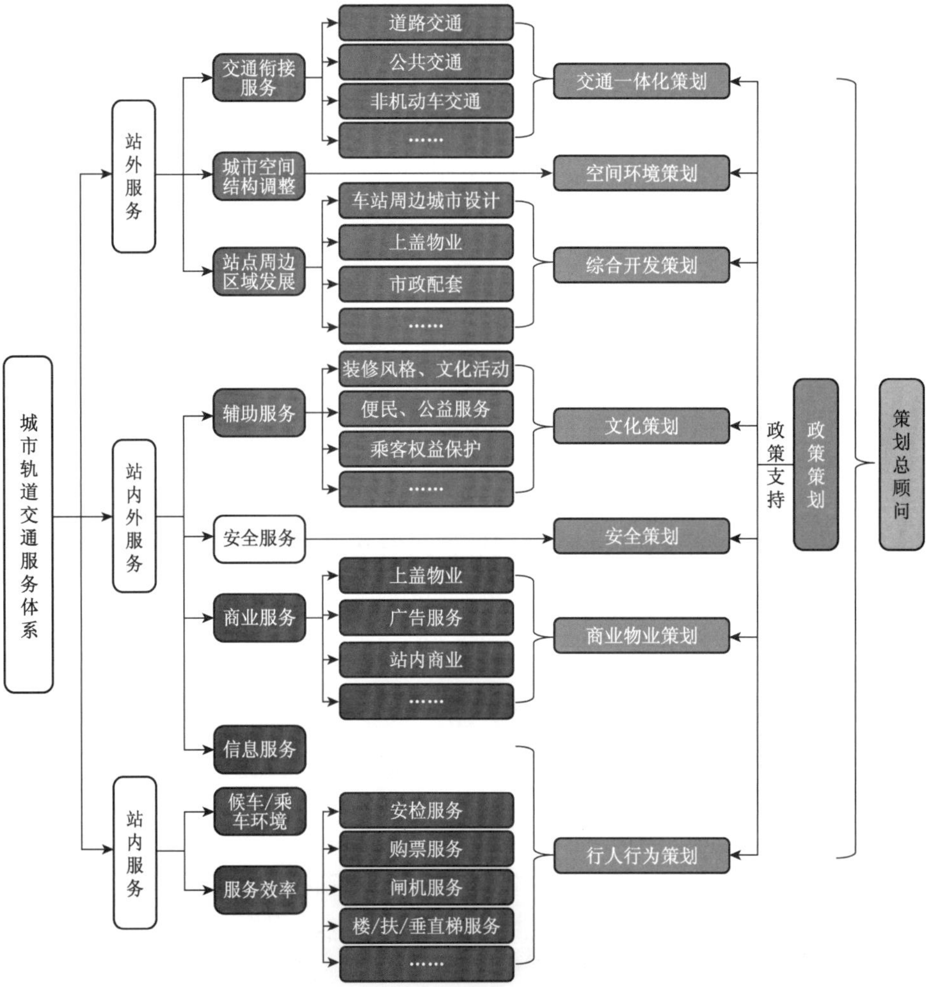

图 6-3　专题策划工作整合

为提升城市轨道交通的服务水平，满足相关各方的服务需求，根据各专业之间的传统划分依据，可以整合出具体的策划工作予以有效实施，包括总体策划和专题策划。专题策划又包括：①行人行为策划；②文化策划；③综合开发策划；④商业物业策划；⑤空间环境策划；⑥交通一体化策划；⑦安全策划；⑧政策策划。

总体策划和各专题策划涵盖了政府、企业和出行者的全面服务需求(包括从基本层面至高级层面)。这些相对具体的策划工作从专业角度分析具有一定的独立性，但从服务对象角度考虑(具体的轨道交通线路、车站)又是相互依赖，相互影响，下面各节对策划工作进行详细的介绍。

6.2 总体策划

6.2.1 意义与目标

依据城市轨道交通相关服务需求，从文化、商业物业、综合开发、空间环境、交通、行人行为、安全、政策等方面对城市轨道交通进行整体策划，提出城市轨道交通运行服务效果的目标和具体要求，为轨道交通相关规划设计运营管理等工作提供指引，实现城市轨道交通最佳的服务运行效果和“安全、便捷、高效、低碳、绿色”的总体目标，展现城市新形象，并协助业主开展策划工作，协调各专题策划以及策划与轨道工程设计等相关工作。

6.2.2 策划思路

总体策划的技术路线如图 6-4 所示。

总体策划工作的有效开展，有赖于各专题之间的紧密合作与协调。如图 6-5 所示，综合开发策划专题、行人行为策划专题、空间环境策划专题、交通一体化策划专题、商业物业策划专题、安全策划专题、文化策划专题、政策策划专题之间需要进行复杂的协调与交互工作(互为基础)，才能最终达到城市轨道交通综合策划工作的工作目标，提升城市轨道交通的服务水平。

1. 综合开发策划专题

综合开发策划专题是商业物业策划专题、空间环境策划专题、交通一体化策划专题工作开展的重要基础，联合各专题开展沿线的现状调查工作，并根据调查结果分别：

(1) 向商业物业策划专题提供“产业、物业等现状分析数据”“各站点周边可开发用地数据”，并接收“商业物业发展规划及建议”等反馈数据；

(2) 向空间环境策划专题提供“公共中心、居住、生态绿化、市政设施等现状分析数据”“各站点周边可开发用地数据”，并接收“站点周边空间形象定位”“站点周边公共服务设施规划”等反馈数据；

(3) 向交通一体化策划专题提供“综合交通配套设施现状分析数据”“各站点周边可开发用地数据”，并接收“站点周边交通发展模式规划”等反馈数据。

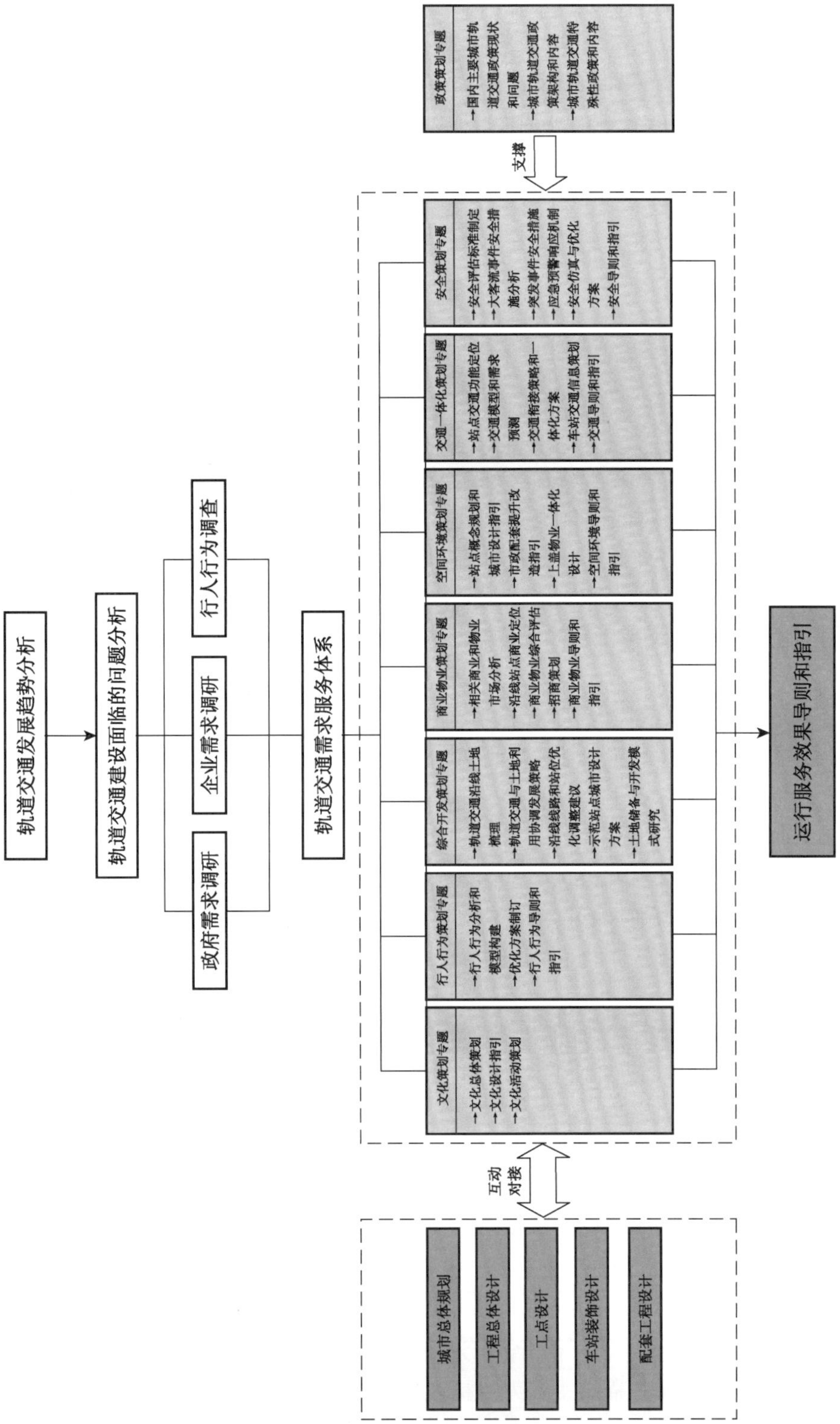

图 6-4 城市轨道交通运行服务效果策划技术路线图

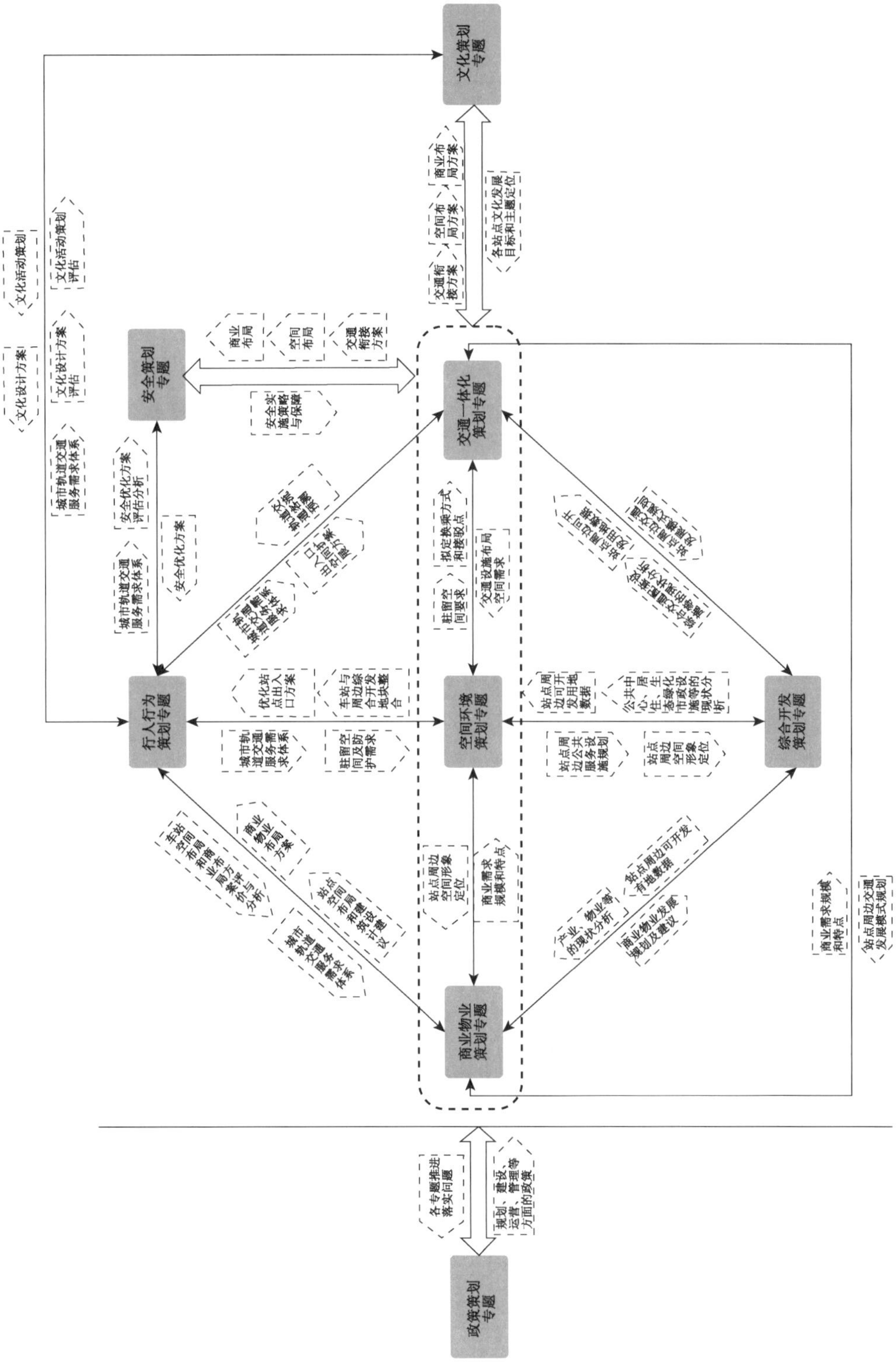
文化策划专题
安全策划专题
交通一体化策划专题
行人行为策划专题
空间环境策划专题
综合开发策划专题
商业物业策划专题
政策策划专题
各专题推进落实问题
规划、建设、运营、管理等方面的政策
各站点文化发展目标和主题定位
文化设计方案
文化活动策划
城市轨道交通服务需求体系
安全优化方案
站点周边交通发展模式规划

图6-5　各专题协调关系

2. 行人行为策划专题

行人行为策划专题主要通过对轨道交通各类服务需求的梳理和总结(分乘客、企业、政府),构建综合服务需求体系,进而为各个专题的服务策划提出服务需求,接收并评估各专题的策划方案。

3. 商业物业策划专题

商业物业策划专题除与综合开发策划专题产生数据交互影响外,还会:

(1) 向空间环境策划专题提供"商业需求规模和特点"数据,并接收"站点周边空间形象定位"等反馈数据;

(2) 从行人行为策划专题接收"城市轨道交通服务需求体系"的要求,向行人行为策划专题提供"商业物业布局方案""站点空间布局和建筑设计建议"等数据,并接收"车站空间布局和商业布局方案评价与分析"等反馈数据;

(3) 向交通一体化策划专题提供"商业需求规模和特点"等数据,并接收"商业需求规模和特点"等反馈数据。

4. 空间环境策划专题

空间环境策划专题除与综合开发策划专题、商业物业策划专题产生数据交互影响外,还会:

(1) 从行人行为策划专题接收"城市轨道交通服务需求体系"的要求,向行人行为策划专题提供"车站与周边综合开发地块整合"等数据,并接收"驻留空间及防护需求"等反馈数据;

(2) 向交通一体化策划专题提供"驻留空间要求""拟定换乘方式和接驳点"等数据,并接收"拟定换乘方式和接驳点"等反馈数据。

5. 交通一体化策划专题

交通一体化策划专题除与综合开发策划专题、商业物业策划专题、空间环境策划专题产生数据交互影响外,还会从行人行为策划专题接收"城市轨道交通服务需求体系"的要求,向行人行为策划专题提供"轨道交通客流预测"等数据,并接收"出入口空间扩展方案"等反馈数据。

6. 安全策划专题

安全策划专题除与"行人行为策划"之间交互关系外,还会接收"商业物业策划""空间环境策划""交通一体化策划"的各类方案,并向其提出"安全实施策略和保障"等要求。

7. 文化策划专题

文化策划专题除接收"行人行为策划"的"城市轨道交通服务需求体系"的要求及其各类文化方案的评估反馈外,主要结合"商业布局方案""空间环境布局方案""交通衔接方案",确定"各站点文化发展目标和主题定位"。

8. 政策策划专题

政策策划从上述 7 个专题策划在规划设计、运营管理等阶段可能产生的问题入手,提出轨道交通在规划、建设、运营、管理等方面的支撑政策。

上述交互工作贯穿整个策划的全过程，循环影响各专题工作，促使各个专题策划工作不断融合（保证了各策划成果的兼容性），相互促进，最终实现轨道交通服务水平的整体优化和提高。

6.2.3 策划任务

总体策划需要根据城市轨道交通的实际情况，分析、梳理各类服务需求；协调、组织各专题策划的各项工作；安排整体的调查、调研工作；明确各个专题的交互影响关系（数据输入、输出的拓扑结构），在各专题策划工作开展过程中，不断通过例会、专题讨论会、集中办公等形式融合各专题的策划工作和工作成果；并提供各专题策划成果落实所需要的政策支持建议工作；在工作开展过程中，将融合后的不同阶段性成果及时与业主，政府相关委、办、局，设计单位等进行技术对接，保证策划工作的实施与推进；并完成最终的整体报告、导则与指引的编制工作。总体策划的具体工作包括：

（1）策划项目技术顾问。协助业主方制定文化、商业物业、综合开发、空间环境、交通、行人行为、安全、政策等各策划专题工作的任务书、工作要求及相关招投标文件，并针对项目进行过程中的各策划专题研究进行技术协调，以保证在策划阶段实现各专业之间的协调统一，达到城市轨道交通总体运行服务效果最佳的服务目标。

（2）策划项目外部技术协调。在项目进行过程中，协助业主与轨道工程设计等相关单位就轨道工程设计（总体、工点）、车站设计、装饰设计等涉及的各专题策划研究内容进行技术协调，以实现预期的城市轨道交通总体运行服务效果。同时还需要负责与相关单位的对接，推动项目成果的实施与应用。

（3）项目总体管理。负责资料收集配合，协调各专题策划方与业主、咨询单位、政府相关部门间的沟通，会议组织等工作任务。对策划工作进行整体项目管理，并编制策划工作管理办法，把控策划工作的总体进展与专题之间的协调，确保各专题之间的工作内容与工作成果能够兼容，保持一致，形成策划工作项目管理报告。

（4）策划工作总报告编写。协调文化、商业物业、综合开发、空间环境、交通、行人行为、安全、政策等专题策划工作报告内容和框架，在研究与各专题策划报告基础上编制策划总报告。

（5）导则和指引编制。根据文化、商业物业、综合开发、空间环境、交通、行人行为、安全、政策等各专题策划报告，对城市轨道交通的规划、设计、运营与管理等工作进行具体指导。

6.3 文化策划

6.3.1 意义与目标

轨道交通文化依据城市特征与文化资源，深入分析轨道交通网络与轨道交通沿线区域的文化背景，制订轨道交通线网及轨道交通线各站点的文化主题，将这种主题贯穿在轨道交通线路各站点的相关工作（如城市设计、车站建筑设计、车站室内设计、车站导向标识、商业物业等）中，策划各类主题的轨道交通文化活动和项目，形成轨道交通独有的文化氛围与体验，体现城市特有的轨道交通文化特色和效果。

6.3.2 策划思路

轨道车站中的城市地域文化根生于整个城市文化系统，是城市地域文化在新载体中的再现与演进。对轨道车站中城市地域文化的研究，应以城市地域文化为起点，针对地铁站空间特质，从各种视角逐层剖析、步步推进，全面解析城市地域文化在地铁中的表达。以乌鲁木齐为例，文化策划的思路如图 6-6 所示。

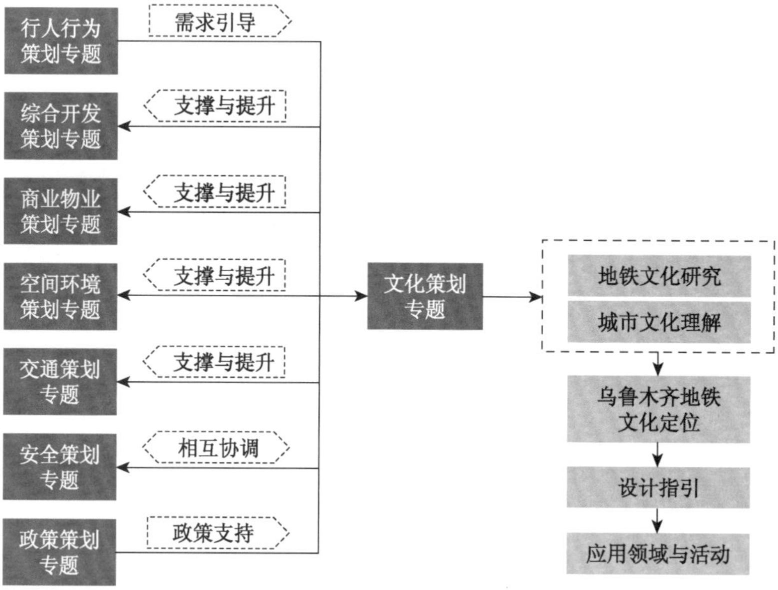

图 6-6　文化策划思路

通过行人行为调查为文化策划提供基础，使得乌鲁木齐轨道交通文化更能符合乌鲁木齐市民、乘客的理解与精神需求。同时文化策划的成果又为综合开发、商业物业、空间环境、交通等内容提供了支持，并提升城市轨道交通周边的各类设施的文化内涵与精神引领。轨道交通站点内的安全需求与文化设施的位置又有相互协调的作用，政策策划又为文化策划成果的落实提供了政策支持。

在与各专题协调的与研究互动的基础上，首先研究城市轨道交通文化与乌鲁木齐城市文化，制定乌鲁木齐轨道交通文化的总体定位，再对 1 号线沿线的设计指引提出要求，并提出 1 号线的应用及活动策划。

6.3.3 策划任务

根据工作目标与思路，轨道交通文化策划的主要任务分为三个方面。

1. 文化总体策划

轨道交通文化总体策划工作包括：

(1) 城市文化资源的分析以及轨道交通及周边文化资源挖掘。

(2) 轨道交通与文化发展的相互作用和影响分析。包括:文化发展在城市发展更新中的作用模式研究;轨道交通建设对城市文化发展的机遇以及当地文化对于轨道建设和沿线站点区域开发的作用和影响分析。

(3) 轨道交通文化发展总体策划。包括:轨道交通文化发展的条件、机遇和挑战分析;轨道交通线网的文化发展目标和主题定位;轨道交通文化发展策略以及实施保障措施。

2. 轨道文化设计指引

根据轨道交通文化策划的总体策划的文化主题和定位,将各文化元素分配到各个车站,在文化主题和风格融合的基础上,结合各站所处周边环境的特点,提出各车站的文化设计指引,实现各车站系统的整体性、统一性、协调性和标志性,并与其他专题策划相衔接,形成轨道交通的最佳文化服务效果。文化设计指引工作包括但不限于:①标志设计指引;②导向设计指引;③色彩设计指引;④景观设计指引;⑤艺术品设计指引;⑥城市家具设计指引;⑦企业文化形象设计指引;⑧文化活动指引;⑨车站装饰元素文化体现指引。

3. 轨道文化活动策划

文化活动的策划和实施是轨道交通表现和推广文化的重要途径。参考国内外的先进经验,策划各类主题的文化活动和项目,激发轨道交通文化的活力。通过各种主题活动的策划与实施,把轨道交通的社会效益做大做强,并通过提供多视角、全方位、丰富多彩的资讯服务来把轨道交通和都市生活有机地结合起来。

6.4 行人行为策划

6.4.1 意义与目标

轨道交通作为公共交通的一种特殊方式,以其舒适、快速、可靠等特征体现出强大的出行吸引力,甚至在某种程度上改变了人们的生活方式,这种改变主要体现在居住位置的选择、通勤时间的安排、购物的一站式期望、休闲的公共空间选择,等等,以及由此带来的需求愿景、行为选择、驻留融合对轨道交通服务体系提出了全面的挑战,这种服务已不再仅仅局限于运输层面,而是在整个出行过程中所涉及生活行为的方方面面。

因此,对轨道交通行人行为进行调查分析与策划引导,对于轨道交通服务体系的建设具有重要意义。通过对新建地铁线路沿线的行人行为进行深入研究,从而构建行人行为服务需求体系,不但可以为规划、设计、衔接、开发方案等提供评价及优化依据,也可以为其他策划专题提供基础数据支持,使得各个领域的策划成果能够直接贴近最终服务对象的实际需求,有的放矢地提高服务水平。

6.4.2 策划思路

行人行为策划专题基于国内外轨道交通服务的研究现状和相关案例分析,结合目标城市具体线路的人文环境、交通现状和行人行为调研,构建针对性的轨道交通行为服务需求体系。例如，通过具体的公交问卷调查和地铁、公交系统的视频调查，对目标城市的轨道交通行人行为特征、服务竞争力要素、信息服务需求、衔接服务需求、商业行为、站点设施布局等方面进行定量分析。在此分析基础上，对轨道站点行人行为进行仿真，并对车站设计方案进行优化，包括轨道站点的空间容量、流线冲突、设施布局、应急疏散等方面。最后在前两部分的基础上，制订轨道交通目标线路的服务设计导则，为各相关策划专题和规划、设计、运营管理工作提供指引。具体研究思路和技术路线如图 6-7 所示。

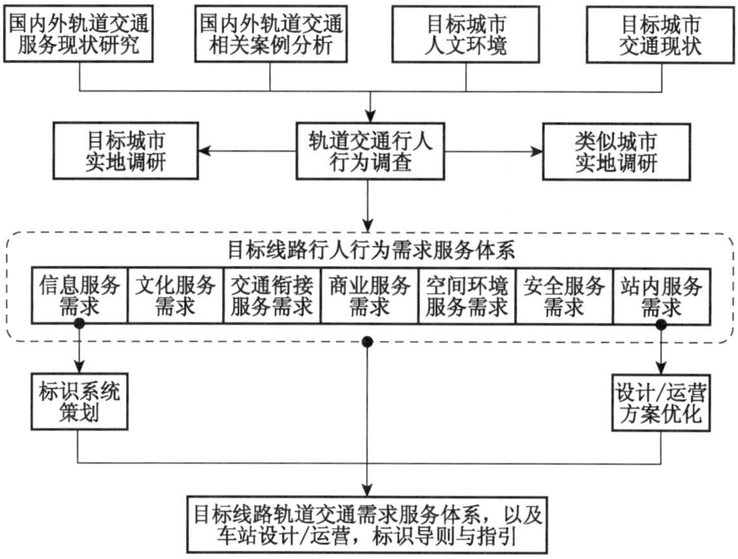

图 6-7　行人行为专题策划研究技术路线

行人行为专题工作的有效开展，有赖于本专题策划与其他专题的紧密合作与协调。如图 6-8 所示，行人行为专题策划与空间环境策划专题、交通一体化策划专题、商业物业策划专题、文化策划专题、安全策划专题等发生了直接的交互关系。综合开发专题提供了其他策划基础的“站点周边可开发规划用地数据分析”等资料。空间环境策划专题、交通一体化策划专题、商业物业策划专题基于该数据开展各自的专题研究工作，并为本专题（行人行为策划专题）提供“轨道交通客流预测”以及“商业夹层及站厅商业开发布局”等基本输入数据，而安全策划和文化专题向本专题输入“安全场景分析”“文化活动策划”“文化设计方案”。本专题利用仿真技术开展相应场景的分析工作，并提出针对性的优化建议（主要包括设计优化及运营优化建议）。该优化建议中会有部分成果对空间环境策划专题（驻留空间要求）、交通一体化专题（空间预留与防护）、商业物业策划专题（商业布局评价及商业价值分析）、安全策划专题（安全服务方案优化）、文化策划专题（文化活动、设计方案评估）等产生直接的影响或是反向输入数据，进而循环影响整个策划的各专题工作，各个专题策划工作不断融合，相互促进，最终实现城市轨道交通服务水平的整体优化和提高。

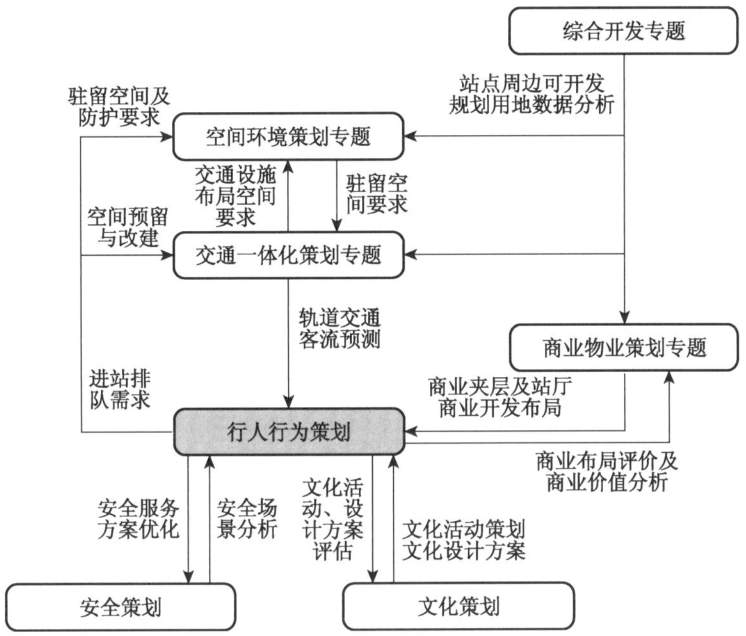

图 6-8 行人行为专题与其他专题的关系

6.4.3 策划任务

行人行为策划的工作目标是，针对城市特殊的人文、地理、气候、环境等特征，分时间、空间等不同条件，深入研究其特殊的行人心理、行为特征，提出行人行为模型和轨道交通行人行为导则与指引，评估和优化各轨道交通车站相关规划设计方案，并为其他专题策划提供必要的行人行为分析理论和工作基础。行人行为策划工作包括以下几个主要任务：

1）开展行人行为相关调查

包括城市轨道交通车站的行人服务结构调查、个体行为规律调查、群体行为规律调查、应急疏散意向性调查、商业行为调查，等等。

2）行人模型构建与分析

构建特定线路具体车站的典型场景（不同时间、不同环境条件的城市轨道交通局部空间场景，例如闸机、楼梯、安检、通道等）的空间结构、商业布局、导向标识等的参数模型和仿真模型并进行相关分析：

（1）针对特定线路典型场景的常态行人行为进行仿真分析；

（2）针对突发事件条件下典型场景的行人疏散行为进行仿真分析；

（3）针对典型场景的附属物业布局、商业价值及行人引导方案进行仿真分析。

3）优化方案制定

综合考虑车站客流需求、商业物业开发、行人行为特性等因素，应用行人行为模型等对特定轨道交通线路的车站相关规划设计方案进行优化和评估。

4）行人行为导则与指引

（1）根据特定轨道交通线路典型场景的行人时空分布特点，结合特定规划、设计方案的仿真分析结果和行人分布性能指标，提出车站的规划、设计等各个方面的导则与指引。

（2）根据对行人行为特点的分析，形成轨道交通车站客流引导的固定模式以及导向标识布设的方式和方法。

6.5 综合开发策划

随着城市社会经济的发展，机动化交通程度的不断提升将面临越来越严重的交通拥堵，而缓解交通拥堵的根本在于发展公共交通，特别是大容量快速交通系统，以保证城市通勤效率，提高城市的综合竞争力。但是发展这些大容量快速交通系统又将面临建设运营资金的挑战。如何破解轨道交通建设运营的投融资难题是城市政府面临的重大挑战。

从国内外城市发展来看，轨道交通与城市发展是相互支持、相互影响的。一方面，从区域、类型、功能等方面对轨道线网沿线及站点周边进行土地利用规划与控制研究，可以提升轨道交通对城市现代化的推动力，促进以轨道交通站点为中心综合枢纽的形成，提前进行轨道交通站点与设施用地以及综合发展用地的控制预留，同时促进完善城市法定控制性详细规划，引导城市空间规划的优化与土地利用规划的协调发展。另一方面，对轨道沿线的综合开发可以带来大量的客流，从而有效支撑轨道交通运营。

从近10年的城市空间拓展实践来看，轨道交通不仅是城市空间拓展的重要支撑，也是实现城市公共资源公平分配的有效措施，远期轨道交通发展过程中，不但需要提高中心城区轨道线网密度，也需要完善城市拓展走廊的轨道交通覆盖，通过构筑新型轨道交通快线支撑城市空间完善。应通过综合开发研究的策划和推进落实，借助轨道交通建设契机，实现轨道与沿线物业互相支持的双赢局面。应利用轨道交通优势，在沿线搭配物业发展，建立多个新的优质生活社区，打造一个高效的公共交通网络，把轨道交通的外延化效益最大地内部化，以支持轨道交通和沿线走廊长远和可持续的发展。

6.5.1 意义与目标

轨道交通的建设必将对未来城市的房地产市场、交通结构、空间结构、人口和就业岗位分布乃至产业布局的优化调整创造千载难逢的重大发展机遇。而轨道交通沿线的综合开发将为轨道交通建设运营带来一系列机会和效益。为了实现城市轨道交通的可持续发展，我们有必要以轨道交通的综合开发建设为契机，综合性地对相关地区的城市空间规划进行调整、对城市开发策略进行策划、提出一体化整合性的研究策略，以抓住轨道交通建设产生的综合外部效应，为轨道交通建设运营与城市发展创造良好条件。

在轨道交通建设前期，从全线的角度进行策划研究，综合城市发展、轨道运营、土地增值等多项因素，进行轨道交通沿线的综合开发研究，对于轨道交通建设本身的推进以及轨道交通影响下的城市建设均具有前瞻性及指导意义。具体来说，综合开发策划主要有以下目标：

(1) 理顺线路与区域发展的关系、完善强化交通吸引功能、整合站点建设与地区土地资源开发；通过对全线的整体策划和站点的整合设计，为形成更好的城市结构创造条件，为取得更好的综合开发效益创造条件，为取得更好的轨道交通运营绩效创造条件。

(2) 通过从整体上研究轨道交通线路在城市发展中的定位和作用、在轨道交通线网中的地位、对城市和相关区域发展的带动作用和综合影响，在宏观层面确定轨道交通沿线及站点周边地区的功能定位和整体发展战略。

(3) 在城市建设上，借助轨道交通建设的契机，一方面，引导城市建成区改造升级，改变老城区城市风貌；另一方面，引导外围新建地区城市沿轨道交通呈集聚式发展，避免低密度蔓延。

(4) 根据站点区位条件、周边土地资源情况、土地开发收益、物业发展趋势等边界条件，综合确定站点功能定位、开发规模及物业结构，对站点周边用地性质及容量提出调整建议，指导车站设计以及控规的完善工作。

6.5.2 策划思路

综合开发策划基于现有城市规划，引入轨道交通引导城市开发的理念，创新思维，优化轨道交通沿线站点周边一定范围内土地的规划，并就重点发展区提出城市设计及开发要点，使之能达到利用轨道交通带动新区发展并提升客流和土地利用价值的目的。在选定重点地块后，完成该地块的概念性规划设计方案，分析及评估土地价值及开发收益，使相关部门可以考虑利用该地块的开发以解决建设模式和投融资问题。对项目土地使用权的开发时序、开发可行性和开发利润的持续性进行翔实的研究，以谋求土地使用权价值增值，反哺轨道交通运营维护成本具有可持续性。

结合综合开发策划工作成果，与相关策划专题统一协调，与城市规划协调统一，并指引后续的控规或相关规划，进一步实现综合开发策划的可操作性和实施性(图 6-9)。

(1) 从城市以及开发利益主体的角度出发，对轨道沿线进行规划背景梳理、房地产市场调研、土地资源筛查与土地价值大盘测算。翔实了解和控制土地资源情况，并对土地开发价值初步掌握。

(2) 对轨道沿线各区段以及各站点周边土地进行产业规划研究与物业组合研究，深入研究轨道沿线建设带来的机遇和能级提升，对各站点周边土地规划进行优化，并测算调规后的土地开发价值。

(3) 在市场研究结论的基础上，进行必要的空间验证以确保调规方案的可行性。同时结合轨道建设的工程进展，重点研究轨道与开发的规划边界和工程边界，确保轨道和土地开发既能满足各自开发计划，又能在空间和程序上互相协调整合。

(4) 从城市以及轨道公司可持续发展的角度，研究城市和企业层面的综合发展战略，厘清政府与轨道建设运营主体在综合开发工作中的职责，建议采用的投融资模式以及所需的政策法规和体制机制。

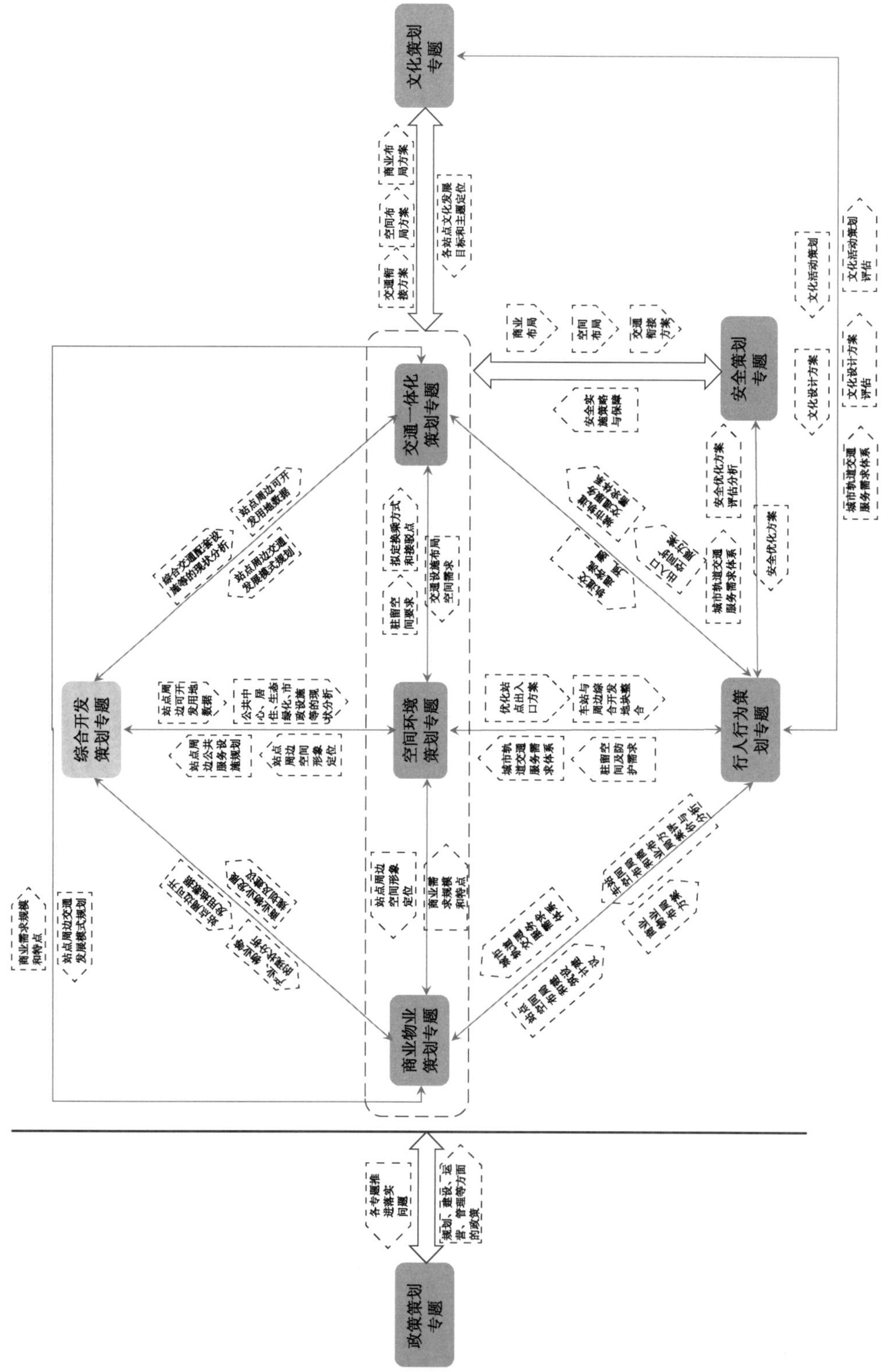

图 6-9　综合开发策划专题与其他专题关系图

6.5.3 策划任务

策划通过对沿线物业市场的调研，深入分析基地现状与权属、上位规划和相关规划，借鉴相关案例与经验，通过地块和地下空间开发价值判断模型，初步梳理出开发潜力地块。在此基础上，提出相应的站点周边开发策划定位建议，明确站点区域功能建议和用地规划建议。与国土局、规划局相关部门对接沟通，结合地块用地权属类型、棚改用地、复杂权属用地等因素，结合相关规划、工程条件、经济分析等，基本确定重点地块范围，并提出合理的开发时序建议，给出相应的土地价值与开发收益评估和投融资策略方案、下一步土地储备建议和政策与保障措施等。

1. 轨道交通沿线调研和土地梳理

通过调研轨道交通沿线，结合城市实际，对空间结构、公共中心、产业、居住、生态绿化、综合交通配套设施和市政设施的现状情况与存在问题进行研究论述。

收集整理轨道交通沿线有关的项目选址意向（含土地储备）、规划管理动态信息和相关部门的规划设想；从站点区位、站点周边用地性质、开发强度，以及不同性质用地的开发价值出发，从站点周边土地强度和空间结构的演替以及上位规划等多角度进行考虑，提出轨道交通沿线土地控制范围。重点难点是站点周边用地的调整涉及用地性质、用地权属问题。

对轨道交通站点周边地区内的用地进行调整，其中涉及现状用地权属、性质、用地兼容性、建筑质量、建筑层数以及利益主体等方面的内容，因此，站点周边用地的调整和权属的协调是轨道交通建设和实施的难点。需要对城市产业空间进行合理化调整，对原有土地进行二次性开发和内涵性再开发，充分发掘城市存量土地的潜力，增加城区建设容量，才能逐步实现城市集约化土地经营。沿线土地梳理重点抓住以下几个方面。

(1) 与城市空间结构关系：目前规划轨道交通与城市空间拓展方向和城市主要联系、辐射方向是否保持一致。

(2) 与城市公共设施分布关系：轨道交通是否串联市级商业中心、片区商业中心，沿线分布的各级中心是否具有与线路站点协调统一的潜力。

(3) 沿线房地产价格影响分析：轨道交通建设的时间轴向来看，沿线房地产价格影响呈现“单峰型”规律。影响最大的窗口时期是建设期，应抓住时机调整土地建设计划并进行战略储备。

(4) 沿线可利用土地资源整理：结合现状用地功能、建筑更新、开发强度等适宜改造情况，现状可开发利用土地主要集中在外围地区。

2. 轨道交通沿线土地利用发展策略

通过轨道交通沿线和站点选址分析、周边用地功能与结构分析以及交通、发展模式分析；制订轨道交通与土地利用协调发展以及土地储备和开发机制策略，明确轨道交通线路、站点和土地利用协调发展的规划原则、模式和指引等内容。结合轨道交通线网整体布局规划的需求，提出轨道交通沿线土地所对应的发展方向及需求预测量，依据现状和资料分析结论，顺应轨道站点对周边土地开发作用的规律与特点，对各层级站点进行综合开发策略研究。重点难点是厘清轨道交通综合开发各阶段相关方面的需求。

轨道交通作为城市公共交通的一种形式，承担着城市交通大容量骨干性交通出行的作用，为大量选择公共交通出行的人服务，又是城市功能、空间环境与城市文化的重要组成部分。同时，轨道交通综合开发是一个全周期的过程，在从无到有的过程中，需要经历规划、设计、建设、运营与管理等环节，每一个阶段的工作任务不同，但最终目标都是建设成为功能完善、系统一体化、服务效果良好的轨道交通系统，为乘客出行服务。综合开发作为其中的重要一环，需要从政府部门、轨道企业、市民乘客等多维角度，以及规划、设计、建设、运营与管理等各个方面的需求出发，起到高屋建瓴的作用，厘清各阶段的任务，对于整个研究工作是最为关键的技术难点之一。主要工作包括：

(1) 轨道交通沿线站点层级体系构建与发展策略。基于城市空间发展策略，结合土地利用、客流需求与站点特点，构建轨道交通沿线站点层级体系与发展策略，并与功能组团发展指引进行校核互动。参考国内外研究成果，结合轨道交通运营的实际需求，提出能够满足城市土地一体化开发利用的站点层次体系构建建议。

(2) 轨道交通沿线土地利用发展策略。运用国内外先进的轨道交通与土地利用互动的模式与方法，对现状调研数据进行定量评估分析，对各站点周边土地利用规划与站点设置匹配度进行量化评估。根据量化评估结果，提出轨道交通沿线站点的土地利用模式，提出轨道交通沿线整体开发功能定位、分段功能布局及发展策略。

3. 沿线线路和站位优化调整建议

根据沿线站点区位特征和城市发展要求，在发展策略的指导下，结合各站土地利用开发影响范围，结合工程实施的技术条件，通过对站点周边形象定位、空间结构与土地利用、交通组织规划、公共服务设施规划、开发方案的经济可行性等方面综合分析，对线路和站位提出相关调整建议，并为调整和实施站点综合开发提供依据。重点难点是轨道交通沿线线路和站点优化调整因素。

综合区域、城市重点发展地区和公共中心布局、人口疏解策略、交通类型、组团功能、竖向空间等因素，提出站点设置位置和等级的调整建议。

轨道交通沿线线路和站点优化，牵涉轨道交通建设技术标准与指引，涉及不同的阶段，参与的单位众多，又涉及不同的管理部门，需要重点研究如何将适合的政策和指引运用到城市轨道交通的规划、设计、建设、运营和管理之中，如何分步有序地实施与落实，如何有效地运用到与周边地块、设施的衔接接口之中。

4. 土地储备与开发模式研究

土地储备建议方面，通过经济测算，确定轨道交通建设相关的经营性土地储备的规模与总体布局；编制沿线土地储备规划计划，加强城市规划控制。研究融资方式、开发计划与开发时序方面，提出整体开发时机、经济平衡分析和综合开发建设时序等。重点难点是相关政策措施研究及投融资经济测算。

为落实土地储备及相应的开发模式，增强开发可实施性，需借鉴国内外相关理论及实践经验，考虑相应政策措施的配套。另外需加强经济测算内容，包括投融资模式及开发时序研究，保障综合开发项目有效落实。主要工作包括：

(1) 轨道沿线房地产市场需求研究。研究城市宏观经济、政策状况以及轨道交通沿线社会、经济、人口、产业特征，分析轨道沿线区域房地产市场状况，包括住宅、商业、办公楼、城市更新项目、土地市场等，为沿线土地和地下空间价值评估提供依据。

(2) 轨道沿线站点周边与沿线物业开发价值评估。研究并参考城市住宅、商业土地的成交价格，以城市土地级差为依据，结合轨道交通、区位等对土地的综合影响因素，对轨道沿线潜力地块进行开发价值预估，匡算沿线潜力地块的一级土地开发收益；匡算沿线潜力地块的二级开发收益。

(3) 轨道沿线站点周边地下空间开发价值评估。结合站点空间区位、层级体系与重要性、周边土地价值分析研究，选择可能进行地下空间开发的站点，进行地下空间开发价值的分析研究，提出可能进行地下空间开发的站点与规模，以及可开发的面积和收益。

(4) 重点开发地块确定。基于总体研究、市场调研，通过对轨道沿线土地开发条件与土地价值等的梳理，分析各站点周边的用地现状、土地用途、建筑密度、容积率等开发设计条件，根据现有土地资源、土地权属概况及土地利用规划，对轨道沿线潜在合适地块进行适宜性校核和评级，对所有潜在合适地块进行开发潜力的高低排序，确定轨道沿线可进行“轨道+物业”综合开发的潜在重点地块。

(5) 机制与政策。包括沿线投融资渠道与管理模式内涵、沿线投融资机制与经验调研、国内外成功经验对城市的启示与借鉴、城市轨道交通沿线投融资机制的基本体系建设构想等。

5. 示范站点城市设计概念方案

通过对示范站点进行城市设计，明确站点的形象定位、综合配套设施规模与布局、空间形态和开发强度。根据站点区位特征和城市发展要求，在发展策略的指导下，分区域、分类型、分等级确定示范站点土地利用开发影响范围(城市设计范围和数量待定)。通过功能发展战略、土地利用规划、空间景观设计、综合交通设计、土地利用收益的五个一体化城市设计，为控制性详细规划调整和实施站点综合开发提供依据。重点难点是轨道交通综合开发中不同专业的整合。

由于轨道交通和地下空间工程的特殊性，其综合开发的复杂性远超过一般性的物业开发，涉及管理部门以及专业领域众多，涉及行人特征、文化、商业、规划、建筑、交通、结构、岩土安全等方面的专业，将这么多专业在建设过程中运用到轨道交通和地下空间建设中，仅仅依靠工程设计专业远远不够，因此，需要通过技术咨询，形成轨道交通建设有关的技术顾问与指引导则，以利于轨道交通物业综合开发的顺利实施，并确保轨道交通在运营时能发挥最大效益。

6.6 空间环境策划

6.6.1 意义与目标

空间环境策划从规划、设计、运营管理等阶段要开展的工作和可能产生的问题入手，统筹考虑相关内容，对城市轨道交通站点及周边影响区域的空间与环境质量优化和设计进行整体策划，协调政府、企业、出行者各方面的需求，提出站点区域空间环境设计、策划等方面的指引并制定实践导则。

根据各方面需求层次的分析，空间环境策划主要针对以下各方需求进行整合：

(1) 在政府角度的需求是通过空间环境的营造，加强城市空间结构的引导，并提升城市空间环境的内涵，加强其活力。

(2) 在企业角度的需求是通过对轨道交通与城市空间过渡区域的营造，使得轨道运营更安全更高效。

(3) 在出行者角度是通过站点周边空间的整合营造，实现出行安全便捷，多元化的服务体验。

6.6.2 策划思路

空间环境的研究范围涵盖轨道交通相关的整个城市空间，在内容上涉及多个专题的对接，最终实现各方需求在城市空间的具象化体现。从空间纵向划分来说，以站点为中心，不同的半径圈层空间与轨道交通的相关程度不同，所涉及的各方需求不同。

因而策划过程中首先需要对整个空间进行层次划分，并针对各个圈层进行分析，根据圈层内各方面的需求，对空间进行营造及整合。在此过程与相关专题内容进行对接，包括：与综合开发专题进行可开发用地及规划指标的对接，与交通一体化专题进行站点周边接驳及慢行网络需求的对接，与商业物业专题对接便民服务设施需求，与安全与仿真专题对接出入口周边安检及疏散广场的需求。图 6-10 为以乌鲁木齐轨道交通 1 号线为例的空间环境策划思路。

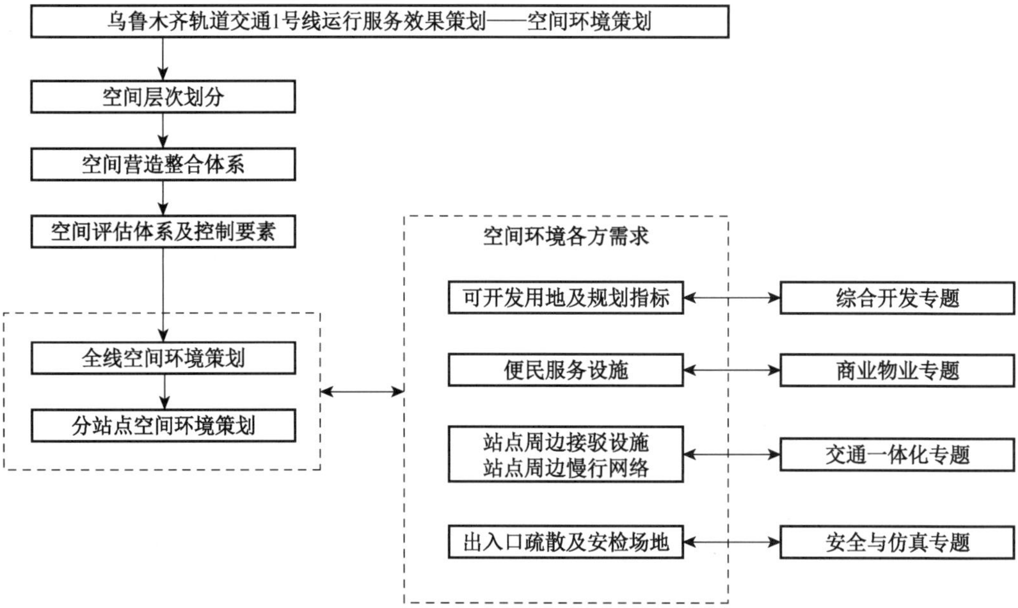

图 6-10 空间环境策划思路

6.6.3 策划任务

空间环境策划是对与轨道交通运行密切相关的空间进行研究，提出空间环境营造体系，并着重体现以下几点主要任务：

(1) 加强全线区域风貌控制，提升区域场所内涵。结合相关规划及现状条件，确定空间环境区域划分，并对该区域的空间定位、营造策略等提出控制建议，提供区域建筑风貌设计意向和初步情境效果等，为具体的规划、城市设计工作提供指引和参考；并且根据空间意向的研究成果，明确区域意向节点的设置及改造要求。

(2) 加强站点周边区域公共空间营造，提升区域活力。对区域公共活动空间及街道空间提出控制意见，确保活动场所的有效覆盖及周边环境的人性化，为站点影响区域控制规划调整提供指引和参考。对于不同类型的公共绿地及广场提出控制性要求，包括面积大小以及配套设施布置要求。

(3) 对站点周边区域功能服务及空间进行立体整合，确保便捷的多元体验。梳理与出行者密切关联的各项轨道交通延伸服务及其功能空间，结合开发潜力地块及市政设施改造进行整合，使得轨道出行的过程能与相关的信息、商业、交通等便民服务相融合。根据理论分析依据，针对地上慢行空间网络、地下功能空间进行网络整合，提出轨道站体综合整合方案。

(4) 对出入口周边区域进行控制，确保与城市空间衔接安全高效。对轨道交通与城市空间的过渡区域进行分区管理，在确保站点疏散广场安全的前提下，通过环境及景观布置，实现与综合交通便捷换乘，与城市人群活动的高效融合，创造和谐宜人的整体环境，提升城市空间整体形象。

(5) 对出入口周边区域地面配套设施进行整合，确保与城市环境相融合。轨道交通地面配套设施数量多，体型大小不一，需通过合理规划设计与城市环境相融。尤其是对于成熟的城市区域，需结合开发地块或公共空间改造进行建筑或景观整合，减少对现有空间环境的不利影响。

6.7 商业物业策划

6.7.1 意义与目标

城市地铁作为大运量的快速轨道交通，是缓解大城市交通拥挤的必然选择；发达的城市轨道交通，必然会给地铁站带来大量的人流和商机，地铁商业潜力巨大。对地下空间多层次利用，提高土地集约化利用程度，已成为大城市解决土地资源稀缺的重要手段，围绕地铁车站的立体化商业开发将实现土地的集约高效利用。地铁商业将是城市未来商业发展的重要方向，将成为城市商业的重要组成部分。[1-3]

商业物业策划将以构建商业综合服务平台为基础，致力于完善城市综合功能、提供品牌商业服务、提高投资运行效益和探索轨道交通商业创新。此外，商业物业策划将指导轨道交通沿线站点地下空间资源和上盖及周边物业的商业开发运营，提高轨道交通商业物业的相关规划建筑设计和运营管理等工作水平。

(1) 完善城市综合功能:增强站点沿线的经济聚集效应和商业活力,促进沿线城市功能区的整合和城市空间形态改善,打造地下新空间。

(2) 提供品牌商业服务:打造地下互联互通的现代时尚商业空间,与城市商圈和周边商业协调发展,为乘客和居民提供品牌商业服务。

(3) 提高投资运行效益:通过沿线物业综合开发和站点商业系统管理,以商聚人提高票务收入,以人促商提高物业开发收益和租金收益。

6.7.2 策划思路

1. 商业物业策划与其他专题之间的关系

(1) 与综合开发策划专题之间的关系。综合开发策划专题为商业物业策划专题提供站点周边区域产业、物业的发展现状,并提供站点周边可开发用地数据和规划指标。商业物业策划专题为综合开发策划专题提供站点周边物业发展规划建议。

(2) 与空间环境策划专题之间的关系。空间环境策划专题为商业物业策划专题提供"站点周边空间形象定位",为站点周边商业物业发展定位提供支持。商业物业策划专题为空间环境策划专题提供"商业需求规模和特点"数据。

(3) 与交通一体化策划专题之间的关系。交通一体化策划专题为商业物业策划专题提供站点周边交通优化建议,为轨道交通商业客流导入提供支持。商业物业策划专题为交通一体化策划专题提供"商业需求规模和特点"数据。

(4) 与车站运行仿真评估与优化策划专题之间的关系。商业物业策划专题为车站运行仿真评估与优化策划专题提供站点商业物业布局方案。车站运行仿真评估与优化策划专题为商业物业策划专题提供站点各出入口客流量数据,并通过 LEGION 系统的行人行为仿真研究对站点商业布局进行评价和分析。

(5) 与文化策划专题之间的关系。商业物业策划专题为文化策划专题提供站点商业物业发展定位、业态布局等。文化策划专题为商业物业策划专题提供各站点文化发展目标和主题定位。

(6) 与安全策划专题之间的关系。商业物业策划专题为安全策划专题提供商业物业布局、规模等。安全策划专题为商业物业策划专题提供安全实施策略与保障。

(7) 与政策策划专题之间的关系。商业物业策划专题将商业物业策划在落实推进中遇到的问题反馈给政策策划专题。政策策划专题为商业物业策划专题提供规划、建设、运营、管理等方面的政策。

具体如图 6-11 所示。

2. 商业物业专题策划思路[4-8]

参考国内外地铁商业发展的经验,结合项目组在乌鲁木齐地铁商业物业策划的实践经验,总结出地铁商业策划的基本思路。

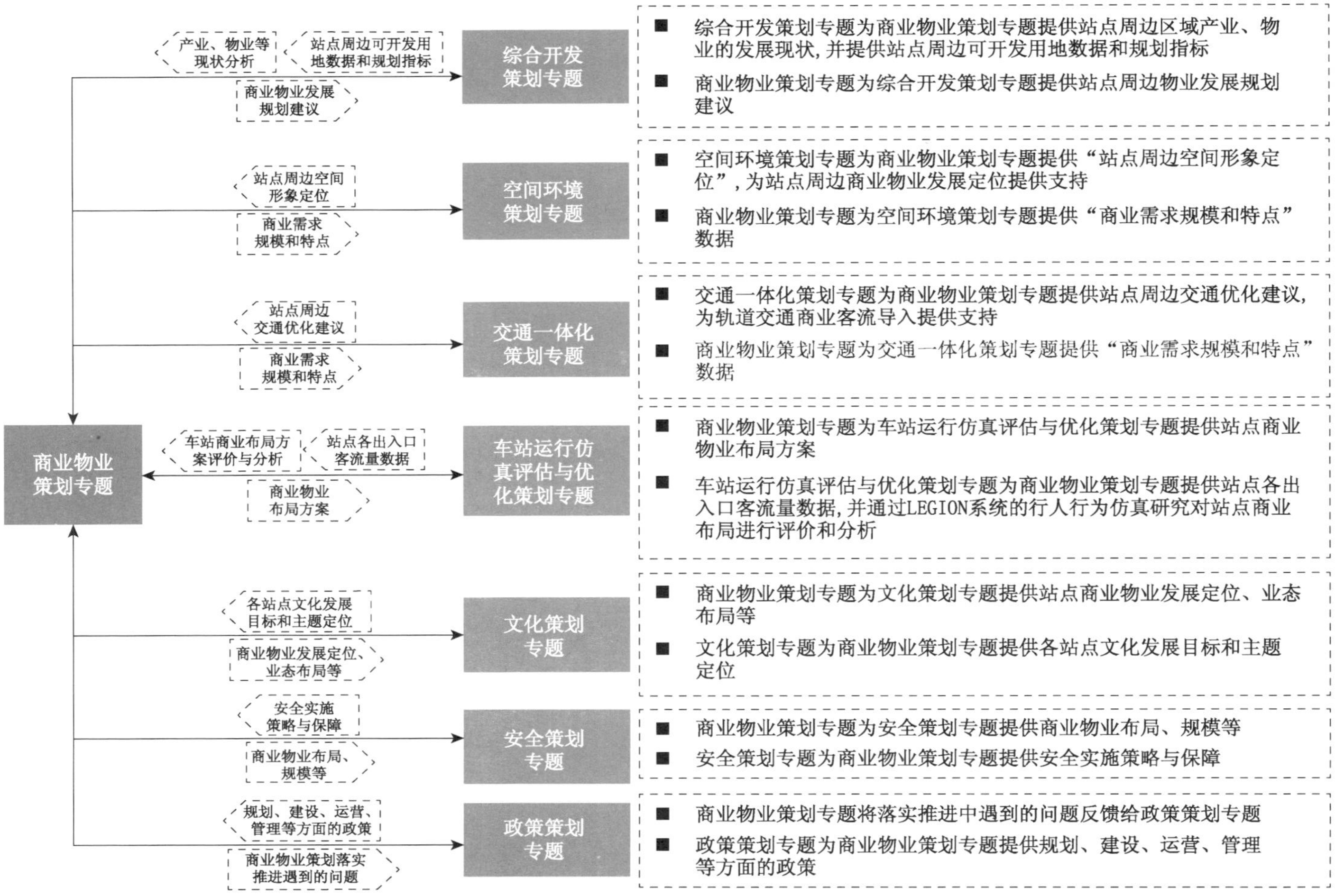

图 6-11 商业物业策划专题与其他专题之间的关系图

1）业态分类

根据地铁客群的消费习惯，并考虑地铁商业发展的新业态，将地铁商业业态分为五大类——便民服务、购物、餐饮、休闲娱乐、体验展示（表 6-1）。在进行地铁站点业态选择时根据站点的区域特色、客群消费特征和空间条件等因素进行业态选择。

表 6-1　　地铁商业分类明细

业态功能	业种构成		
便民服务	· 便利店 · 面包/食品店 · 药店 · 花店	· 冲印/影像店 · 家电维修 · 电信服务 · 干洗店	· 银行/ATM · 快递/邮局 · 彩票投注 · 修鞋/擦鞋 · 其他
购　　物	· 精品超市 · 服饰专卖 · 鞋类专卖	· 数码音像 · 家居家电 · 婚纱摄影	· 玩具店 · 化妆品店 · 其他
餐　　饮	· 中餐 · 西餐 · 中式快餐	· 西式快餐 · 咖啡厅/茶室 · 饮品店	· 美食广场 · 其他
休闲娱乐	· 亲子乐园 · 健身运动	· 游戏厅 · 美容/美发/美甲	· 书城/书店 · 其他
体验展示	· 新型媒体推介、展示、体验平台	· 小型文化艺术展示	· 展馆

在进行业态选择时，要考虑不同业态对商业面积的需求（表 6-2）。

(1) 若单块商业面积较小，可布置小型商业，如小型便利店、自助类业态、书报亭等；

(2) 若单块商业面积相对独立且面积较大，可布局品牌零售、大型便利店、面包西点店、书店、美容美发店等业态；

(3) 若空间不足不允许铺设商业店铺的，可布置自助类业态。

表 6-2　　不同业态的面积需求

面积/m^2	业态选择							
0～10	便利店	品牌零售	自助类	通信服务	书报亭	摄影彩扩	面包/食品店	饮品店
10～20	便利店	品牌零售	自助类	房产中介	书报亭	干洗店	教育培训	新型媒体推介平台
20～50	书店	数码音像	房产中介	旅游服务	摄影彩扩	干洗店	药房	咖啡厅/茶室
>50	便利店	书店	面包西点	美容美发	快餐店	咖啡厅/茶室	美食广场	健身运动

2）区域解读

地铁线路一般会串联新老城区，连通边缘区域和中心城区，因此地铁线路沿线将会呈现出不同的区域发展特点。在进行地铁商业定位时，要对地铁沿线所经过的区域进行详细调研和分析，综合考虑地铁沿线各站点所处区位特点、经济水平、商业状况、社会、交通等因素，分别提出不同的区间定位重点。此外，还需调研分析地铁沿线站点区域的物业市场发展现状和相关规划要求。通过相关调研分析，从宏观协调好地铁商业与城市发展、城市商业（地上、地下）之间的关系，从中观层面协调好不同线路地铁商业之间的关系，从微观层面协调好同一条轨道线路不同站点地铁商业之间的关系，如图 6-12 所示。

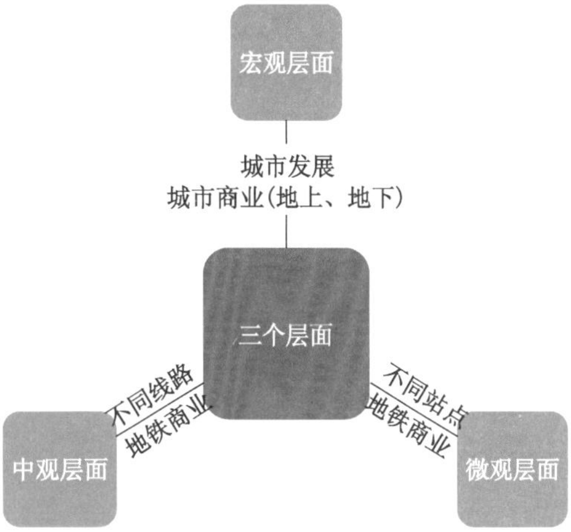

图 6-12 商业物业策划的三个层面

3）供需分析

从城市商业供给和消费客群的商业需求两个角度进行匹配调研分析，明确城市商业的供应量、空间布局和消费者的商业需求特点，从而确定地铁商业的发展空间（图 6-13）。

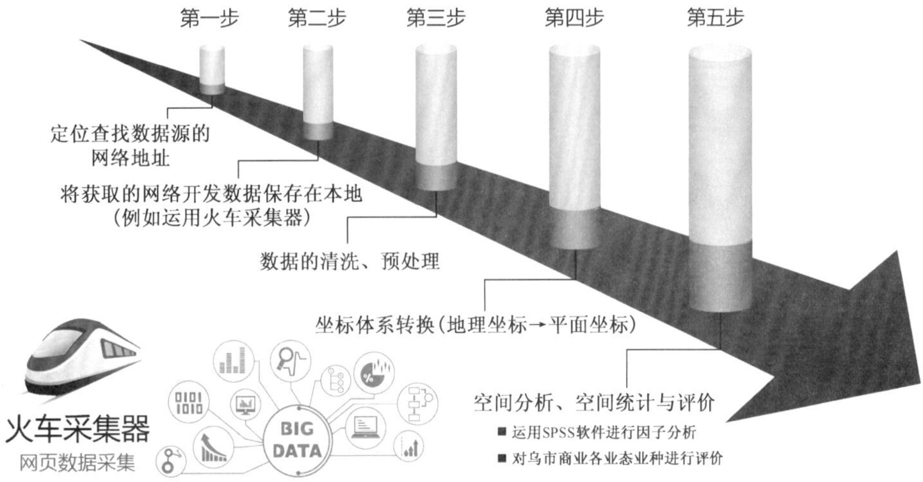

图 6-13 商业物业策划供需分析

供给分析主要分析城市商业发展的现状、商业网点规划、站点周边区域商业现状和未来规划等内容。传统商业供给调研方法主要以实地调研为主，近年来随着互联网的发展，围绕互联网的大数据分析方法也逐渐应用。

需求分析主要对地铁潜在消费客群进行调研，明确消费客群的商业消费特征和需求，主要以问卷调研为主。地铁商业客群消费需求以便利性、快捷性为基本特征，但根据所处区域功能特征不同，客群消费需求具有一定差异性。一般情况下，商务办公区、住宅区、产业片区、交通枢纽站点的客群目的性消费较弱，而商业区和旅游景点的客群具有相对较强的目的性消费需求（表6-3）。

表6-3 不同类型客群消费特征

城市功能区	主要客群	主要客群消费特征	消费集中时段
办公区	上班族	人流客群较为固定，客群基本处于快速流动状态，目的性消费不强，对便利性消费具有一定需求	早市
住宅区	居民	人流客群较为集中，多为周边居民和部分办公人群出入轨道线，客流量与周边社区成熟度紧密相关，客群不会停留很长时间	晚市
商业区	中青年女性 上班族 游客	成熟的商业区周边人流较旺，同一类型的站点附近消费客流以固定的消费人群为主，其中主要包括周边办公人群、本市其他区域固定消费人群和外地游客，具有一定的目的性消费欲望	晚市、周末
旅游景点	游客	客群量不固定，具有一定目的性消费需求，且对旅游专业咨询和便利消费等具有一定需求	节假日、展会及赛事时期
产业片区	产业员工	人流较为固定，处于快速流动状态，对便利性商业服务有一定需求	早市、午市
交通枢纽	商旅人士 游客 上班族	主要以外来乘客和本地换乘客流为主，大多数为路过或者中转，时间充足也许会走进商业广场，整体而言目的性消费不强	节假日、旅游节庆

4）商业定位

基于地铁站点所在的区域特点与站点自身的空间条件、周边土地获取实际、区域商业供需现状与规划以及案例借鉴等研究，确定各站点地铁商业发展的整体定位，并根据站点内外空间的特点，确定地铁站内和站外商业的发展定位。地铁商业总体功能将以便民服务为出发点，互联互通站点内外商业资源，为轨道交通乘客和周边居民提供商业服务，完善城市轨道交通服务，优化城市商业服务。地铁商业定位内外有别，其中站内以轨道交通通勤客群为主，业种以便民服务为主，以中档连锁品牌供应为主，规模设定需要考虑站体设施限制和通勤安全等因素，而站外以服务周边居民为主，业种考虑多样性，档次和规模则根据区域市场供需情况而定。

5）规模确定

地铁商业规模的确定一般考虑站厅层、物业层规模、相关服务设施的占地空间以及高峰时段客流量等因素，其中客流量因素要体现其动态变化，并据此对地铁商业规模进行动态调整，以实现地铁商业规模与客流量的动态均衡。

（1）空间规模确定：根据各站点的站体结构，确定各站站厅层、物业层的空间规模。

（2）设施规模确定：根据各站点实际情况，确定闸机、安检、楼梯、服务台、自动售票机等相关设施的空间规模。

（3）高峰客流量预测：根据站点周边潜在客群的数量，预测站厅各出入口高峰时段客流量,并根据客流量计算动态占用面积。

(4) 地铁商业规模确定:地铁站厅总面积减去相关设施面积以及高峰期总客流量所占交通面积、必要的预留面积后即为站厅可利用商业面积理论值。地铁物业层总面积减去高峰期总客流量所占交通面积、必要的预留面积后即为物业层可利用商业面积理论值。结合站厅实际情况对站厅层、物业层可利用商业面积进行实测,与理论面积相互印证,最终确定地铁商业面积。

(5) 地铁商业规模动态调整:由于地铁客流和地铁商业的培育需要时间,因此地铁商业面积要根据客流量的变化进行动态调整,以实现地铁商业规模与客流量的动态均衡。

6) 业态布局

在对地铁各站点内部空间布局详细分析的基础上,满足基本的交通行人流线组织的前提下,充分考虑各商业业态对商业面积、空间位置的不同要求,从而确定各站点站厅、站台、通道、物业夹层的商业布局(图 6-14)。

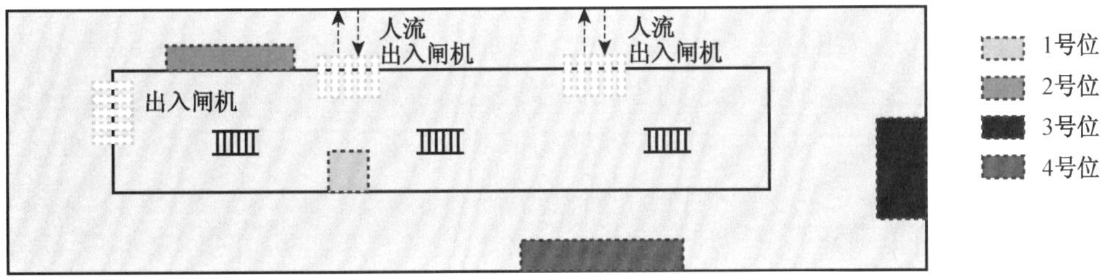

1号位:位于付费区两端无闸机位置　　3号位:站厅两端位置

2号位:付费区两侧闸机位边　　4号位:站厅两侧,进出闸机对面位置

■ **常规业态**

1号位　自主业态:自助售货、ATM、自助照相机等

2号位　商铺:面包\食品\饮品、健康及美容产品等

3号位　商铺:便利店、面包\食品\饮品、旅游服务、衣饰精品等

4号位　商铺:自助售货、ATM、自助照相机、便利店、面包\食品\饮品等

■ **商铺大小**:商铺位置不同,面积大小不同

经调研总结,轨道交通站厅两端的3号位和展厅一侧的4号位是常见的排布模式,其次为1号位和2号位

图 6-14　业态布局分析

7) 财务测算

建立财务模型和商业情境,进行成本与收益测算和敏感性分析,包括地铁站内商业财务分析以及站点周边物业综合开发财务分析。

地铁站内商业财务分析将根据站内可利用商业面积及相应租金水平测算各站点租金收入和管理费收入,考虑各站点营业成本后,计算地下商业的净利润。

站点周边物业一级开发将根据成本(土地成本、拆迁成本、土地开发整理成本)和费用(财务费用、管理费用),测算土地开发总成本。分现状和未来开发两种情况,根据土地销售收入、土地开发成本、相关税费等测算土地一级开发收益。二级开发将根据土地招拍挂成本、建安费用及其他费用等测算建设成本。根据物业投融资、租售比例、租金水平、售价水平等，测算一、二级开发的投资收益情况。

8）招商推进

（1）制订方案：根据地铁商业特点制订招商方案，明确项目招商的总体指标、分业态指标以及相关招商规定等。总体指标包括可租赁物业总面积、租金单价、总租金指标等；分业态指标包括各业态面积、租金单价、递增率、免租期等；确定各阶段工作重点和时间节点，保证招商进度和租金水平。

（2）制定商户准入标准：根据地铁各站业种类型，确定相应类型的商户准入标准，主要包括商户注册资金规模、持续经营时间、经营规模、营业场所、经营规范等方面。

（3）商家调研：根据地铁商业的发展定位、地方实际情况，梳理商业各业态业种的业绩排行，掌握业绩好、"接地气"的品牌资源；对潜在商家开展市场摸底工作，包括承租能力、经营方式、进驻意向等内容，储备必要的商家资源；对储备的商家资源进行业态、结构、影响力的分析和梳理，制订详细的招商实施步骤和策略。

（4）招商组织：利用各种渠道资源，整合与项目具有结合度的商家资料，对商家优先等级排序，建立客户资料库。通过对潜在商家的挖掘、联系、沟通，筛选出重点商家和有意向性的商家，陪同考察项目。对考察现场后有意向的商家进行全面洽谈，重点进行租赁条件谈判（位置、面积与租金、年限、付款方式等）。

（5）签订合同：通过与意向性商家多轮商务谈判，达成重要租赁条件意向，签订正式租赁合同，约定相关的费用，并确定商铺交付时间。

（6）商铺装修：制定商户进驻装修标准、装修流程、装修管理规范及装修协议等，对装修进度节点管控，为项目开业和试运营做好相关准备。

6.7.3 策划任务

商业物业策划的工作任务是：围绕城市轨道交通商业开发如何实现社会价值、经济价值和生态价值协同最大化的命题，最大程度提升轨道交通总体运行服务效果和投资运营效益，通过融合多学科的系统分析研究，对沿线站点上盖物业和地下空间资源的商业开发提供最佳的、可实施性高的方案，提出城市轨道交通商业物业发展指引，指导轨道交通的相关规划建设管理与运营等工作。[9-10]

商业物业策划工作主要包括以下主要内容。

1）发展现状与规划分析

对轨道交通沿线商业和物业情况进行实地勘察和调研，调研城市轨道交通线路建设现状与发展规划，包括建设进展与存在问题、规划目标和范围、资金安排和融资需求、建设计划和技术标准等内容。

2）相关市场分析

围绕轨道交通商业开发需要，调研城市整体和轨道交通沿线的相关物业市场，特别是轨道线路沿线区域，包括商业、商务、酒店、住宅等物业市场，通过供求研究，为轨道交通商业开发提供市场依据。

3）商业总体发展战略与定位研究

立足于轨道交通发展现状与规划、相关物业市场分析和国内外成功案例经验，以轨道交通线路为整体研究商业开发总体战略和定位，通过顶层设计来确定轨道交通商业的发展目标、发展愿景、功能定位、产业定位和市场定位等内容。

4）沿线站点商业发展定位与策划

在轨道交通商业开发总体战略与定位的指引下，对各站点进行细分研究，既考虑轨道交通站点商业开发所具有的共同属性，又注重每个站点因区位、环境、周边交通等发展条件不同而导致的差异性，提出各自的发展重点和策划要点。

5）沿线站点空间布局与建筑建议

通过现状研究、市场分析和功能定位确定出轨道交通线路整体和每个站点的商业需求规模和特点，与轨道交通线路的总体设计和每个站点的站体设计进行对接，提出相关的站点空间布局和建筑设计建议，使轨道交通线路的商业需求与载体空间实现完美统一。

6）沿线站点商业物业开发综合评估

建立财务模型和商业情境，进行成本与收益测算和敏感性分析，对轨道交通沿线站点商业物业开发进行综合评估。

7）商业发展策略与实施路径建议

基于轨道交通商业开发总体发展战略和各站点的差异发展定位，围绕土地、资金、政策、环境等方面研究轨道交通商业发展策略，并提出若干实施路径，使轨道交通沿线商业开发具有针对性和可行性。

8）商业物业导则和指引

基于上述策划工作，从商业规划、设计、运营等角度提出轨道交通商业物业导则和指引。

（1）商业规划

① 商业定位：基于站点分类与自身条件、周边土地获取实际、区域商业供需现状与规划以及案例借鉴等研究，确定各站点商业发展的整体定位。

② 业态规划：根据不同业态对空间规模的不同需求，确定各站点地铁商业的业态构成。

③ 布局规划：根据各站点商业业态的类型，结合不同业态对空间位置的不同要求，对各站点地铁商业布局进行建议。

（2）商业设计

① 客流引导：从利于地铁商业发展的视角，对地铁出入口的设置、地上地下空间过渡的设计、地铁与其他城市交通方式的衔接等方面进行建议。

② 空间设计：从地铁商业空间主题打造、店铺设计、客流导向设施设计、预留设计等方面对地铁商业空间提出建议。

③ 消防设计：针对各站点地铁商业的实际情况，从防火分区、防烟分区、安全疏散、

消防给水与灭火、防灾用电与疏散照明等方面提出建议。

(3) 商业运营

① 开发运营:根据各站点地铁站内商业和站点周边物业开发的特点,对地铁站内商业开发以及站点周边物业开发提出开发策略、运营模式以及发展策略等。

② 实施招商:针对各站点商业业态业种,提出各站点商业的招商策略。

③ 经营管理:为保障地铁商业持续发展、良性运转,从经营监控、商户维护、安全保障等方面提出建议。

6.8 交通一体化策划

6.8.1 意义与目标

交通一体化概念的起源至少可追溯到英国 1947 年的交通法案和英国交通协会的创立[11]。随着时代的不断进步,交通一体化的内涵从不同的行业角度有着差异化的提法,但其核心大多是一致的。相对来说,英国交通项目评估指南中关于交通一体化的定义是比较全面的一个定义,即交通一体化是“确保符合政府一体化交通政策的所有决定都被采用”。具体地说,该交通一体化概念是强调:

(1) 不同交通形式或方式之间和内部的一体化,使得每一种能发挥其全部潜力,人们能在它们之间轻易地移动;

(2) 与环境的一体化,使得提供的交通选择支持一个较好的环境;

(3) 与国家、地区、地方等层面的土地利用规划的一体化,使得交通能与用地规划共同发挥作用来支持可持续发展的出行选择并减少出行需求;

(4) 与教育、健康和财富创造政策的一体化,使得交通有助于创造一个更公平的、更包容的社会。

站在城市交通发展的角度,交通一体化的本质要求是整合,实际主要涉及上述定义提到的交通各系统之间的整合、交通各系统内部的整合、交通与土地利用的整合,以及交通设施与运行的整合、体制与政策的整合等需要协调的各个方面,以发挥综合的效率或效益。

考虑到现有的国内轨道交通建设实践,由于缺少针对轨道交通建设运用的总体指引和导则,导致在轨道交通的规划、设计、运营与管理等不同阶段很难进行整体协调和管理,从而也很难来满足和平衡各方对轨道交通未来运行的服务需求。

交通一体化策划就是依托城市轨道交通可靠、快速和高运量的运输服务,结合轨道交通站点的交通功能和服务范围,确定地面交通衔接的主要方式,并通过对轨道站点周边公共交通的合理组织,达到时间和空间上系统衔接的整体化,形成一个多层次、多方式、相互协调的高效客运网络。

围绕轨道交通的一体化策划是必要的。一方面,轨道交通的特点决定了其网络覆盖区域的有限性,若没有其他交通方式与轨道交通进行便捷的衔接换乘,则轨道交通的吸引半径只能局限在步行可到达的区域范围内,势必会失去大量潜在客源。因此轨道交通与其他交通方式的良好衔接，可扩大轨道交通影响范围，有效保证轨道交通的客流。另一方面，站在乘客或使用者的角度，交通一体化策划的主要目的是为了更好的协调城市轨道交通与其他城市交通方式进行安全、舒适、便捷的无缝接驳，确保这些交通方式的规模能达到良好的服务水平，为乘客提供相应的信息引导乘客的换乘，确保轨道站点周边地面交通的顺畅，并最终引导后续的轨道交通设计避免过去国内轨道交通建设、运营、管理中出现的相关问题等，为新建的轨道乘客带来良好的交通出行体验。交通一体化策划最终目标(图 6-15)包括：

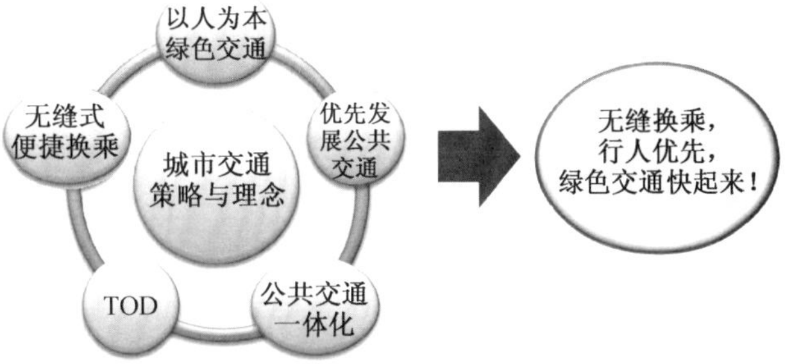

图 6-15　交通策划理念

(1) 协调轨道与其周边城市的发展，践行绿色交通优先理念，构建以轨道交通为骨干的、多种交通方式相结合的城市一体化综合交通系统；

(2) 梳理轨道沿线交通相关资源配置，提出其沿线道路交通优化导则与指引，确保与相关上位交通规划相适应；

(3) 优化轨道沿线交通相关资源配置，提出其沿线站点交通衔接导则与指引，确保与相关上位交通规划相适应；

(4) 协调并确保轨道交通策划导则与指引纳入车站设计和综合开发方案。

6.8.2 策划思路

城市公共交通客运系统通常由中大运量的轨道交通和快速公交为客运骨干，结合不同层级的常规公交和服务特定客流的出租车，共同构成城市的公共交通系统。公共交通系统在其建设、运营和不断发展的过程中也需要不断地进行整合，实现公共交通系统的一体化。基于公共交通的特性，环境友好型的公共交通系统的一体化更多地体现在公共交通引导城市的发展(如 TOD 的发展模式)，公共交通内部各子系统的一体化，及其与其他相关交通系统如慢行的一体化，以及与城市发展政策的一体化。

基于对国内外城市公共交通最佳实践案例的研究，对于公共交通系统的一体化，可在交通一体化的内涵下进一步细化为如下的基本一体化要素，即：

(1) 规划，即投资和运作的规划；

(2) 基础设施，即包括各公共交通方式的整合以及综合枢纽、换乘枢纽、轨道站和公交场站等公共交通设施，以及慢行等相关系统的设计和用地准备等；

(3) 运营，即公共交通的运营时间表、运营服务标准、员工等所有实操层面的事情；

(4) 票制票价，即公共交通系统各交通方式合理的比价、票制、换乘优惠、一卡通、售检票收费系统等；

(5) 信息与品牌，即公共交通出行信息化以及公共交通品牌的创建；

(6) 政策，即公共交通政策与小汽车政策、土地利用规划政策、社会相关政策的关系；

(7) 管理，即体制和立法上的安排或协调，如解决谁负责什么，谁做什么以及谁支付给谁等；

(8) 财务(包括补贴)，其紧密地联系上面所述各要素。

因此，公共交通一体化应该是公共交通系统内部各种公共交通方式一体化发展，提高公共交通作为一个整体系统的服务水平和服务效率；为达到这一目的，在硬件设施整合的基础上，充分协调软件配套服务；最终，通过一体化建设实现对环境的改善、土地的集约化利用以及城市的可持续发展。考虑到其中的关键要素及实际可操作的目的，可总结如图 6-16 所示的公共交通系统一体化框架。

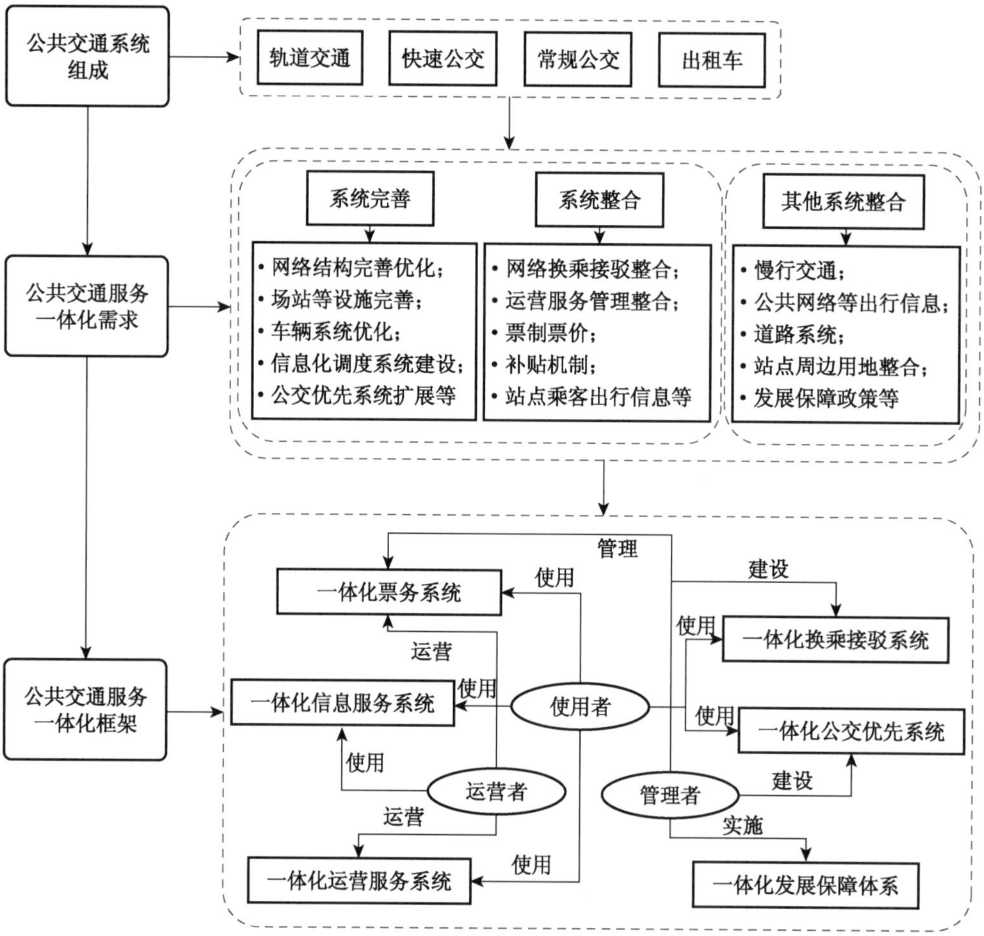

图 6-16　公共交通一体化架构

交通一体化策划工作主要是从城市交通发展的整体性、协调性、便捷性、安全性等方面进行综合考虑，强调如下的原则：①与相关上位规划相适应的原则；②道路交通秩序规范化原则；③绿色交通优先原则；④交通与土地开发一体化原则；⑤安全便捷的无缝换乘原则;⑥近远期相结合的原则。

交通一体化还需要考虑轨道交通站点各交通方式衔接的优先次序的不同。步行和自行车是最基本的、优先考虑和保障的衔接方式。地面常规公交发展成熟,效率高,重点强化与轨道交通出入口的衔接整合。出租车和小汽车是个体出行方式,作为轨道交通衔接的补充和辅助方式,适当考虑以满足不同层次的需求,其中小汽车方式主要考虑设置 P+R 停车场。

6.8.3 策划任务

轨道交通作为公共交通系统的大运量干线客运系统,在其建设直至运营过程中,必须从规划、设施建设、接驳换乘、运营、票务、信息等要素方面实施与其他公共交通子系统包括道路慢行系统等的整合;而在政策、管理、财务等要素方面需要站在整个公共交通系统的角度统一保障。其中围绕轨道的一体化建设运营,首当其冲且在之前国内城市轨道交通建设中经常不受重视并导致诟病的要素是接驳换乘,即轨道交通与其他交通方式包括慢行交通的换乘接驳的整合。

交通一体化策划主要是指围绕轨道交通站点的一体化策划,以各类交通接驳设施的位置、设施规模、设施之间及设施内部的交通组织为重点展开。鉴于各类交通接驳设施的服务半径不同,交通接驳特点及方式不同,对于其位置和规模的要求也各不相同。同时,受到各个轨道站点周边现状及规划用地功能不同的影响,接驳设施的设置也会有很大的不同。

交通一体化接驳设施主要由人行设施、非机动车设施、公交设施、出租车设施以及小汽车停车换乘设施组成,具体内容涉及道路(包含机动车道和非机动车道)、站前广场、过街设施、非机动车停车场、公交停靠站、公交场站、出租车停靠点、出租车场站、小汽车 P+R 停车场等,当然还涉及地面公交线路走向的优化。

轨道交通相较于其他交通方式,因其较大的运载能力,其辐射范围更大,接驳范围更广,可分为内层、中层、外层三级接驳服务区。内层接驳服务半径为 0.5~1.0 km,主要衔接方式包括步行、非机动车等;中层接驳服务半径为 1~3 km,主要衔接方式包括非机动车、公交车等;外层接驳服务半径为 3 km 以上,主要接驳方式包括公交车、出租车、私家车等。

基于以上的要求,交通一体化策划的主要任务包括:

(1) 轨道交通沿线交通现状分析与问题诊断。对轨道交通沿线及站点周边路网设施进行详细调查,结合上述现状,进行交通设施普查与交通运行调查,分析轨道交通站点周边现状存在的主要问题。

(2) 沿线轨道站点交通功能定位。结合城市相关交通规划,研究轨道交通沿线站点的交通功能定位,借鉴国内外相关经验,根据沿线站点的不同交通功能定位提出相应的设施配置需求。

(3) 交通模型和需求预测分析。建立交通模型,在轨道各站点近、远期客流量的预测基础上,通过确定各站点的不同方式换乘比例,预测得到不同方式的换乘客流量,来对各类换乘设施规模进行分析，从而为轨道交通站点换乘设施的规划布局提供科学的、定量的依据，满足轨道交通沿线各站点的乘客一体化换乘出行需求，提供舒适、便捷、合理的换乘设施。

（4）轨道交通站点交通衔接规划策略及一体化衔接方案。在城市交通发展战略的指导下，明确轨道交通与其他公共交通方式、个体交通方式、对外交通方式之间的关系，提出轨道交通沿线交通衔接规划策略。结合城市交通相关规划和沿线综合开发方案等，对轨道交通沿线及站点道路网络、公共交通、非机动车交通以及停车等进行规划，提出相应的交通衔接规划方案。

（5）车站交通信息策划。结合轨道交通车站和交通衔接方案，分析各车站交通信息需求，提出车站交通信息系统框架。

（6）实施策略与保障体系。提出轨道交通一体化衔接的票务、管理及运营等实施策略和相关组织与政策保障体系，保障交通衔接方案的实施。

（7）交通策划导则与指引。结合前述任务，对轨道交通沿线及站点道路网络、公共交通、非机动车交通以及停车等方面进行归纳，提出相应的交通策划导则与指引。

6.9 安全策划

6.9.1 意义与目标

安全策划从目标线路轨道交通车站内部运营、管理的最基本安全需求出发，为保证城市轨道交通能够更高效、及时地应对各类应急状况，针对不同应急事件的影响特征，不同应急安全措施的有效性，不同应急组织架构和不同应急处理流程的合理性，以及应急辅助决策支持技术的先进性等各类问题和内容进行针对性的研究与分析，并需要综合考虑目标城市特殊的人文、地理、气候、环境等特征，评估、优化、指导目标线路及具体车站的安全措施和安全体制，为出行者提供最基本的安全服务。

6.9.2 策划思路

安全策划首先对国内外城市轨道交通系统所经历的不同种类应急事件[主要包括火灾、踩踏、停电、脱轨、相撞、恐怖袭击（毒气、爆炸、纵火）、设备故障、自然灾害、出行者坠落、可预知的大客流事件，等等]及其相应的事件影响、应急处置过程、应急处置效果进行统计分析，得出影响城市轨道交通安全服务效果的各类因素，并构建相应的安全服务影响因素体系。该影响因素体系既可以用于对已运营城市轨道交通系统的安全服务效果的评估与完善，也可以用于指导目标线路的安全服务内容、应急处置措施的构建。安全服务影响因素体系主要包括四部分内容：设施设备性能因素，管理安全因素，员工综合素质因素，以及环境安全因素。

然后结合目标城市特殊的人文、地理、气候、环境等特征，通过对目标城市现阶段安全形势以及安全调查结果的分析，揭示未来可能面临的各类安全风险。参照上述安全服务影响因素体系所涉及的内容，分别开展适用于目标线路的各项安全服务内容及应急处置措施的评估、构建。

上述安全影响因素体系中的设备设施性能因素，主要涉及对不同应急处置措施有效性的分析评估。例如可以通过仿真手段，对目标城市未来可能发生的大客流事件场景及相应的安全控制措施进行分析评估；对突发事件场景及安全疏散措施进行分析评估；对常态运营条件下的安全预防措施进行分析评估，并得出相应的安全控制导则、安全疏散导则以及安全预防导则等成果，进而汇总成未来目标线路各个车站具体应急处置措施的导则与指引。

安全服务内容、应急处置措施的有效实施有赖于高效专业、综合素质高的人员和机构，以及正确、及时的应急处置流程，这正是员工综合素质因素和管理安全因素的要求。针对上述要求，安全策划应进行应急体制(组织架构及其相互关系)研究，应急处置流程研究，以及相应的应急辅助决策支持技术分析等工作，进而形成适用于未来目标线路的安全保障体制的导则与指引。

上述安全影响因素体系中环境安全因素主要包括周边交通、车站区位、周边建筑等因素，涉及较多的间接影响因素，所以建议与其他专题策划紧密配合，通过定性分析的方法对目标线路不同站点的应急风险等级进行定位，以加强对关键站点的安全巡查和检查力度。综合上述研究成果，最终形成目标线路的安全运行导则与指引，如图 6-17 所示。

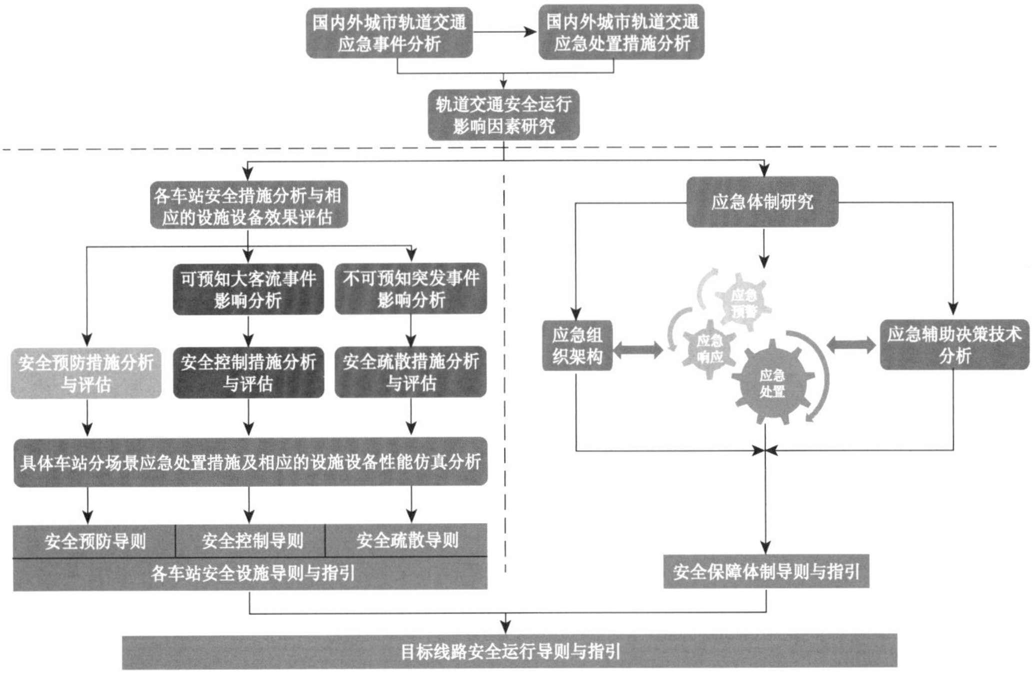

图 6-17 安全策划研究技术路线

安全策划工作与其他策划工作有着紧密联系。如图6-18所示，安全策划与空间环境策划、交通一体化策划、商业物业策划、行人行为策划等发生了直接的交互关系。综合开发提供了其他策划基础的“站点周边可开发规划用地数据分析”等资料。空间环境策划、交通一体化策划、商业物业策划基于该数据开展各自的研究工作，并为安全策划提供“轨道交通客流预测”“交通、空间布局方案”以及“商业夹层及站厅商业开发布局”等基本输入数据，而行人行为策划向安全策划反馈“安全服务方案优化”。安全策划利用仿真技术开展相应场景的分析工作，并提出针对性的优化建议(主要包括设计优化及运营优化建议)。该优化建议中会有部分成果对空间环境策划、交通一体化策划、商业物业策划提出安全实施策略与保障，并向行人行为策划输入安全场景分析等，进而循环影响整个策划的各专题工作，各个策划工作不断融合，相互促进，最终实现城市轨道交通服务水平的整体优化和提高。

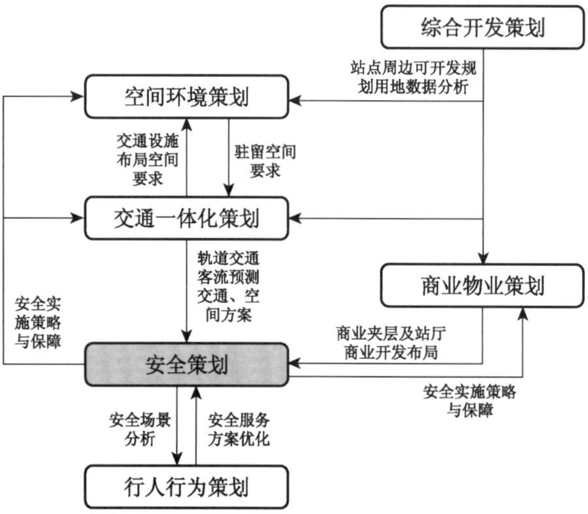

图6-18 安全策划与其他策划的关系

6.9.3 策划任务

安全策划的工作目标是：针对各城市特殊的人文、地理、气候、环境等特征，分时间、空间等不同条件，结合车站规划设计、环境空间、商业布局、交通衔接等具体特征，从客流组织、设施设备布局与利用、应急响应、应急处置、管理模式与体制等多个层面，排查安全隐患，并进行可预知事件(大客流事件)、不可预知事件(突发事件)条件下的特定轨道交通线路的安全策划，提出具体的安全指引。

安全策划需基于对特定轨道交通线路行人行为策划的相关研究成果，开展如下主要工作：

1. 安全评估标准制定

基于对各城市行人心理、行为的研究成果，以行人拥挤感受阈值为划分标准，制定适合特定城市的轨道交通车站行人特征的轨道交通安全运行评估标准。

2. 大客流事件的安全控制措施分析

大客流事件会对城市轨道交通车站的正常运营产生重要影响，大客流事件的安全控制措施分析工作包括：①客流分析；②行车组织；③客运组织；④票务组织；⑤特大客流应对措施。

3. 突发事件的安全处置措施分析

对安全处置措施进行深入分析，会对城市轨道交通车站的疏散效果产生积极影响：

①突发事件影响分析;②客流分布影响分析;③疏散组织措施影响分析;④应急预警、响应与处置机制分析;⑤设施设备布局与利用分析;⑥信息发布与救援体制分析。

4. 安全仿真评估与分析

基于轨道交通设施的安全运行评估标准,进行特定线路车站的安全隐患仿真分析、安全控制仿真分析、安全疏散仿真分析。

5. 优化方案制订

(1) 依据城市轨道交通设施的安全运行评估标准,结合特定城市轨道交通线路选定车站的各场景仿真分析,分析研究不同车站、不同场景的安全隐患,并提出相应的优化方案。

(2) 根据对大客流事件、突发事件的安全处置措施分析和城市轨道交通设施的安全运行评估标准,结合特定线路车站的各场景仿真分析,分析验证不同条件下安全控制措施、安全疏散措施的实施效果,并制订相应的安全控制、安全疏散应急预案以及相关指引。

6. 安全实施策略与保障

在安全策划方案分析的基础上,提出应急设施布局、安全管理模式,以及相应的应急预警、响应与处置机制。

7. 安全导则和指引

在上述策划工作和相关安全研究工作基础上,提出特定线路的安全导则和指引。

6.10 政策策划

6.10.1 意义与目标

城市轨道交通正逐渐成为我国城市中的重要交通工具,而城市轨道交通政策面临着需要逐步完善的问题。借鉴发达城市的经验,法制化管理是城市轨道交通良性运营的根本制度保证,城市轨道交通的前期规划、中期建设和后期运营都将需要与之配套且符合当地实际的政策给予支持。如何科学地、有针对性地制定和实施轨道交通政策,以保证城市轨道交通健康有序地发展,发挥其引领城市进步的作用,已经成为迫切需要解决的重大课题。

城市轨道交通政策策划的目标是旨在从城市轨道交通规划、建设、运营、管理等工作的需求出发,从规划设计、运营管理等阶段要开展的工作和可能产生的问题入手,科学地、有针对性地制定与之配套的政策,以保证城市轨道交通能够健康有序地发展。

6.10.2 策划思路

1. 政策策划与其他策划之间的关系

政策策划工作的开展,完全有赖于本策划与其他策划的紧密合作与协调。如图 6-19 所示,政策策划与空间环境策划、交通一体化策划、行人行为策划、商业物业策划、文化策划、安全策划等发生了紧密的互动关系。各策划的顺利进行都需要与之相适应配套政策给予支撑，同时各策划推进过程中面临的政策难题又是政策策划需要研究的重点，政策策划的研究通过整个策划的各策划工作不断融合，相互促进，最终实现城市轨道交通服务水平的整体优化和提高。

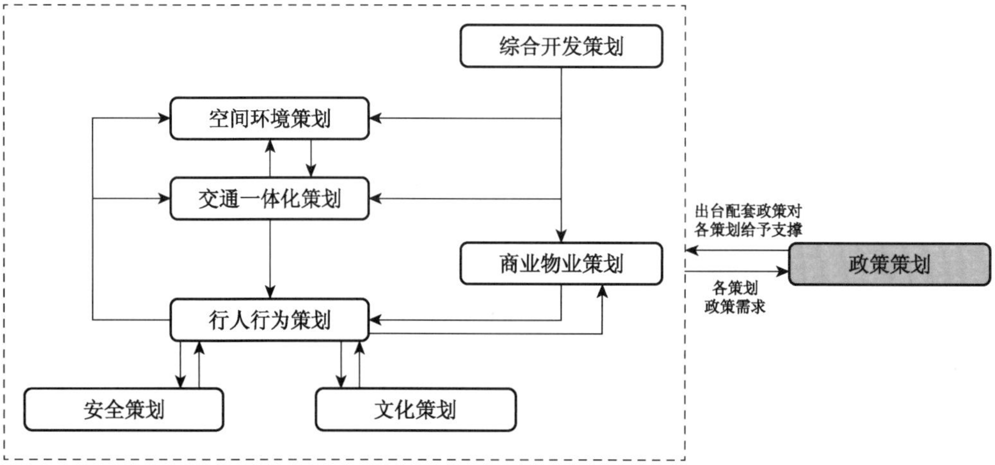

图 6-19　政策策划与其他策划的关系

2. 政策策划思路

政策策划的工作思路是旨在通过对国内城市轨道交通发展政策的经验借鉴与问题展开分析，从规划设计、建设、运营、管理等阶段要开展的工作和可能产生的问题入手，结合城市轨道交通的研究内容和相关策划，提出城市轨道交通在规划、建设、运营、管理等方面与之配套的政策(图 6-20)。

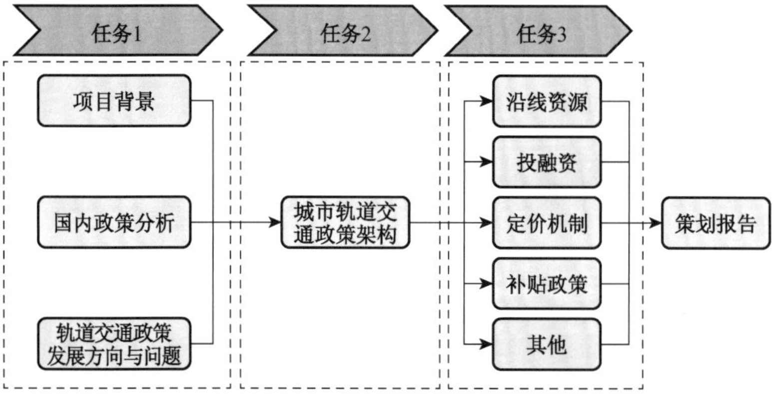

图 6-20　城市轨道交通政策策划思路

政策策划研究主要包括两大部分，即研究城市轨道交通政策架构体系和城市轨道交通专题政策。具体的研究技术路线如图 6-21 所示，城市轨道交通专题政策研究架构如图 6-22 所示。

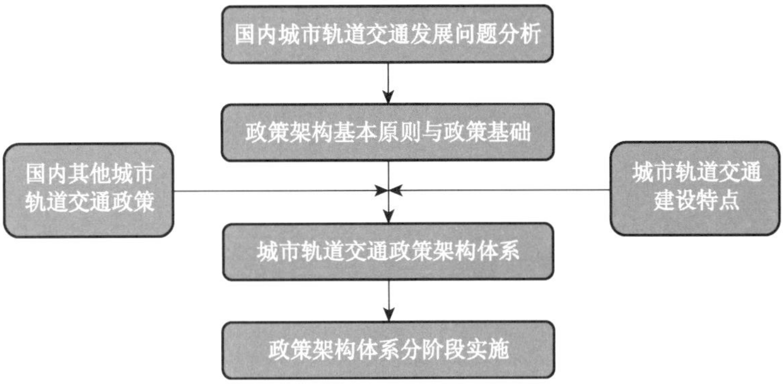

图 6-21 城市轨道交通政策策划技术路线

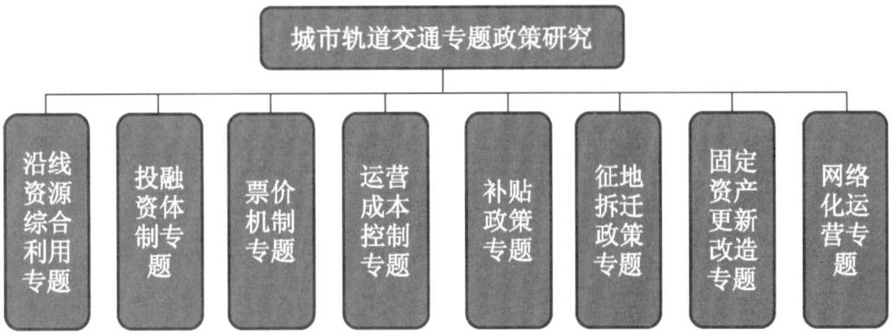

图 6-22 城市轨道交通专题政策研究

6.10.3 策划任务

1. 国内主要城市轨道交通的政策经验与借鉴

调研国内主要城市轨道交通的政策，对其存在的问题以及可供其他城市轨道交通可借鉴的经验进行分析，提出具有针对性的建议。

通过深入分析，总结出国内发达城市轨道交通行业在体制机制、投融资方式、线网规划、建设规划、可行性研究、勘察设计、工程质量安全、运营及养护维修、资产管理等方面存在的问题。

基于发达城市轨道交通发展的经验与教训，从城市轨道交通的长远发展考虑，提出在城市轨道交通建设初期就应该重视：城市轨道交通的公共产品属性及功能定位、线网规划及网络化运营、节约集约用地、沿线一体化开发及政策法规在轨道交通建设中的重要性等。

在全面系统分析现有城市轨道交通规划、建设、运营和管理法律法规的基础上，结合城市轨道交通的特点，进一步明确城市轨道交通建设和运营管理模式、各相关政府管理部门的职责、轨道集团或地铁公司的管理机构架构及职责，提出涵盖城市轨道交通投融资、规划、建设、运营全过程的政策架构体系。

2. 城市轨道交通的政策架构体系和政策实施建议

明确城市轨道交通政策的基本原则和目标，从职责分配、规划管理、建设管理、运营管理等方面入手，提出城市轨道交通政策架构和内容，发挥轨道交通政策对城市轨道交通和城市发展的重要推动作用。

(1) 基于提出的城市轨道交通政策架构体系，借鉴国内发达城市轨道交通法律法规，起草城市轨道交通投融资、规划管理、场站周边一体化开发、土地控制与储备、地下空间开发、工程安全质量管理、征地拆迁及补偿安置、特许经营管理、票制票价、运营补贴、车站服务设施设置、固定资产管理等政策文件。

(2) 以地方性法规立法程序为基础，从城市轨道交通现状和发展情况出发，针对城市轨道交通政策体系中的相关文件，制订分阶段实施规划。

3. 城市轨道交通的专题政策研究

针对国内外主要城市轨道交通的政策现状和问题，结合当地实际，对一些重要的政策内容进行详细研究(如轨道交通土地政策、定价机制、补贴政策、投融资政策等)。

以轨道交通投融资、沿线资源综合利用、征地拆迁、网络化运营、票制票价、运营成本控制、运营补贴、固定资产管理等问题为重点进行专题研究，在发现问题、总结问题的基础上，为城市轨道交通建设和运营提出合理化建议。

参考文献

[1] 崔霁. 地铁商业的发展趋势及政策建议——以上海为例[J]. 中国房地产，2011(4)：23-26.
[2] 钱晓佳. 上海轨道交通物业开发的思考与研究[J]. 经济研究导刊，2013(3)：219-223.
[3] 王先庆. 城市扩张背景下的地铁商业发展研究[J]. 城市观察，2012(5)：5-23.
[4] 张焰. 轨道交通资产经营实践与思考[M]. 上海：同济大学出版社，2008.
[5] 刘建伟. 商业地产广告策划和推广服务[M]. 北京：化学工业出版社，2014.
[6] 陈倍麟. 商业地产主力店选址标准及场所建筑要求[J]. 北京：中国建筑工业出版社，2013.
[7] 王健林. 商业地产运营管理[J]. 北京：清华大学出版社，2013.
[8] 陆姗姗，常健. 依托地铁站的城市商业空间开发思路探讨——以武汉市街道口地铁商业空间为例[J]. 华中建筑，2007，25(2)：115-117.
[9] 王洋. 广州地铁配线商业设计研究[D]. 广州：华南理工大学，2015.
[10] 王先庆. 城市扩张背景下的地铁商业发展研究[J]. 城市观察，2012(5)：5-23.
[11] Preston J. Integration for Seamless Transport[C]. Paper for the 2012 Summit of the International Transport Forum Held from 2-4 May 2012 in Leipzig, Germany, 2012.

7 以“服务”为导向的城市轨道交通体制和机制研究

经过几十年的城市轨道交通快速发展，国内已经形成了比较成熟的城市轨道交通体制和机制，但正如前面所述，目前的城市轨道交通体制和机制是依托以“工程”为导向的城市轨道交通发展模式而逐步建立的。以“服务”为导向的城市轨道交通发展模式需要考虑更多的服务需求，需要更好地平衡各相关方的利益，因此，需要在现有城市轨道交通体制和机制的基础上，考虑以“服务”为导向的轨道交通对体制和机制的要求，建立以“服务”为导向的城市轨道交通体制和机制，实现以“服务”为导向的城市轨道交通发展新模式。

7.1 现有城市轨道交通体制和机制

国内目前的城市轨道交通体制和机制，主要有两个层面：一是国家层面对城市轨道交通的审批和相关技术规范标准的制定；二是城市层面对轨道交通的实施。

7.1.1 国家层面

国家层面对城市轨道交通的审批管理主要是基于国家宏观经济政策和国家投资导向，是国家宏观经济调控的需要，也是为了防范地方政府的债务风险。在国家层面，城市轨道交通主要涉及国务院、国家发展和改革委员会、住房和城乡建设部、环境保护部、财政部等单位。这些单位从各自管理权限对城市轨道交通进行审批，同时制定轨道交通的发展流程以及相关的标准、规范等，来指导城市轨道交通的各个环节工作。

中国城市轨道交通协会作为城市轨道交通全国性、行业性、非营利性社会组织，其主要宗旨是发挥桥梁纽带作用，诚为政府企业服务，推动行业科学发展，工作包括对我国城市轨道交通领域发展规划、设计咨询、投资融资、工程建设、运营管理、装备制造和技术进步、安全生产、资源经营等领域的调查研究，为政府和企业提供建议；建立协会团体标准体系，组织制定团体标准，参与国家标准和行业标准的制定，推动标准的实施等。

国家层面对城市轨道交通的审批主要包括城市轨道交通线网规划、城市轨道交通近期建设规划和轨道交通可行性研究报告。按照国家行政体制改革的需要，城市轨道交通可行性研究报告的审批已经下放到省级发展和改革委员会。

国家层面对线网规划和建设规划的审批流程分别如图 7-1 和图 7-2 所示。

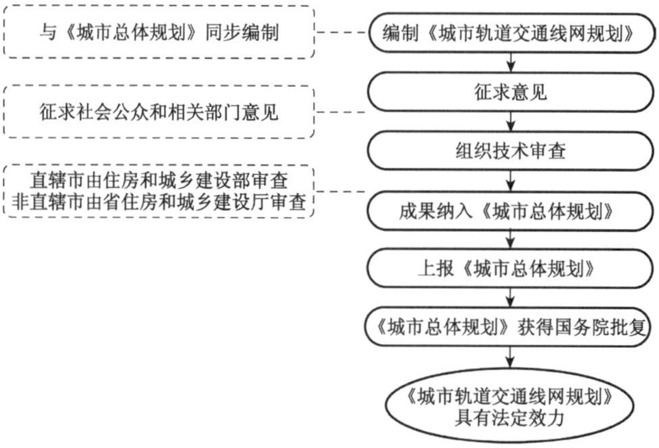

图 7-1　城市轨道交通线网审批流程

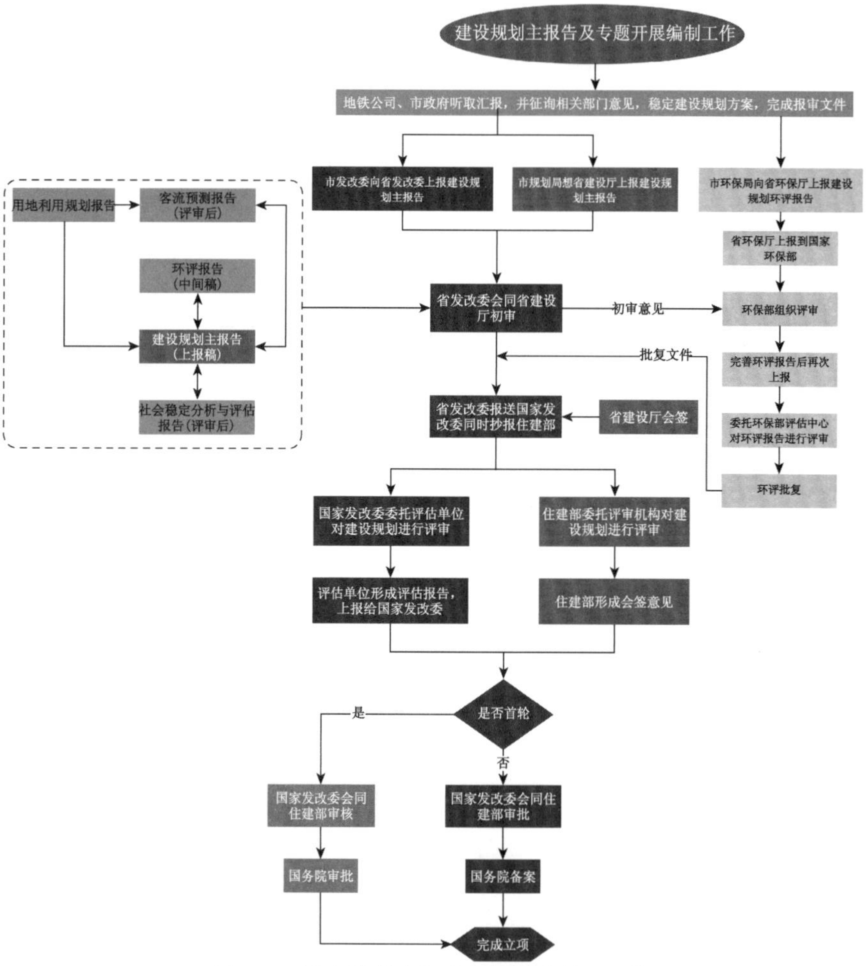

图 7-2　城市轨道交通建设规划审批流程①

① 内容来自轨道城市微信群。

7.1.2 城市层面

城市层面主要是开展相应的城市轨道交通前期准备工作，并在得到国家批准后，具体推动城市轨道交通的建设和运营管理。在具体推动轨道交通建设和运营管理方面，各城市根据各自政府职能与企业职责又有不同模式。

1. 政府职能

(1) 以“建设委员会”(简称建委)为主导的模式

城市建设委员会负责城市相关基础设施的建设工作，国内一些城市在推进城市轨道交通工作中，以建委为牵头单位，成立“轨道办”来具体进行城市轨道交通的前期准备工作(包括线网规划、建设规划以及可行性研究)。在完成前期准备工作并得到国家批准后，城市轨道交通的融资、建设和运营管理工作由政府成立的城市轨道交通公司独立或通过 PPP 等模式来推进实施。

(2) 以“交通委员会”(简称交委)为主导的模式

国内一些城市成立了交通委员会，将城市交通的规划、建设、运营管理等统一纳入交委的职责，如深圳、北京、上海等。因而这些城市的轨道交通前期准备工作由交委来牵头推进，一般也是在交委下成立“轨道办”来具体实施。在完成前期准备工作并得到国家批准后，城市轨道交通的融资、建设和运营管理工作由政府成立的城市轨道交通公司独立或通过 PPP 等模式来推进实施。

(3) 以“发展和改革委员会”(简称发改委)为主导的模式

由于城市轨道交通前期准备工作涉及政府多个部门，因此，有些城市由发改委来牵头推进城市轨道交通前期准备工作，发改委下属的交通相关处室或成立专门部门来具体推进前期准备工作。在完成前期准备工作并得到国家批准后，城市轨道交通的融资、建设和运营管理工作由政府成立的城市轨道交通公司独立或通过 PPP 等模式来推进实施。

2. 轨道企业

在政府相关部门完成城市轨道交通的前期准备工作并得到国家审批后，城市轨道交通的具体实施工作被移交给城市轨道交通相关公司来推进实施。根据实施过程，一些城市将城市轨道交通的相关工作分别由相关公司完成或由一家公司完成。具体来说，城市轨道交通建设管理工作包括三个方面：①投资；②建设；③运营管理。按照三项工作的管理情况，城市轨道交通建设管理可划分为以下两种模式：

(1) “一体化”模式。“一体化”模式是很多城市轨道交通实施所采用的模式，这种模式是将城市轨道交通的投资、建设、运营三个主要工作由一家公司承担。但这种模式由于只有一家国有企业独家经营，存在着政策性亏损与经营性亏损界定不清、投资效益低、建设与运营无法有效衔接、运营水平有待提高、监管难到位等一系列问题。

(2) “三分开”模式。“三分开”模式是将城市轨道交通的投资、建设与运营分别由三家公司来承担。三家公司在政府统一领导下，各司其职，通过专业化的分工协作，共同推进城市轨道交通的发展。通过这种专业化的分工协作，一定程度上可以提高社会资本投资的吸引力，实现政府配置资源和市场配置资源的有效结合。

以上两种模式各有优缺点，各城市根据实际情况分别采取相应的模式，也有城市在不同阶段分别采取了不同的模式。

根据前述城市轨道交通体制和机制分析，可以看出，国家层面在城市轨道交通审批和相关技术、标准规范方面建立了比较成熟的管理体制以及相应机制。但这种体制和机制更多是围绕项目的审批，相应的技术、标准和规范更多地围绕工程可行性研究来制定，正如本书第 2 章和第 3 章中的分析，在相应的线网规划、建设规划以及可行性研究中对轨道交通各服务需求缺乏相应的分析和充分考虑。

城市层面，各城市根据各自城市的实际情况也分别建立比较成熟的城市轨道交通建设管理体制和机制，同样这种体制和机制也是围绕工程或项目来展开，相应的投融资、设计、建设以及运营管理等各环节也没有充分考虑轨道交通各利益方的服务需求。

因此，现有的城市轨道交通体制和机制主要是围绕“工程”来进行，要实现以“服务”为导向的城市轨道交通建设模式，需要对现有的城市轨道交通体制和机制进行优化和完善。

7.2 城市轨道交通体制和机制改善建议

与以“工程”为导向的城市轨道交通模式相比，以“服务”为导向的城市轨道交通模式最根本的特点是需要考虑更多、更复杂的服务需求，这些服务需求涉及各轨道交通利益相关方，也涉及更多的相关政府和企业，因此对城市轨道交通体制和机制也提出了更多、更高的要求，这些要求需要在城市轨道交通体制和机制中得到充分考虑。基于这些要求，对现有的城市轨道交通体制和机制提出如下改善建议。

7.2.1 国家层面

国家层面主要是对城市轨道交通建设流程和相关的技术标准、规范等进行调整和完善，具体建议包括：

(1) 完善城市轨道交通建设流程，将轨道交通运行服务效果策划工作纳入城市轨道交通建设法定程序，以使轨道交通相关利益方的服务需求能够得到反映和落实，并能得到有效监管。建议流程如图 7-3 所示。

(2) 对相关标准、规范进行更新和完善，将轨道交通相关利益方的服务需求纳入标准、规范的制定中，出台轨道交通运行服务效果策划工作的相关标准和规范。

(3) 将轨道交通运行服务效果策划的指引和导则作为轨道交通运营验收的依据，也作为在新投融资模式下对轨道交通建设运营管理工作的考核依据。

7.2.2 城市层面

在城市层面，围绕以“服务”为导向的城市轨道交通发展模式，主要的调整或改善包括：

(1) 按照新的城市轨道交通建设流程要求，如图 7-3 所示，在推进城市轨道交通工

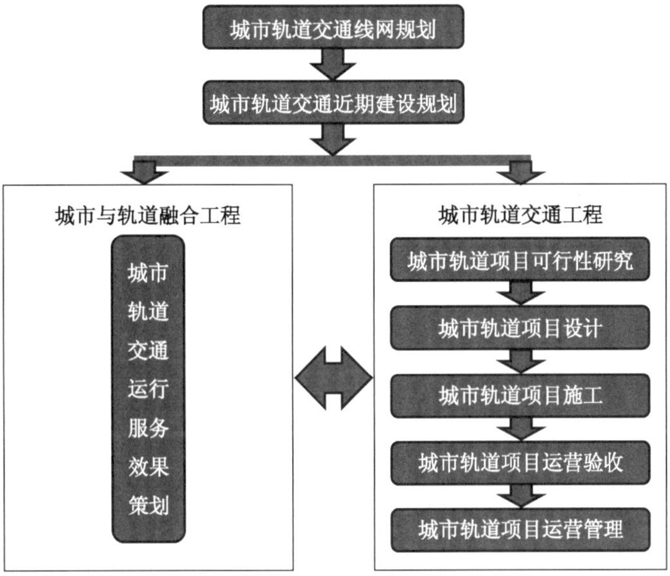

图 7-3　完善后的城市轨道交通建设流程

程的同时由城市轨道交通建设指挥部或城市轨道相关部门或单位负责推进城市与轨道融合工程，与城市轨道项目可行研究同步开展每条城市轨道交通线路的运行服务效果策划工作，形成导则和指引。

（2）在轨道交通规划、设计过程中，成立专门协调小组，协调运行服务效果策划工作和规划设计工作，以确保运行服务效果策划成果在规划设计（特别是轨道交通设计）中得到落实。

（3）城市轨道交通运行服务效果导则和指引作为城市轨道交通行政主管部门考核轨道交通运行企业以及轨道交通相关部门和单位工作的依据。

第三部分　案例：乌鲁木齐轨道交通发展的创新与实践

8　乌鲁木齐城市与轨道交通发展概况
9　策划调研
10　策划成果
11　导则和指引——以南门站为例
12　策划成果落实和推进

8 乌鲁木齐城市与轨道交通发展概况

8.1 乌鲁木齐城市概况

乌鲁木齐是新疆维吾尔自治区首府，全疆政治、经济、文化、科教、金融和交通中心，也是第二座亚欧大陆桥中国西部桥头堡和我国向西开放的重要门户。乌鲁木齐市地处亚欧大陆中心，天山山脉中段北麓，准格尔盆地南缘。全市辖七区一县，总面积 1.378 7 万 km^2，建成区面积 339 km^2。根据第六次人口普查结果，全市总人口 311.03 万人，居住着维吾尔族、哈萨克族、回族等 51 个少数民族，具有浓郁多姿的民族风情。

乌鲁木齐自然资源丰富，东有吐哈油田，南有塔里木油田，北有准东油田，西有克拉玛依油田。地下煤炭储量在百亿吨以上，可采煤层总厚度 80 m，素有"油海上的煤城"之称，胡盐、芒硝、石膏、油页岩、铜、锰、铁矿的储量也很大。拥有耕地 6.8 万 hm^2、牧草场 60 万 hm^2、野生草原植物 300 余种、可养殖水面 1 604 hm^2。热力、风力资源极为丰富，拥有我国西部最大的风力发电厂。此外，乌鲁木齐历史沿革源远流长，早在 2 000 多年前，这里就是古丝绸之路新北道上的重镇，是东西方经济文化的交汇点，中原与西域经济文化的融合处。

乌鲁木齐地势起伏悬殊，山地面积广大，占总面积 50%以上，北部冲积平原不及总面积的 1/10，市区平均海拔 800 m。该市是世界上离海洋最远的城市，属中温带大陆性干旱气候，春秋两季较短，昼夜温差大。最热的是 7 月、8 月，平均气温 25.7 ℃，最冷的是 1 月，平均气温−15.2 ℃，冬天从头年的 11 月持续到次年的 4 月，长达 150 天。地势起伏剧烈、气候差异显著等原因，造就了独具特色的自然景观。从巍巍天山到古尔班通古特沙漠之间，依次分布着高山冰雪景观、高山亚高山草甸草原景观、山地森林景观、山地草原景观、山麓荒漠景观、沙漠景观。乌鲁木齐市区有著名的红山、鉴湖、阅微草堂等"八景"，市郊有南山风景区、天山天池等旅游胜地。

2013 年 1 月 5 日，在乌鲁木齐市委十届五次全委(扩大)会议上，自治区党委常委、乌鲁木齐市委书记朱海仑首次对外宣布，乌鲁木齐将围绕城市现代化总目标，全面启动现代化国际城市建设。按照"三区六组团"规划，全力推进会展、高铁、白鸟湖、古牧地、高新区北区、城北新区和甘泉堡经济技术开发区建设，扩大城市规模和容量，基础设施和综合服务功能更为完善，区域中心城市和现代化国际城市框架初步形成，国际交流合作不断扩大，服务专业化国际化水平明显提高，城市国际影响力要得到快速提升。

根据《乌鲁木齐市城市总体规划(2011—2020 年)》，乌鲁木齐的城市发展目标是：西部中心城市、面向中西亚的现代化国际商贸中心、多民族和谐宜居城市、天山绿洲生态园林城市和区域重要的综合交通枢纽,如图 8-1 所示。

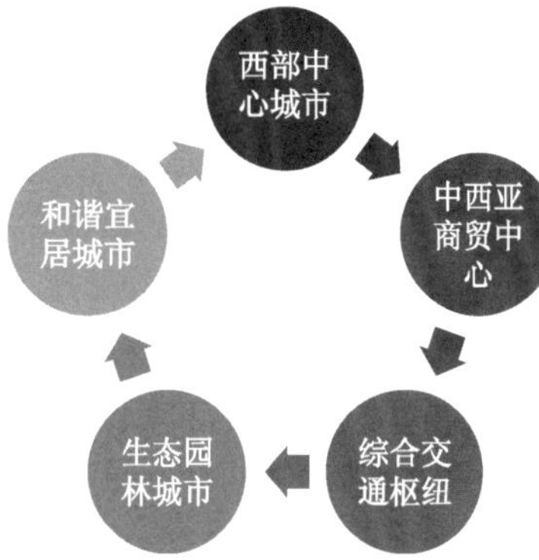

图 8-1 乌鲁木齐城市发展目标

1. 西部中心城市

强化乌鲁木齐作为首府城市的职能,保持全疆政治、经济、文化、科教和金融的中心地位,完善各方面的综合服务职能,重点在对外开放、商贸、文化和工业基地建设方面加强辐射能力,成为我国西部地区重要的中心城市。

2. 面向中西亚的现代化国际商贸中心

强化乌鲁木齐国际性功能,建设成为我国向西开放的门户城市,成为我国联系中亚、西亚乃至南亚、欧洲的现代化国际商贸中心,完善配套建设,同步发展对外服务业、区域文化交流、区域联络和论坛、跨国教育、出口商品加工、国际外包服务和能源资源合作等职能。

3. 多民族和谐宜居城市

乌鲁木齐市内多民族世代栖居,留下了丰厚多元的历史文化、民族文化和城市建设财富。作为首府和疆内最大的城市,乌鲁木齐有条件也有义务保障多民族长期和谐宜居,共同分享经济社会发展的权益、公平获得社会服务和发展机会,加强民族团结、保障弱势群体利益、促进社会各阶层共同发展,成为多民族和谐宜居的代表城市,实现长治久安。

4. 天山绿洲生态园林城市

重视乌鲁木齐所依存的天山和绿洲自然环境,充分考虑生态环境的约束条件,使城市景观和自然景观相融合,城市拓展与生态环境相得益彰,重点推进生态保护保育和环境治理、构建完善丰富的绿地系统、设计安全舒适的开敞空间、突出城市自然和人文特色,成为我国西部生态文明城市。

5. 区域重要的综合交通枢纽

强化乌鲁木齐作为全疆及中国西部综合交通网络中的枢纽作用,加强航空、铁路、公路投入,构建结构合理、布局协调、衔接顺畅、安全高效的多层次、一体化的综合交通运输体系,强化乌鲁木齐对外交通服务和中枢转换能力,奠定国家西部门户枢纽基础。

8.2 乌鲁木齐轨道交通发展概况

1 号线是乌鲁木齐市建设的第一条轨道交通线路,是线网城市南北方向的主骨架线,覆盖城市南北向的发展轴,是连接老城区和新市区的一条南北向快速通道,覆盖了主城区南北向最主要的客流交通走廊,对外与南郊客运站、地窝堡机场相衔接,实现城市对外客运与城市内部交通的一体化衔接。

乌鲁木齐轨道交通 1 号线的建设是打通城市南北向交通瓶颈,解决长期以来城市南北向交通供需矛盾,缓解老城区道路交通压力的迫切需要;是满足城市公共交通需求快速增长、优化城市交通结构的迫切需要；是保证城市冬季交通基本需求，满足市民全天候出行的需要；是带动和引导沿线地区开发建设，支持城市向北发展，落实城市总体规划的需要；是建设和谐、宜居的边疆城市的需要。根据中央关于保持新疆稳定的思路，既要抓经济建设，也要抓社会稳定，二者相辅相成，缺一不可。经济繁荣是新疆各族人民的期盼，也是解决好新疆社会稳定的唯一途径。乌鲁木齐轨道交通建设，有利于增强城市居民对新疆社会稳定的信心；有利于改善交通出行环境和提高城市安全度；有利于缓解人、车、路之间的交通矛盾，大大降低因交通引发的治安事件；有利于有效提升城市综合管理水平。乌鲁木齐轨道交通 1 号线及其轨道整体发展规划如图 8-2 所示。

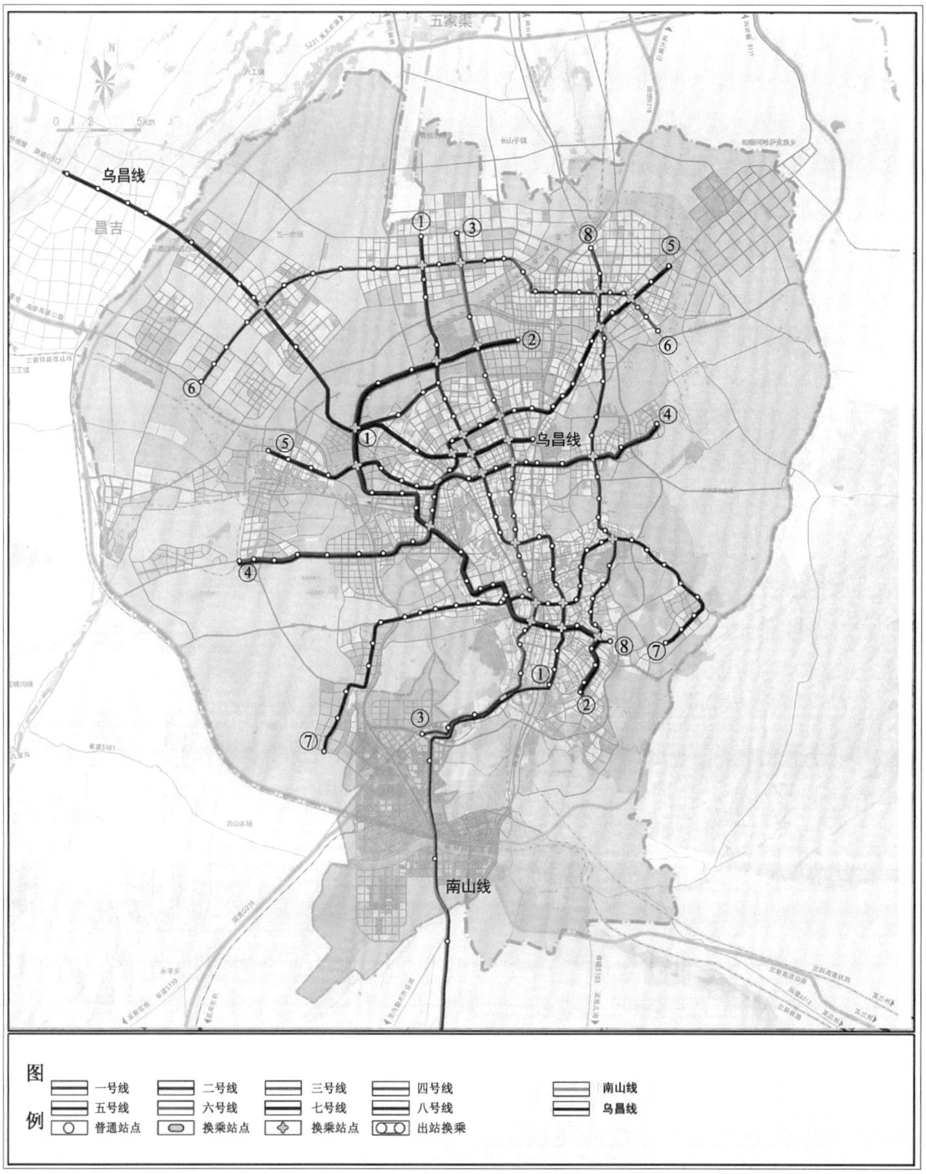

图 8-2　乌鲁木齐轨道交通发展规划

乌鲁木齐主城区空间结构呈南北狭长带状分布,在中部蜂腰地带尤其明显,导致南北向交通供给不足。三屯碑—机场段所经区域为城市建成区,沿线现状建设开发强度很高,特别是南段的老城区,该段线路串联了现状中心城区内绝大部分最为重要的客流集散点,中心城区中部蜂腰的瓶颈明显,现状河滩快速路对于中心城区东、西两侧造成极大的阻隔。2010 年 9—10 月综合交通调查数据显示,1 号线沿线主要路段现状高峰小时的交通量均较大,饱和度较高路段主要集中在解放路、新民路、友好路附近路段,另外与 1 号线通道并行的河滩快速路、鲤鱼山路道路交通量大,全路段处于超饱和状态。城市人口以及车辆快速增长,以及城市规模的不断扩大,将迫使乌鲁木齐必须走一条整合城市交通系统发展和城市土地利用的可持续发展之路。1 号线的通道走廊处于城市的核心地带,城市道路供给已达到极限,难以再开辟新的地面道路资源满足交通出行,因此迫切需要开拓地下交通走廊修建轨道交通;按照城市总体规划中预测的城市人口的规模,机动车数量的日益攀升,2015 年前后中心城区尤其是蜂腰地段的出行将更为困难,只有建设大运量的轨道交通,通过使客流从小运量的交通方式向大运量的交通方式转变,才可能有效地缓解轨道交通 1 号线交通走廊的地面交通拥堵问题。

轨道交通 1 号线提供的机遇:①提升乌鲁木齐现代化国际城市形象;②推动城市结构的变化和可持续发展;③缓解城市交通拥堵并提高交通服务水平;④改变出行方式并进一步改变生活方式。

8.3 乌鲁木齐轨道交通 1 号线建设模式和创新思考

伴随国家"一带一路"战略实施、乌鲁木齐城市社会经济的迅速发展,《乌鲁木齐轨道交通近期建设规划(2012—2019 年)》得到批复,乌鲁木齐轨道交通进入了快速发展时期。

乌鲁木齐城市轨道交通发展与国内主要城市相比,起步虽然较晚,但有着后发优势。在乌鲁木齐城市轨道交通前期相关工作过程中,乌鲁木齐市领导要求创新城市轨道交通发展理念,充分调研国内外城市轨道交通发展中的经验教训,结合乌鲁木齐城市实际情况,高标准高水平地建设安全、高效、以人为本、可持续、有特色的城市轨道交通系统。

基于这个要求,乌鲁木齐在建设模式上引进北京城市轨道交通建设管理有限公司作为代建方,以加强乌鲁木齐城市轨道交通 1 号线的工程建设管理工作。此外,创新地提出了以"服务"为导向的城市轨道交通发展理念,提出开展乌鲁木齐轨道交通 1 号线运行服务效果策划工作,充分考虑轨道交通各相关方的服务需求,制定乌鲁木齐轨道交通 1 号线运行服务导则和指引,指导轨道交通 1 号线相关规划、设计、建设、运营与管理等工作,实现乌鲁木齐轨道交通与城市的融合发展。

9 策划调研

9.1 地铁空间环境与行人行为相关调查

城市轨道交通的服务内容需要承载出行者、运营企业、政府等多方面的服务需求，其中政府、运营企业的服务需求是通过满足出行者服务需求而实现的，为分析各方的需求进而构建完整的服务体系，需要首先开展针对城市出行者的需求调查工作。本次行人行为需求调查围绕乌鲁木齐轨道交通1号线运行服务效果策划的行人行为策划专题所展开。

9.1.1 调查目的

为充分理解乌鲁木齐轨道交通的行人行为特征、出行服务需求等内容，支持乌鲁木齐轨道交通运行服务策划各专题工作，需要在乌鲁木齐市进行不同层面的行人行为调查。

本次调查的主要目的是收集乌鲁木齐轨道交通沿线现状“行人基本属性”“行人需求”和“行人行为特征”等方面的数据，为乌鲁木齐城市轨道交通相关策划工作提供服务需求和数据支持。

鉴于乌鲁木齐市目前尚未有建成运营的城市轨道交通，故还需要在与乌鲁木齐环境特征、发展阶段类似的已有轨道交通的城市（例如西安），进行轨道交通的各类行人行为、服务需求详细调查。

9.1.2 调查意义

通过对以往国内外各类场所行人交通流特性、行人行为、行人服务需求等方面研究成果的分析，可以发现由于环境条件、社会文化差异等影响，国内外城市已有的研究成果并不适合乌鲁木齐的环境特点，有关特性参数、行为习惯与乌鲁木齐的并不一致。

此外，国内外其他城市针对行人研究主要集中在定性的大型公共场馆、普通高层建筑等领域，交通领域缺乏针对城市轨道交通车站各场景（常态、应急、商业等）的行人交通特性、行为特点和行人服务需求的研究。尤其考虑到乌鲁木齐市的行人行为特点相较于内地更为特殊，其行人行为特征和服务需求更需要进行详细的研究和参数标定。

9.1.3 调查内容

1. 基本信息调查

该部分主要对乌鲁木齐出行者的年龄、性别、文化程度、种族、个人收入等基本参数进行调查,从而可以分析不同群体的交通出行、商业行为、应急疏散等特征,也为之后行人行为仿真和模型的建立提供基础数据。

2. 出行行为调查

该部分主要对乌鲁木齐出行者的个人空间的形状与尺寸、出行目的、出行时间、换乘方式、进站出站购票等各个环节进行调查,了解乌鲁木齐行人的出行习惯和特征,为轨道交通服务设计导则和常态下行人行为的仿真建模提供依据。

3. 地铁意向调查

该部分主要调查乌鲁木齐人对轨道交通的需求和意向,包括轨道交通开通之后是否愿意乘坐地铁,对地铁的空间布局、服务设施、衔接设施、票价票种等各方面的要求等。通过这些选项的分析,可以充分了解出行者对轨道交通服务的期望和需求,从而为轨道交通的建设和运营提供政策性的指导和意见。

4. 商业行为调查

该部分主要调查乌鲁木齐人在出行过程当中,对购物、娱乐、休闲等各种商业活动的需求,包括出行者是否愿意在地铁场站进行商业消费、消费的类型、消费的档次等。一方面为轨道交通附近的商业开发提供政策性的指导,完善轨道交通服务体系,另一方面可以基于出行者的意愿,建立轨道交通商业场景的行人行为仿真模型。

5. 应急疏散调查

主要针对乌鲁木齐轨道交通系统可能发生各类突发性事件进行模糊调查,包括出行者的安全意识、乘客可能采取的意向性应对措施及疏散行为,以期得到一套完整的应急场景的行人行为数据集,实现对未来乌鲁木齐轨道交通各个车站规划、设计在应急条件下的仿真评价,进而得到各个车站应急规划、设计的具体导则与指引。

6. 轨道交通服务竞争力调查

由于乌鲁木齐的轨道线目前尚未建成,因此人们对轨道交通的出行并不了解。考虑到乌鲁木齐已有的 BRT 承担了轨道交通未来的功能,因此可通过对 BRT/常规公交服务竞争力的调查,来获得未来乌鲁木齐轨道交通的服务竞争力预测,并通过出行者对现状公交存在问题的反映,在轨道交通规划设计中予以充分考虑,从而通过模型分析得到轨道交通服务竞争力的影响因素,为服务导则的设计提供支撑。调查内容主要包括乘客满意度和乘客忠诚度等方面的调查。

7. 轨道交通候车环境因素调查

该部分主要涉及出行者对轨道交通候车环境的看法及态度,乘客可根据以往乘坐公交出行的经验,或者对地铁的期望,对各候车环境因素的重要度进行判断。主要包括站台设施、站台安全、站台线路以外的信息提供、站台美化设施及周边配套、线路运行信息等方面的调查,从而可以对各个因素的重要度进行分析,为出行者提供更好的候车环境,充实轨道交通服务体系的内容。

8. 轨道交通信息发布调查

该部分主要涉及出行者对轨道交通信息发布的需求和态度，乘客可根据以往的出行经验，对可能发布的交通信息进行重要度判断，包括发车间隔、线路走向、周边活动地点、车辆到站时间、换乘信息、火车飞机车次航班信息等因素，同时对乘客习惯的信息获取方式、出行频率、出行目的等方面进行调查。通过分析之后，可为不同人群更好地提供最需要的交通信息，提高轨道交通的服务质量。

9. 空间环境调查

该部分主要涉及出行者对轨道交通车站周边环境的看法及态度，乘客可根据对地铁周边公共空间环境的服务期望，对各环境因素的重要度进行判断。主要包括周边绿化环境、公共服务设施、交流活动及辅助活动等方面的调查，从而可以对各个因素的重要度进行分析，为出行者提供更好的出行环境。

10. 文化服务调查

该部分主要涉及出行者对轨道交通车站内部文化装修、活动形式的看法及态度，乘客可根据对地铁内部文化方面的服务期望，对各文化因素的重要度进行判断。主要包括文化形式、装修设计、公共艺术、地铁广告、文化活动等方面的调查，从而可以对各个因素的重要度进行分析，为出行者提供更好的文化体验。

9.1.4 调查方法

针对不同层次的行人行为数据，按照不同的调查需求（常态、应急、商业），进行不同场景的数据采集，数据采集方式主要包括：

1. 人工监测和记录

以问卷调查或人工观测方式研究确定各类行人基本属性、车站常态行人行为、车站应急疏散行人行为以及商业服务行人行为等微观、中观、宏观行为。

2. 视频分析

补充分析行人的安检、售票、验票服务时间，步行速度，群组状态，行李多少等微观行为。

3. 问卷调查

根据各相关策划提供的调查问卷开展调查，问卷调查法采用路边、站内行人采访法，调查范围为选定调查点内的各类行人，按照随机抽取的方式选择行人，保证调查抽样具有代表意义（例如按照固定的挑选次序来选择被调查对象，如果调查访问被拒，则顺延至下一位乘客）。

调查结束后，对调查问卷的结果与内容进行统计、记录。

1）乌鲁木齐调查问卷

（1）乌鲁木齐轨道交通行人出行调查问卷；

（2）乌鲁木齐轨道交通公交服务竞争力调查问卷；

（3）乌鲁木齐轨道交通公共交通候车环境及信息发布情况调查问卷；

（4）乌鲁木齐轨道交通安全调查问卷；

(5) 乌鲁木齐轨道交通街道公共空间环境使用者行为特征调查问卷;
(6) 乌鲁木齐轨道交通周边空间环境调查问卷;
(7) 乌鲁木齐轨道交通文化调查问卷;
(8) 乌鲁木齐轨道交通商业调查问卷。

2) 西安调查问卷

(1) 西安轨道交通常态行人行为特征调查问卷;
(2) 西安轨道交通安全调查问卷;
(3) 西安轨道交通街道公共空间环境使用者行为特征调查;
(4) 西安轨道交通周边空间环境调研问卷;
(5) 西安轨道交通商业调研问卷。

4. 视频调查

1) 乌鲁木齐视频调查

BRT 站台及车厢内部均配有安全监控视频,且监控视角优越,由轨道办联系 BRT 公司或公安部门,调取视频监控资源,包括高峰期间站台视频及车厢内监控资源(每段视频长度不短于 2 h)。

当视频监控资源不能直接获取时,则在选定调查点的交通主通道上划定长度不短于 10 m,宽度不窄于 5 m 的视频观测区域(实地测量、记录相关尺寸并标记相关区域),架设数码摄像机于观测区域上方(如摄像机不能在上方架设,选择摄像机正面与行人前进方向相对,且位于矩形观测区域斜对角的方向,以求得良好的观测视野并减少对正常交通的影响;对于楼梯,选择高点观测低点),如图 9-1、图 9-2 所示。

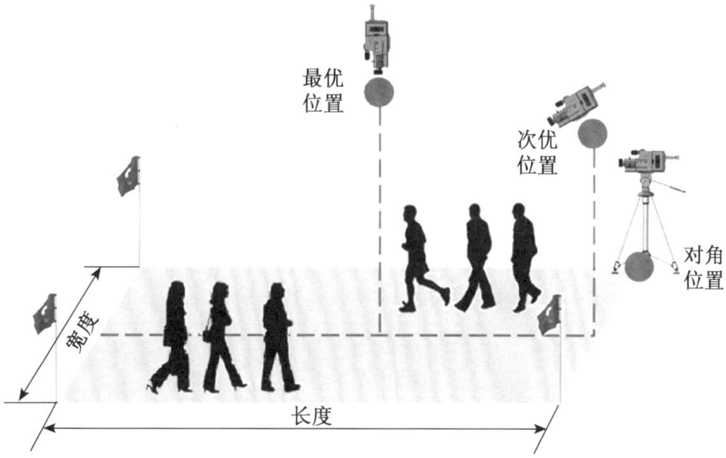

图 9-1 人行通道视频监测方法

调查结束后,在视频处理中逐帧播放视频,并记录行人进入观测区域和离开观测区域的准确时间,根据观测区域的长度计算行人的步行速度。在记录速度的同时,还记录被观测行人的性别、年龄、民族、行人的身高估计值、体型估计值、群体关系特征、乘客携带行李状况,并将所有数据信息录入数据处理表格中,供后续数据分析使用,如表 9-1 所示。

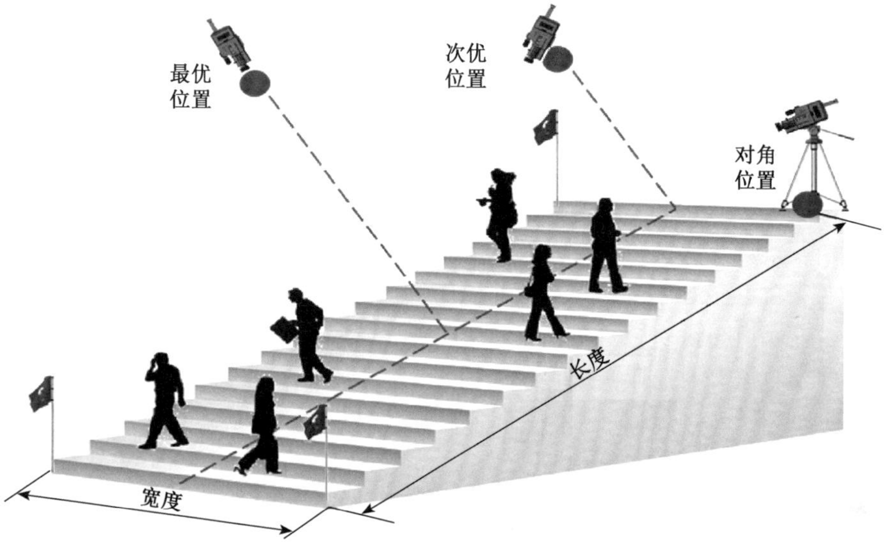

图 9-2　楼梯视频监测方法

表 9-1　视频数据统计

序号	出现时间	消失时间	速度	性别	年龄	民族	体型	群体	行李
1									
2									
3									
…									
平均值									

2）西安地铁站内视频调查

西安视频调查同样首先调取站内监控视频，或与地铁公司沟通取得准入资格开展实地调查。除记录统计上述数据外，重点统计分析各个出行环节的服务效率，如表 9-2 所示。

表 9-2　服务效率的视频调查记录

序号	人工购票时间	自动购票时间	安检时间	通过闸机时间	人工购票与自动售票机购票的比例	接受安检的比例	安检排队的比例	验票排队的比例	候车排队的比例
1									
2									
3									
…									
平均值									

9.1.5 调查组织

1. 调查区域

考虑到乌鲁木齐现阶段没有城市轨道交通线路运营,故选择国内类似城市(新开通城市轨道交通、生活习惯、自然环境类似,例如西安)的轨道交通进行补充调查,进而组合分析未来乌鲁木齐轨道交通的行人行为,并构建相应的仿真模型。

西安是中国西北地区首个运营大运量轨道交通系统的城市。在拥有城市轨道交通的城市中,西安的地域环境相对于国内其他城市更接近乌鲁木齐,而且属于新近开通城市轨道交通系统,故将其作为重点调研对象。

不同调查区域的调查内容安排如图 9-3 所示。

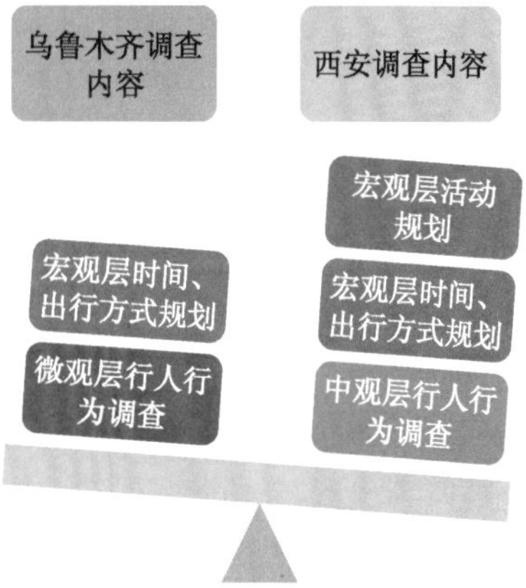

图 9-3　行人行为调查区域划分

2. 数据调查场景

乌鲁木齐城市轨道交通系统的行人行为在不同场景、不同运营时期(初期、近期、远期)的差别较大,为准确分析研究行人行为的交通影响,需要在乌鲁木齐(初期)、西安(初期)、上海(近期、远期)分别对各类预设场景的数据进行针对性的意向性调查和现场调查(图 9-4)。

1) 常态场景调查

主要针对乌鲁木齐的 BRT 车站附近行人的基本属性、微观层行为,以及西安轨道交通系统行人的中观层行为和宏观层行为,包括乘客对城市轨道交通运行服务效果的评价和感受进行调查,以期得到一套完整的未来乌鲁木齐轨道交通常态条件下的行人行为数据集,实现对未来(不同运营时期)乌鲁木齐轨道交通各个车站规划、设计、客流组织的仿真评价,进而得到各个车站具体的运行服务导则与指引。

2) 商业场景调查

主要针对乌鲁木齐现有 BRT 线路附近的室内商业场所的行人微观行为(视频调查为主),西安轨道交通车站的附属商业设施内行人的中观层行为和宏观层行为,包括乘客对城市轨道交通商业场所服务效果的评价进行调查,以期得到一套完整的未来乌鲁木齐轨道交通附属商业环境的行人行为数据集,实现对未来乌鲁木齐轨道交通各个车站商业场所规划、设计、客流组织的仿真评价,进而得到各个车站商业场所具体的运行服务导则与指引。

3) 应急场景意向性调查

主要针对乌鲁木齐轨道交通系统可能发生的各类突发性事件,设计相应的调查问卷,对乘客可能采取的意向性应对措施及疏散行为(中观层)进行模糊调查,在西安城市轨道交通车站内部以及乌鲁木齐 BRT 车站附件进行调查,得到一套完整的未来乌鲁木齐轨道交通应急场景的行人行为数据集,实现对未来乌鲁木齐轨道交通各个车站规划、设计、疏散措施在应急条件下的仿真评价,进而得到各个车站应急规划、设计、疏散组织的具体导则与指引。

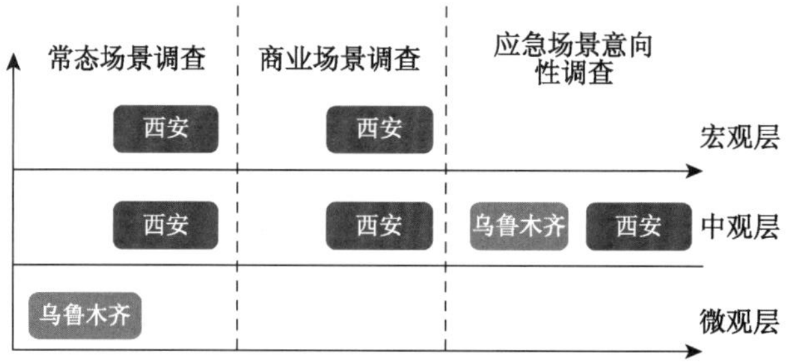

图 9-4 各场景调查任务分配图

9.1.6 调查结论

1. 乌鲁木齐轨道交通沿线行人基本属性

(1) 民族:乌鲁木齐轨道交通沿线未来乘客群以汉族为主(67%),其次以维吾尔族、回族居多。

(2) 年龄:乌鲁木齐轨道交通未来面对的乘客群年龄分布以 21～30 岁的年轻人为主,占到出行行人的 50%,其次以 31～40 岁的行人居多,而 51 岁及以上的行人最少,未来轨道交通出行主体是青壮年劳动者。

(3) 受教育程度:乌鲁木齐轨道交通沿线未来乘客群的教育程度以大专/本科学历最多,且大专/本科、高中/中专/技校两类学历达到出行行人总数的 87%,整体而言,轨道交通未来乘客群的受教育程度较高。

(4) 职业:乌鲁木齐轨道交通沿线未来乘客群以企业/公司工作人员为主,其次以自由职业者、学生、其他管理人员居多,前四者占到总出行行人的 84%。

(5) 来乌鲁木齐时间:乌鲁木齐轨道交通沿线未来乘客群有 78%的人在乌鲁木齐居住时间在半年以上(即常住人口),对乌鲁木齐的人文环境和交通出行应较为熟悉。但在对外交通枢纽临时旅游/出差的出行者较多,需要更加注意轨道交通在这些站点的信息标识设计。

(6) 收入水平:乌鲁木齐轨道交通沿线未来乘客群的个人月收入以 3 000～5 000 元居多,个人月收入 5 000 元以下的人数占到调查人数的 75%,整体而言属于中低收入群体。

(7) 身高:乌鲁木齐轨道交通沿线未来乘客群男性身高主要在 1.7～1.8 m 之间,女性身高主要集中在 1.6～1.7 m 之间,相对于其他城市较高。

(8) 交通工具:乌鲁木齐轨道交通沿线未来乘客群当中,有 40%家中有小汽车,18%家中有摩托车或者电动车,其次有 12%家中拥有自行车,但有 30%的人群家中没有任何的交通工具,未来对轨道交通的需求较大。

2. 乌鲁木齐轨道交通沿线行人出行特征

通过对乌鲁木齐未来轨道交通沿线行人的行为特征调查数据进行详细分析可知:

(1) 大部分的人会携带 1 件行李出行,其中又以挎包、背包、手提袋等便携的行李居多,而携带行李箱出行的比例为 11%,由于轨道交通出行人次的聚集,使得携带行李箱出行的绝对人数还是很多的，且这类群体在出行当中所需要的空间往往比其他群体大，因此，在自动扶梯与出入闸机设施方面有比较高的要求，在进行相关设计时需要给予重要考虑。

(2) 在出行过程当中，大部分人是个体或者小群体(2～4 人)出行，单独出行的群体一般以购物和通勤上班为出行目的，而 2 人、3～4 人、5～7 人的出行群体大部分是以购物为出行目的，8 人及以上的群体出行则大多是以旅游参观为目的。同时男性一般更多地选择单独出行，而女性结伴出行的比例相对较高，且女性大部分的出行目的是购物。因此在商业站点的周边，可以更多地提供一些适合女性购物的种类及便利设施，比如供购物当中休息的座椅等。

(3) 乌鲁木齐的行人大部分人(57%)会选择步行到达 BRT 站点，然而，以其他方式进行接驳的也占到了 43%，说明 BRT 站点对于换乘的需求还是很高的，在进行轨道站点设计时，需要重点考虑常规公交站点的接驳、自行车停车空间的设置以及出租车/小汽车临时停靠设施的设置。

(4) BRT 附近行人的出行目的主要是以购物、通勤上班为主，二者占到了 52%，对于期望整合交通出行多目的的乘客的轨道交通来说，在站点平台根据乘客需求进行一定的商业开发显然是很有必要的，可使乘客在通勤过程中将购物的需求也能一并满足。

(5) 乌鲁木齐绝大部分 BRT 出行者是中短途出行(60 min 以下)，且在早高峰和午高峰出行的人流量较大。因此，轨道交通在运营的过程当中，这两个时段可能需要增加发车频率及相关的工作人员。

(6) 94%的市民最晚出行时间在 24 点之前，结合乌鲁木齐的地理特征和其他轨道交通城市的营运时间，建议轨道交通的营运时间为 7:30—24:00。

(7) 偶尔会在公交站点及附近购物的人数达到 58%，经常会在公交站点及附近购物的达到 15%，并且有部分出行者会在上下班途中停留进行商业消费，因此，结合站点周边商业空间形态分析，在站点设置一定规模的商业，从而增加站点商业便利性和可达性，可以大大地满足乘客多目的出行的服务需求，吸引更多的人来乘坐轨道交通，并极大缓解城市的道路交通压力。

(8) 性别、年龄、收入水平对公交站点及周边进行商业消费的行为没有显著影响，而不同民族及在乌鲁木齐居住时间的长短对其有显著影响。少数民族相对于汉族在公交站点进行商业消费的比例和可能性相对较小些，而临时旅游出差或者居住半年以内的行人，在公交或者城市轨道交通进行商业消费的可能性相对高一点。

(9) 出行者获取相关信息的主要途径主要是通过手机查询和询问他人，而对网络的运用很小。因此在近期内，轨道交通相关信息的发布应该主要依靠电视广播、张贴海报等方式。

(10) 出行者对导向标识的依赖性较大，应重视各类导向标识的设计，尤其是安全标识应清晰明了。

(11) 整体而言，乌鲁木齐出行者对消防设置、安全标识及安全出口的关注程度较高，但进城务工人员对安全设施的关注度相对降低，需加强对这部分群体的安全宣传。

(12) 在对待可疑物品时，有 31%的出行者表示会自己打开行李接受检查，因此需要加强对可疑物品正确处理方式的安全教育和宣传。

(13) 在发生突发事件时，有部分出行者不知所措(18%)，或者盲目地选择往人多的方向走(14%)。根据不同人群和民族的应对行为，在宣传轨道交通的安全知识，或者组织应急疏散方案时，需重点考虑维吾尔族等少数民族、学生和离退休等人员。

(14) 轨道交通对安全知识的宣传可主要通过电视、报纸杂志、宣传读物、站内及车内的宣传广告、互联网等途径，但针对中老年人，车站内工作人员的疏导提醒、站内及车内的声音广播等途径同样重要。

(15) 有小部分出行者曾携带过易燃易爆物品乘坐公交，因此一方面需加强安全知识的宣传，另一方面要加大对安检的把控力度。

(16) 安检时有 37%的人会站在别人旁边等候，并可能绕过前方的人抢先过安检，而验票时有 35%的人会绕过前方行走较慢的人插队验票。这些行为参数主要为之后的行人行为仿真模型的建立、空间结构、应急疏散等设计提供一定的参考依据。

3. 乌鲁木齐轨道交通沿线行人出行需求

通过对乌鲁木齐未来轨道交通沿线行人的服务需求调查数据进行详细分析可知：

(1) 乌鲁木齐市大部分人没有或者很少乘坐过城市轨道交通，相对来说年轻人(尤其是 20 岁以下)和少数民族在城市轨道交通出行方面的经验更少，因此在轨道交通运营之前，需要加大城市轨道交通出行方面的宣传，引导乘客熟悉城市轨道交通的出行流程、注意事项等。

(2) 轨道交通开通之后，有 85%的出行者认为在工作日每天至少乘坐一次城市轨道交通，且有 1/3 的出行者表示类似的出行会首选城市轨道交通，但轨道交通与 BRT 和常规公交之间存在较大的竞争。

(3) 20 岁以下和 51～60 岁这两个群体当中愿意选择城市轨道交通出行的比例较高。

(4) 自由职业者、个体户、学生和离退休者更愿意选择城市轨道交通出行，如果要提高城市轨道交通出行方式的分担比，主要需要吸引企业管理和工作人员、教师、律师、党政机关单位工作人员等群体。

(5) 在天山区、新市区和外地的出行者更愿意选择城市轨道交通出行，而水磨沟区和乌鲁木齐县的意愿性较低。

(6) 绝大部分出行者的家或者单位距离轨道交通站点的距离在 1 000 m 以内，通过步行或者其他接驳方式，轨道交通的服务可覆盖绝大部分出行者。

(7) 乌鲁木齐市所期望的接驳方式与类似城市西安市轨道交通站点实际的接驳方式相一致。在乌鲁木齐轨道交通站点周边需配备便利的步行通道、公交车衔接站点等设施，以此进一步扩大轨道交通站点的服务半径，方便市民出行。对于轨道交通附近的公交换乘点，出行者所期望的合理距离大多在 100 m 以内。

(8) 经调查可知，大部分的出行者认为会在城市轨道交通站内休息、上厕所等，该调查结果也与西安市出行者在轨道交通场站内实际进行的活动相符，故而站内可结合相应的需求比例,配备相应的座椅、卫生间等。

(9) 在售票方面,乌鲁木齐大部分行人认为自动售票机和人工售票的方式最方便,结合西安市轨道交通出行者实际采用的购票方式,建议乌鲁木齐的轨道交通的售票方式采用自动售票机为主、人工售票为辅的方式。

(10) 乌鲁木齐市民希望采用能够和其他公交方式通用的票种(即一卡通),认为一票制或者按里程分段计价的收费方式较为合理,且能够接受的最高票价大部分在5元以下。

(11) 城市轨道交通商业具有较大的潜在消费群体,城市轨道交通商业业态种类少、拥挤不安全是导致出行者不愿意去城市轨道交通商业消费的主要原因。出行者在站厅/通道处进行即时消费的可能性最大。

(12) 建议便民服务类商业以便利店、食品店为主,购物类商业以超市为主,餐饮美食类商业以中餐厅、西餐厅为主,休闲娱乐类商业以健身场所为主。

(13) 建议城市轨道交通商业的档次以中档或者中高档为主,但友好、南湖广场对中低档商业的需求相对较高,南门、二道桥、植物园站对高档商业的需求量相对较高。

(14) 在城市轨道交通通道走廊、城市轨道交通出入口和车厢内设置广告,以动画和图画的形式效果最好。液晶电视广告和车内广播是最能引起出行者关注的广告媒介,且在少数民族较多的站点,建议更多地利用车内广播。

(15) 现有标识主要存在标识信息量不适当、标识数量过少、标识内容有误等问题,且出行者对上方引导标识、侧墙导向标识和地面导向标识的认可度最高。

(16) 出行者对轨道交通信息、换乘信息和到站信息的关注最高,且对于出站口指示牌而言,所处街道方位、名称、周边标志性建筑的信息较为重要。

(17) 乌鲁木齐轨道交通的设计应该融入传统文化的元素,在主题上应结合出行者对乌鲁木齐国际化、多元化、异域风情的形象定位。

(18) 在保证城市轨道交通人流有效疏导和安全防护的前提下,可适当在城市轨道交通站内举办文化活动。

(19) 对城市轨道交通服务需求方面,大部分行人表示在经过通道和乘坐城市轨道交通时,所能够容忍的拥挤程度分别为“一臂”和“一拳”左右。

(20) 候车时间如果超过10 min,将会有60%以上的行人表示其服务质量受到影响。

(21) 有绝大部分行人表示有可能去城市轨道交通站内乘凉或者避寒,故在轨道交通运营开通之后,需明确轨道交通是否满足这种特殊需求,并制定相应的条例规范。

(22) 从出行方式选择及现有BRT的服务情况来看,轨道交通开通之后,与BRT和常规公交之间将存在较大的竞争力。对各项出行因素的重要程度进行调查分析可知,出行者较为看重安全性、准时性、快捷性和便利性等因素,轨道交通在这些方面有较大的优势。

9.2 城市轨道交通运营企业调研

城市轨道交通的服务内容需要承载出行者、运营企业、政府等多方面的服务需求，其中运营企业是城市轨道交通各类服务的直接提供者，对各类服务内容、服务质量负有直接的责任，因此，厘清运营企业本身的各类需求会对轨道交通的服务质量、服务内容产生重要影响。

9.2.1 调研目的

根据对上海、沈阳、昆明、长沙等地铁公司的规划部门、总工办、运营部门、资源开发部门等的调研与分析，各专题策划（综合开发、商业物业、空间环境、交通一体化、文化、行人行为、安全政策）根据各自策划目标，结合乌鲁木齐市的特殊情况和特征，为乌鲁木齐轨道交通 1 号线相关的规划、设计、运营管理、综合开发等工作提供更有针对性的策划方案或优化建议。

9.2.2 调研意义

乌鲁木齐新近规划、建设城市轨道交通，具有明显的后发优势，通过与我国处于各发展阶段（起步期、成长期、成熟期）的城市轨道交通运营企业的交流、沟通，可以充分借鉴各城市轨道交通企业的成功经验，并避免各类潜在问题的出现。

通过本次调研，可以充分了解各发展阶段城市轨道交通运营企业的需求，分层次、分阶段进而构建完善的城市轨道交通运营企业服务需求体系，以便于和出行者、政府的各类需求相互整合、协调。只有适当满足、实现城市轨道交通运营企业的各类需求，才可以调动运营企业的生产积极性，保证企业的正常运转，才可以充分发挥城市轨道交通各类效益，满足各方服务需求。

9.2.3 调研内容

1. 客流需求问题分析

对不同运营阶段（运营起步期、运营成长期、运营成熟期）城市轨道交通单位调研，分析不同阶段、不同特征的地铁系统的客流需求特征，以及实际运营后的客流需求与前期规划预测水平的对比。

2. 城市轨道规划面临的常见问题

城市轨道交通的规划设计等问题最终会在运营阶段集中爆发，根据对上海地铁、沈阳地铁、昆明地铁、长沙地铁的实地调研，发现各城市地铁系统所反映的规划问题。

3. 影响大客流服务的因素

各城市地铁系统均会面临不同程度的大客流事件的影响，在这些特殊情况下，车站各服务环节能力的不足均可能影响实际的服务水平，调查各城市地铁系统经常出现的服务瓶颈和影响因素。

4. 大客流应对措施

大客流的影响会对地铁系统的正常服务产生影响,为了保证在大客流条件下地铁系统仍然能够正常运转并维持一定的服务水平,调研各城市地铁单位采取的不同措施。

5. 车站衔接设计考虑因素

城市轨道交通的衔接不但包括与其他交通方式的衔接,还包括与周边商业物业等城市生活、工作设施、单位的一体化整合,城市轨道交通系统是城市生活、工作系统重要的骨干和动脉,只有与城市的其他各类系统无缝衔接、有效整合,才能充分发挥其促进城市快速发展的巨大作用。调研各个城市轨道系统与城市各类系统的整合与衔接内容、深度等。

6. 轨道交通商业定位策划

现代化城市生活对城市轨道交通服务提出了各种要求,因此搞好城市轨道交通车站空间内的商业开发,在满足乘客各种需要的同时提高其营运效益便成为题中之意。如何立足当地市场和融入区域商圈,做好轨道交通商业的发展定位,使其更加便捷、有效地为乘客和站点周边居民提供商业服务,自然成为每个城市开展轨道交通商业的首选内容。

7. 轨道交通商业运营管理模式设计

一般情况下,城市轨道交通沿线站点内商业营业空间总量不大,大多数站内商业面积较小,这与常规的集中式商业招商和运营比较,难以发挥商业经营必要的规模效应,容易造成前期投入相对较大和管理成本较高。因此,这就需要城市轨道交通商业运营公司在招商和运营过程中,高效地整合市场上各类资源,设计出最适合本地市场的轨道交通商业运营管理模式。

8. 轨道交通商业招商运营要点

开展城市轨道交通商业招商和运营工作,需要积极创新、注重细节和精心服务。虽然因城市轨道交通站点的交通功能性要求,导致站点内可布置商业的面积一般不大,但站点商业价值的优势是客流量很大,对商家具有良好的广告展示和市场宣传效果。因此,在城市轨道交通商业招商和运营的全过程中,需要专业经营团队把握实施要点,采取多种经营方式来实现招商和运营的综合价值最大化。

9.2.4 调研组织

乌鲁木齐轨道交通就发展阶段而言处于起步期,未来会经历成长期、成熟期等不同阶段,因此有必要对国内处于类似阶段的城市轨道交通企业开展调研。结合乌鲁木齐的城市特点(旅游、高寒),最终选择了长沙轨道交通集团有限公司(运营起步期)、昆明轨道交通有限公司(旅游城市,运营起步期)、沈阳地铁集团有限公司(冬季寒冷,运营成长期)、上海申通地铁集团有限公司(运营成熟期)四家运营单位予以开展调研,如图 9-5 所示。

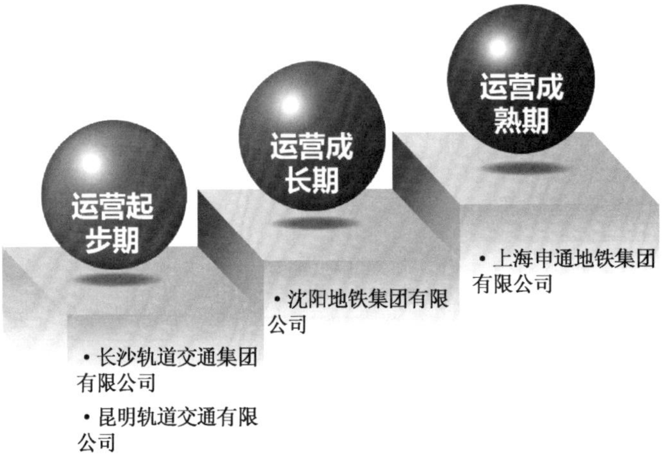

图 9-5　调研单位

这四家具有代表性的城市轨道交通运营企业在商业运营方面也各具特色，其中：上海申通地铁集团有限公司在国内较早开展轨道交通商业运营，目前商业运营水平居于国内领先地位；沈阳地铁集团有限公司运营轨道交通商业有了一定的管理经验，特别具有在冬季极寒天气下经营商业的相关经验；长沙轨道交通集团有限公司和昆明轨道交通有限公司开展轨道交通商业的时间都不长，正处于商业运营起步阶段。因此，调研这些处于不同轨道交通商业发展阶段的城市轨道交通商业运营公司，将会获得国内城市轨道交通商业运营实践全过程的经验介绍，可以有效降低以后商业运营走弯路的可能性。

9.2.5　调查结论

1. 客流需求问题分析

根据对不同运营阶段（运营起步期、运营成长期、运营成熟期）城市轨道交通单位调研可以发现，不同阶段、不同特征的地铁系统具有不同的客流需求问题，但实际运营后的客流需求均没有出现小于前期规划预测水平的现象。具体调研及分析结果如下：

1）上海地铁

上海地铁处于运营成熟期，根据多年的规划及运营经验，各条线路的实际运营客流往往远大于预测客流，运输能力严重不足，并且存在不同线路、不同时间客流不均衡的突出问题，因此上海地铁的规划及运营部门往往不依赖前期客流预测结果。在规划设计可能的前提下，往往选择最大的运输能力预留（例如尽可能选择 A 型车、大编组、宽站台、大通行能力闸机/楼扶梯等）。上海地铁针对上述问题提供的建议主要包括：

（1）希望并建议各城市轨道交通的规划、设计能够按照最大行车密度，最不利情况（上下行同时到站）预留车站各环节的服务能力（安检、闸机、售票、楼扶梯、站台等），将各环节能力匹配起来，地铁百年大计，希望前期规划能够多预留服务能力。

（2）希望并建议各地铁城市出台专门政策根据轨道交通线路运能，控制沿线开发，防止客流需求的不断累积,无限增长。

(3) 希望并建议各地铁城市出台专门政策支持既有运营线路的后期改造,根据客流需求的增长扩展运能。

2) 沈阳地铁

沈阳地铁处于运营成长期,根据多年的规划及运营经验,其实际运营客流与规划的前期、近期预测结果相差不大,而且冬季、夏季的客流需求变化不大,但夏天站厅内滞留纳凉的乘客数量较多。一年内明显的大客流场景和时间段主要包括春节大客流、圣诞大客流、大雪大客流、散场大客流(球赛、文艺表演)、促销大客流、周五最后一天、节假日第一天,其客流增幅为25%~43%。沈阳地铁针对上述问题提供的建议主要包括:

(1) 考虑到沈阳与乌鲁木齐的纬度相差不大,同样具有冬季寒冷大雪、夏季炎热天气的影响,因此建议乌鲁木齐针对冬季可能出现的大雪客流以及夏季的纳凉滞留乘客采取针对性的管理措施(加强管理、疏导、限流或者禁止等措施),应对可能出现的大客流现象。

(2) 建议乌鲁木齐轨道交通分析各线路途径的具体环境,参考沈阳轨道交通面临的大客流场景,提前做好大客流管理及封站、疏导等预案。

3) 昆明地铁

昆明地铁处于运营起步期,根据对其既有线路的运营经验,在线路开通初期会产生较高的观光客流,随后客流压力逐渐变小(转为正常的通勤客流),其客流压力总体较小(日常满载率约为65%),但符合运营初期客流预测结果。昆明地铁针对上述问题提供的建议主要包括:

(1) 线路规划、功能定位不合理是导致客流增长缓慢的主要原因(线路不连接重要枢纽、站间距不合理等问题),建议乌鲁木齐市根据自身条件避免该类问题。

(2) 建议融合本地特色,通过发行优惠票卡的方式吸引(培育)客流。

4) 长沙地铁

长沙地铁处于运营起步期,根据对其既有线路的运营经验,其前期运营客流会迅速超过前期客流预测,需要后期开展客流预测评估来判断未来是否会超过远期客流上限。而且各线路的客流偏大情况并不均匀(不同线路、不同时间客流不均衡),适逢节假日的客流需求会很大(其中元旦客流增幅最大)。长沙地铁针对上述问题提供的建议主要包括:

(1) 初期运营客流增长很快,在运营阶段需要根据实际情况变化不断评估客流需求预测,调整运营管理措施;

(2) 已建城区客流需求偏差不大,城市新区的客流需求后期变化很大,建议乌鲁木齐地铁根据线路具体条件预留相应的客流增长空间;

(3) 节假日客流需求会对地铁运营管理造成较大压力,建议根据乌鲁木齐实际情况,预测、应对相应的大客流事件。

2. 城市轨道规划面临的常见问题

城市轨道交通的规划设计等问题最终会在运营阶段集中爆发,以下是对上海地铁、沈阳地铁、昆明地铁、长沙地铁实地调研后，发现各城市地铁系统所反映的主要规划问题。

1）上海地铁

上海地铁处于运营成熟期，往往因为前期规划低估了流动人口的规模，以及对其就业、居住、出行方式判断的失准，导致客流预测往往偏小，初期、近期客流很快超过远期客流预测结果；因为郊区线路沿线城市规划对人口向外疏解和支持配套设施不足（城市副中心"职住平衡"规划不足，轨道交通有助于促进城市交通发展，产生大量诱增客流），导致了较为集中的早晚高峰和通勤客流；后期巨大的客流经常导致已运营线路不堪重负，但是没有相应政策、办法能够允许停运进行改扩建；后期运营经常面临车辆选型过小、车辆编组不足、运用车数量不足等前期规划问题。

（1）建议乌鲁木齐地铁规划对流动人口进行充分的考虑与估计，对相应的就业分布、居住分布、出行方式进行准确的判断，合理预测客流需求。

（2）轨道交通促进城市发展的作用非常明显，建议乌鲁木齐地铁对未来可能产生的大量诱增客流充分评估和预测。

（3）建议乌鲁木齐发挥后发优势，重视前期立法以及政策制定，为后期运营的停运改扩建预留可行性。

（4）建议乌鲁木齐地铁规划能够结合实际情况，为前期规划阶段尽可能预留较大的运输能力（选择较大的车型、编组、运用车辆数）。

2）沈阳地铁

沈阳地铁处于运营成长期，已经出现因为低估流动人口规模及其就业、居住、出行方式判断而导致的实际客流需求偏大的情况；而且对城市副中心"职住平衡"规划不足，导致大量常规性通勤出行需求；面对较大的客流需求，经常受到信号能力不足的制约。

（1）建议乌鲁木齐地铁规划加强对流动人口的监测，合理调整城市轨道交通客流需求预测。

（2）建议乌鲁木齐城市规划部门加强城市副中心"职住平衡"规划，缓解人口向外疏解和支持配套设施不足的矛盾。

（3）建议乌鲁木齐地铁在规划设计阶段尽可能采用先进的信号系统，为未来的运输能力提升预留可行性。

3）昆明地铁

昆明地铁处于运营起步期，虽然客流需求与预测值相差不大，但由于线路规划不合理（没有连接重要的交通枢纽）、车站分布（站间距较大）和功能定位不合理，以及车站周边与其他交通方式的衔接不顺畅等问题，导致客流成长速度较慢的结果，现已开始部分线路的改造与调整。

建议乌鲁木齐地铁反复论证线路规划的科学性，防止出现不合理线路，加强车站与交通枢纽的整合以及车站周边其他交通方式（尤其是公共交通）的衔接。

3. 影响大客流服务的因素

各城市地铁系统均会面临不同程度的大客流事件的影响，在这些特殊情况下，车站各服务环节能力的不足均可能影响实际的服务水平,各城市地铁系统经常出现服务瓶颈主要包括以下内容。

1)上海地铁

上海地铁处于运营成熟期,当面临大客流事件时,其相应的服务瓶颈主要包括:车辆选型过小(某些线路选择了C型车);车辆编组不足(某些线路采用了3节或4节编组等);运用车辆数不足;站台宽度不足;站厅空间不足;楼/扶梯通行能力不足(特别是一些车站各环节能力都很充足,但容易堵在站台楼/扶梯环节);售票能力不足(随着自动售票逐步推广,乘客使用熟练度不断提高,效率逐渐提高);站外换乘模式不方便;出入口过少(出入口布局往往因为周边单位意见导致不能最合理布置,规划的权威性不足);设备故障;超负荷;运营延误等。

拥堵时段主要包括通勤高峰、游玩高峰;拥堵线路主要包括骨干线路、热点地区周边线路;拥堵车站主要包括换乘节点、热点车站。

2)沈阳地铁

沈阳地铁处于运营成长期,当面临大客流事件时,其相应的服务瓶颈主要包括:信号能力不足;折返能力不足;站厅空间不足;换乘方式不合理(节点换乘能力不足);售票能力不足及布局不合理;安检能力不足等。

拥堵时段主要包括通勤高峰、游玩高峰;拥堵线路主要包括骨干线路;拥堵车站主要包括换乘节点。

3)昆明地铁

昆明地铁处于运营起步期,当面临大客流事件时,其相应的服务瓶颈主要包括:运用车数量不足;设备故障(行车密度过高,导致保修时间不足);安检能力不足(安检效率不高,会造成排队)等。

4)长沙地铁

长沙地铁处于运营起步期,当面临大客流事件时,其相应的服务瓶颈主要包括:车辆选型过小;站台宽度不足;站厅空间不足;售票能力不足及布局不合理;进/出站闸机能力不足(能力不足,而且布局不合理);付费区/非付费区划分不合理。

拥堵时段主要包括游玩高峰;拥堵线路主要包括骨干线路、热点地区周边线路;拥堵车站主要包括换乘节点、热点车站。

各地铁系统面对大客流事件的服务瓶颈各不相同,这与具体车站的结构、位置、大客流种类、线路服务能力等密切相关,很难在规划设计阶段予以发现、解决,大多是在实际运营阶段发现了在前期规划设计方面的不足与遗憾。建议通过客流仿真系统结合各类服务场景提前评估、优化车站、线路的服务能力,避免后期运营阶段的服务尴尬与能力不足。

4. 大客流应对措施

大客流的影响会对地铁系统的正常服务产生影响,为了保证在大客流条件下地铁系统仍然能够正常运转并维持一定的服务水平,各被调研城市地铁单位均采用了不同的措施予以应对。

1）上海地铁

规划设计层面：

（1）将以前“多线集中”的换乘模式转变为分散式换乘。

（2）尽量增加城市中心区平行线路的规划。

（3）在车站站台、站厅、出入口预留限流设施的布局空间。

（4）使用大型车辆，增加编组（A 型车、6 节和 8 节编组）。

（5）适当增大车站规模（尤其是站台、通道、楼扶梯）。

（6）提升线路运力配置目标（骨干线路列车运行间隔 2 min 或 3 min）。

硬件设施改造：

（1）车站布局改造。减少不同流线的交叉、对冲，提升通过能力。

（2）车站设施改造。增大闸机通过能力，拓宽/增加楼扶梯。

软件管理改进：

（1）需求跟踪。客流数据分析预测、客流实时监控、构建客流预警等信息化系统。

（2）系统能力仿真分析（车站客流仿真，以评估小时输送能力、站台容纳能力、楼扶梯通过能力等）。

（3）根据大客流场景，采取机动运力加开、跳停、交路调整、旅速提升、折返方式变化等措施。

（4）人流流线优化：流线设计优化（冲突点分析）、人员布置设计优化（风险点分析）、设施布局设计优化（闸机、限流设施）。

（5）信息传递。状态信息上传、工作指令下发、（服务、提示、警示）信息发布等智能化改造（应急预案系统、线网可达性分析系统等）。

2）沈阳地铁

软件管理改进：

（1）运营管理工作方案优化（职责分解、指挥机构、职责分配）。

（2）应急管理工作优化。制定大客流预案；防止同时到站；客流单进单出控制；大客流三级控制（站控、线控、网控），四级响应；采取限流措施（标志为站台滞留）。

（3）增强人员力量（工作人员、志愿者、安保力量等）。

3）昆明地铁

硬件设施改造：

提高备车比例。不建议行车密度太高，车辆保养不利，合理安排架修，应提高备车比例。

软件管理改进：

（1）乘客行为习惯与内地不同，上下车速度较慢，停站时间应较长；建议运营管理方主动出击，加强市民习惯的培养，客流引导组织（上下车、安检、购票）。

（2）建议采用客流仿真的手段引导设计，评价优化设备能力。

（3）根据客流需求不同进行列车运行组织调整。

（4）建议将客服电话、投诉电话放在集团层面（统筹各个业务部门），便于问题的协调、解决。

(5) 面对大客流时,主要通过招募志愿者,增加工作人员,调整运营组织计划等措施来缓解。

4) 长沙地铁

规划层面:

(1) 使用大型车辆,增加编组(A 型车、6 节和 8 节编组)。

(2) 适当增大车站规模(尤其是站台、通道、楼扶梯)。

软件管理改进:

(1) 建议做车站客流仿真分析进行优化。

(2) 人流流线优化:流线设计优化(冲突点分析)、人员布置设计优化(风险点分析)、设施布局设计优化(闸机、限流设施)。

5. 车站衔接设计考虑因素

城市轨道交通的衔接不但包括与其他交通方式的衔接,还包括与周边商业物业等城市生活、工作设施、单位的一体化整合,城市轨道交通系统是城市生活、工作系统重要的骨干和动脉,只有与城市的其他各类系统无缝衔接、有效整合,才能充分发挥其促进城市快速发展的巨大作用。

此外,采用先进的安全性防护设计,可以有效地增加安全系数,提高服务水平,减少安全隐患。例如,"访问控制",用实物引导乘客通行,并控制乘客进出;"自然监测",根据客流活动,最大限度提高车站空间的可视性;"领土加固",利用各类元素(如围墙、艺术、花坛、标牌等)加强车站出入口防护。

目前,通过对上海地铁、沈阳地铁、昆明地铁、长沙地铁的系统调研,可以发现各个城市轨道系统与城市各类系统的整合与衔接内容、深度都不尽相同。

1) 上海地铁

上海地铁处于运营成熟期,对与城市各系统的整合具有较丰富的经验,主要包括:车站进出的无障碍性;与城市公交的整合(工可阶段,交通委牵头编制《公交配套方案报告》专题研究,并由发改委审批,以指导公交线网和站点调整,促进公交与轨道交通的合理衔接);与城市设施(周围建筑)的整合性:规划设计阶段有整合规划,但因为缺少政策支持,整合较困难。

2) 沈阳地铁

因为 P+R 停车场用地不归地铁公司管理,所以现状已运营的 1 号线、2 号线沿线未设 P+R 停车场;与城市设施(周围建筑)的整合性,因为前期规划无该方面的超前意识,所以既有线路与城市设施无整合;车站周边安全性设计和管理,因为前期无该方面的超前意识,因此没有相应的安全性设计,但有后期增设的安检服务环节。

3) 昆明地铁

还没有与公交衔接的方案,而且无公交换乘鼓励优惠措施,但轨道公司自己发行了计次优惠卡(100 元可乘坐 28 次地铁)以吸引客流;车站周边安全性设计和管理:安检对客流影响很大,会造成严重排队;出入口存在交通换乘服务问题(需要黑车整治,并加强公交一体化衔接)。

4) 长沙地铁

与公交衔接的问题在轨道规划设计阶段有专题研究,但执行力不强,实施情况根据实际情况有所不同,通常是在轨道运营之后根据遇到的问题再进行落实调整;提供公共自行车租赁系统,在轨道出入口周边有零星用地的地方设置自行车停车设施;P+R停车场的设置主要考虑各站点周边是否有足够的用地;车站周边安全性设计和管理:初期没有"访问控制""自然监测""领土加固"等类型的安全设计,后期才开始布局安检设备。

因此,建议乌鲁木齐地铁应做到以下几方面:

(1) 发挥后发优势,吸取各城市地铁系统的优点,避免各类不足和遗憾,采用先进的规划、设计、运营管理理念来提高车站衔接设计的服务水平,例如"访问控制""自然监测""领土加固"等类型的安全设计。

(2) 建立地铁执法队,加强安全体系、安全体制的建设。

(3) 加强地铁与城市系统整合的政策支持体系建设,为"城市—地铁"的一体化整合提供可行性。

(4) 在地铁系统的规划设计阶段提前进行车站周边各类交通的一体化整合研究(公交、私家车、自行车、步行等),并加强规划、策划方案的落地实施监控;加强对各类非法换乘方式的监管。

(5) 加强地铁系统与其他单位的协调与合作,对沿线设施进行适当调整与改造(例如加强与停车场单位的协调、合作,建设合理的P+R停车场)。

(6) 注意车站进出的无障碍性等细节设计环节。

(7) 根据客流需求和安检模式,预留合理的安检空间。

(8) 加强地铁换乘优惠政策的推广,吸引更多乘客采用地铁系统;调整公交线路、车站的布局,为地铁系统提供充足的喂给客流。

6. 轨道交通商业定位策划

对城市轨道交通商业资源的开发,可以为市民和乘客提供高水平的服务,营造优质的生活环境,满足市民对轨道交通的全方位需求。受调研城市的轨道交通运营企业普遍对开发和运营轨道交通商业资源非常重视,但因为各自城市和轨道交通商业处于不同的发展阶段,因此其具体做法或实施效果有所不同。在轨道交通商业定位方面,各城市有如下做法。

1) 上海地铁

作为国内领先的轨道交通投资运营企业,上海申通地铁集团有限公司非常重视轨道交通商业资源开发,由资产经营管理公司负责轨道交通网络化资源的统筹开发、统一经营和综合管理,其根据多年开发运营经验编制了《上海轨道交通建设指导意见》,提出"在满足乘客出勤的前提下,进行有条件的商业开发与运营"的发展原则。在轨道交通建设前期准备阶段,商业运营就会提前介入,做好轨道交通沿线和各站点的商业需求调研,为商业发展定位提供依据,并在站点设计中进行任务交底,和技术中心及时沟通交流,确保商业布局空间落位。在选择轨道交通商业的具体业态时,抓住地铁站点客流属性特征,分析轨道交通沿线站点区域的商业现状和规划情况,注意站内外商业能够实现优势互补,协调发展。

2)沈阳地铁

沈阳地铁集团有限公司在强化地铁工程建设和运营的同时,开展多种经营工作,其中资源开发部负责轨道交通商业资源开发经营和非票务业务。目前投入运营的线路有地铁1号线、2号线(含2号线北延线一期),但由于之前建设时对交通方面考虑太多,而忽视了站内商业经营问题,导致各站点站厅面积普遍太小,加上人防、消防方面都没满足有关要求,因此站内商业发展受到限制。在站点商业开发方面,也有过惨痛的教训。例如地铁2号线市场广场站为换乘站(与地铁7号线),规划地下3层均有商业,可供商业经营的建筑面积约5万 m^2,但因前期定位准备不足,实际招商的效果不佳。正在建设地铁9号线,位于市铁西区兴华南街段(北起铁西广场,南至沈辽路)与地下商业开发项目相结合,工程同步施工,全长1 850 m,将建设沈阳西部城区第一条地下商业街,在2017年竣工完成。

3)长沙地铁

长沙市轨道交通集团有限公司非常重视地铁沿线土地整理和物业开发,加大地铁附属资源开发力度,同时负责长沙市所有城市地下空间开发,具有政策优势。进行轨道交通商业资源开发时,长沙地铁注重将便民出行与地铁商业经营有效结合,因此在站内业态选择注重便民服务类型,而站点上盖物业则注重与周边商圈的协同,避免同质化重复,例如位于五一商圈的地铁2号线五一广场站“五一里”项目。

4)昆明地铁

昆明轨道交通集团有限公司负责城市轨道交通项目投资、建设、运营和管理,但目前因为运作周期短,商业资源开发刚起步,还处于探索阶段,加上消防设施等原因,现有地铁车站内的商业主要是自助设备。

7. 轨道交通商业运营模式设计

经过调研了解,城市轨道交通商业的运作模式目前主要有自主招商和总包两种。通过与受访地铁公司交流,从管理角度来看,总包模式具有管理压力小、管理成本低等特点,但是从长期而言,自主招商有利于提高自身经营管理能力;从营收角度来看,自主招商模式所得营收要大于总包模式,但自身也会开支很大,而总包模式可以转移部分经营风险和前期投入。因受调研城市的轨道交通商业处于不同发展阶段和各地铁公司承担的职责功能也不尽相同,所以各地铁公司采取了不同的商业运营模式。

1)上海地铁

在上海轨道交通商业的不同发展阶段,上海地铁对不同轨道交通线路及其站点商业采取有针对性的运营模式。在轨道交通商业迅速发展的成长期,引入总包和合作管理等运作模式,可最大限度地转嫁前期开发带来的风险和投入,例如地铁1号线徐家汇站商业曾总包给专业化经营管理公司;当轨道交通商业进入稳定成熟期后,采取自主招商的方式将给地铁公司带来更好的收益,例如目前的站厅商业就采取自主招商+自主管理的方式。目前资产经营管理公司商业管理事业部主要负责轨道交通沿线站点、地下空间及站厅内的商业租赁、经营和管理工作。对于与外部机构的合作方式，以广告业务为例，上海申通地铁公司与德高集团 JCDecaux SA（Euronext Paris 代码：DEC）全资子公司——香港德高贝登有限公司于 2007 年合资成立上海申通德高地铁广告有限公司，其中外资股权占比 51%，合作开展地铁 13 条线广告资源项目，运营及管理地铁网络除车厢及站台广播电视外的所有户外广告。

2）沈阳地铁

沈阳地铁集团有限公司是承担沈阳市城市快速轨道交通建设和运营管理的大型国有独资公司，为了更快、更好地搞好地铁工程建设和运营，早在 2008 年就在市政府的主导下，与香港地铁公司成立合资公司，参与沈阳地铁 1 号线、2 号线管理运营和 3 号线、4 号线、5 号线开发建设。沈阳地铁本来初衷是希望引进战略投资者进行合作开发和运营，可以充分发挥香港地铁公司的很强的技术实力优势和丰富管理经验，但后来因多种原因，双方的合作没有继续下去。目前由资源开发部主导轨道交通商业资源开发经营，商业运营模式比较灵活。对于地下商业空间的开发与招商，采取社会外包方式，例如地铁 9 号线"铁西广场站—兴华公园站—沈辽路站"地下商业街项目就采取社会招标方式。对于广告业务，由于之前中标广告业务的公司退出，目前采取自己直营广告的业务模式。

3）长沙地铁

长沙市轨道交通实业（房地产）开发有限公司主导城市轨道交通的物业资源和商业资源开发与经营。目前地铁 1 号、2 号线车站商业项目主要是 ATM 机、自助售货机、连锁便利店等类型，因此主要采取公开招投标方式进行招商。长沙地铁在吸取国内优秀地铁物业开发经营经验的基础上，逐步形成以地铁运营为主，"地铁＋物业"开发的发展模式。以"五一里"项目为例，其是长沙市轨道交通集团首个地铁商业项目，其产权由长沙轨道交通集团持有，由湖南乐荷投资资产管理有限公司投资运营、统一招商、统一经营管理。

4）昆明地铁

昆明轨道交通集团有限公司设置子公司负责轨道交通商业资源开发，包括昆明轨道产业投资管理有限公司和昆明地铁资源经营管理有限公司，采取"直营＋社会公开招标"方式进行经营管理。

8. 轨道交通商业招商和运营的要点

地铁商业作为拥有大量客户资源的终端系统，越来越注重在专业性和商业模式方面的创新，能够在城市商业竞争中发挥更加重要的作用。与传统的集中式商业招商和运营有所不同，轨道交通商业招商和运营具有自身特点。受访公司立足本市轨道交通商业发展实际，在具体商业招商和运营时注意以下要点。

1）上海地铁

资产经营管理公司商业管理事业部进行招商时注重选择大公司，商业品牌要上档次，培养地铁商业服务品牌，为公司带来稳定持续的现金流。具体实践中，已与 12 家银行就 ATM 自助服务建立了战略联盟,并先后与肯德基、克莉斯汀、星巴克、永和大王、全家等品牌商建立了策略联盟,将这些知名连锁企业直接引入地铁商业,逐渐形成“以品牌经营为主的连锁化经营模式”。在营造商业消费环境的同时,打造地铁网络文化,部分站点突出文化特色,例如人民广场站的音乐角。另外,紧跟时代步伐,在“互联网+”形势下利用客流大数据,为乘客提供具有针对性的营销服务。

2) 沈阳地铁

由于前期轨道交通规划设计时局限于交通而忽略了站内商业经营业务,因此目前站内商业处于停滞空白状态,而与站点相关的地下商业街或地下商场,因为自身不具备招商与运营能力,采取公开招投标方式进行社会服务外包。在具体实践中,沈阳地铁建设时注重地铁车站附属建筑与周边商业开发项目建筑结合,在一定程度上解决了地铁施工场地、管线迁改场地等问题,做到了区域景观的协调,为周边开发提供了更好的商业契机,实现了地铁建设和周边商业开发的双赢。

3) 长沙地铁

长沙市轨道交通实业(房地产)开发有限公司进行地下空间商业开发时,注重整合市场各类资源,将招商与运营的具体要求前置到规划设计阶段。为降低投资开发风险,采取与社会机构合作的方式进行共同开发,一方面产权不变,仍属于长沙地铁公司,另一方面社会机构由投资换经营权,实现共赢。同时,通过公开招商的方式寻找商家,然后组织商家提前参与和介入装修设计。在与站点区域商家合作时,充分利用地铁车站接口方式,与周边商家做好对接,增强交通客流与商业客流之间的有效互动。

4) 昆明地铁

因为处于轨道交通商业资源开发的初始阶段,招商和运营的目的在于提高市民生活质量和完善轨道交通服务功能,所以工作重点在于找好外包合作伙伴和提供相应的优质商业配套服务。

9.3 政府部门调研

9.3.1 调研目的

通过对处于城市轨道交通起步期、成长期、成熟期的各城市政府相关部门的调研与分析,掌握政府各相关部门对地铁规划建设的需求、建议、经验、教训。根据各专题策划目标,结合乌鲁木齐市的特殊情况和特征,为乌鲁木齐轨道交通 1 号线相关的规划、设计、运营管理、综合开发等工作提供更有针对性的策划方案或优化建议。

9.3.2 调研意义

随着我国城市的快速发展,各类城市病越来越严重(交通拥堵、环境污染、土地短缺等),越来越多的城市将城市轨道交通作为解决这些问题的有效手段[1]。但随着各地城市轨道交通的快速发展,城市轨道交通与城市发展之间又出现了不足之处,甚至引发了新的城市问题。因此,有必要针对城市轨道交通与城市之间的功能协作关系进行深入的分析研究，从政府角度分析城市轨道交通的功能定位，以及与城市其他系统之间的协作关系，以揭示现代城市发展与城市轨道交通建设的合理模式和关键原则。

9.3.3 调研内容

1. 城市轨道交通系统与交通出行协调发展

1）天津市主城区轨道网络与交通出行整合发展[1]

（1）确保城市发展与城市轨道交通发展协调同步。城市轨道交通与城市各系统发展应当通盘考虑，均衡布局。应为城市轨道交通与其他相关城市系统制定明确的发展时序，保证系统之间的有效互动和协作实施。而且应当认识到：各种规划、方案仅是理想蓝图，在实施过程中应当根据实际情况变化，动态调整协作关系和互动时序。

（2）依赖城市轨道交通建设新的城市发展中心，缩短通勤时耗。应当充分利用城市轨道交通与城市外围交通骨干线路的交叉点（例如城市外围道路环线和城市轨道交通的交叉区域），建设新的城市中心，发展商业、金融、办公、休闲等各类产业，以便于为郊区出行者提供更多选择，减少日常通勤、消费的出行时间和距离。

（3）增加各类短距离接驳工具，方便出行和换乘。城市轨道交通不可能通达城市的各个角落（有些因为地形原因必须绕行，有些因为郊区原因不可能加密线网），因此有必要设置各类交通方式接驳、摆渡各类客流，方便出行者日常出行。

2）宁波轨道交通建设对城市建设和交通出行的引导作用

（1）利用城市轨道交通调节社会资源。除了大运量的公共交通运输功能外，城市轨道交通还承担着将原有城市的经济、医疗、文化、政治资源进行二次调整的作用，打破原有的城市资源分配现状，优化城市发展模式，为城市发展提供更多的发展原动力和投资热点[2]。

（2）政策支持建议。城市轨道交通的投资规模巨大，回报率低，盈利水平低下，资金成为各城市发展、建设城市轨道交通的主要瓶颈。因此，开创新的城市轨道交通投融资体制和方法是促进城市轨道交通快速发展的必要手段：①建立专项基金；②吸引外资和社会闲散资金；③利用固定资产筹措资金；④采用股票、债券等融资手段；⑤通过招、拍、挂等模式让地铁运营公司获得土地开发权、市政设施发展权等；⑥地铁系统内部的综合开发和经营；⑦通过拍卖站名、广告等手段筹集资金等。

2. 城市轨道交通与沿线土地协调经验

1）深圳——构建 TOD 开发密度分区

深圳市在城市轨道交通的规划、设计阶段，按照 TOD 模式，把密度分区作为了沿线土地开发利用的重要准则。按照站点分类和土地开发利用圈层对应关系建立了土地开发强度标准，作为沿线土地开发容积率的控制准则[3]。

（1）将车站划分为综合（重点）车站和一般车站两类；

（2）将车站周边土地划分为半径 0～300 m 的高密度开发区、300～600 m 的中密度开发区、600～1 000 m 的低密度开发区三类；

（3）各密度开发分区的开发强度指引如表 9-3 所示。

表 9-3 深圳市轨道交通站点开发强度指引

站点分类	密度分区	楼层数	容积率
整体	高密度	34～40	7.48%～8.80%
	中密度	28～33	6.16%～7.26%
	低密度	23～27	5.06%～5.94%
综合站点	高密度	37～40	8.14%～8.80%
	中密度	31～33	6.82%～7.26%
	低密度	25～27	5.50%～5.94%
一般站点	高密度	34～37	7.48%～8.14%
	中密度	28～31	6.16%～6.82%
	低密度	23～25	5.06%～5.50%

3. 北京城市轨道交通沿线土地利用发展规律

北京是我国发展城市轨道交通最早的城市,积累了丰富的城市轨道交通和土地利用交互影响的经验:城市轨道交通促进了沿线土地的开发利用;而沿线土地的开发利用又反过来影响了出行者的行为模式,诱发了新的出行需求[4]。

1) 站点类型对沿线土地利用强度的影响

(1) 换乘车站周边的土地利用强度大于普通车站。

(2) 车站周边 250～500 m 范围内为土地利用强度和需求最大的范围。

(3) 多线换乘车站周边的土地利用强度大于 2 线换乘车站周边的土地利用强度,并随着换乘线路的增多而成正比增加。

2) 站点类型对沿线土地利用性质的影响

(1) 商业、金融用地多集中于换乘车站,其中多线换乘车站高于 2 线换乘车站。

(2) 居住用地多集中于普通车站,而且多集中于距离车站半径 500～1 000 m 范围内。

(3) 行政办公用地多集中于换乘车站,其中多线换乘车站周边半径 500 m 范围内的行政办公用地高于 2 线换乘车站,而 2 线换乘车站周边半径 500～1 500 m 范围内的行政办公用地高于多线换乘车站。

(4) 市政交通用地在换乘车站周边半径 750 m 范围内的用地比例高于普通车站,多线换乘车站的市政交通用地比例高于 2 线换乘车站。

(5) 城市轨道交通线路能够极大地刺激郊区的快速发展,也能带动中心城区的用地调整。

(6) 以城市轨道交通车站为中心向外逐层分析:居住用地比例呈现先增加再减少的特点,商业、金融、办公、用地比例呈现逐渐下降的趋势,工业仓储用地呈现逐渐增加的趋势。

4. 城市轨道交通的文化特色

1) 南京城市轨道交通文化特色

南京城市轨道交通具有鲜明的文化特色,打造了极具创意的文化氛围,并展现了南京丰富的文化元素[5]：

(1) 打造了以“驰载人文，身心直达”为精神的南京城市轨道交通文化品牌，并在出行者服务系统，运营管理系统，规划、设计、建设各环节中都始终贯彻了该精神。

(2) 通过不同专业的资源管理分公司促进地铁文化的快速发展，例如各类地铁物业管理公司、设备分公司、建筑构件公司、花卉园艺公司、地铁广告公司、商贸分公司、文化传媒公司等都参与了城市轨道交通文化传媒发展。

(3) 南京城市轨道交通的文化设计和展示模式突出了南京悠久、浓厚的历史人文特色。例如，通过地铁实业集团统一对车站内部的雕塑、壁画等进行主题设计和施工，兼顾了南京的过去、现在和未来，向外来游客展示了南京市多彩的文化生活，起到了宣传推广和市场营销的作用；同时也丰富了本地市民的精神文化氛围，提高了生活品位和公共生活正能量。

2) 西安地铁文化特色

西安具有悠久的历史文化，这种特色也鲜明地体现在了城市轨道交通的规划、设计、运营管理的方方面面[6]：

(1) 通过平面视觉艺术，规划设计城市轨道交通相对封闭的视觉空间系统。

(2) 在城市轨道交通站内外的指示系统中融入统一的文化形式。

(3) 以城市特色文化为基础，将传统文化和新的艺术形式相结合。

(4) 与政府的公益宣传紧密结合，广泛开展公益广告，宣传社会正能量。

(5) 充分展现西安悠久、丰富的历史文化，营造一种穿越历史的独特出行体验。

(6) 借助色彩、图形等简洁的符号和典型元素进行广告设计，使各类广告宣传能与城市轨道交通的文化景观协调、融合。

通过该调研，可以了解到政府对城市轨道交通关注的重点集中在社会公益性，城市全局的发展，以及城市文化、形象的展示和宣传等方面，更加注重城市发展的长远利益：“建地铁就是建城市”。这些需求与轨道交通运营企业、出行者的各类需求有相互一致的方面，也有短期、局部冲突的方面，这需要基于对这三者的调研分析，统筹协调，兼顾局部与全局、眼下与长远，实现城市轨道交通整体效益的最大化。

参考文献

[1] 任利剑. 城市轨道交通系统与城市功能组织协调发展研究[D]. 天津：天津大学，2014.

[2] 任柳峰. 轨道交通在城市拥堵治理中的优势及政策支持研究——以宁波市为例[D]. 湖南：湖南师范大学，2015.

[3] 刘倩男. 城市轨道交通与沿线土地协调开发策略研究[D]. 天津：天津大学，2012.

[4] 姚智胜，熊志华. 北京城市轨道交通沿线土地利用发展规律研究[J]. 现代城市轨道交通，2015(4)：57-61.

[5] 王可，周琳，于惠中. 地铁经济对南京江宁区旅游形象建设作用探究[J]. 科技风，2011(8)：212.

[6] 张越. 西安地铁文化传播探究[D]. 西安：陕西师范大学，2013.

10 策划成果

10.1 文化策划专题

10.1.1 轨道交通文化与城市文化关系分析

轨道交通文化是城市文化的重要组成，轨道交通文化对城市文化的塑造意义重大，城市轨道交通文化主要从以下 4 个方面塑造城市文化的软实力：①轨道交通文化反映城市精神与价值观；②轨道交通文化体现城市的愿景和梦想；③轨道交通文化体现城市品位与气质；④轨道交通文化体现城市魅力和气质内涵。

10.1.2 乌鲁木齐城市文化理解与轨道交通总体主题概念定位

1. 乌鲁木齐城市文化理解

乌鲁木齐城市文化是乌鲁木齐城市精神、乌鲁木齐城市愿景与乌鲁木齐城市文化内涵的有机统一。

乌鲁木齐城市精神是新疆精神和丝路精神的完整统一，新疆精神为“爱国爱疆、团结奉献、勤劳互助、开放进取”，丝路精神为“团结互信、平等互利、包容互鉴、合作共赢”。乌鲁木齐精神可提炼为“勇于探索、不畏艰险；追求梦想、乐观进取；爱国爱疆、民族团结；文明互鉴、包容并蓄；开放对话、创新创造；优势互补、互利共赢；与时俱进、面向未来”。

乌鲁木齐城市愿景与梦想为“新丝绸之路经济带的梦想；新丝绸之路经济带中心城市的梦想；国际城市的梦想。”

乌鲁木齐城市文化内涵为“古丝绸之路文化；新丝绸之路文化；神话传说与名人文化；非遗文化；爱国爱疆的宗教文化；能源基地文化；绿洲特色农果文化；美食文化；自然生态景观旅游文化；创新科技文化；乌鲁木齐城市地域文化等”。

2. 轨道交通总体主题概念定位

基于乌鲁木齐城市文化等的全面系统分析，本次乌鲁木齐轨道交通的总体文化主题概念定位为“丝绸之路创意博览平台”。

丝绸之路：乌鲁木齐轨道交通文化传播的核心内容。“古丝绸之路”是这个地球上唯一的四大文明体系交汇的地方，这里是人类文化的大熔炉。“新丝绸之路”为人类经济文化大融合提供了更广阔的舞台。“丝绸之路”不仅是国家大战略，更是乌鲁木齐城市文化关键性的战略需求。丝绸之路是乌鲁木齐的愿景与梦想、品位与气质、魅力与内涵的综合体现。

创意：丝绸之路文化创意。新丝绸之路经济带文化的“交汇”与“融合”“创新”与“创造”，最终形成“引领”和“辐射”新丝绸之路经济带的新文化。

博览平台：乌鲁木齐轨道交通文化的表现形式。体现乌鲁木齐轨道交通文化广博的内涵、总览天下的审美境界和高度，以及绚丽多彩的艺术形象。

基于这样的总体文化主题定位，乌鲁木齐轨道交通将通过“丝绸之路创意博览平台”展现从公元前 138 年，张骞通西域，到公元 2013 年，提出共建“新丝绸之路经济带”这个历史长河中古今丝绸之路上发生的、无与伦比的人类文明的交汇融合的故事。乌鲁木齐轨道交通将成为世界上最独特、最具震撼力、移动的丝绸之路创意博览平台。

结合新疆精神和乌鲁木齐城市文化，在乌鲁木齐轨道交通总体文化主题概念定位的指引下，乌鲁木齐轨道交通规划的 10 条线路的主题内涵及主题色如下。

(1) 1 号线：和谐之旅——爱国爱疆、和谐发展，主题色为蓝色。

(2) 2 号线：梦想之旅——追求梦想、乐观进取，主题色为黄色。

(3) 3 号线：穿越之旅——勇于探索、不畏艰险，主题色为红色。

(4) 4 号线：融合之旅——文明互鉴、包容并蓄，主题色为橙色。

(5) 5 号线：智慧之旅——开放对话、创新创造，主题色为青色。

(6) 6 号线：丰盛之旅——优势互补、互利共赢，主题色为紫色。

(7) 7 号线：活力之旅——与时俱进、面向未来，主题色为绿色。

(8) 8 号线：幸福之旅——幸福美满、美好家园，主题色为紫红色。

(9) 南山线：自然之旅——休闲养生、绿色活力，主题色为墨绿色。

(10) 乌昌线：发展之旅——乌昌一体、携手共进，主题色为深灰色。

10.1.3 轨道交通 1 号线文化主题定位

乌鲁木齐轨道交通 1 号线的文化主题定位为：丝绸之路创意博览平台——和谐之旅。作为新疆首条地铁线路，乌鲁木齐轨道交通将体现大美新疆的精(精神)、气(气韵)、神(神采)，如都市的现代多元、人文魅力、跨越发展，成为展示新疆的博览平台，从而表现出爱国爱疆、和谐发展的壮丽篇章。

乌鲁木齐轨道交通 1 号线主题创意方向及各站点的文化主题分别如表 10-1 和图 10-1 所示。

表 10-1　　乌鲁木齐轨道交通 1 号线主题创意方向

线路分段	主题类别	主题创意方向	表现素材
南部是都市丰富多彩的展现	都市魅力	体现乌鲁木齐市丰富生活、都市国际化发展的点滴和符号 表现各地市现代城市和多元风情	都市记忆 地市风情 文化之旅 欢乐时光
中南是生态环境优美的载体	大美新疆	阿尔泰山、天山、昆仑山 准噶尔盆地 塔里木盆地	雪山、湖泊、森林、博格达峰、喀纳斯、天池 草原、牛羊、毡房 大漠、西域文化诸城、胡杨、火焰山、雅丹地貌
中北是生活人文魅力的表现	人文魅力	新疆精神 新疆体育 新疆艺术 新疆魅力	胡杨、石榴籽 滑雪、冬季运动、赛马 歌舞、艾德莱斯、木卡姆 库尔班大叔、当代的人和事
北部是现代都市发展的前沿	都市发展	城市向北纵深发展 展现都市发展风貌	国际战略 新丝绸之路 现代建设 展望未来
机场是面向国际展示的窗口	迈向国际		

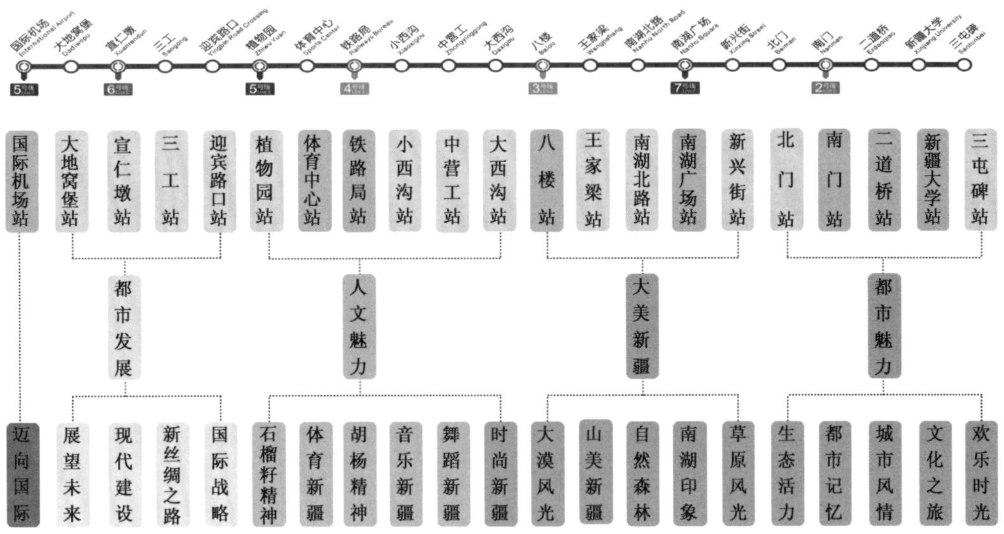

图 10-1　乌鲁木齐轨道交通 1 号线各站点文化主题

10.1.4 站点文化主题重点载体指引

乌鲁木齐轨道交通 1 号线站点文化主题重点载体主要包括：室内文化表现载体；站厅文化墙；站台 LED 大屏宣传片；站台廊柱版画；吊栅文化造型；出入口处设导视装置；等等。

10.1.5 轨道交通 1 号线文化设计总体要求

乌鲁木齐轨道交通 1 号线文化设计总体要求包括：

（1）完整性。博览平台的艺术性与轨道交通的功能性的完美结合。

① 城市战略。展现乌鲁木齐作为新丝绸之路经济带与新疆的首善之都，国际化大都市的梦想、追求，气质与品位，内涵与魅力。

② 城市品牌。体现乌鲁木齐独特的新丝绸之路经济带中心城市多元文化融合的恢宏气象，塑造独特的国际化城市品牌。

③ 总体风格。简洁、现代、明快。

（2）人性化。交通功能需求优先原则，塑造人性化轨道交通空间。

（3）技术可行。开发地方元素，技术可操作性。

（4）经济可行。就地取材，挖掘使用新疆本地建筑材料，经济可行性。

10.1.6 轨道交通 1 号线内外空间文化设计指引

1. 车站与外部环境设计指引

车站建筑风格与外立面色彩是轨道交通文化最直观的表达。1 号线 21 个站点每一个站点的建筑设计，通过独特的文化符号或文化表现形式，要求做到两个呼应：一是与站点周边城市景观、城市历史文化风貌相呼应，二是与所在站点独特的文化概念相呼应。车站外部环境、小品、驻留空间、入口媒体环境应与车站建筑融为一体。出入口设置导视装置，有明确的站点文化标识提示。

2. 墙面墙体造型语言设计指引

建议乌鲁木齐轨道交通车站内空间的文化墙砖采取特制文化砖。由特制文化砖组合文化墙画。特制文化砖根据“丝绸之路创意博览平台”的文化墙画面设计要求进行预制。

3. 车站内吊栅设计指引

建议乌鲁木齐轨道交通重点站内空间的屋顶设计创造丝绸之路创意博览平台独特穹顶空间。屋顶设计特色采用吊栅设计形式，该吊栅外造型一样，采用正反面制作。吊栅造型提前设计，特型材料根据“丝绸之路创意博览平台”的设计方案进行预制。并与各个站点文化概念定位统一起来，形成独特的站内墙顶风景。墙顶艺术系列作品讲述乌鲁木齐轨道交通博览平台中丝路带的故事。

4. 车站内廊柱设计指引

建议乌鲁木齐轨道交通重点站内空间的廊柱做特型设计艺术装修。廊柱是乌鲁木齐轨道交通车站内空间重点文化符号。廊柱的柱头为“丝绸之路创意博览平台”特有的、统一艺术装饰符号,体现"丝绸之路创意博览平台"的艺术特性;廊柱柱身进行版画装饰艺术设计,表现所在站点文化主题内容。

5. LED 显示屏

LED 显示屏是乌鲁木齐轨道交通车站内空间最重要的文化载体。建议乌鲁木齐轨道交通重点站内空间设置 LED 显示屏。

位置:候车站台对面的轨道外墙。

规格:根据实际站台尺寸而定,最大的屏幕长度从站台一端延伸到另一端,视频内容要具有冲击力。

材料制作:体现现代、高科技与国际化气质,画面清晰。

内容:常年展示丝绸之路创意文化及广告。视频体现博览平台的艺术风格,内容具有震撼力,画面具有冲击感,让人过目不忘。

6. "沙漠之舟"骆驼群雕

建议乌鲁木齐轨道交通重点站内空间设置"沙漠之舟"骆驼群雕。

在隧道内,设计木雕骆驼队,当列车高速运行时,展现栩栩如生的驼队在永不休止地前行。

7. 丝路瑰宝陈列

建议在乌鲁木齐轨道交通 1 号线设置"静空间"——丝路瑰宝陈列空间。在轨道交通车站厅墙体制造凹进去陈列台,展示、陈列丝绸之路具有符号意义的古文物、珍宝仿制品,特别是在出入口扶梯两侧空间设置陈列静空间,给人震撼的流动与静止的交错美感。

8. 灯光

营造丝绸之路创意博览平台独特文化氛围。

准确的光影是表达情感和创造环境氛围的有效手段,在主要依靠人工照明的轨道交通空间,光的作用十分显著。1 号线采用类似博物馆的灯光设计,柔和但不呆板,给人一种舒适静谧的感觉。

9. 音效

通过声音的设计,引入与丝绸之路创意文化内容相关的独特背景声响、音乐,营造符合丝绸之路博览平台的独特艺术氛围。

10. 墙贴车贴

位置:轨道交通车站内空间、车身空间。

效果:主要用于商业广告。表现形式灵活,成本低,性价比高,制作简单。门贴利用车门的连续性(每列车有 96 个车门),乘客每次上下都有新的变化。

应用:系列创意广告。

设计指引:与丝绸之路创意文化相匹配。

11. 灯箱

位置:室内站台、站厅。

效果:主要用于商业广告。广告形式灵活,高素质视觉效果,乘客候车时能充分欣赏。

应用:发布新产品与树立品牌形象。

设计指引:与丝绸之路创意文化相匹配。

12. 外车身

位置:轨道交通外车身。

效果:主要用于商业广告。移动中的庞然大物带来强烈的视觉冲击力,尽显流动的魅力。

应用:品牌形象的载体。

设计指引:与丝绸之路创意文化相匹配。

13. 车内空间

位置:轨道交通车厢内部空间。

效果:主要用于商业广告。车内媒体拥有最长的阅读时间,被誉为户外移动的平面杂志,可完整详尽传达广告信息,是最佳的阅读媒体。

应用:产品发布、品牌形象传播。

设计指引:与丝绸之路创意文化相匹配。

14. 数字电视

位置:轨道交通车厢内部空间。

效果:主要用于商业广告。车内媒体拥有最长的阅读时间,可完整详尽传达广告信息;可以做到与传统电视一样的广告效果评估,实现精准的广告监控播出。

应用:产品发布、品牌形象传播。

设计指引:与丝绸之路创意文化相匹配。

15. 轨道交通把手

位置:轨道交通车厢内部空间。

效果:主要用于商业广告。接触次数多,接触面广,零距离亲密接触,车内媒体拥有最长的阅读时间,可完整详尽传达广告信息。

应用:产品发布、品牌形象传播。

设计指引:与丝绸之路创意文化相匹配。

16. Wi-Fi 互动媒体

位置:轨道交通乘客。

效果:在轨道交通内,乘客可免费登陆专属 Wi-Fi,享受无线互联网上资讯、娱乐、网购服务。

应用:乘客移动终端。

设计指引:与丝绸之路创意文化相匹配。

17. VI 设计

建议设计乌鲁木齐轨道交通统一的 VI 系统。

根据 VI 系统要求提出站内色彩设计指引以及各类媒体指引。

10.2 行人行为策划专题

本专题基于国内外轨道交通服务的研究现状和相关案例分析,结合乌鲁木齐市的人文环境、交通现状和行人行为调研,构建乌鲁木齐轨道交通行为服务需求体系。通过乌鲁木齐市的公交问卷调查和上海地铁、西安地铁的视频调查,对乌鲁木齐轨道交通的行人行为特征、服务竞争力要素、信息服务需求、衔接服务需求、商业行为、站点设施布局等方面进行定量分析。在此分析基础上,对轨道站点行人行为进行仿真,并对车站设计方案进行优化,包括轨道站点的应急疏散、空间容量、流线冲突、设施布局等方面。最后在前两部分的基础上,制定乌鲁木齐轨道交通的服务设计导则,为乌鲁木齐轨道交通1号线和其他轨道交通线的建设和运营管理提供指引。

10.2.1 沿线行人基本属性分析

基于对乌鲁木齐、西安等地开展的问卷调查及视频分析,可以得到乌鲁木齐轨道交通1号线沿线行人的各类基本属性,行为特征(主要的基本属性包括沿线行人的年龄、性别、民族构成、受教育程度、职业构成、居住时间、收入水平、体型、距离轨道交通站点的距离、交通工具拥有情况等内容),以及各类服务需求。基于此,结合轨道交通运营企业及政府部门的需求,进一步构建完善的城市轨道交通1号线的服务体系。

10.2.2 沿线行人出行特征分析

在乌鲁木齐轨道交通1号线沿线出行行人基本属性的基础上,进一步分析乌鲁木齐出行行为的特征。主要包括:城市轨道交通出行(整体特征、年龄差异、民族差异、不同教育程度差异);携带行李特征;结伴出行特征(整体特征、性别差异、民族差异);衔接换乘特征(整体特征、站点差异);出行目的(整体特征、性别差异、结伴差异、民族差异、中途停留);出行时间;商业行为(整体特征、性别差异、年龄差异、民族差异、居住时间差异、不同收入水平的差异、不同教育程度的差异);信息标识(获取途径、导向习惯、不同教育程度的差异);安全意识(安全设施的关注、安全保护意识、安全知识获取、携带危险物品);站内服务(安检、验票、拥堵反应)等。通过对上述出行属性的统计描述、交叉分析及卡方检验,构建针对乌鲁木齐轨道交通1号线的乘客服务体系。

10.2.3 沿线行人出行需求分析

在乌鲁木齐市行人出行特征的基础上,进一步分析乌鲁木齐市行人对城市轨道交通出行的意愿和需求,为轨道交通1号线的运营管理提供一定的参考依据。主要包括:出行方式需求(整体需求、年龄差异、民族差异、职业差异、不同出行目的的差异、不同教育程度的差异、出行影响因素);乘坐次数;接驳换乘需求(整体需求、站点设施需求、换乘步行距离);运营时间需求;场站活动需求(整体需求、站台活动、便民设施、候车时间、拥挤程度、特殊需求);城市轨道交通车票需求(售票方式、车票种类、收费方式);商业服务需求(消费意愿、商业类型、商业档次、消费位置、广告形式、广告媒介);信息标识需求(交通信息、标识位置、周边信息);文化服务需求(乌鲁木齐印象、传统文化内涵、文化主题、文化活动);空间环境需求(环境需求、公共场所服务、民族差异)。通过对上述出行属性的统计描述、交叉分析及卡方检验,构建针对乌鲁木齐轨道交通 1 号线的乘客服务体系。

10.2.4 轨道交通行人行为信息服务构建

轨道交通行人行为信息服务系统是综合语音、图形及文字等传达工具,对轨道交通乘客起到示意、指示、识别、警告甚至命令的信息服务系统。信息服务系统标识是指设置在轨道交通站点车站内外以及车厢内,为乘客提供轨道交通运营服务信息的各种标识设施,包括静态服务标准和动态信息显示标识。轨道交通的信息服务系统设计是完善城市轨道交通建设的重要组成部分,实时的交通信息发布、清晰的导向标识能够最大限度地减少乘客无效的停留时间,提高乘客的出行效率。

乌鲁木齐轨道交通不仅仅是实现人和物移动的交通工具,同时也应该是乘客生活方式得以体现的第二平台。行人行为信息服务系统是以车站和车载显示终端为媒介向乘客提供信息服务的系统,满足行人行为的出行需求,有其特定的应用目标和技术目标。构建的主要信息服务主要包括:轨道交通运行信息、乘车疏导信息、政府公告和公益信息、媒体节目、商业广告、各类生活资讯、临时通告和紧急通告、金融信息、公交/铁路/航班时刻表等。

10.2.5 车站设计优化

城市轨道交通车站主要服务于行人交通,行人交通行为的多样性、慢速性、随机性、自组织性的特征使得评价相应内部设施服务水平的难度较大,采用传统的解析方法对行人行为特征进行描述更是十分困难。而通过计算机建模进行微观仿真,由于其计算功能的强大和描述行人行为方法的多样,使其成为当今社会研究、评价行人交通的重要手段。

传统的标准化车站设计方法不能全面考虑不同地域行人行为特性,以及具体车站特殊的客流特征、车站结构特征、功能定位等个性条件,最终导致了各类的车站基本服务问题的产生与蔓延。因此,为维护城市轨道交通日常运营的持续,鉴于不同场景特点,预测并改进城市轨道交通车站客流的运营服务水平,能够为车站空间的个性化设计、服务能力的协调配置、不同条件下的客流组织和运营管理工作提供依据。

通过对乌鲁木齐 1 号线未来 21 个车站的(场景)仿真分析,可以得到 9 个方面的设计优化建议。

1. 地面无障碍电梯设计

乌鲁木齐轨道交通运营初期的安检形式为站外安检,无障碍电梯不能按照内地设计方式越过站外(出入口处)安检,导致安全隐患。

2. 出入口安检空间设计

车站出入口设计需要根据实际需求进行站外安检("人物同检")空间预留;单个出入口所应布置的最大安检能力是 3 组安检设备,可以根据实际的车站周边环境进行出入口的展宽设计和加长设计。

3. 设备能力扩充

基于仿真优化分析,全线售票、闸机、安检设备都有所变化,设计应预留相应的设备空间。

4. 二级出入口预留

部分车站因为出入口安检空间不足,或者为提高服务水平,需要增加二级出入口。

5. 楼扶梯能力设计

乌鲁木齐轨道交通 1 号线各个车站站厅与地面连接通道的楼扶梯能力均较为充足,但站台与站厅之间楼扶梯的能力容易出现拥堵瓶颈,导致相应区域长时间处于高密度状况,易引发安全事故。首先应通过客流引导的方式来均衡利用不同位置的楼/扶梯资源;或者应该加快自动扶梯的运转速度/效率;如果拥堵情况较为严重,则应该通过展宽楼梯的方法来缓解压力。

6. 换乘通道设计

乌鲁木齐轨道交通 1 号线未来将与数条轨道交通线路形成换乘,其中不同线路之间的换乘不建议通过站台互通楼梯直接换乘(空间狭小,且客流冲突严重);如果通过站台互通楼梯直接换乘,则建议预留至少两个互通楼梯,且互通楼梯的宽度应不小于"站台—站厅"楼梯区的宽度(详见各车站导则)。

7. 站台宽度设计

站台宽度除参照标准规范的设计要求外,还应重点参考不同车站的特殊场景要求和周边的具体环境,为特殊情况的发生预留充足的站台空间(例如,八楼站、铁路局站、体育中心站、植物园站等车站,详见各车站导则)。

8. 站厅布局设计

站厅非付费区建议设计成连通形式,避免出现付费区将非付费区分隔成独立区域的现象(详见各车站导则)。

9. 设备资源统一调配

随着运营时间的增长,售票系统的平均服务时间会而呈现降低趋势,服务客流量会呈现增长趋势,各个车站所需要的售票设备"有增有减",轨道交通运营方应根据实际需求,进行不同时期,不同车站之间售票设备的统一调配和更新改造。

10.2.6 行人行为策划仿真分析——以八楼站为例

1. 区位、功能特征

八楼站位于乌鲁木齐沙依巴克区,处于轨道交通 1 号线的中间位置,是轨道交通 1 号线重要站点之一,同时也是轨道交通 1 号线和轨道交通 2 号线的换乘站点。目前站点周边区域基本都已发展成熟。

2. 行人基本属性

八楼站客群主要以中青年上班族为主，家庭收入处于中等水平，周边客群消费能力处于中等水平，汉族比例较高，外来人口较多，学历水平较高。

3. 行人服务需求

八楼站的行人服务需求特征如下：

（1）本站乘客出行需求以学习办公为主，另有部分休闲娱乐、餐饮消费出行；

（2）本站乘客对所处街道方位和名称信息，以及周边标志性建筑物信息需求较高，应布设更多的相关标志；

（3）本站乘客最期望的换乘衔接方式为步行，其次为普通公交，其他换乘方式需求较小；

（4）本站乘客对公共空间/设施的需求包括运动健身，休闲散步，规划层面应着重考虑该类公共空间/设施；

（5）该站点客群希望地下商业发展中档或中高档的便民服务、餐饮美食、购物、休闲娱乐等，并在地上发展中档或中高档的综合购物中心。

4. 车站仿真

传统的标准化车站设计方法不能全面考虑不同地域行人行为特性，以及具体车站特殊的客流特征、车站结构特征、功能定位等个性条件，最终导致了各类车站基本服务问题的产生与蔓延。因此，为维护城市轨道交通日常运营的持续，采用客流仿真技术，鉴于不同场景特点，预测并改进城市轨道交通车站客流的运营服务水平，能够为车站空间的个性化设计、服务能力的协调配置、不同条件下的客流组织和运营管理工作提供依据。

首先，在乌鲁木齐轨道交通 1 号线设计方案的基础上，进行站内行人仿真分析，重点研究常态、应急等不同场景下安检处、购票处、检票处、站厅、站台、楼梯通道的客流服务能力，以及不同场景条件下客流组织与运营管理工作等。然后，对设计和组织方案的仿真结果进行评价，依次判定方案中的瓶颈点和问题，提出优化改进方案，并进一步仿真直到得到系统均衡的方案。最后，根据评价结果和优化方案得出各个轨道交通站点具体的导则与指引。

1）仿真场景一（初期基础模型）

设置初期常态场景（工可数据＋综合开发）的客流、列车运行等输入数据，开展相应的仿真分析。

（1）车站平面布局

八楼站出入口与平面布局如图 10-2 所示。

（2）车站流线分析

车站流线分析如图 10-3 所示。

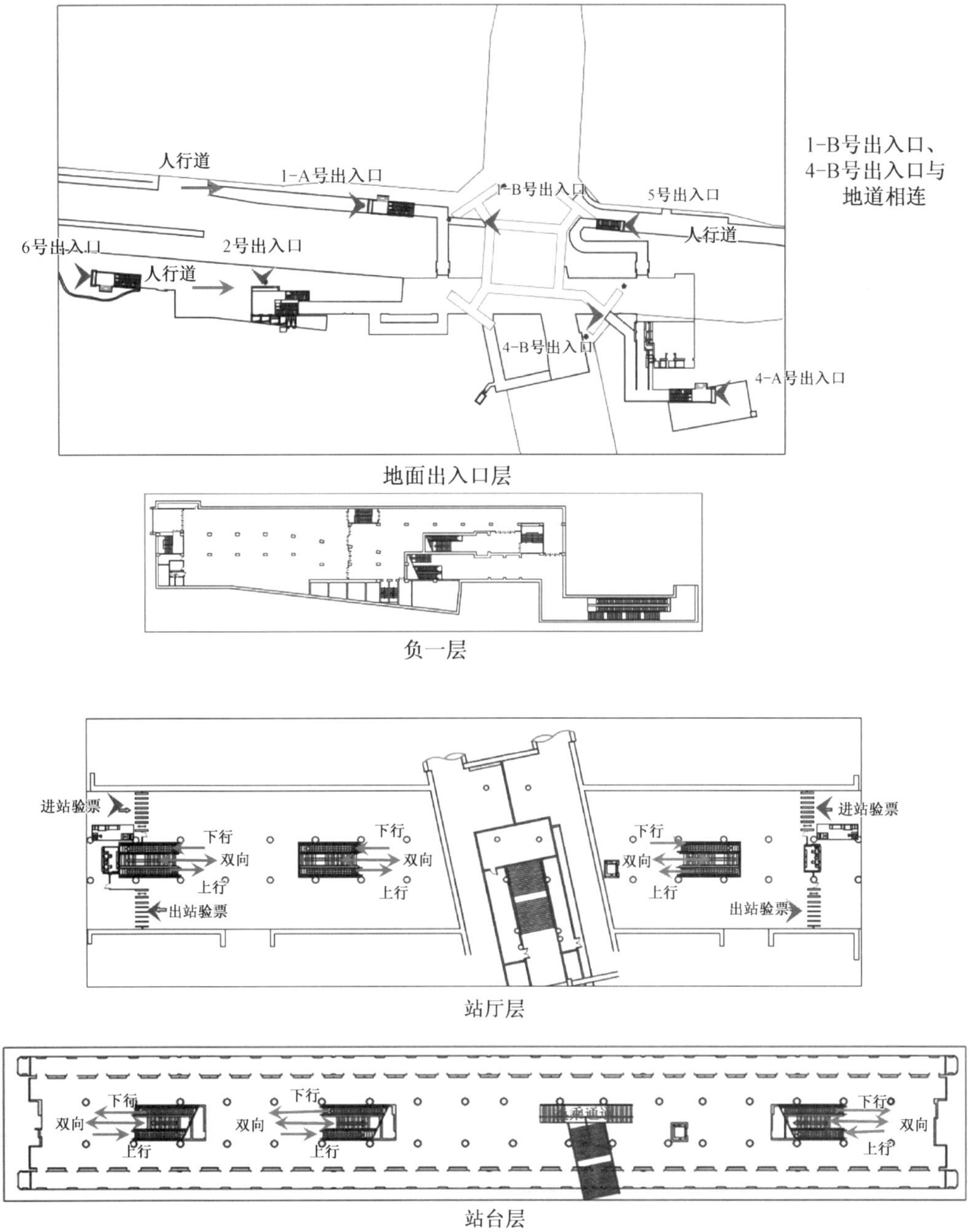

图 10-2 八楼站出入口与平面布局

结论:站厅层东西不互通,给进出站乘客带来不便(进站乘客难以利用对面进站闸机,容易引发进站能力不足等问题;出站乘客如果反向出站必须经过绕行方能到达目的地)。

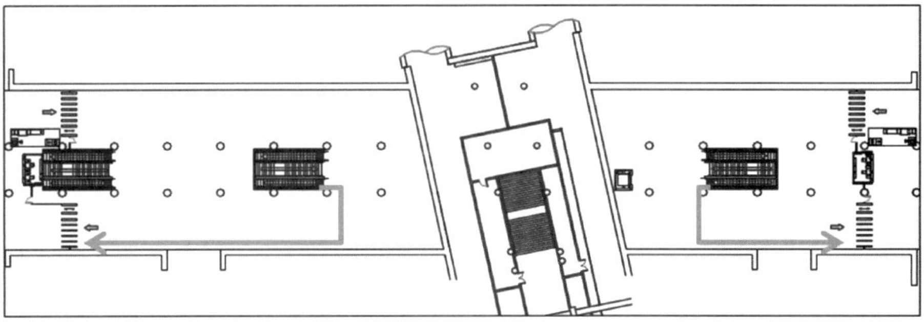

站厅层

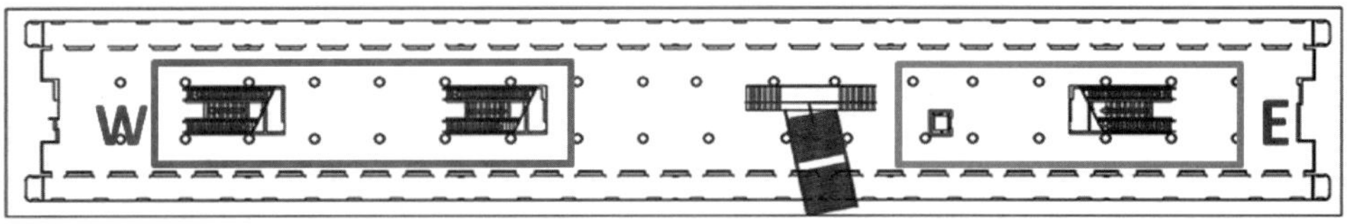

站台层

图 10-3　场景一流线分析

建议：加强站台层出站乘客的引导。

(3) 安检空间分析

安检空间分析如图 10-4 所示。

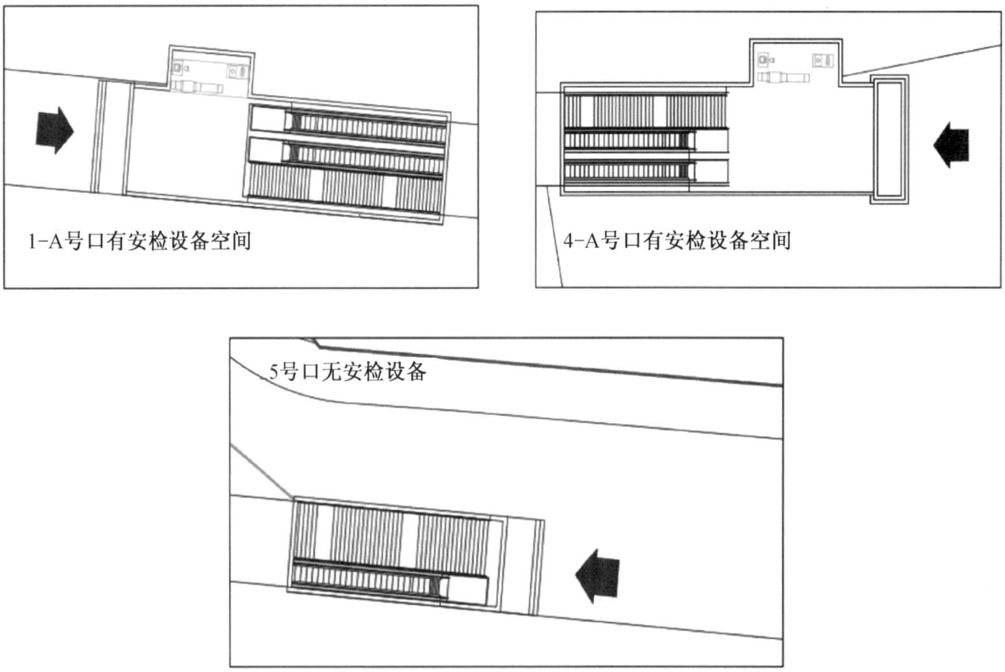

图 10-4　各出入口安检空间分析

结论:5 号口无安检设备空间,建议优化相关设计。

(4) 安检能力分析

安检能力分析如图 10-5 所示。

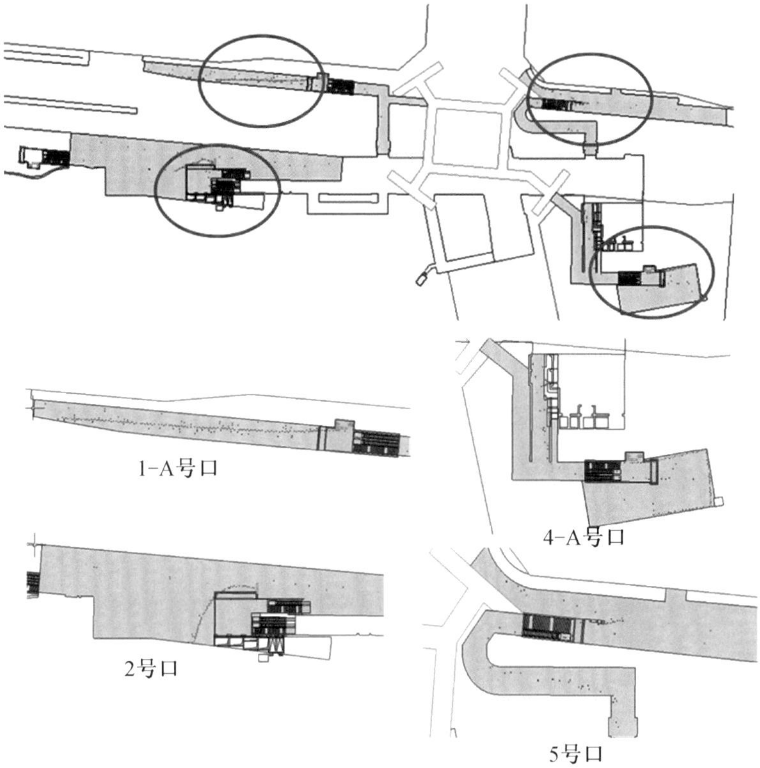

图 10-5 各出入口安检能力分析

结论:各个出入口安检能力不足。

建议:增加安检设备。

2) 仿真场景二(初期优化模型)

基于场景一的问题分析,进行如下方案的优化,并开展优化仿真(图 10-6)。

(1) 1-A 号口、2 号口、4-A 号口、5 号口各增加 1 台安检设备(分别变为 2 台安检设备)。

(2) A 号口:2 台。

(3) 2 号口:2 台。

(4) 4-A 号口:2 台。

(5) 5 号口:2 台。

结论:各出入口安检能力充足,但是各上行扶梯服务能力不足,出现橙色瓶颈现象。

建议:加强对上行楼梯使用的引导。

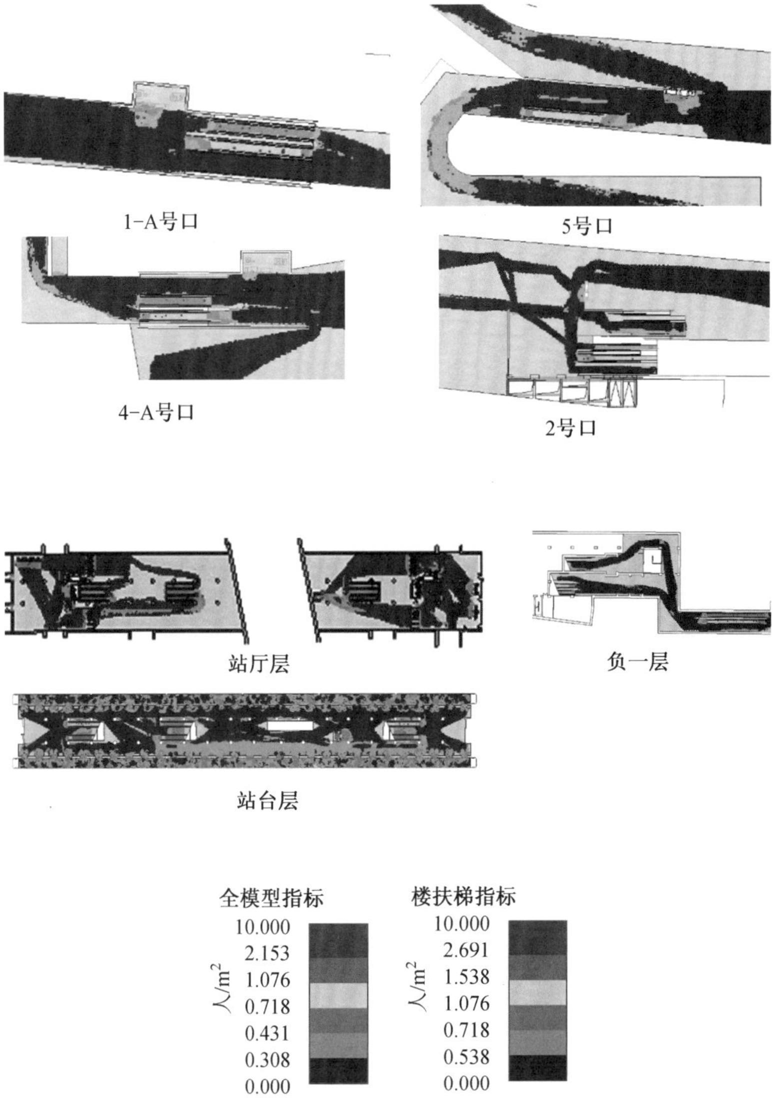

图 10-6　初期优化仿真分析

3）仿真场景三(初期列车同时到站模型)

设置初期列车同时到站场景(上下行列车同时到站)的客流、列车运行等输入数据，开展相应的仿真分析(图 10-7)。

结论:各出入口安检能力充足,但是各上行扶梯服务能力不足。

建议:加强上行楼梯的引导,充分利用楼梯资源。

4）仿真场景四(近期模型)

设置近期基础场景的客流、列车运行等输入数据,开展相应的仿真分析。

场景设置:①人工购票、自动购票、验票效率均提高;②打开 1-B 号口、4-B 号口;③安检在外。

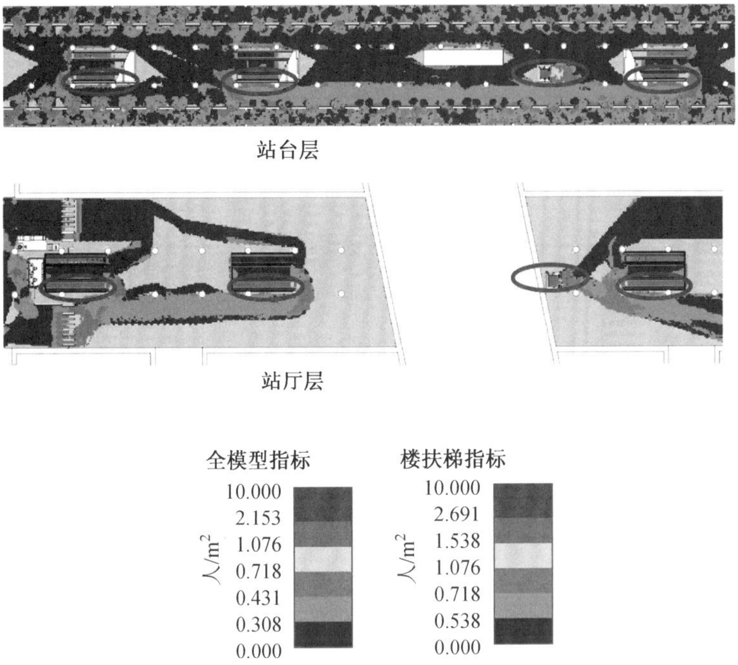

图 10-7 列车同时到站模型分析

(1) 安检空间分析

出入口安检空间分析见图 10-8。

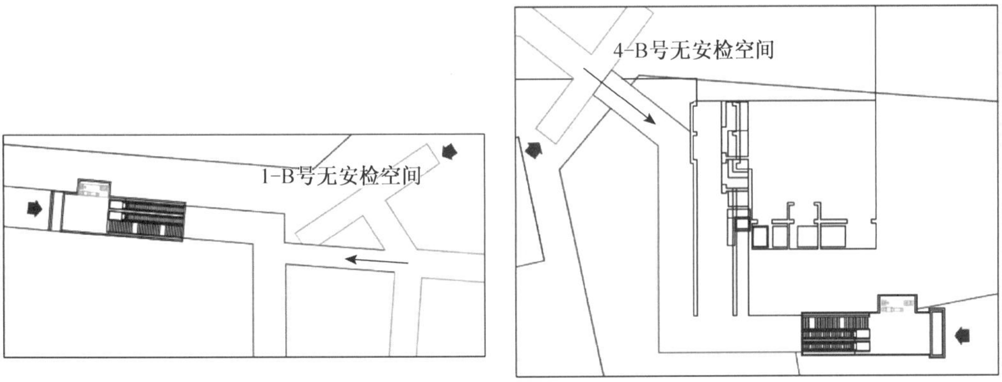

图 10-8 出入口安检空间分析

结论:与地道相连出入口 1-B 出入口、4-B 出入口无安检设备布设空间。

建议:在 1-B 号口、4-B 号口增加安检设备空间。

(2) 安检能力分析

出入口安检能力分析见图 10-9。

结论:地面出入口安检设备能力不足。

建议:增加安检设备。

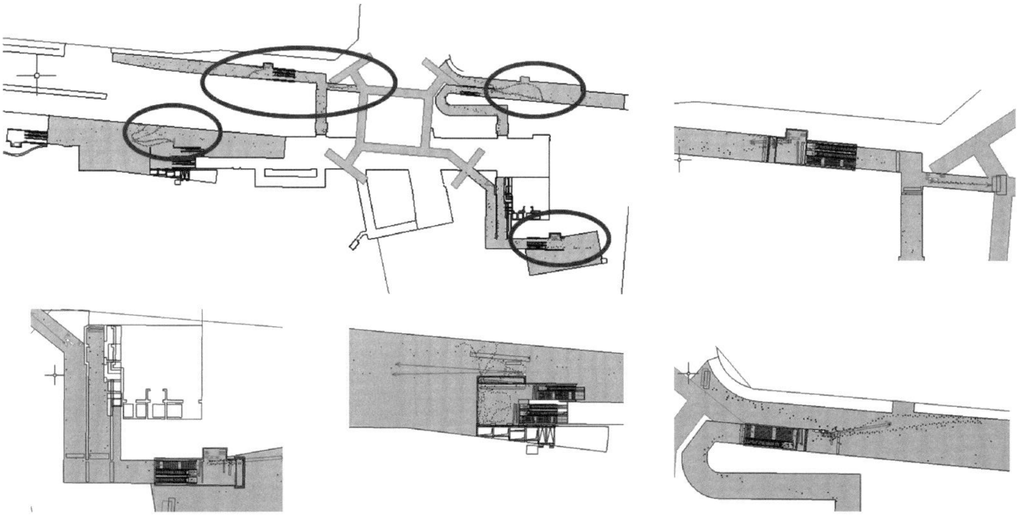

图 10-9　出入口安检能力分析

5) 仿真场景五(近期优化模型)

基于场景四的问题分析,进行如下方案的优化,并开展优化仿真(图 10-10)。

(1) 1-A 号口、1-B 号口、2 号口、4-A 号口、5 号口各增加 1 台安检设备;

(2) 1-A 号口:3 台;

(3) 1-B 号口:2 台;

(4) 2 号口:3 台;

(5) 4-A 号口:3 台;

(6) 4-B 号口:1 台;

(7) 5 号口:3 台。

1-A、1-B号口　　2号口　　4-A号口　　5号口

图 10-10　近期优化方案仿真分析

结论:安检设备多,站内空间不足,不建议安检内移。

6) 仿真场景六(远期基础模型)

设置远期基础场景的客流、列车运行等输入数据,开展相应的仿真分析。

(1) 站内整体服务水平

利用 Graphs 分析指标,分析远期站内的整体服务水平(图 10-11),可以发现,站内人数随着时间的推移快速上升,服务水平急剧降低(红色服务水平比例快速升高)。

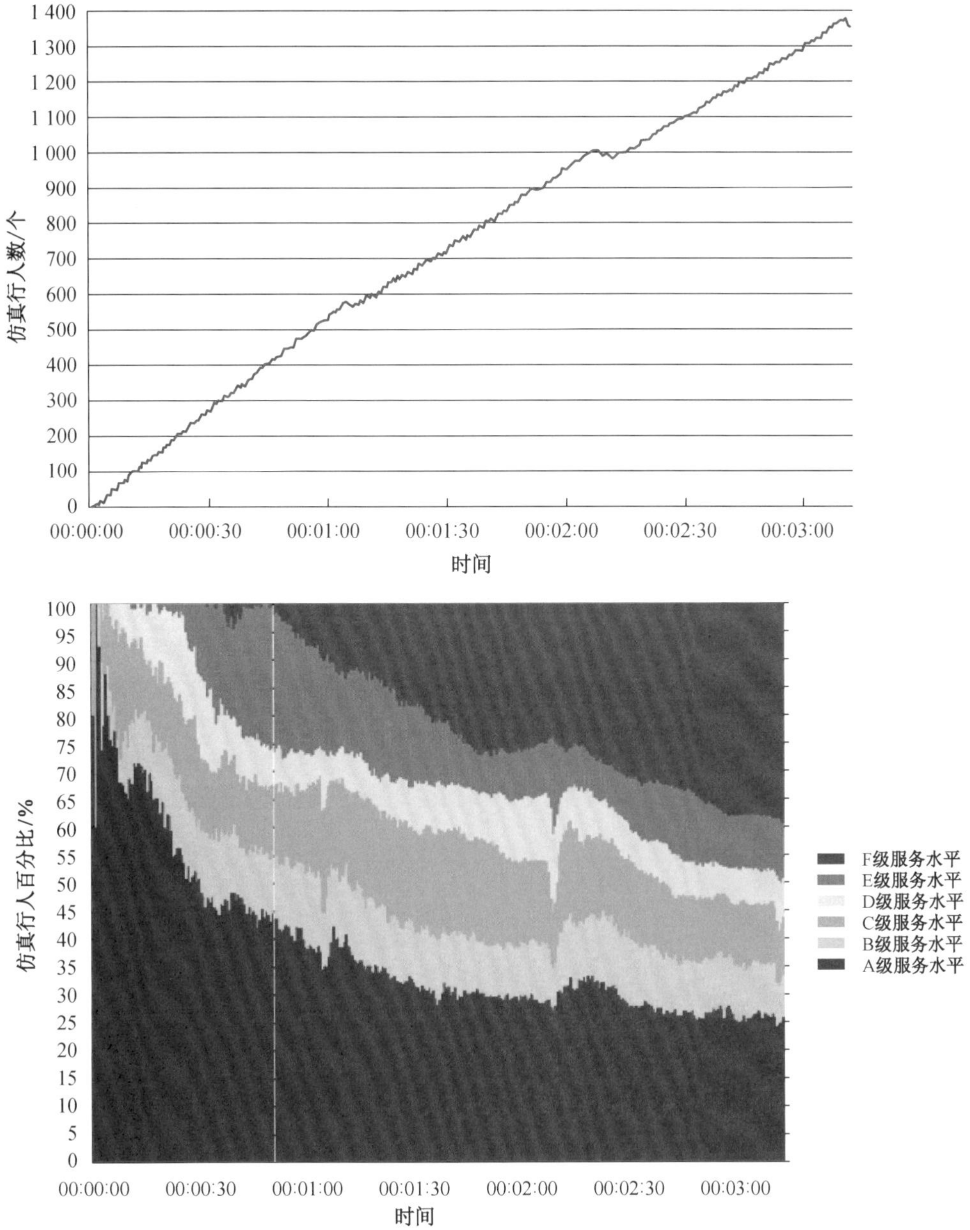

图 10-11　远期站内整体服务水平分析

结论:站内人数剧增,E 级、F 级在扩大,车站服务能力严重不足。

(2) 拥堵节点分析

基于车站整体服务能力不足的结论,进一步查找站内的关键服务瓶颈(图 10-12)。

结论:远期换乘量大,现有的换乘通道难以满足需求。

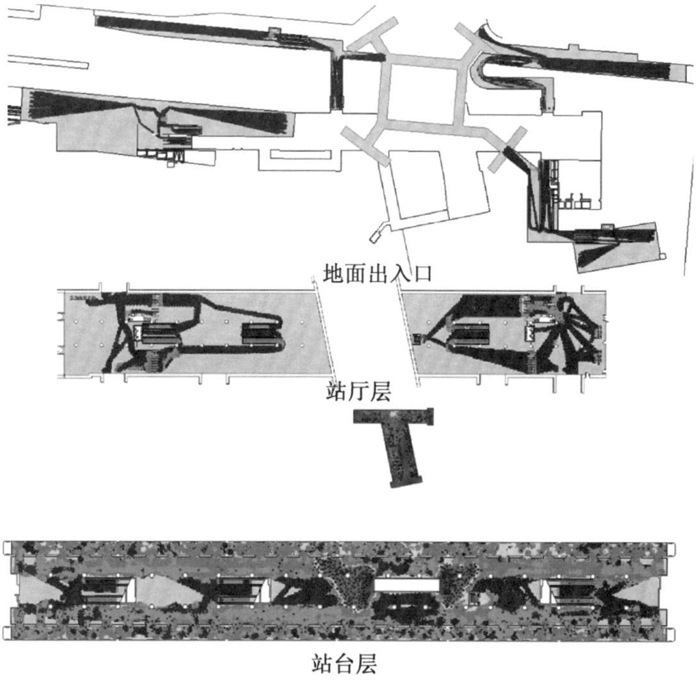

图 10-12　站内服务瓶颈分析

7）仿真场景七（远期优化模型）

基于场景六的问题分析，进行如下方案的优化（图 10-13），并开展优化仿真（图 10-14）。

（1）对换成通道进行拓宽；

（2）合理进行交通组织。

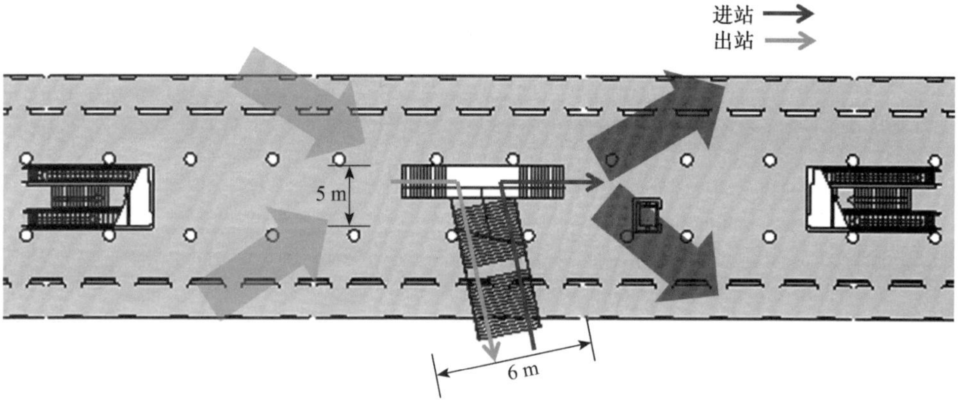

图 10-13　换乘通道优化方案

结论：站内乘客数较稳定，虽有排队、拥挤现象，但可以正常消散。

建议：整体服务水平较低，建议改变站台换乘模式。

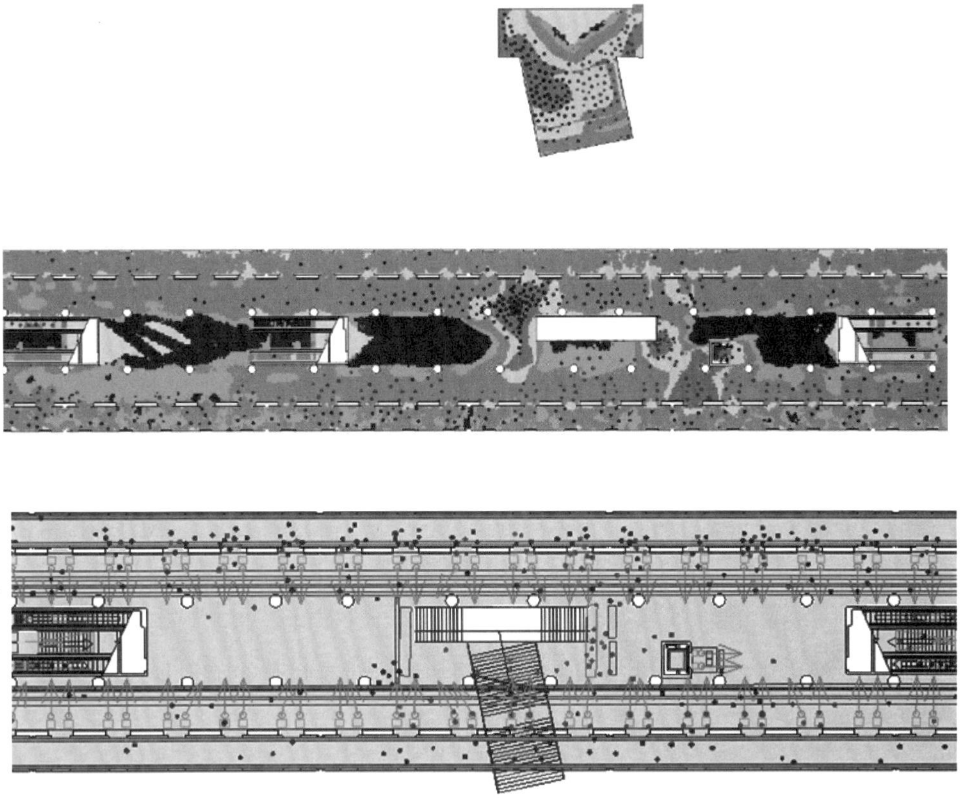

图 10-14 车站优化仿真分析

8) 仿真结论

整合上述的各类仿真结论,可以得到该站整体的分时期(初、近、远期)优化建议:

(1) 初期

问题 1:4 个出入口安检能力不足。例如,1-A 号口,2 台;2 号口,2 台;4-A 号口,2 台;5 号口,2 台。

问题 2:2 号口、5 号口没有考虑安检设备空间设计。

建议:调整设计,增加 2 号口、5 号口的安检设备布局空间。

问题 3:站厅层南北不互通(因换乘分割),给出站乘客带来不便。

建议:加强站台层乘客出站的引导,防止从反向出站闸机出站。

问题 4:列车同时到站情况下,站台上行楼扶梯服务水平较低。

建议:应加强引导充分利用楼梯资源。

(2) 近期

问题 1:4 个出入口安检能力不足。例如,1-A 号口,3 台;1-B 号口,2 台;2 号口,3 台;4-A 号口,3 台;4-B 号口,1 台。

问题 2:1-B 出入口、4-B 出入口无安检设备布局空间。

建议:在 1-B 号口、4-B 号口增加安检设备空间。

(3) 远期

问题:站台换乘通道严重拥堵,功能瘫痪。

建议:对换乘通道进行拓宽;加强换乘引导与秩序管理。

换乘通道优化后,可基本满足换乘需要,但服务水平较低,建议改变站台换乘模式。

10.3 综合开发策划专题

综合开发策划专题将研究轨道交通线网对沿线及站点周边土地合理利用方式,促进以站点为中心的综合交通枢纽形成,引导轨道沿线控制性详细规划编制,协调城市空间规划的优化与土地利用的发展。

通过轨道交通沿线现有规划与建设情况等调研,借鉴国内外城市轨道综合开发经验,利用先进理念分析并优化轨道交通沿线土地利用,提出轨道交通各站点周边的发展定位和发展策略。并针对示范站点周围地块合理利用进行重点研究,梳理出开发潜力地块。结合综合开发的投入与收益,提出轨道交通 1 号线综合开发所需的支持政策与实施建议。为后续乌鲁木齐轨道交通沿线土地一体化综合开发的全面实施提供指导和依据。

10.3.1 轨道交通沿线调研和土地梳理

1. 轨道交通沿线调研

通过调查研究乌鲁木齐宏观经济、政策状况以及轨道沿线社会、经济、人口、产业特征,分析轨道沿线区域房地产市场状况,包括住宅、商业、办公楼、城市更新项目、土地市场等,收集整理与轨道交通沿线站点有关的项目选址意向、土地储备、整理、出让情况、土地规划意向及分布、规划管理动态信息和相关部门的规划设想,编制分类调查统计表。

2. 沿线重点地块梳理

基于总体研究、市场调研,通过对轨道沿线土地开发条件与土地价值等的梳理,分析各站点周边的用地现状、土地用途、建筑密度、容积率等开发设计条件,根据现有土地资源、土地权属概况及土地利用规划,对轨道沿线潜在合适地块进行适宜性校核和评级,通过系统的模型对所有潜在合适地块进行开发潜力的高低排序,确定轨道沿线可进行"轨道+物业"综合开发的潜在重点地块。

调查轨道交通 1 号线一期站点周边土地利用现状,包括站点区位、站点周边用地性质、开发强度,以及不同性质用地的开发价值,从适宜的出行距离、轨道站点对周边办公、商业、居住用地开发价值的贡献、站点周边土地强度和空间结构的演替以及"宜居宜业"的规划角度,提出轨道交通 1 号线一期土地重点控制范围。乌鲁木齐轨道交通 1 号线沿线潜力地块如表 10-2 所示。

表 10-2　乌鲁木齐轨道交通 1 号线沿线潜力地块汇总

站点名称	地块编号	各地块面积/hm²	总面积/hm²	同步/hm²	规划用地属性	土地用途
三屯碑	1-01-01	1.07	5.85	1.07	公园绿地、公共交通场站用地	P+R
	1-01-02	0.58			公园绿地	商业零售
	1-01-03	0.59			城市道路用地	
	1-01-04	1.90			交通枢纽用地、办公用地	商业办公
	1-01-05	0.57			供水用地	居住
	1-01-06	1.14			供水用地	
二道桥	1-03-01	0.35	0.35	0.35	文化设施用地	商业零售
南门	1-04-01	0.62	2.16	0.62	广场用地	商业办公
	1-04-02	0.35			居住商业混合用地	
	1-04-03	1.03			金融保险用地	
	1-04-04	0.16			城市道路用地、商住用地	商业零售
北门	1-05-01	2.14	2.14		城市道路用地	
新兴街站	1-06-01	0.36	0.62		城市道路用地	
	1-06-02	0.26			市政设施公共用地	居住
南湖广场站	1-07-01	0.26	0.26		文化娱乐用地	商业办公
南湖北路站	1-08-02	3.2	3.20		居住用地	
王家梁站	1-09-01	2.64	20.96		居住用地	居住
	1-09-02	5.02			居住用地+供燃气用地	
	1-09-03	8.67			居住用地	
	1-09-04	3.76			居住用地	
	1-09-04	0.87			居住用地	
八楼站	1-10-01	1.16	1.36	1.16	广场用地、商业用地	商业办公零售
	1-10-02	0.2			公园绿地	
北京南路站	1-11-01	0.44	0.44		商住用地	居住
小西沟站	1-13-01	0.22	0.22	0.22	市政公用设施用地	商业办公
铁路局站	1-14-01	2.19	5.72	2.19	医疗卫生用地、居住用地	居住
	1-14-02	0.28		0.28	城市道路用地	商业零售
	1-14-03	0.71		0.71	公园绿地	
	1-14-04	0.36			商业用地	商业办公
	1-14-05	2.18			商业用地	
体育中心站	1-15-01	3.14	12.84	3.14	居住用地	
	1-15-02	0.63		0.63	城市道路用地	商业零售
	1-15-04	8.26			商业用地+医疗卫生用地	居住
	1-15-05	0.81			体育场馆用地	商业零售

（续表）

站点名称	地块编号	各地块面积/hm^2	总面积/hm^2	同步/hm^2	规划用地属性	土地用途
迎宾路口站	1-17-01	9.67	16.87		居住	居住
	1-17-02	6.17			居住	
	1-17-03	1.03			商业用地	
三工站	1-18-01	15.94	49.54		商住用地、军事用地	
	1-18-02	15.78			商业用地、军事用地	
	1-18-03	17.82			文化娱乐用地、军事用地	
宣仁墩站	1-19-01	44.80	101.71		公共绿地	
	1-19-02	8.59			仓储用地	
	1-19-03	11.03			仓储用地	
	1-19-04	10.07			绿地、仓储用地	
	1-19-05	11.72			仓储用地	
	1-19-06	2.79			居住用地	
	1-19-07	7.17			居住用地	
	1-19-08	5.54			居住用地	居住
大地窝堡站	1-20-01	31.91	56.95		仓储用地	
	1-20-02	18.17			工业用地	商业办公
	1-20-03	6.87			工业用地	
总计		405.05	405.05	134.23		

10.3.2 轨道交通沿线土地利用发展策略

1. 轨道交通1号线站点层级体系构建与发展策略

参考国内外研究成果，结合轨道交通运营的实际需求，基于乌鲁木齐城市空间发展策略，构建轨道交通1号线一期沿线站点层级体系与发展策略，提出能够满足乌鲁木齐市土地一体化开发利用的站点层次体系构建建议。

结合住建部的相关导则，根据城市总体规划确定的中心区人口规模，将城市轨道线网等级分级。在此基础上，城市轨道的用地功能应与其交通服务范围及水平相匹配；城市公共交通服务水平高的轨道枢纽站和重要站点，应作为城市各级核心商业务服中心。枢纽站指依托高铁站等大型对外交通设施设置的轨道站点，是城市内外交通转换的重要节点，也是城镇群范围内以公共交通支撑和引导城市发展的重要节点，鼓励结合区域级及市级商业商务服务中心进行规划。中心站指承担城市级中心或副中心功能的轨道站点，原则上为多条轨道交通线路的交汇站。组团站是承担组团级公共服务中心功能的轨道站点,为多条轨道交通线路交汇站或轨道交通与城市公交枢纽的重要换乘节点。特殊控制站指位于历史街区、风景名胜区、生态敏感区等特殊区域,应采取特殊控制要求的站点。端头站指轨道交通线路的起终点站,应根据实际需要结合车辆段、公交枢纽等功能设置,并可作为城市郊区型社区的公共服务中心和公共交通换乘中心。上述站点以外的轨道站点可归为一般站。表10-3为乌鲁木齐轨道交通1号线现状开发强度及功能业态。

表10-3　　乌鲁木齐轨道交通1号线现状开发强度及功能业态

站　点	开发强度	描　　述
三屯碑站	高	南端起点及车辆基地,临近长途客运站,适宜发展中转消费商业
新疆大学站	中	教育文化站点,以沿街和地下快速消费商业为发展方向
二道桥站	中	现有民族特色站点,既有商业的地下适度延伸
南门站	高	乌鲁木齐南部商业、金融、交通中心,立体式、地标式商业综合体
北门站	中	与南门进行经济融合
新兴街站	中	靠近红山商业圈,处在雅山—红山—水塔山景观轴
南湖广场站	中	市政府所在地,商务消费型的地下商业
南湖北路站	高	事业机关站点,商务消费型的地下商业
王家梁站	高	居住生活站点,与现有商业衔接的快速消费型地下商业
八楼站	高	受友好商圈辐射影响
大西沟站	中	居住生活站点,与现有商业衔接的快速消费型地下商业
中营工站	中	居住生活站点,与现有商业衔接的快速消费型地下商业
小西沟站	中	区域商业居住站点,快速消费型地下商业与潜在办公开发
铁路局站	高	北部行政商业中心,立体式、地标式商业综合体,收铁路局商圈影响
体育中心站	高	文化体育站点,体育产业链相关物业的地上地下开发
植物园站	高	旅游景观站点,存在一定的地下商业开发空间
迎宾路口站	中	工业居住站点,地下商业开发与地上居住、办公的开发
三工站	高	机关居住站点,地下商业的适度开发
宣仁墩站	高	未来居住生活站点,地下商业的适度开发
大地窝堡站	高	交通商务型居住站点,视未来上盖开发类型而决定
国际机场站	中	交通枢纽站点,与机场商业衔接的地下商务消费型商业开发

2. 轨道交通1号线一期沿线土地利用发展策略

运用国内外先进的轨道交通与土地利用互动的模式与方法,对现状调研数据进行定量评估分析,对1号线一期各站点周边土地利用规划与站点设置匹配度进行量化评估。并根据量化评估结果,提出轨道交通1号线一期沿线站点的土地利用模式,提出轨道交通 1 号线一期沿线整体开发功能定位、分段功能布局及发展策略。表 10-4 为乌鲁木齐轨道交通 1 号线站点定位汇总。图 10-15 和图 10-16 分别是乌鲁木齐轨道交通 1 号线站点片区功能定位和乌鲁木齐轨道交通 1 号线交通功能定位。

表 10-4　　乌鲁木齐轨道交通 1 号线站点定位汇总

车　站	站点类型	功能定位	交通定位	描　　述
三屯碑站	端头站（E 类）	片区服务中心	综合交通枢纽	南端起点及车辆基地，临近长途客运站，适宜发展中转消费商业
新疆大学站	一般站（F 类）	居住为主及商业服务	一般站	教育文化站点，以沿街和地下快速消费商业为发展方向
二道桥站	特殊控制（D 类）	文化风貌商业服务	一般站	现有民族特色站点，既有商业的地下适度延伸
南门站	中心站（B 类）	商业为主商务为辅	公共交通换乘枢纽	乌鲁木齐南部商业、金融、交通中心综合区，1 号、2 号线换乘站
北门站	中心站（B 类	商务为主商业为辅	一般站	与南门进行经济融合
新兴街站	一般站（F 类）	居住为主及商业服务	一般站	靠近红山商业圈，处在雅山—红山—水塔山景观轴
南湖广场站	组团站（C 类）	居住及行政服务中心	一般站	市政府所在地，商务消费型的地下商业
南湖北路站	一般站（F 类）	居住为主及行政服务	一般站	事业机关站点，商务消费型的地下商业
王家梁站	一般站（F 类）	居住为主及行政服务	一般站	居住生活站点，与现有商业衔接的快速消费型地下商业
八楼站	组团站（C 类）	片区服务中心	换乘站	受友好商圈辐射影响，1 号、3 号线换乘站
大西沟站	一般站（F 类）	居住及社区服务中心	一般站	居住生活站点，与现有商业衔接的快速消费型地下商业
中营工站	一般站（F 类）	居住为主及商业服务	一般站	居住生活站点，与现有商业衔接的快速消费型地下商业
小西沟站	组团站（C 类）	片区服务中心	一般站	区域商业居住站点，快速消费型地下商业与潜在办公开发
铁路局站	中心站（B 类）	市级公共中心	换乘站	乌鲁木齐北部行政商业中心，立体式、地标式商业综合体，1 号、4 号线换乘站
体育中心站	组团站（C 类）	居住及体育文化中心	一般站	文化体育站点，体育产业链相关物业的地上地下开发
植物园站	一般站（F 类）	居住、商贸及景观服务	换乘站	旅游景观站点，存在一定的地下商业开发空间，1 号、5 号线换乘站
迎宾路口站	一般站（F 类）	居住为主及商业服务	一般站	工业居住站点，地下商业开发与地上居住、办公的开发
三工站	组团站（C 类）	片区商务中心	一般站	机关居住站点，地下商业的适度开发

(续表)

车 站	站点类型	功能定位	交通定位	描 述
宣仁墩站	组团站 (C 类)	片区服务中心	换乘站	未来居住生活站点,地下商业的适度开发,1 号、6 号线换乘站
大地窝堡站	一般站 (F 类)	居住及社区服务中心	一般站	交通商务型居住站点,视未来上盖开发类型而决定
国际机场站	枢纽站 (A 类)	市级公共中心	综合交通枢纽	与机场枢纽商业衔接的地下商务消费型商业开发,1 号、5 号线换乘站

图 10-15 乌鲁木齐轨道交通 1 号线站点片区功能定位

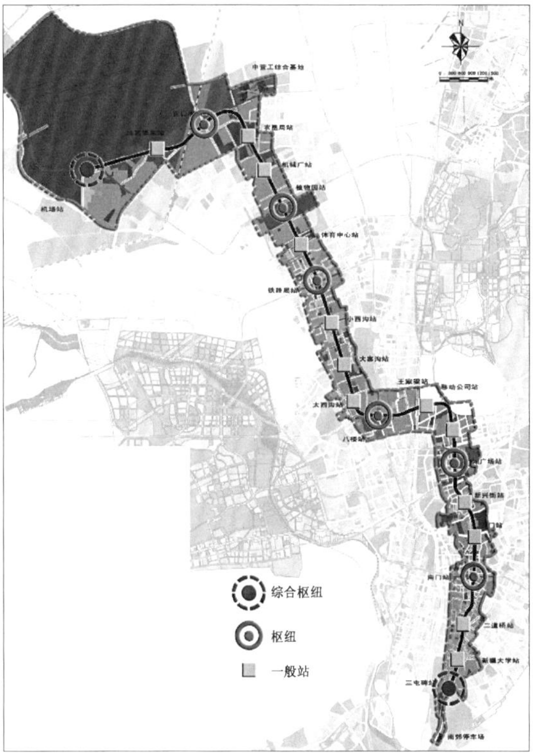

图 10-16 乌鲁木齐轨道交通 1 号线站点交通功能定位

10.3.3 轨道交通沿线站位和规划调整建议

在发展策略的指导下,结合站点建设开始时序、站点土地开发影响范围、工程实施的技术条件、交通组织规划、公共服务设施规划、开发方案的经济可行性等方面,对站位和规划提出相关调整建议,如表 10-5、图 10-17 所示。从土地利用的实际出发,确保用地性质及规划建设量符合站点地区的服务能级,通过适当的用地调整及容积率提升,提高土地收益,促进轨道交通带来的土地升值效应得到更充分的发挥。增强轨道交通站点与城市中心体系的耦合度,加大轨道站点影响区开发聚集度,为轨道交通提供更稳定的客流。

表 10-5　　　　　　　轨道交通 1 号线涉及用地调整站点及调整方式

编号	名称	将外围公共设施用地向站点集聚	增加公共设施用地	开发地下空间	提高容积率
1	三屯碑站	•	—	•	—
2	南门站	—	•	•	•
3	北门站	—	•	•	•
4	王家梁站	•	—	—	—
5	八楼站	•	—	•	—
6	铁路局站	—	•	•	—
7	体育中心站	•	—	•	—
8	迎宾路口站	•	—	•	—
9	燕儿窝停车场	•	—	—	•
10	百园路车辆段与综合维修基地	•	—	—	•

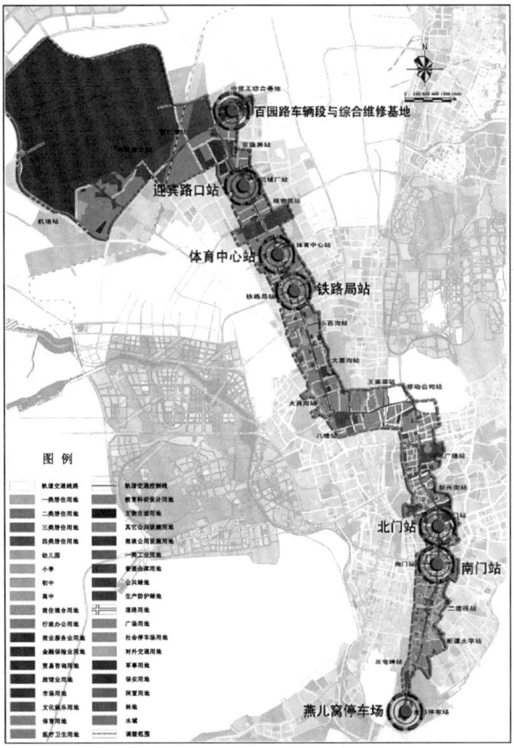

图 10-17　轨道交通 1 号线涉及用地调整站点分布图

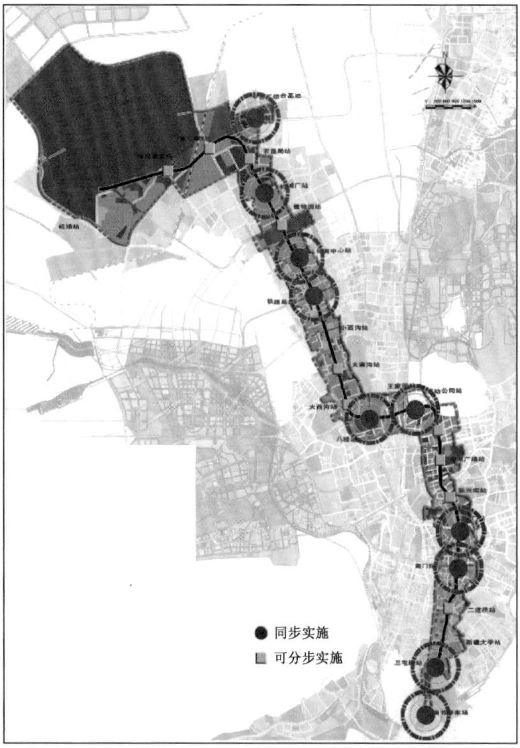

图 10-18　轨道交通 1 号线站点周边用地开发时序

特别要强调的是,部分车站受轨道交通建设、城市用地规划影响大,调整后的站位和规划需要在建设条件允许的情况下同步施工,否则可能失去开发的机遇如图 10-18、表 10-6 所示。

表 10-6 轨道交通 1 号线站点周边用地开发时序

站点定位	站点名称
同步实施站点	三屯碑站、二道桥站、南门站、八楼站、小西沟站、铁路局站、体育中心站、燕儿窝停车场、百园路车辆段与综合维修基地
可分步实施站点	北门站、新兴街站、南湖广场站、南湖北路站、王家梁站、大西沟站、中营工站、植物园站、迎宾路口站、三工站、宣仁墩站、大地窝堡站

10.3.4 土地开发价值评估

1. 一级开发收益估算

土地一级开发成本主要包括土地补偿费、安置补助费、地上附着物补偿费、征地动迁费以及其他税费等,根据乌鲁木齐市征地补偿相关标准以及专业化市场评估、收储土地的预期开发价值进行调整优化。初步估计沿线可进行土地一级开发的地块共计约 405 hm^2。经估算,沿线土地一级开发总体土地开发价值 405 亿元,净收益 107 亿元,如表 10-7 所示。

表 10-7 沿线物业综合开发一级收益估算简表

站点名称	开发价值/亿元	开发净收益/亿元	站点名称	开发价值/亿元	开发净收益/亿元
三屯碑站	11.99	4.39	小西沟站	0.13	0.03
二道桥站	0.76	0.25	铁路局站	13.31	4.03
南门站	10.96	4.21	体育中心站	29.13	9.89
北门站	1.20	0.31	迎宾路口站	17.54	1.29
新兴街站	0.92	0.07	三工站	58.66	16.00
南湖广场站	0.57	0.18	宣仁墩站	128.15	36.39
南湖北路站	6.36	1.32	大地窝堡站	42.37	4.90
王家梁站	47.05	14.37	燕儿窝停车场	10.38	2.70
八楼站	2.63	0.89	百园路车辆段与综合维修基地	24.65	5.73
大西沟站	0.50	0.07			
总计	开发价值 404.63 亿元		开发净收益 107.01 亿元		

2. 二级开发收益估算

土地二级开发成本指标主要包括拿地成本、建安成本、管理费用、财务费用。拿地成本根据一级开发销售价格进行测算，建安成本根据经验数据并考虑不同物业类型进行测算，其他均按照经验值进行微调，管理费用率为3%，财务费用按照25%自有资金、75%借贷资金、利率假设每年4.9%计算。销售收入指标主要包括销售价格、租金、租金增长率、空置率。销售价格和租金均来自于实地调研数据，参照周边可比类型物业的销售价格和物业。

其他假设条件：①财务分析是基于稳健角度分析项目财务价值；②假设写字楼及商业的租金年增长率为乌鲁木齐市近几年市场均值，写字楼出租率和商业出租率均设定一定比例；③假设居住物业全部销售，销售时间根据不同地块规模进行分期；商业、办公物业全部持有，收益期按照一定年限计算。

经估算，沿线土地二级开发总建筑面积约700万 m^2，开发累计净收益约为312亿元。从地块可得性考虑，假设最终开发面积占总面积的一定比例，则地块二级开发累计净收益约47亿元，如表10-8所示。

表10-8　沿线物业综合开发二级收益估算简表

站点名称	二级开发净收益/亿元	站点名称	二级开发净收益/亿元
三屯碑站	5.39	大西沟站	0.96
二道桥站	1.83	铁路局站	20.49
南门站	18.42	体育中心站	12.58
南湖广场站	0.51	迎宾路口站	14.13
南湖北路站	7.19	三工站	47.54
王家梁站	23.40	宣仁墩站	83.21
八楼站	41.46	大地窝堡站	34.82
总计	累计净收益311.93亿元，可得地块二级开发累计净收益约47亿元		

10.3.5　示范站点城市设计概念方案

从城市更新的角度出发，结合上位规划和相关研究，结合轨道交通建设开发，力求实现南门站—北门站区域：城市形象更新、交通疏解通畅、经济效益最好、地下网络贯通、施工影响最小、景观环境提升、保证建设工期、完善复合功能。

1. *城市形象更新*

南门站—北门站结合旧城改造和轨道交通建设，力求改变旧的城市面貌，从南门—北门等多个方向的空间系统入手，创造乌鲁木齐市新形象、新地标，使之成为乌鲁木齐市乃至西部地区城市更新的典范，成为轨道交通综合开发的典范，南门站区域城市设计效果如图10-19所示。

2. *交通疏解通畅*

方案保证了综合开发地块交通的顺畅：西南地块交通按照单行组织方式；车库出入口设在地块内部道路内；拓宽后的解放南路作为主要的北部进入地块交通的通道；地块

图 10-19 南门站区域设计效果图

南部交通在饮马巷—解放南路路口进入规划一路;开发地块离开交通从规划一路进入人民路后转换。东北地块内部道路为双向设置,进出车流通过解放北路车流和人民路进出地块,南门站区域交通组织方案如图 10-20 所示。

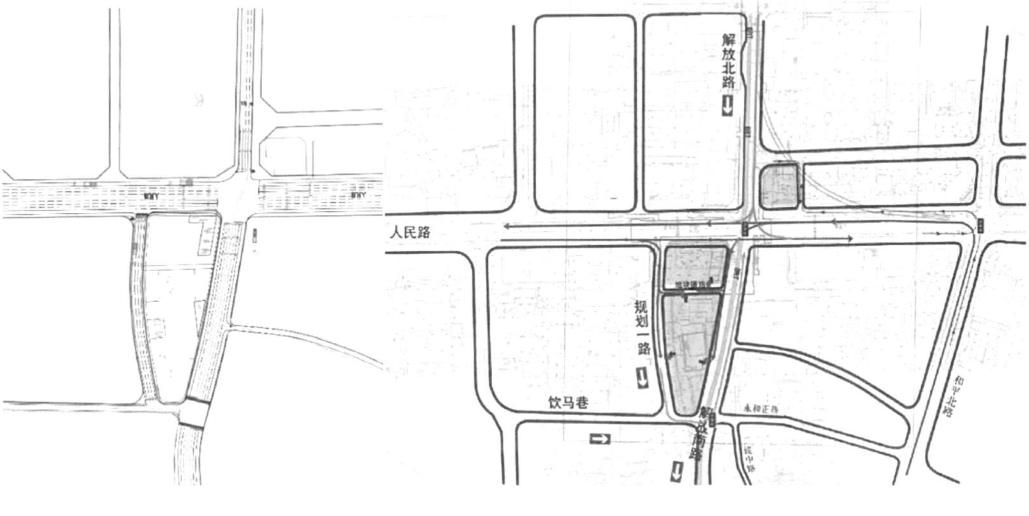

图 10-20 南门站区域交通组织方案

3. 经济效益最好

根据地铁建设的需要，拆迁站点周边部分老旧建筑，通过综合开发，改造南门环岛，增加开发用地(面积约 6 100 m^2)，新建 4 个建筑体约 14 万 m^2 和地下商业街 1 万 m^2，未来拆迁与新建面积比为 1∶3 左右(即拆 1 建 3)，经济回报高。南门站城市设计拆迁最小化考虑如图 10-21 所示。

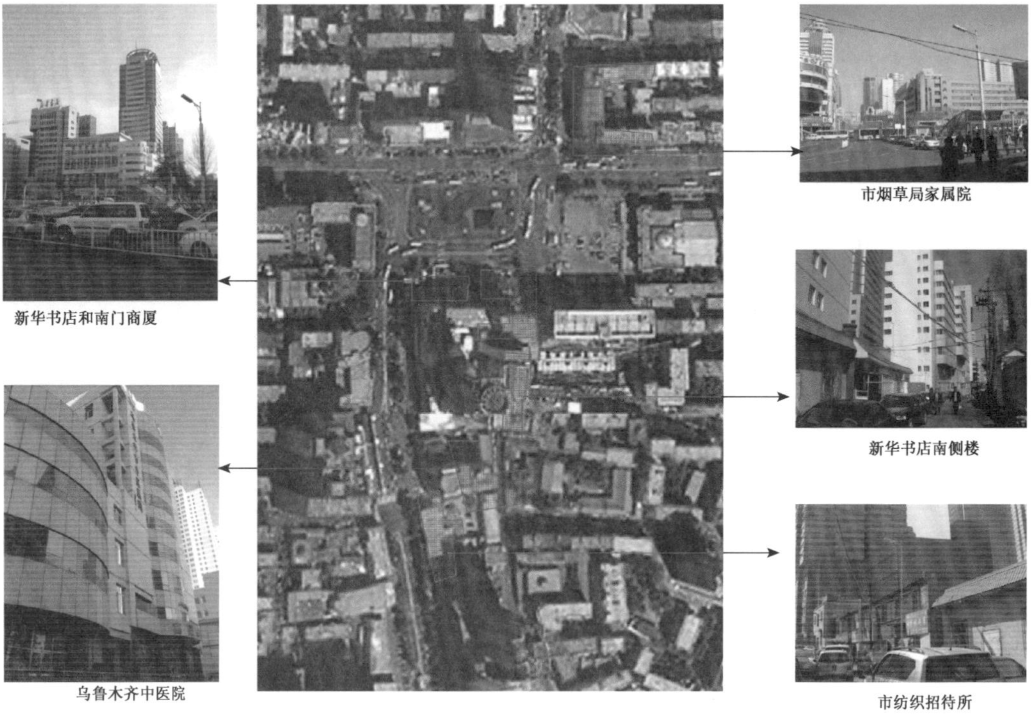

图 10-21　南门站城市设计拆迁最小化考虑示意图

4. 地下网络贯通

整合现有地下空间：如辰野地下街、南门地下街，优化地块下方与车站一体成为地下综合体，建设地下街城，南北门地下空间网络形成约 30 个出入口，实现人车分流，连通周边商业、停车等功能，重塑乌鲁木齐市南、北门核心街区形象，并提升地铁物业开发的投资回报。南门—北门站地下连通情况如图 10-22 所示。

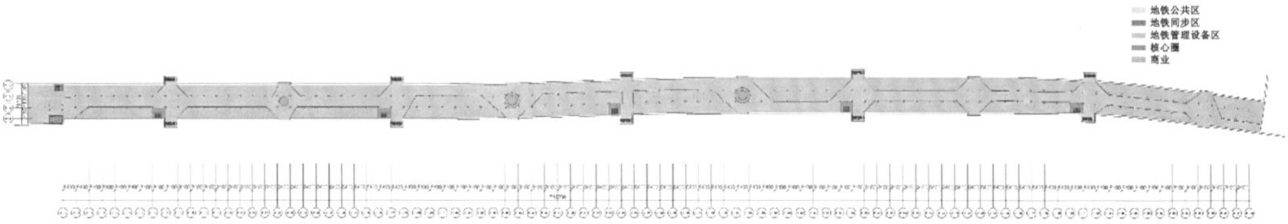

图 10-22　南门—北门站地下连通示意图

5. 施工影响最小

方案避开了 3 个高层建筑:农行大厦、亚鸿房产和宝亨商务港,2 个民族特色建筑:汉腾格里寺、陕西大寺。区间线路沿新建道路敷设,减小了对下穿高层建筑的影响,保证施工安全,且使施工对周边环境的影响最小。

6. 景观环境提升

梳理区域景观轴线,结合老旧建筑改造,提升文物保护建筑陕西大寺的周边品质,将其变为临街景观。地下综合开发实现人车分流,缓解了解放北路嘈杂、拥堵的路面情况,也使地面现有的杂乱停车有序进入地下。地下空间设计中引入流动空间、绿化庭院、阳光生态等理念,提升城市及道路形象。

7. 保证建设工期

结合地铁建设,与地铁建设密切相关的区域作为同步开发用地,其他区域作为分步改造提升区域。综合开发方案结合南门站地下空间的平面布局和竖向关系、南门站—北门站区间地下商业街的平面布局和竖向关系、北门站地下空间的平面布局和竖向关系,考虑与周边物业的衔接,在满足地铁车站的设置要求下,风井等非主体结构预留与地块建筑、景观结合设置条件,并做好与周边地块的接口预留和联系。建设可分期实施,完全不影响 1 号线车站建设,不影响地铁建设工期。

8. 完善复合功能

通过综合开发,考虑综合商业整体定位、地下商业整体定位、地下商业消费客群定位、综合商业定位投资客群分析、业态组合与消费客群分析等,使办公、居住、商业、停车等功能更加完善,如增加地下停车位约 300 个,缓解南门区域停车难。南门站—北门站开发整合情况如图 10-23 所示。

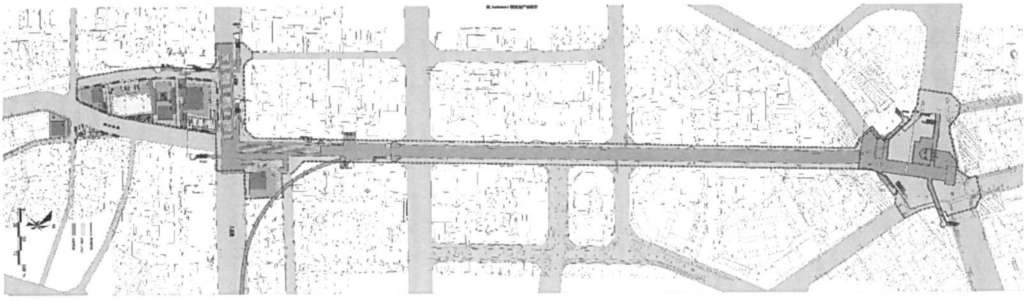

图 10-23 南门—北站开发整合总平面

10.4 空间环境策划专题

根据城市空间结构需求,无论是城市发展轴的形成、城市中心的发展,还是土地利用的优化都与轨道交通各站点周边区域的营造密切相关。而根据相关理论研究,要发挥轨道交通对于城市发展的引导作用,需要站点及其周边能够形成相对的区域中心,且符合以下四项要求：① 较高的开发强度；② 较高的功能混合；③ 宜人的慢行环境；④ 高效的公交体系。

其中，①，②两项通过综合开发策划研究确定，③，④两项则与空间环境密切相关。“宜人的慢行环境”需要一个舒适慢行的空间，而“高效的公交体系”需要一个高效的空间整合系统。本次策划的目标是通过空间环境的营造，打造“舒适慢行、高效整合”的轨道交通沿线城市空间。

10.4.1 技术路线

整个策划分为三部分内容，专题调研、空间模型作为两大辅助部分，对策划主体进行支撑。主体部分主要分为总体策划部分、分站点策划部分、运营管理策划及项目推进部分(图 10-24)。

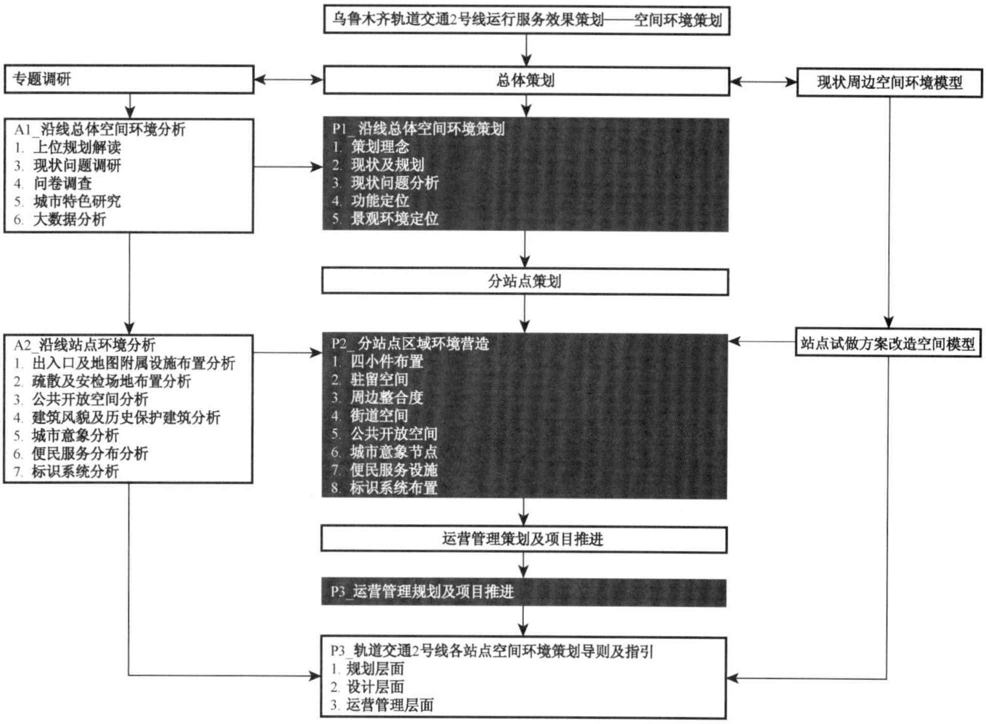

图 10-24 空间环境策划理念及技术路线

10.4.2 空间营造体系

1. 空间层次划分

第一层次：轨道交通实际占据的实体建筑空间，由地铁的地面附属设施组成，俗称“地铁四小件”，即风亭、冷却塔、出入口、垂直电梯。在城市街道原本就纷杂的环境中，置入多个实体建筑体块会对城市环境产生影响，需要尽可能整合布置。

第二层次：出入口周边空间，大致出入口周边 50 m 半径的范围，可以理解为轨道交通空间与城市空间的过渡区域。将其定义为“驻留空间”，主要通过对其进行设施及景观的人性化布置,鼓励市民的街头驻留交互行为,提升区域活力。该空间是与轨道交通关联最密切的城市活动空间,将直接关系到市民乘坐轨道交通的体验。

第三层次:轨道交通核心区范围的城市街道空间与公共开放空间。主要是以站体为中心的 300 m 左右半径范围内的城市街道和相连的绿地、广场。此类空间是影响区域活力及环境舒适度的主要城市外部空间。

第四层次:轨道交通影响区范围的城市空间。即以站体为中心 800 m 左右半径范围内的空间。根据站点区位、建筑特点、开发现状、功能定位的不同,对其整体城市风貌进行控制。

第五层次:全线空间。即轨道交通线路沿线 800 m 左右距离范围内的所有城市空间。在此范围内主要通过对于城市意象节点的控制研究,整合前述几个层次的空间,挖掘内涵,进行区域空间升华,明确站点特色,并实现城市意象节点在乌鲁木齐的区域性覆盖。

图 10-25 为乌鲁木齐轨道交通 1 号线站点周边空间层次划分示意图。

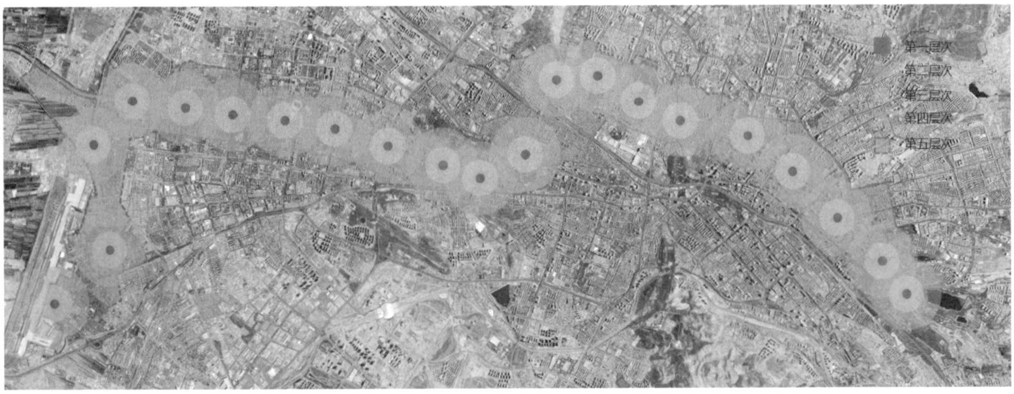

图 10-25 乌鲁木齐轨道交通 1 号线站点周边空间层次划分示意图

2. 空间整合系统

1) 站点地上空间整合度

(1) 区域慢行整合。与综合开发策划相衔接,主要范围是综合开发策划所确定的可开发地块内。通过分析周边地块的人流,设置公共通道,优化慢行网络,使居民出行得到便利。

(2) 交通标识整合。与交通一体化专题相衔接,以出入口周边空间,即驻留空间为研究范围,整合公交、出租车、非机动车、周边慢行目的地等的空间衔接。对于轨道交通出行者的出站和进站进行引导,保证轨道交通与综合交通相关空间的顺畅过渡。

(3) 便民服务整合。与商业物业专题相衔接,以出入口建筑和可开发地块为主要载体。即在站点范围内根据现状周边商业情况设置便民服务设施,提供便利早餐、报刊、小型便利店等商业服务,加强轨道交通配套相关服务,提升出行者的服务体验。

2）站点地下空间整合度

站点地下空间整合度，主要与综合开发策划相衔接，范围是城市公共用地及可开发地块地下空间。其目的是充分利用城市地下空间与轨道站点地下空间进行整合，并进一步形成城市地下网络，更好地营造站点区域中心。另外，同时与综合交通进行对接，考虑远期增设出入口扩大站点通道整合范围的情况，设置预留的地下连通口。

10.4.3 三阶段空间环境提升总体策略

通过空间营造体系的构建，明确空间划分及梳理其整合体系，进而提出层层递进的三阶段空间环境提升策略。图 10-26 为轨道交通 1 号线站点周边空间环境和策略图。

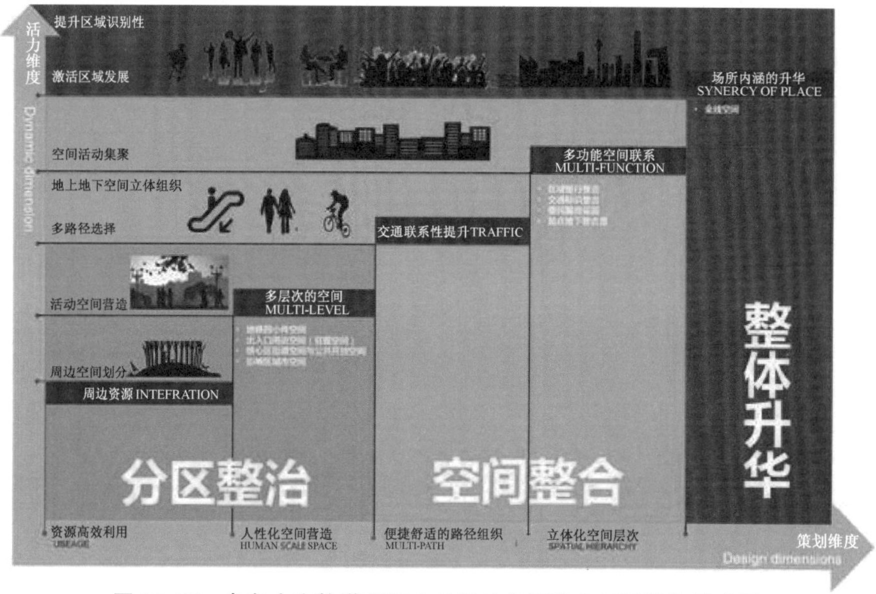

图 10-26 乌鲁木齐轨道交通 1 号线站点周边空间环境和策略图

第一阶段：分区整治。对于站点周边空间进行划分，在第一至第四层次的空间层次范围内，对地铁四小件空间、出入口周边空间（驻留空间）、站点核心区街道空间与公共开放空间、站点影响区城市空间，提出营造要求。

第二阶段：空间整合。通过区域慢行整合、交通标识整合、便民服务整合、地下网络整合等多个方面的系统打造，加强站点区域地上、地下整合度，有效链接空间资源。实现空间交通联系性提升，空间衔接多路径选择，地上地下空间的立体组织，营造便捷舒适的路径组织体系。

第三阶段：整体升华。在空间营造及整合的基础上，分析全线空间，结合各站点在整体城市中的布局位置及定位，通过标志建筑、文保单位、特色空间及自然景观的营造，加强城市意象节点，提高各站点的向心力，形成区域中心及特色，升华区域内涵，引导城市发展。

1. 第一阶段:分区整治

第一层次:地铁四小件空间

地铁四小件作为交通功能的地面附属设施,不应过于突出而影响到城市整体空间环境。因而其设置应遵循以下两大原则:

(1) 位于开发地块的地面附属设施应与地块内建筑结合设置。如果由于开发时序的原因无法同步进行,则可以先设置临时出入口,预留未来连接的地下连通接口。

(2) 风亭、冷却塔、出入口、垂直电梯等四小件应尽可能整合设置,规整形状,减小对城市环境的影响。

第二层次:出入口周边空间(驻留空间)

(1) 从空间的纵向分层上

将驻留空间划分为 3 个区间,分别是:

① 严控区:范围是出站口 0~20 m 区间,保证该区间的安全有序为主要前提。

② 衔接区:范围是出站口 20~50 m 区间,该区域即轨道空间与城市空间的主要衔接区,同时也是公共交通衔接区域。

③ 过渡区:范围是出站口 50~100 m 区间,范围以外即城市空间。

(2) 从空间的横向分层上

主要通过道路剖面将其划分为 6 个区间,分别是建筑内部空间、建筑外墙(外立面空间)、建筑外部空间(室外场地)、慢行交通空间、设施空间、机动车空间。并且各主要区间之间自然就形成了多条边界,包括:

① 安全边界:慢行交通空间与机动车空间的有效分隔,保证区域的安全,避免极端突发事件的发生。除了保证安全,同时也需要考虑过于生硬的安全设施,例如水泥墩、拒马等对城市环境的影响,避免使行人产生不安定心理。

② 区域边界:界定街道管理和沿街地块管理的界限,是明确权属的界限。主要的驻留设施将结合该边界设置成为柔性边界,既使得边界划分不那么突兀,又起到驻留作用,引导市民活动交流。

③ 建筑边界:是建筑外墙空间的表现形式,展现建筑功能以及隐性街道监视的窗口。

(3) 各条边界的构成

对于各条边界的构成均根据现状情况及所处的纵向区划有不同的设置要求,具体的控制要求详见表 10-9。

(4) 驻留设施分类

根据出入口周边不同的空间范围内,根据实际的空间尺寸,布置合适的驻留设施。

① Ⅰ类驻留设施:标准型座椅。

单座型椅:一般座面宽为 40~45 cm,座面的高度 38~40 cm;附设靠背的座椅的靠背长为 35~40 cm。结合建筑与存在管理的功能区放置。

连座型椅:一般以 3 人为标准的形态,长度约 200 cm,连座椅一般为固定式,较窄的柔性边界和较宽的安全边界都适宜安置。

组合型椅:以单座型椅和连座型椅相互组合,设置于较宽的柔性边界上。

表 10-9　　轨道交通站点出入口驻留空间边界设计一览表

边界类型	适用范围	材质与要求	相关说明
安全边界Ⅰ	严控区(集散区)边界，建议宽度 2 m	混凝土预制或石材，应与环境融合并作相关艺术文化设计	应预留相关消防通道，通道处采用可升降设计
	过街等待区，建议宽度 2 m		
	人行道较窄时，车行道与人行道边界，原则宽度不小于 1 m		
安全边界Ⅱ	周边用地功能单一，以通过为主的地段，属街道设施带，但相对安全边界Ⅲ，其类型较少，一般宽度不小于 1.5 m	选择有良好本地耐候性和地域适用性的灌木、乔木	树池应作专项设计、利于冬季堆雪和其他季节的良好景观效果
安全边界Ⅲ	周边用地功能丰富、空间开敞，车行道与人行道的分界，属街道设施带，原则宽度不小于 2 m	加固的街道设施—果皮箱、书报亭、信号机、路灯、加固的驻留设施—Ⅱ型驻留设施(永久绿化边界)、标准柱桩、栽植床(浮动绿化)、花池座椅	各类加固设施之间形成连续隐形安全立柱，间距不大于 2 m
区域边界Ⅰ	大型企业、居住区外围	以金属或玻璃为主的通透围墙	保证临街建筑良好的照明
区域边界Ⅱ	存在较大高差(大于 0.6 m)的临街区域	含顶部围栏的支挡结构	利用高差形成边界，当行人通行空间足够时可以考虑布置驻留设施带
区域边界Ⅲ	存在较小高差的临街区域	台阶材质同人行道	室外台阶宽宜 350 mm 左右，高宽比不宜大于 1∶2.5
柔性边界Ⅰ	人行道较窄时，通过性空间与其他空间的分界	石材、砖	地面铺装变化要有一定过渡，不能突兀
柔性边界Ⅱ	严控区范围外，安全边界与临街建筑间空间充分(大于 5 m)，且存在驻留需求，属于空间不连续分隔边界	树木选择有良好本地耐候性和地域适用性的灌木、乔木，座椅满足Ⅱ类驻留设施的相关要求	树池和绿篱均以花坛围合
柔性边界Ⅲ	严控区范围外，安全边界与临街建筑间空间充分(大于 5 m)，且存在驻留需求，需要对空间进行有效分隔，保证通过性空间不受侵占，属于空间连续分隔边界	座椅满足Ⅰ类驻留设施相关要求	可以与邻近的区域边界或安全边界结合，并根据行人流量、通道宽度适配性选择内嵌式或者外凸式设计

（续表）

边界类型	适用范围	材质与要求	相关说明
柔性边界Ⅳ	沿街立面与公共开放空间一体化区域	外墙材质按业态确定，要求应满足相关说明	窗墙比宜大于 50%，允许建筑功能外延，街道宽度不低于 5 m，零售店面数量每百米不低于 14 个，夜间非营运时间有良好照明，非橱窗处宜设置必要的Ⅲ类倚靠和Ⅰ类驻留设施

② Ⅱ类驻留设施：兼容座椅。

合体座椅：按可座设施标准进行兼容设计。

隐性座椅：顶面宽度大于 40 cm，高度介于 50～80 cm 的连续墙体。

③ Ⅲ类驻留设施：倚靠设施。

可倚靠的围栏（高度大于 110 cm），设置兼容设计的沿墙面的横向倚靠设施，距地面高度 90～110 cm，宽度 15～25 cm。

（5）驻留空间营造原则（图 10-27）

① 严控区：不建议布置任何驻留设施。根据每个出入口的人流量进行分类，不同的疏散类型将结合安全仿真专题的结果，综合考量是否需要设置出入口前导流设施。其范围内的安全边界采用Ⅰ类，为栏杆或防撞桩的形式，保证结构强度及安全性。

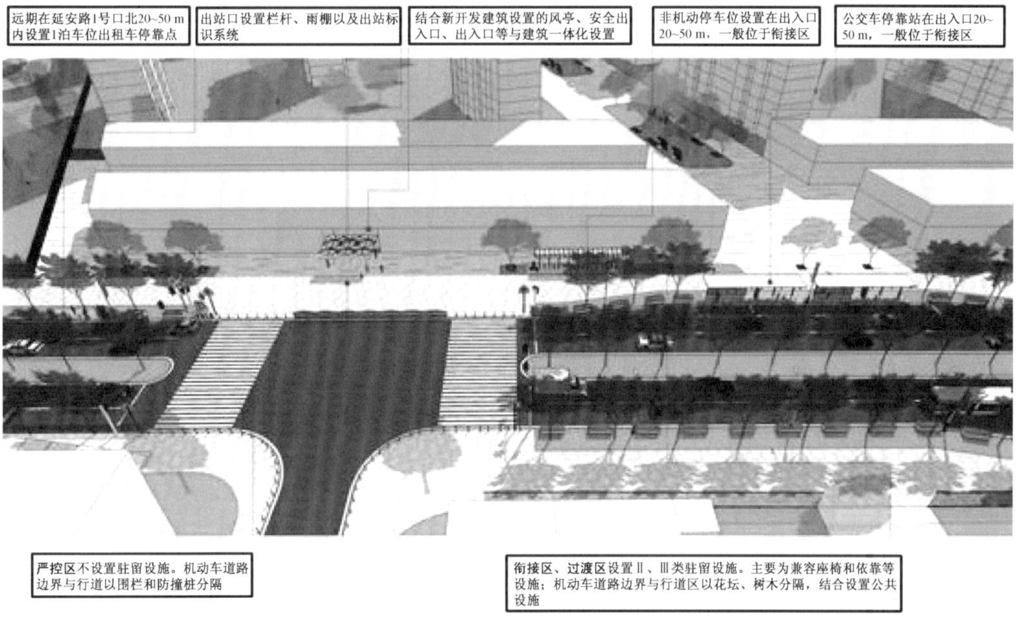

图 10-27　轨道交通站点出入口驻留空间各类区域设计及设施布置示意图

② 衔接区:建议在人行道空间较宽时布置驻留设施,并采用倚靠型,避免过多人员停留。安全边界采用Ⅱ类、Ⅲ类,为加强型的花坛、树木、灯杆、公共设施等,既保证了安全性,又确保城市环境的舒适宜人,不会给行人带来安全心理负担。同时与综合交通专题内容对接,结合景观设置相应的交通接驳设施。

③ 过渡区:可多设置各类驻留设施,形成站点与城市的良好过渡,积聚人气,形成区域活动中心。安全边界要求采用Ⅱ类、Ⅲ类。

第三层次:站点核心区街道空间与公共开放空间

(1) 街道空间

主要指人行道空间及其相邻的空间界面。涉及站点周边主要道路的人行道铺地、绿化、街道公共设施,以及沿街建筑界面,例如灰空间、雨棚、围墙、广告招牌等。

① 人行道绿化及公共设施布置要求。

人行道绿化及公共设施主要分为三类:公益性设施、公共服务设施、变配电设施。公益性设施包括交通标致杆(信号灯杆)、邮筒、废物箱、消防栓、路灯杆、电杆及临时绿化等;公共服务设施包括公交候车厅、公交站牌、公交调度亭、书报亭、阅报栏、流动厕所、电话亭、出租汽车停靠站、非机动车停放亭等;变配电设施仅设置小型设施。根据人行道宽度的不同,其各类设施有不同的布置要求①。表 10-10 为不同尺度人行道各类设施布置需求。

表 10-10　　不同尺度人行道各类设施布置需求

人行道宽度	乌鲁木齐 1 号线相关部分重点道路	可设置设施	人行通道净宽	设施带净宽	临时花坛
宽度<1 m		不可设置			
1 m<宽度<2 m	新兴街	除邮筒、临时绿化外的公益性设施	>1 m		
2 m<宽度<3 m	新医街、解放路	除邮筒、临时绿化外的公益性设施 除公交候车厅、公交调度亭、书报亭、阅报亭、流动厕所外的公共服务设施		<1 m	
3 m<宽度<5 m	南湖路	公益性设施、除公交调度亭外的公共服务设施、小型变配电设施	>1.5 m	1.5 m	
宽度>5 m	北京路	公益性设施、公共服务设施、小型变配电设施	>3 m	1.5 m	可设置

② 人行道铺地控制要求。

乌鲁木齐的道路铺地由于雨雪气候影响,破损比较严重;另外现状铺地图案相对单一,缺少地域特色文化的表达。

---

① 参考《上海市城市道路人行道公共设施设置准则》(SZ-42—2005)。

建议分区域设置不同风格的铺地。在主要城市道路采用较为大尺度铺地,颜色统一,以暖灰为主。而在车流较少的道路及生活性支路采用小尺度拼接铺地,在不同的城市区域鼓励不同的色彩和方便的拼装。且在混行道路采用小尺度、粗糙铺地,减慢车速,方便行人。

③ 沿街建筑界面控制要求。

沿街建筑界面的控制主要包含以下三方面:

第一,控制沿街建筑的贴线率,营造整齐连续的城市街道街面;

第二,对于连续沿街建筑界面宜采用统一的设计手法形成整体的沿街体验,严禁纷繁杂乱的乱搭乱建影响界面的统一性;

第三,适当考虑地域传统建筑元素以及建筑符号的提取与运用。

④ 沿街建筑广告招牌控制要求。

沿街建筑广告招牌布置杂乱,应根据不同高度不同业态设置不同分类的广告招牌布置规则(表 10-11)。

表 10-11　　沿街建筑广告招牌控制要求

主体建筑高度	垂直墙面广告	平行墙面广告	屋顶广告
$H<8$ m	允许	允许	禁止
8 m$<H<$24 m	禁止	允许	允许
24 m$<H<$60 m	禁止	允许	禁止
$H>60$ m	禁止	禁止	禁止

⑤ 沿街围墙改造控制要求。

a) 大型小区宜在靠近地铁出入口处增设带有门禁的出入口;

b) 围墙宜采用通透形式,且至少一侧须设置绿化。

(2) 公共开放空间

根据《乌鲁木齐城市规划管理技术规定》,公共开放空间是指在建筑用地内,为社会公众提供广场、绿地等公共使用的室外空间。符合以下要求:

① 沿城市道路、广场建设;

② 在一方面的净宽度在 6 m 以上,实际使用面积不小于 150 m^2;

③ 向公众开放的绿地、广场,须设置座椅等休息设施;

④ 不允许改变使用性质。

根据对于乌鲁木齐现状公共开放空间的调研分析,其绿地总量基本符合要求,但是旧城区相对较少,且低等级公共开放空间的不足,实际的覆盖率较低,不能满足市民的需求。建议增加低等级的公共开放空间,使得站点周边任意位置在 5 min 步行(300 m)范围内都能到达任意一个公共开放空间。

经调研分析,三屯碑站、新疆大学站、南门站、北门站、南湖北路、八楼站、铁路局、三工站等以外，其余站点均缺少公共开放空间(图 10-28)。特别需要注意的是，大部分老城区站点，现状开发密度高，缺少公共绿化用地，难以设置符合《乌鲁木齐城市规划管理技术规定》的公共开放空间。建议的解决策略是除了可以结合站点周边的可开发地块设置，在开发条件中要求设置一定面积的开放性广场绿地作为公共开放空间，还可以利用已建地块现有建筑的前广场进行改造。

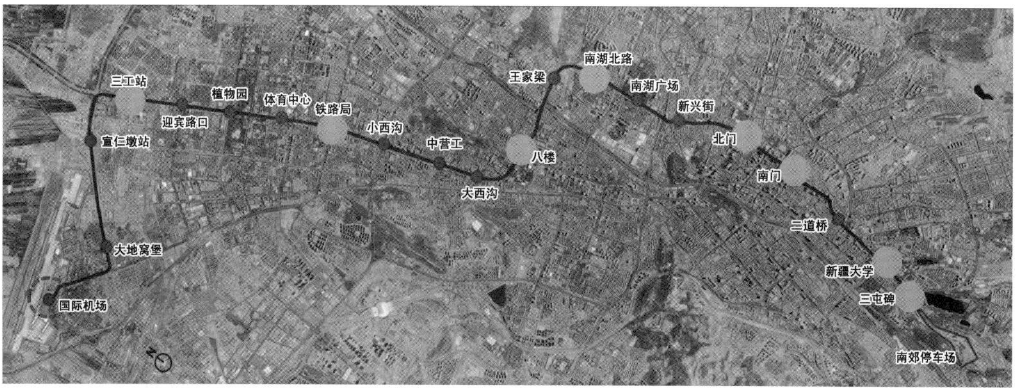

图 10-28 乌鲁木齐轨道交通 1 号线沿线站点公共开放空间分布示意图

对于不同类型的公共开放空间进行分类，明确其功能及设施布置要求，见表 10-12。

表 10-12 不同类型公共开放空间控制要素

公共开放空间	定 义	面积下限/m^2	复合功能
街头绿地	位于道路两侧的小型绿化景观场地	30	休闲座椅、临时停车
休闲活动绿地	与功能性空间结合的中型绿地景观	150	休闲座椅、健身设施、活动草坪
小游园	街头休闲绿地公园	500	休闲座椅、健身设施、运动场地、活动草坪
公共活动广场	中型广场，可组织各类区域市民活动	500	休闲座椅、健身设施、运动场地
公共休闲广场	以市民一般休闲活动为主的广场	100	休闲座椅、步行廊道
商业广场	商业综合体前广场	300	休闲座椅

第四层次：站点影响区城市空间

对于站点影响区范围空间，我们通过对于站点区位、类型、功能定位、现状情况的调研分析，提出整体区域风貌的控制要求。主要包括建筑立面、色彩、照明等相关内容的控制。

(1) 色彩控制原则

根据《乌鲁木齐城市规划管理技术规定》的要求，城市主色调为米黄米灰色。而沿线不同区域可做适当调整：

① 天山区：主色调为米黄色；辅助色为桃红色，公共建筑还可采用灰蓝、金属色；点

缀色适当采用青灰、土黄等传统色。

② 沙依巴克区:以米灰色为主,可适当增加土黄、米黄色。

③ 经济开发区:以米灰色为主,配以白、灰蓝色。

(2) 建筑立面控制原则

结合《乌鲁木齐城市规划管理技术规定》的要求,提出不同区域的建筑风格:

① 天山区、沙依巴克区:体现地域文化元素的现代主义建筑风格,可适当采用地域性建筑材质(石材、砖、玻璃幕墙)、木土建筑肌理、建筑色彩、建筑立面尺度等。

② 新市区:体现时代感及创新精神的现代主义建筑风格,采用现代建筑材质(金属、玻璃幕墙、U 玻璃)、建筑形体等。

③ 水磨沟区:体现生态及本土适应性的现代主义建筑风格,可采用气候特性、地貌特性考量,生态技术的运用(垂直绿化、双层玻璃幕墙等)。

(3) 照明控制原则

根据区域功能业态定位的不同,调整亮度等级和色温的对应分区控制城市夜景照明。

① 照度分区:

a) 在中心商业区、重要的城市干道、重要交通设施等区域,平均照度为 20～25 lx;

b) 在主要行政办公区、商业区、主要的城市公共活动中心、旅游集散区、城市次干道等区域,平均照度建议为 10～20 lx;

c) 在城市工业区、城市支路等区域,平均照度为 5～10 lx;

d) 在小区、公园、绿化等区域,平均照度为 5 lx;

e) 考虑到治安因素,可在部分人员复杂区域提高照度 5～10 lx。

② 色温分区:

a) 交通性主干道、重要的交通出入口、集散广场和交通设施等区域,建议色温大于 5 000 K;

b) 在城市次干道、工业区等区域,建议色温为 4 000～5 000 K;

c) 在市级行政办公区、旅游区等区域,建议色温为 3 300～4 000 K;

d) 在商业区、居住区、绿化区、城市支路等区域,建议色温小于 3 300 K。

2. 第二阶段:空间整合

1) 站点地上整合度

(1) 区域慢行整合

首先通过空间句法理论分析周边地块的可达性。空间句法是一种由建筑师开发出来描述空间的数学方法,目前广泛应用于城市规划、城市设计、交通规划、建筑设计领域,本策划应用空间句法作为轨道站点对于慢行交通可达性的测度分析方法。策划使用的概念如下。

① 连接度(connectivity):与某道路相交的道路数量即为该道路的连接值。连接度越高,则表示该道路的渗透性越好。

② 集成度(integration):整体集成度表示节点与整个系统内所有节点联系的紧密

程度；局部集成度表示某节点与其附近局部内的节点间联系的紧密程度。

③ 深度值(depth)：深度表达的是空间转换的次数，而不是实际距离。平均深度值和总深度值都是整体深度值，是对整个系统的描述，与之对应的是局部深度值。

④ 理解度(intelligibility)：用来衡量从一个空间所看到的局部空间结构，是否有助于建立其整个空间系统的图景，即能否作为其看不到的整个空间结构的引导。

通过这四个概念的分析对区域慢性联系进行研究，并结合站点现状周边资源及人流的分析，结合目前的规划地块长度、道路网密度，在可开发地块范围内设置公共通道，在现有交通网络的基础上，优化慢行网络，使居民出行得到便利。

在策划中，同时结合乌鲁木齐当地特点，对于宗教场所及其活动情况进行调研分析，考量其活动(尤其是每周五的聚礼)时的人流量对于周边慢行空间环境的影响，同时可对地铁出入口的布设提供参考意见。

(2) 交通标识整合

通过设置各类信息标识，加强与周边交通换乘设施的引导，以及对周边街区行人的地铁出入口引导。主要分为两类：出站标识引导系统和进站标识引导系统。

① 出站标识引导系统。出站引导标识，应对周边地区的状况做出清楚的交待，包括地面建筑、道路和公共交通接驳的情况。更可对周边的主要机构和公共场所作适当的介绍，使出站的旅客能借助标识。部分地铁车站可设立交互式的电脑自动查询系统。

标识分类：周边道路情况标识、周边交通接驳情况标识、周边主要公共场所标识。

② 进站引导标识系统。进站引导标识应该包括对车站的周边地区，特别是公交汽车站站点。也应为出租汽车和机动车进入车站广场建立引导标识和旅客上下客的地点标识，通过标识对出入车站车辆进行管理。

表示分类：公共交通站点引导标识、出租车停靠点引导标识、非机动车停放点引导标识、街区引导标识。

(3) 便民服务整合

结合综合开发策划、商业物业策划及周边便民商业分析，设置不同类型的便民商业，为居民出行提供便利。表 10-13 为提供的 10 种便民商业服务。

表 10-13　　站点周边便民服务商业设施布置

服务功能	服务内容	业种	面积/m^2
购物功能	提供主副食品和生活日用品	中小超市	70～140
		便利店	30～70
餐饮功能	提供早点、快餐、经济餐、特色餐饮及外卖服务	中西式快餐	100～200
		西餐咖啡店	100～200
		早点快餐店	30～140
		面包房	30～70

（续表）

服务功能	服　务　内　容	业　种	面　积/m^2
综合服务	理发、服装洗染、图书报刊、照相、非处方药销售、邮电通讯	美发洗染店	70～200
		书吧、报刊	30～100
		照相冲扩	30～100
		药店（诊所）	70～200

其设置位置主要在综合开发所明确的可开发地块内，其次在周边有改造可能的沿街商业，或者结合地铁出入口建筑在保证安全的前提下整合设置。

2）站点地下整合度

地下需要与轨道交通进行整合的资源主要有包括现状及可开发地块内的地下商业空间、公共交通设施及其他公共建筑的公共地下室等。特别在城市中心站点，可结合现有的城市地下商业街进行地下网络的构建。乌鲁木齐冬季较长，地下商业街正好对应冬季市民逛街购物舒适环境的需要，具有先天的优势。

另外，对于出入口的增设（移位）主要结合综合交通策划的内容、现状周边资源以及周边开发设置，提升区域中心的影响力和活力。

整合方式主要是通过近期车站建设时对应墙体的配筋调整，来设置预留连通口，随后再根据时序进行通道连通。

3. 第三阶段：整体升华

第五层次：全线空间

在空间营造及整合的基础上，分析全线空间，结合各站点在整体城市中的布局位置及定位，通过标志建筑、文保单位、特色空间及自然景观的营造，加强城市意象节点，提高各站点的向心力，形成区域中心及特色。实现乌鲁木齐轨道交通 1 号线全线范围城市意向空间布局，实现城市特色和内涵的提升，并加强城市发展的引导（图 10-29、图 10-30）。

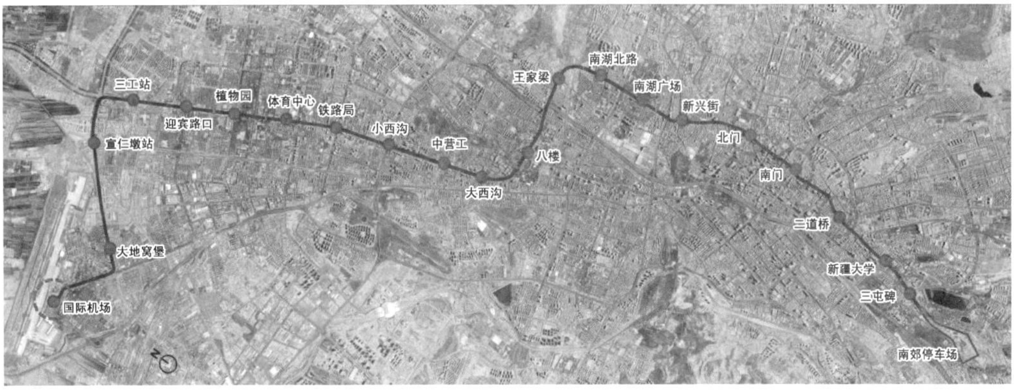

图 10-29　乌鲁木齐轨道交通 1 号线沿线站点城市意向节点

图 10-30　乌鲁木齐轨道交通 1 号线沿线站点城市意向空间营造

10.4.4　空间评估体系及控制要素

为了确保与相关部门的对接及策划研究成果的总结与落实，针对 5 个层次的空间分别提出对应的 11 项空间评估体系及扩展出 29 项控制要素（表 10-14）。

表 10-14　　轨道交通沿线 11 项空间评估体系及扩展出 29 项控制要素

空间层次	评估系统	控　制　要　素
第一层次	四小件整合度	1. 设施协调性
		2. 设施整合度
第二层次	驻留空间有序性	1. 严控区有序性
		2. 衔接区有序性
		3. 过渡区有序性

（续表）

空间层次	评估系统	控制要素
第三层次	街道空间宜人性	1. 用地围护设施开敞性控制
		2. 街道绿化及公共设施布置要求
		3. 铺地控制要求
		4. 广告招牌设置控制
	公共开放空间的系统性	1. 绿地广场的类别、面积、建议位置、功能复合及设施要求
		2. 步行 5mm 覆盖率
	开发空间合理性	1. 建筑高度控制
		2. 建筑退界控制
		3. 三维空间适宜性
	地上空间整合度	1. 区域慢行整合
		2. 交通标识整合度
	地下空间整合度	1. 出入口设置整合度
		2. 预留口的位置，连通道形式
第四层次	区域风貌有序性	1. 道路铺地控制
		2. 文化保护建筑周边建筑退界及高度控制
		3. 建筑色彩
		4. 建筑形式
		5. 建筑照明
	景观空间的开敞性	1. 高层标准层最大面积
		2. 高层建筑最大面宽
		3. 山脊线控制
	便民服务整合度	生活便利性设施范围
第五层次	全线空间意象性	1. 标志性建筑高度、材质、色彩、形式、照明要求
		2. 城市区域意象整合定位

10.4.5 轨道交通 1 号线站点空间环境策划——以南门站为例

在三阶段空间营造策略的基础上，梳理出全线总体空间环境策略，随后通过与各专题及工点单位具体站点内容的对接，进行分站点空间环境策划的分析及环境营造。

1. 站点定位

1）站点类型

根据综合开发策划成果，南门站是中心型（B类）站点，位处老城核心区，靠近大小十字商圈和小西门商圈，是乌鲁木齐南部城市中心，以行政办公、商业金融、居住、文化娱乐用地为主，远期与轨道交通2号线换乘，交通繁忙，区域活力高。根据综合开发策划，具有多处可开发地块。可结合旧区改造，进一步提升地块建设密度，加强区域功能混合度。

2）站点影响区及核心区

影响区：以车站主体范围为基准，各边向外均匀扩展800 m，在所能覆盖的地块内，经过分析与判断所划定的站点影响区范围。

核心区：以车站主体范围为基准，各边向外均匀扩展300 m，在所能覆盖的地块内，经过分析与判断所划定的站点核心区范围。

3）空间试做方案

在综合开发策划对地块开发强度，功能混合度及开发定位的基础上，结合站点周边前期分析，对于各可开发地块进行方案试做，形成设计总平面图及区域空间模型，并以此作为进一步空间研究的基础。图10-31为南门站站点周边潜力地块试做方案。

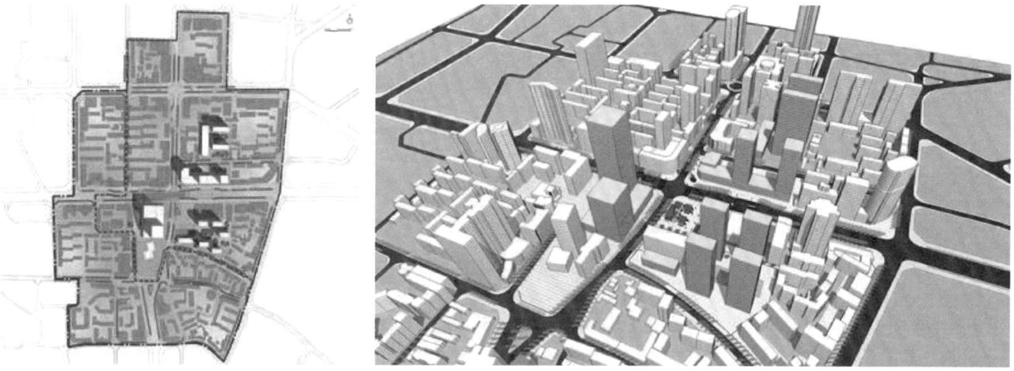

图10-31　南门站站点周边潜力地块试做方案

2. 三阶段空间提升策略

1）第一阶段：分区整治

第一层次：地铁四小件空间

如图10-32所示，南门站共设5个地铁出入口、4组风亭。3号、4号出入口及4号风亭组完全侵入道路红线。根据四小件布置策略，建议如下：

（1）4号出入口与其侧无障碍电梯结合设置，规整形状。

（2）1号风亭组、4号风亭组以及消防出入口与新开发地块内新建建筑结合，进行一体化设计布局。

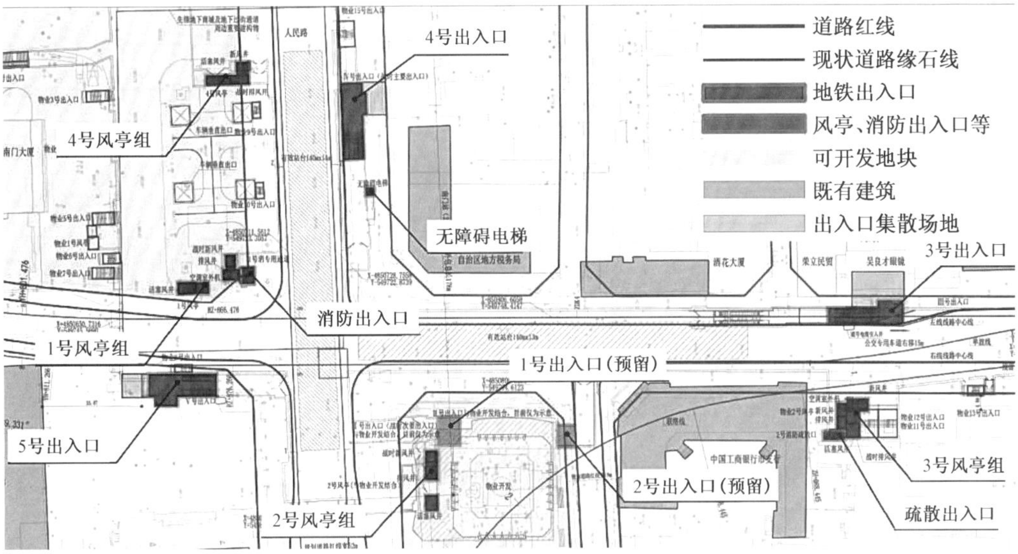

图 10-32　南门站地铁出地面设施分析

(3) 1 号和 2 号预留出入口和 2 号风亭组与新开发地块新建建筑结合,进行一体化设计布局。

(4) 3 号风亭组与疏散出口应规整布置。

第二层次:出入口周边空间(驻留空间)

以 5 号出入口为例,在区域划分基础上,相关空间营造建议如下:

(1) 5 号口靠近停车广场(图 10-33),建议调整严控区处的停车场出入口;

(2) 横向空间充裕,可以在衔接区与过渡区设置Ⅱ类柔性边界,布设Ⅱ类驻留设施,增加人行舒适度(图 10-34)。

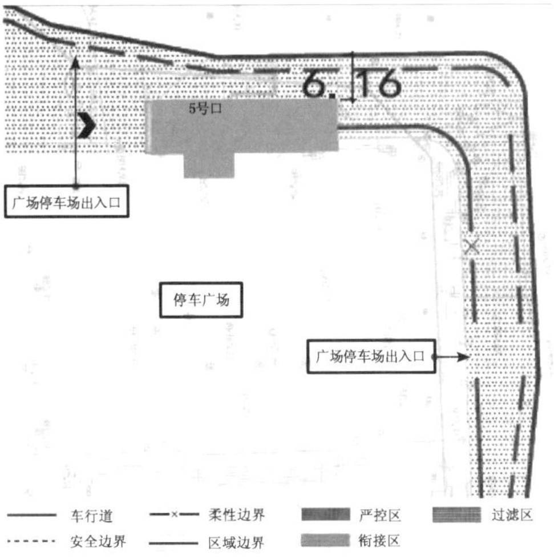

图 10-33　南门站点周边空间划分

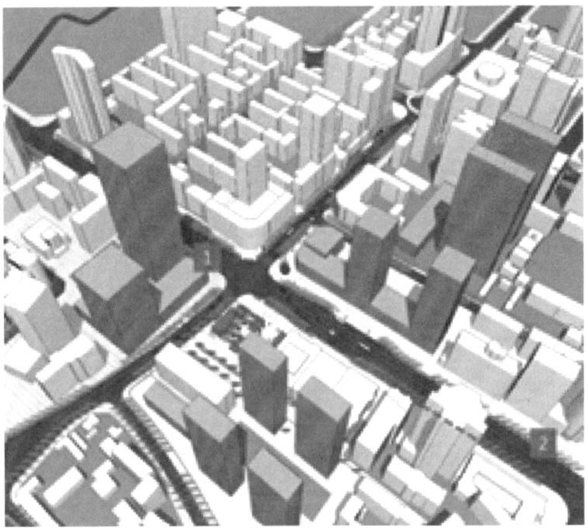

图 10-34　南门站街道空间优化

第三层次:街道空间与公共开放空间

(1) 街道空间

① 人民路解放路交叉口。

现状:人行道市政设施布置混杂,停车占用人行道,缺少绿化。

改造:增加人行道绿化,结合绿化合理布局市政设施,控制人行道停车现象。

② 人民路。

现状:人民剧院建筑立面地域性强,人行设施与建筑风格吻合度不高。

改造:建议铺地、公交停靠设施等风格上与人民剧场建筑风格统一,增加街边绿化。

(2) 公共开放空间

在南门新增两处公共开放空间 G1-2、L2,整治改造两处公共开放空间 G1-1、L1(图 10-35)。

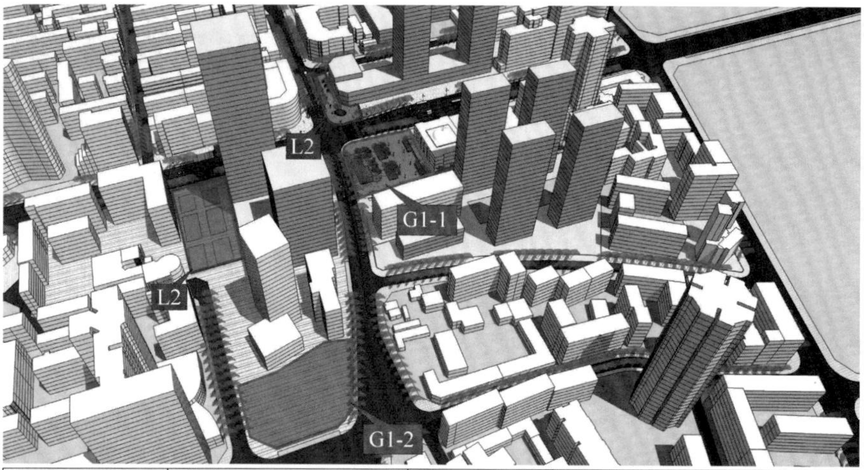

G_公共开放空间_广场	用地情况	面积	复合功能
G1-1_公共活动广场	新疆人民剧院前广场	4 000 m^2	休闲座椅、健身设施、活动草坪、运动场地
G1-2_公共活动广场	新开发地块前广场	4 000 m^2	休闲座椅、健身设施、活动草坪、运动场地

L_公共开放空间_绿地	用地情况	面积	复合功能
L1_街头绿地	新开发地块前广场	1 300 m^2	休闲座椅、健身设施、临时停车
L2_休闲活动绿地	新开发地块前广场	3 500 m^2	休闲座椅、健身设施、活动草坪

图 10-35 南门站周边公共开放空间

2) 第二阶段:空间整合

(1) 站点地上空间整合度

① 交通标识整合。

出站标识引导系统:出入口的人流量较小,采用站内标识引导。进站标识引导系统和通接驳设施系统如图 10-36 所示。

② 便民服务整合。

根据现状服务类型分析,该区便民服务商业全。

(2) 站点地下整合度

在站点周边开发地块设置预留口与新开发物业以及地下商业相连,并结合原有地下商业街以及建议开发的连通南北门站的地下商业街共同形成地下空间网络。

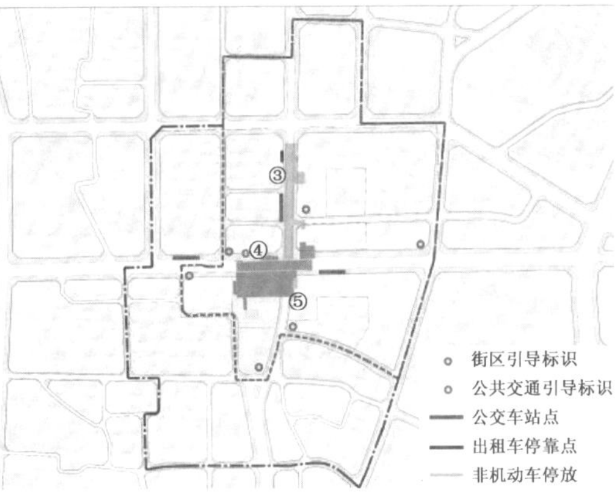

图 10-36 南门站地面标识系统设置

3) 第三阶段:整体升华

南门站设有数个文保单位,包括大银行旧址、人民剧场等,城市意象较为明确。设定人民剧场及其周边空间为南门站主要城市意象节点(图 10-37)。其地域性较强,建议结合提升建筑前广场环境质量,打造高品质公共活动节点。

图 10-37 南门站城市意象节点

3. 空间环境整合方案

根据以上各项分析及研究,进行空间环境模型整合,采用直观的方式表达策划成果,并在后续指引和导则中形成图则。

1) 南门站站点鸟瞰图(图 10-38)

① 为地铁 3 号风亭组,结合地铁消防疏散出入口并规整形态设置于街边绿地上。

②,③,④为独立设置的地铁出入口。

⑤ 站点出入口 20~50 m 范围内配置非机动车停放设施。

⑥ 公交车停靠站,根据街道现状和人流预测设置港湾式停靠站和直接式停靠站。

⑦ 出租车停靠站,根据街道现状和人流预测设置港湾式停靠站和直接式停靠站。

2) 街景鸟瞰图

图 10-39 为解放北路街景鸟瞰图。

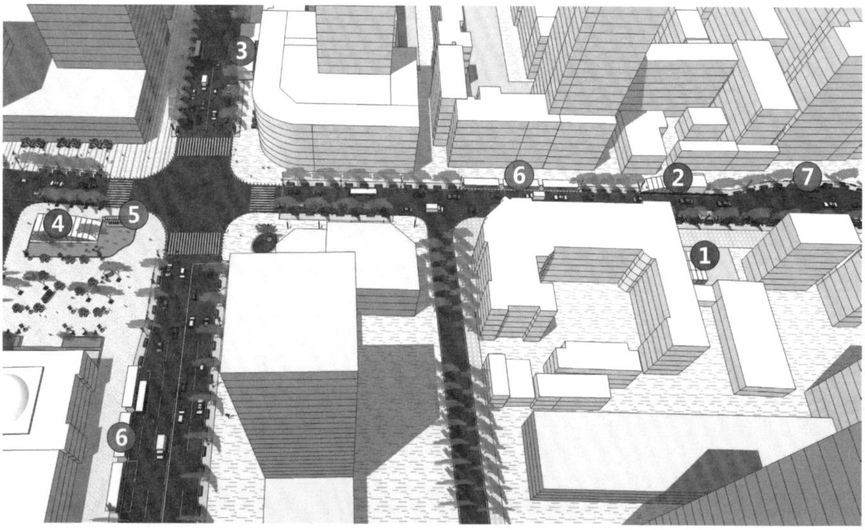

图 10-38　南门站站点鸟瞰图

图 10-39　解放北路街景鸟瞰图

3）地铁 5 号口鸟瞰图及透视图(图 10-40、图 10-41)

(1) 独立设置的出入口建议为弧形屋面，为 C 类集散空间组织形式的出站口，设置出站标识系统，不加设雨棚、围栏等设施。

(2) 出入口附近非机动停车位设置在出入口 20～50 m 范围内，一般位于衔接区。

(3) 严控区：不设置驻留设施；机动车道路边界与行道区以防撞桩及围栏分隔。

(4) 衔接区、过渡区：设置Ⅱ、Ⅲ类驻留设施，主要为兼容座椅和依靠等设施；机动车道路边界与行道区以花坛和树木分隔，结合设置公共设施。

4）公交停靠站(图 10-42)

(1) 公交车停靠区，宽 3 m，长度根据破车数量按每辆车 15 m 计算。

(2) 公交候车上客区，蓝色为站点车次信息、广告位等设施。

(3) 公交站台下客区，红色为公共交通接驳引导标识。

图 10-40　南门站地铁 5 号口鸟瞰图

图 10-41　南门站地铁 5 号口透视图

图 10-42　南门站地铁出入口公交停靠站

5）非机动车停放设施(图 10-43)

(1) 非机动车停放区域，根据站点用地情况，分为单侧停车和双侧停车。

(2) 非机动车标识系统，主要用于设施的使用引导和周边短距离指示标识。

图 10-43 南门站地铁出入口非机动车停放设施

10.5 商业物业策划专题

10.5.1 轨道交通 1 号线商业市场调研分析结果

自 2008 年乌鲁木齐提出建设现代化国际商贸中心的战略目标以来，商业在城市经济发展中的地位和作用显著提高，2015 年实现社会消费品零售总额 1 152 亿元，增长率为 7.8%，商业总体实力位居西部省会城市中游水平。

1. 商业地产发展概况

受城市商业和房地产业发展影响，从 2001 年开始乌鲁木齐商业营业用房的销售总额、销售均价总体呈现上涨态势，2014 年分别达到 40.296 亿元和 1.38 万元/m^2，同时销售面积也保持在年均 18.8 万 m^2 左右。

2. 零售商业发展分析

作为新疆商贸中心，乌鲁木齐发达的边贸产业促进专业市场持续繁荣，但从商业业态来看，目前仍以传统百货和超市为主，市场整体处于由传统百货业向一站式购物中心过渡的阶段。

根据乌鲁木齐商业网点规划，2012 年全市零售点 27 467 个，零售点商业建筑面积达到 263.63 万 m^2，主要分布在天山区、沙依巴克区和新市区，三区商业网点数量约占全市 78%。目前初步形成规模的商业街有 9 条，其中综合商业街 2 条，包括中山路商业休闲街和友好路商业长街；特色商业街 7 条，商业产品不断聚集，商业街功能各具特色。

3. 商圈发展分析

乌鲁木齐目前商业设施主要分布于大小十字、友好、大小西门、铁路局、红山、北门、火车南站、南湖和二道桥等九大商圈。其中，大小十字、大小西门和友好商圈集中了乌鲁木齐市最多的中高档商业场所，也是起步最早、发展最为成熟的商圈。

从商圈规划来看,一方面,未来全市商业布局将由目前相对集中格局向外分散化发展,与城市发展方向保持一致,区域性商业中心将快速发展,未来的城北新区、高铁片区、会展商务区商圈迎来机遇;另一方面,老城区商圈进行整合与提升,面临商业转型发展机遇。

4. 地下商业发展分析

随着城市规划深化,地下商业将成为城市可持续发展的一种方式。乌鲁木齐地下经济目前处于起步阶段,具有代表性的地下商业广场包括辰野名品广场、亚欣生活广场和卡乐士生活广场等,主要集中在大小西门、大小十字和友好路商圈。目前地下商业全部为持有型物业,出租率较高,整体经营状况良好,目标客群主要以时尚女性为主。

10.5.2 商业物业策划总体定位

立足于乌鲁木齐轨交发展现状与规划、相关物业市场分析和国内外成功案例经验,以轨道交通 1 号线为整体研究商业开发总体战略和定位,通过顶层设计来确定乌鲁木齐轨交线路商业的发展战略、发展目标、功能定位、市场定位和区间定位等内容。

1. 发展战略

(1) 综合开发:统筹轨道交通 1 号线站点开发和城市发展的关系,实现共同发展;统筹轨道交通 1 号线站点开发和周边物业开发的关系,实现融合发展;统筹轨道交通 1 号线整体开发和沿线站点开发的关系,实现统一发展。

(2) 系统运营:协调商业发展、商家供给、顾客需求三者利益之间的关系,整体运营轨道交通 1 号线所有站点商业;从轨道交通商业特点入手,优化轨道交通 1 号线商业与周边商业或商圈的关系,共同打造地铁商圈,发展地铁经济。

(3) 社会参与:吸引社会资本参与,采取多种投融资方式,分散投资风险,同时可针对轨道交通商业资产属性,进行金融创新。

2. 发展目标

乌鲁木齐轨道交通 1 号线商业开发运营以构建商业综合服务平台为基础,致力于完善城市综合功能、提供品牌商业服务、提高投资运行效益和探索轨交商业创新。

3. 功能定位

以方便乘客和沿线周边居民服务为出发点,以开创和领跑城市轨道交通商业为己任,打造城市新商圈,聚合沿线资源推动地铁经济发展,成为促进城市产业转型的新动力,构建串接南北城区的新生活。

4. 市场定位

目标客群聚焦于轨道交通乘客和沿线周边居民,以青年和中年人群为主;业态选择与组合以共性、基础需求为主,优先考虑连锁业态,辅以区域、个性需求和零散业态;业态档次以中档为主,业态规模则要因地因时而异,按市场需求相机而定。

5. 区间定位

三屯碑站—北门站区间地处城市老城区,沿线站点商业开发与运营宜突出城市性质和文化特色；新兴街站—八楼站区间位于老城区和新市区交接处，沿线站点商业开发与运营宜展现出城市演进新貌和气质；大西沟站—迎宾路口站区间地处新市区，沿线站点商业开发与运营宜体现城市快速发展和产城一体特点；三工站—国际机场站区间位于航空经济区，沿线站点商业开发与运营宜表现城市航空枢纽地位和新城区发展特征。

10.5.3 分站点商业物业策划——以八楼站为例

乌鲁木齐轨道交通1号线沿线共21个站点，本文以八楼站为例，对商业物业策划的落实与推进进行具体分析。

1. 站点简介

八楼站位于乌鲁木齐沙依巴克区，处于轨道交通1号线的中间位置，是轨道交通1号线重要站点之一，同时也是轨道交通1号线和轨道交通3号线的换乘站点。目前站点周边区域基本都已发展成熟。

八楼站站厅面积较大，付费区位于中央区域，但受相关设备以及人流动线的影响，站厅可进行商业布局的面积较小，约40 m^2。目前建设中的各出入口通道宽度为6～8 m，出于安全和消防考虑，不适宜布置通道商业。地下一层可进行物业开发空间面积约2 284 m^2，地下二层物业空间开发为停车场。

2. 站点周边物业供给

从现状来看，八楼站周边区域主要物业有新疆师范大学、新疆医科大、市财贸学院、人民会堂、国际博览中心、昆仑宾馆（八楼）、儿童公园等，文教设施较多，缺少高档写字楼和综合性的商业服务设施。从规划来看，站点周边主要为居住、商业和教育科研用地。

3. 潜在客群消费需求分析

根据站点周边物业现状及规划情况推断本站点客群将以周边居民的通勤客群、学生客群和商务办公客群为主，辅以商务旅游客群、家庭亲子客群。

根据问卷调研结果，周边居民通勤客群的消费水平较高，消费需求以便民服务、购物、餐饮和休闲娱乐为主，包括便利店、面包/食品店、银行/ATM、精品超市、服饰专卖、鞋类专卖、数码音像、中餐、中式快餐、美食广场、书城、健身运动、亲子乐园、游戏厅等业种类型。学生客群购买力中低，对便民服务、便捷餐饮等类型有较高的需求，同时对一些新兴业态有较浓兴趣。商务办公客群购买力较高，对于便民服务、商务用品、商务餐饮以及时尚购物有较高的需求。

4. 站点案例借鉴

本站参考案例选取了上海市轨道交通1号线徐家汇站。徐家汇站是上海轨道交通1号线、9号线、11号线的地下岛式车站。该站地处上海城市副中心徐家汇的核心，周边聚集了大量商业、办公大楼，人流量极大。八楼站站点周边区域特征与徐家汇站区域具有较高的相似性（表10-15）。

表 10-15　　轨道交通上海徐家汇站与乌鲁木齐八楼站对比

站点	乌鲁木齐八楼站	上海徐家汇站
特点	1 号、3 号线换乘站	1 号、9 号、11 号线换乘站
周边大学	新疆师范大学、新疆医科大学	上海交通大学
周边公园	儿童公园、鲤鱼山公园	徐家汇公园、光启公园
住宅物业	周边有大量的居民区,高端居住小区较少	周边有大量的高端住宅区
商业物业	靠近友好路商圈,站点区域内有玉器城、玉器市场	位于徐家汇商圈,有百货商店、购物中心、专业市场、商业街等
办公物业	有一些乙级以及非优质写字楼	有大量的甲级写字楼
其他物业	有人民会堂、国际博览中心等行政、文化设施,并有乌鲁木齐曾经的地标建筑——昆仑宾馆(八楼)	徐汇区政府、徐家汇天主教堂、国际和平妇幼保健院等

徐家汇地铁商业发展的成功经验:

(1) 地下与地上相结合:徐家汇地铁商业发展较早,是上海时尚潮流的策源地,在地铁商业发展中,将地下、地上商业有机结合,地铁客群可以直通地面六大商厦,六大商厦的地下部分与地铁商城完美结合,真正形成一个“商圈”。既缓解了地面交通压力,同时为周边商场带去客流。

(2) 商业与商务相结合:徐家汇地铁站周边都是商务聚集的地区,因此,人流较多,促进了地铁商业的发展。

(3) 地铁商业动态调整:由于轨道交通 9 号线的施工,发展 10 年的地铁商城停业改建,改为客流通道,并在通道中打造地铁文化艺术长廊和轨道交通公共安全知识馆,将原来的商业功能转变为展示交流功能,并在站厅以及通道发展了大量的小型便民服务类业态。

(4) 商业价值提升:随着地铁开通,徐家汇商圈由原来的区级商圈升级为市级商圈,并带动了周边商业、办公物业的发展,徐家汇发展成为繁华的城市副中心。

5. 发展定位

八楼站作为轨道交通 1 号线的重点站,整体聚焦于都市文化服务特色,致力于重构“八楼”品牌形象。地下商业空间在满足便民服务的基础上,突出服务儿童主题和文化休闲功能。站点上盖及周边物业融合文教、商业、办公、公寓、娱乐等多功能于一体,打造中心城区的文化地标。

6. 业态选择

借鉴相关案例的发展经验,根据本站客群商业消费需求和站点空间条件,并考虑不同业态对空间的规模要求,建议站台层(地下四层)仅考虑便民服务类自助设施;站厅层(地下三层)重点考虑便民服务类业态,适度考虑饮品店和玩具店等休闲服务业态;物业层(地下一层)重点考虑以儿童主题购物为主的零售业态。

7. 业态布局及规模建议

选择商业业态后，综合考虑地铁各出入口周边环境、站点内客流动线、站点内客流量规模、站点空间条件以及商业业态的空间要求等情况，确定商业业态的空间布局。

八楼站可利用地下商业面积总计约 2 324 m^2。其中，站厅层(地下三层)可利用商业面积约为 40 m^2；物业层(地下一层)可利用商业面积约为 2 284 m^2。

地下三层站厅层业态布局如图 10-44 所示，业态布局建议如表 10-16 所示。

表 10-16　　地下三层站厅层业态布局建议

分　区	编号	面积/m^2	业态布局建议
非付费区	1	10	便利店、饮品店、玩具店
	2	30	银行、面包/饰品店、饮品店
合计		40	

地下一层物业层业态布局如图 10-45 所示。地下一层可进行物业开发空间面积约 2 284 m^2，扣除客流动线面积，可进行商业布局的面积约 793 m^2，建议该物业层围绕站点周边区域特点，打造儿童主题购物中心，发展儿童商品零售、儿童培训、儿童主题餐饮等业态(表 10-17)。

表 10-17　　地下一层物业层业态布局建议

编号	面积/m^2	业种布局建议
1-2	383	儿童服饰/鞋帽/用品区
3-4	137	儿童主题餐饮区(轻餐饮)
5	230	儿童书店/儿童培训
6	43	儿童食品店
合计	793	

8. 财务测算

财务测算成本主要包括物业层建设成本、土地成本、物业经营管理成本以及相关税费。其中，物业层建设成本参考乌鲁木齐轨道交通物业层的平均建设成本，物业层土地成本参考乌鲁木齐市相似区域土地出让价格的平均水平，经营管理成本主要包括日常经营管理的人工费用、办公费用、维修费用、保险费用以及不可预见费用等，税费主要考虑营业税及附加。财务测算收入指标主要包括地铁商业物业出租租金收入，收益期计算 20 年，第 20 年计算商业物业固定资产回收值。租金水平、租金增速及出租率参考乌鲁木齐市地下商业的发展情况，并考虑站点的实际情况。假设该站点 2018 年底开通运营后初始租金为 4 元/m^2，出租率为 50%，租金及出租率逐年增加。

在上述财务假设前提下，估算八楼站内商业第一年净收益约 62 万元，20 年累计营业净收益约 4 388 万元，第 20 年商业物业资产价值约 1.7 亿元。20 年累计净收益及资产价值共计约 2.1 亿元，折现值(折现率取 6%)约为 7 500 万元。

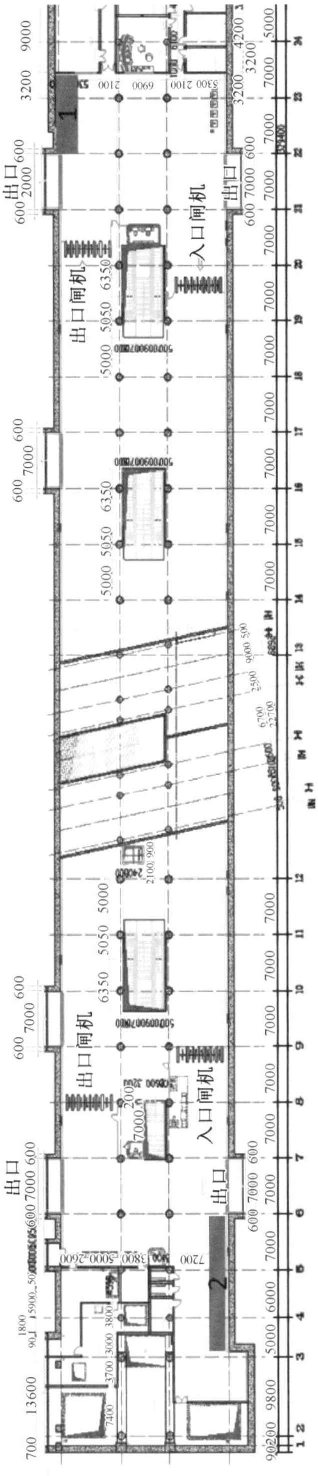

图 10-44 八楼站地下三层站厅业态布局

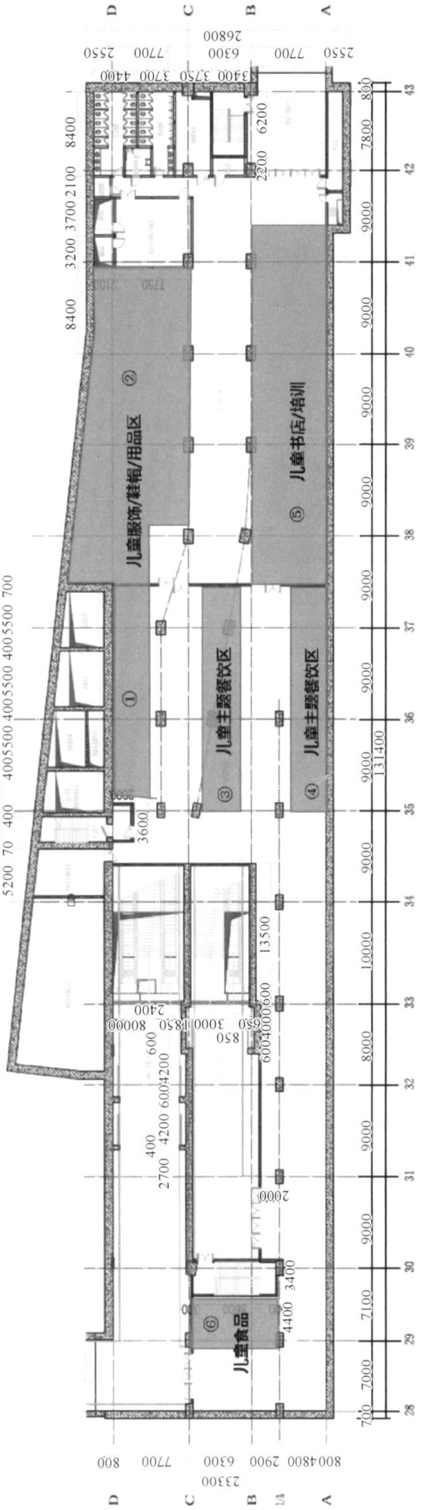

图 10-45 八楼站地下一层站厅业态布局

10.6 交通一体化策划专题

交通一体化策划的工作是对轨道交通沿线相关交通资源的优化配置，提出轨道交通沿线交通衔接需求，使之与周边综合开发方案和相关交通规划相协调。

10.6.1 客流及站点接驳设施规模需求预测

轨道站点接驳设施规模需求预测是交通一体化衔接方案的基础，也是整个策划方案的核心内容之一。交通设施规模需求预测是以轨道客流的预测为依据，以满足高峰时段轨道交通客流的换乘需求为目标开展的。

本次客流需求预测基于轨道交通 1 号线工程可行性研究的《客流预测报告》，根据乌鲁木齐市社会经济发展、土地利用现状及综合开发情况，获得目标年限高峰时段轨道 1 号线各站点分方向客流集散量，进而对各站点接驳设施规模进行分析等，并为规划方案的合理性提供定量分析依据。

基于《客流预测报告》对轨道交通 1 号线客流特征的预测，综合考虑轨道站点沿线土地开发利用、城市发展战略及发展方向等，预测得到轨道交通 1 号线在 2020 年和 2042 年高峰时段各站点的上下客量，并考虑出行方式的比例分布，获得目标年各站点各方式的客流集散量，最终得到各站点接驳设施规模预测。具体交通设施的规模定量预测结果涉及各站点自行车停放点面积，公交车站站点设置定量建议，出租车停靠点定量设置定量建议，及 P+R 停车场建议，如表 10-18—表 10-20 所示。

表 10-18　　各站点自行车停放点设置建议

序号	站点名称	自行车停放点面积/m^2		序号	站点名称	自行车停放点面积/m^2	
		2020 年	2042 年			2020 年	2042 年
1	国际机场站	—	—	12	八楼站	197	652
2	大地窝堡站	95	565	13	王家梁站	0	204
3	宣仁墩站	82	562	14	南湖北路站	26	437
4	三工站	109	547	15	南湖广场站	193	579
5	迎宾路口站	40	273	16	新兴街站	536	644
6	植物园站	94	235	17	北门站	259	633
7	体育中心站	487	816	18	南门站	107	701
8	铁路局站	106	510	19	二道桥站	305	713
9	小西沟站	52	422	20	新疆大学站	117	466
10	中营工站	11	216	21	三屯碑站	179	600
11	大西沟站	37	300				

表 10-19 各站点公交车站设置建议

站点名称	公 交 车 站	泊位数	候车区宽度/m	候车区长度/m
大地窝堡站	北侧港湾公交站台	2	2	30
	南侧港湾公交站台	2	2	30
宣仁墩站	北侧港湾公交站台	3	3	45
	南侧港湾公交站台	3	3	45
三工站	7423 工厂港湾公交站台(西侧)	3	2	45
	7423 工厂港湾公交站台(东侧)	3	2	45
迎宾路口	机械厂(北侧港湾)	3	3	45
	机械厂(南侧港湾)	2	3	30
	百园路(北侧港湾)	2	2	30
	百园路(南侧港湾)	2	2	30
	轴承厂(北侧港湾)	2	3	30
	轴承厂(南侧港湾)	2	3	30
植物园站	植物园上下行港湾(喀什东路)	2	2	30
	植物园上下行(喀什西路)	1	2	20
	植物园上下行港湾(交叉口南侧)	2	2	30
	植物园上下行港湾(交叉口北侧)	2	2	30
体育中心站	二宫站港湾(交叉口北出口)	2	3	30
	二宫站港湾(交叉口南出口)	2	3	30
	二宫站(交叉口西出口)	2	2	30
	二宫站	2	2	30
铁路局站	县医院站上下行(河南东路)	2	2	30
	铁路局港湾站上行(交叉口北侧)	3	3	45
	铁路局港湾站下行(交叉口北侧)	3	3	45
小西沟站	小西沟港湾式站台(苏州东街北侧)	3	3	45
	小西沟直线式站台(苏州东街南侧)	2	3	30
	小西沟港湾式站台(北京南路西侧)	3	3	45
	小西沟港湾式站台(北京南路东侧)	3	3	45
中营工站	大寨沟港湾式站台(北京南路东侧)	3	3	45
	大寨沟港湾式站台(北京南路西侧)	3	3	45

（续表）

站点名称	公　交　车　站	泊位数	候车区宽度/m	候车区长度/m
八楼站	医学院上下行港湾站台（鲤鱼山南路）	2	3	30
	医学院上下行港湾站台（新医路）	2	3	30
	儿童公园上下行港湾站台（新医路）	4	3	60
	八楼西侧上行港湾站台	4	2	60
	八楼东侧下行港湾站台	3	3	45
大西沟	大西沟港湾式站台（北京南路东侧）	3	3	45
	大西沟港湾式站台（北京南路西侧）	3	3	45
王家梁站	王家梁港湾式站台（新医路南侧）	3	3	45
	陶瓷市场港湾式站台（新医路北侧）	3	3	45
南湖北路站	南湖北路港湾公交站台上下行	3	2	45
	移动公司港湾公交站台上下行	2	2	30
南湖广场站	南湖小区港湾公交站台上行	3	3	45
	南湖小区港湾公交站台下行	3	3	45
新兴街站	宏大广场港湾公交站台上行	3	3	45
	宏大广场港湾公交站台下行	3	3	45
北门站	北门药材公司站（上下行港湾）	2	2	30
	北门教育学院站（上下行港湾）	3	3	45
	北门群艺馆站（上下行港湾）	3	3	45
	北门站上行非港湾	1	3	20
	北门站下行港湾	5	2	75
南门站	南门港湾公交站台上行	4	3	60
	南门港湾公交站台下行	4	2.5	60
二道桥站	二道桥港湾公交站台上下行	2	3	30
	延安路港湾公交站台上下行	3	3	45
新疆大学站	友谊医院港湾公交站台上行	4	2	60
	友谊医院港湾公交站台下行	4	2	60
三屯碑站	三屯碑港湾公交站台上下行	3	3	45
	科信学院港湾公交站台上下行	3	3	45

表 10-20 各站点出租车停靠点设置建议

序号	站点名称	出租车停靠点个数	序号	站点名称	出租车停靠点个数
1	国际机场	—	12	八楼站	4
2	大地窝堡站	2	13	王家梁站	2
3	宣仁墩站	2	14	南湖北路站	2
4	三工站	2	15	南湖广场站	2～3
5	迎宾路口站	2	16	新兴街站	2～4
6	植物园站	4	17	北门站	4
7	体育中心站	2	18	南门站	1～2
8	铁路局站	3～4	19	二道桥站	3
9	小西沟站	2	20	新疆大学站	2
10	中营工站	2	21	三屯碑站	2
11	大西沟站	2			

10.6.2 站点交通一体化衔接策划

站点交通一体化衔接策划是以轨道交通 1 号线各站点周边的规划与现状实际情况为依据，针对小汽车、公共交通、出租车、自行车以及步行等不同出行方式，提出适合各站点的交通一体化衔接方案。

而交通一体化衔接总体方案，就是在全线层面上，对不同交通出行方式提出指导性的规划设计方案和规范，作为后续各个站点的详细规划设计的依据。确保各类交通出行方式在站点层面上也具有统一性和协调性。

1. 道路交通设施

轨道站点周边道路设施的设计应遵循国家道路工程设计相关规范标准，即《城市道路工程设计规范》(GJJ 37—2012)《城市道路交通规划设计规范》(GB 50220—95)。

道路交通设施的总体方案涉及的内容主要包括：

(1) 确定需要与轨道交通 1 号线地上建筑同步实施建设并同步通车的具体道路，以及规划红线与推荐道路横断面形式。

(2) 根据国家道路相关规范标准，明确相关道路中设计单车道宽度合理取值。

(3) 根据国家道路相关规范标准，明确相关道路交叉口宜采用的形式。

(4) 根据国家道路相关规范标准，道路相关交叉口进、出口道设计宜符合的要求，如：

① 进口道展宽段应尽可能为左转、直行和右转交通分道行驶创造条件，对单向多车道道路，交叉口进口宜增设左转专用车道。

② 交叉口小型车进口道的宽度可取 3.0 m，用地受限时可取 2.8 m。

③ 交叉口出口道车道数应与上游各进口道同一相位流入的最大进口车道数相匹配，出口道单车道宽不应小于 3.25 m。

(5) 根据出行安全需要,道路相关交叉口各象限路缘带应符合的要求,如:

① 应结合轨道车站出入口合理进行空间布局,近机动车道侧必须设置安全边界。

② 路口减小交叉口转弯半径,降低右转车辆的车速,保证慢行交通优先行驶。

根据出行安全需要,道路相关交叉口设计宜符合要求:位于主干路、次干路上的交叉口必须设置慢行交通过街安全区,满足二次过街需求。有条件情况下实体安全区面积不宜小于 7.0 m^2;面积窄小时,宜构筑标线安全区;宜在交叉口人行横道内侧设置彩色铺装自行车通行横道。

2. 公交衔接设施

公共交通衔接设施总体方案应涉及的内容包括:

公交停靠站停靠线路数要求,一般不宜超过 6 条;线路超过 6 条时,可分站台布设,站台间距不宜小于 25 m,站台总数不宜超过 3 个。

公交停靠站宜选用的布置形式,应尽量设置港湾式,并施划公交车停靠泊位,候车区应适当设置安全栏杆,护栏距路缘石外沿 0.25 m,护栏高度不宜小于 1.1 m;公交停靠站的港湾长度应根据公交车停靠需求确定,一般至少能够保证两辆公交车辆的停靠;对客流多、公交车流量大、列车化严重等问题的停靠站,宜采用拆分站台、多排深港湾式站台等措施进行处理。

公交停靠站坡度要求,最小纵坡度应大于等于 0.3%,最大纵坡度应小于等于 2%,地形困难路段应小于等于 3%。站台横向坡度应倾向道路雨水口、雨水边沟等排水设施处,坡度不应大于 2%。

公交停靠站站台高度要求,宜为 0.15～0.2 m,可配置站牌、候车亭、休息凳、照明、信息服务、垃圾箱和无障碍设施,有条件可以安装报警求助系统;公车站等候区信息设置板宜包含站内车次及周边可达车次信息,包括与轨道交通换乘的信息及对周边其他公交站的换乘信息。

3. 出租车衔接设施

出租车衔接设施总体方案应涉及的内容包括:

出租车停靠点布设形式,按几何形状分为港湾式停靠点和直线式停靠点,道路交通条件允许情况下,出租车停靠点宜设置为港湾式停靠点。

直线式出租车停靠点与港湾式出租车停靠点停靠数量应根据客流需求,结合用地条件、道路交通条件等因素确定,宜为 2～4 辆。

港湾式出租车停靠点由减速段、站台、加速段组成,加减段长度宜为 10～15 m,站台的长度可按 6×停车数量确定。

出租车停靠点车道宽度应为 3 m,条件受限制时,不应小于 2.5 m;出租车停靠车道与相邻车道之间应设置专用标线。

出租车停靠点站台的高度宜与人行道平高,一般为 0.15～0.20 m;站台宽度一般为 1.5～2.0 m。

4. 自行车衔接设施

自行车衔接设施总体方案应涉及的内容包括:

自行车道与机动车道的隔离情况,应采用物理隔离,隔离设施包括绿化带、设施带和隔离栏杆,以禁止机动车进入并占用自行车道。

自行车道设计要求,宜采用区别于人行道的铺装、标志、标识;自行车道宽度结合道路条件以及自行车流量综合分析确定,一般按不小于 1.5 m 设计。

慢行车道交通改造方案,应明确与轨道交通 1 号线地上建筑同步实施建设并同步开通运营的主要道路,以及具体的改造方法。

自行车道在交叉口的设置形式建议,转弯时宜采取二次过街形式,避免对向冲突。在自行车与人行道共板设置,自行车进入交叉口等候区段时,自行车道坡度宜小于 3%;在右转非机动车流量较大且有安全岛时可设置非机动车右转专用道。

自行车道与公交车站和出租车停靠点交汇处的设置方式,宜设置在公交车站和出租车停靠点的背侧,避免与机动车的冲突,保证自行车道的连续性。

自行车道在行经行政企事业单位、机动车停车场、商业建筑等出入口时的设置形式,宜设置减速丘确保自行车道的连续性并优先通行,减速丘高度宜为 5~7 cm,宽度应与人行道和自行车道的宽度一致。

自行车停车场的布设建议,应根据服务对象性质及用地条件,采用分散与集中相结合的原则进行布设。一般宜布设在轨道交通车站出入口附近的场地内,距离不宜大于 50 m;用地困难时,可集中设置或利用现状道路人行道设施、人行道树池间隙、过街天桥下空间布设,并确保自行车停车场应与自行车专用道路组成连续的交通系统。

5. 步行衔接设施

步行衔接设施总体方案应涉及的内容包括:

轨道交通车站各出入口行人接驳设施的设置建议,均应形成人车分离的步行系统,避免人流与车流的相互交织和干扰,并保证人行步道有效通行空间连续性和一致性,不得压缩。

行人过街设施的布设,应结合轨道交通车站位置、相邻道路等级,采用平面过街或立体过街形式,立体过街时宜充分结合轨道车站地下空间过街。

道路两侧人行道的设置,宜安装隔离栏杆或设置绿化带,在人行道与道路交叉口、机动车右进右出出入口交汇的地方应设置隔离道桩,禁止机动车驶入人行道占道停车。道路两侧人行道的宽度一般不应小于 3 m,困难条件下最小宽度不应小于 2 m;人行步道桩布桩间距为 0.8~1.5 m,高度不低于 0.3 m。

轨道车站出入口前人行空间的设置,宜设置站前广场,站前广场应将轨道交通车站出入口与人行道相接,盲道应连续设置。

道路交叉口人行横道的设置,宜与车行道垂直设置,人行横道宽度不宜小于 4 m,长度大于 16 m 时(不包括非机动车道),应在人行横道中央设置行人二次过街安全岛。

步行系统的无障碍措施要求等,包括人行过街天桥、地下通道的无障碍设施要求。

6. 小汽车衔接设施

小汽车衔接设施总体方案主要是关于停车设施的设置,一方面加强停车引导,轨道沿线主干道路、辅路及两侧慢行空间禁止停车;另一方面在城市外围端头站、建成区边缘、城市内外交通转换部位的站点应根据需求设置“P+R”停车场，P+R 停车场宜采用免费或低收费政策并提供便利服务，由轨道运营公司统一管理。

10.6.3 站点交通一体化衔接策划——以南门站为例

1. 站点概述

南门站位于乌鲁木齐解放北路与人民路交叉口北侧，沿解放北路南北向布置。该站为 1 号线和 2 号线的换乘站。车站周围现状主要以商业、金融、行政办公、文化娱乐及居住为主，站周边 500 m 客流吸引范围内规划基本以居住用地和商业金融、文化娱乐、行政办公用地为主。现状在该站周边共有 3 座常规公交车站和 BRT3 号线南门站，包括 BRT3 号线在内共计公交线路 11 条。

南门站规划为商贸中心型换乘站，属于市级商业服务中心，周边可开发地块 A、B、C、D 和 E 地块规划见图 10-46 和表 10-21。

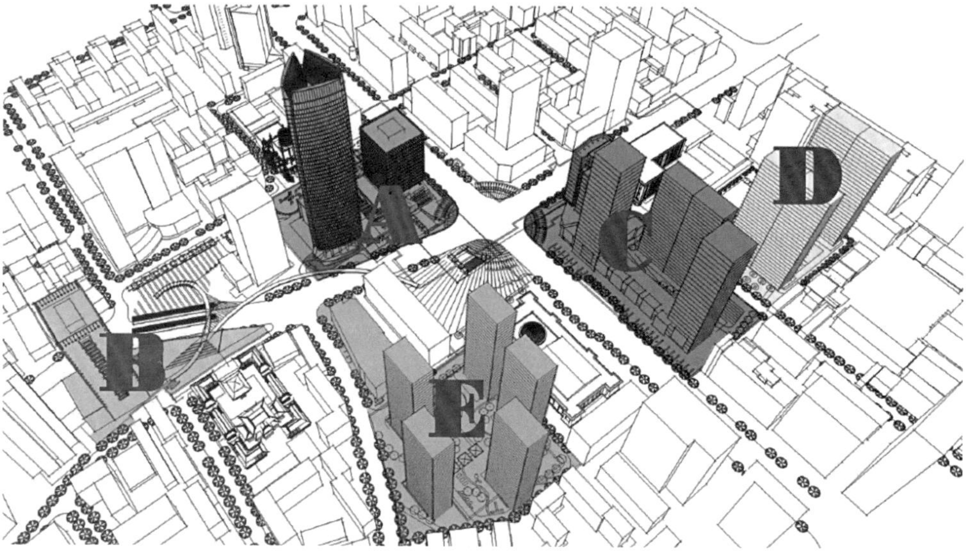

图 10-46 南门站周边开发地块

表 10-21 南门站周边开发用地规划

地块编号	土地面积/hm^2	空间类型	建议用途	建议开发容积率	实施阶段
A 地块	1.27	地上地下	高级酒店，高级写字楼，商务中心及商业	7.6	初期
B 地块	0.45	地上地下	商务办公楼及商业	5.56	中期
C 地块	1.37	地上地下	甲级写字楼，商业及高级公寓	7.15	初期
D 地块	1	地上地下	商业及高级住宅	4.5	中期
E 地块	1.08	地上地下	高级住宅区及部分商业	5	初期

2. 施工期间交通组织方案

1) 交通组织方案

第一期(2015 年 6 月 1 日—2015 年 10 月 15 日):围挡 1 号线南侧、2 号线东端头、物业开发东侧区域及人民路与解放北路交叉口。施工期间人民路沿解放北路西侧保持双向 6 条车道不变,人民路—解放北路交叉口东口由 6 车道变为 4 车道(进口道和出口道各减少 1 条车道);人民路—解放北路交叉口西进口受围挡影响,由 3 车道变为 2 车道;原通过解放路—人民路交叉口的车辆可以从两侧平行于解放路的道路进行绕行;拆除 7 处地下人行过街出入口,新增 4 处地面过街人行道(人民路 2 处,解放南路 1 处,解放北路 1 处)。

第二期(2015 年 10 月 16 日—2016 年 5 月 20 日):围挡解放北路 1 号线西侧半幅顶板结构及 1 号线南侧主体部分,并围挡人民路 2 号线西北侧半幅顶板结构。解放北路东侧人民路恢复双向 6 车道,解放北路(中山路到人民路)路段由 4 车道压缩为 2 车道;原通过解放路—人民路交叉口的车辆可以从两侧平行于解放路的道路进行绕行;新拆除 2 处地下人行过街出入口,人民路与解放南路西侧人行道向西迁移,人民路与解放北路东侧人行道向东迁移,解放北路人行道取消,解放南路人行道保持不变。

第三期(2016 年 5 月 21 日—2018 年 7 月 20 日):围挡 1 号线南端盾构井、解放北路 1 号线北段东侧半幅、1 号线附属结构围护及 2 号线物业开发东侧区域。人民路保持双向 6 车道,人民路—解放南路交叉口西侧人行道向东迁移 100 m 至交叉口西口处,恢复和一期相同;人民路东侧、解放南路人行横道保持不变,解放南路—人民路交叉口处新增一处东西向人行横道,解放北路—人民路交叉口西口新增一处南北向人行横道。

第四期(2017 年 6 月 30 日—2019 年 3 月 20 日):围挡 1 号线南端区域、物业开发未施工顶板区域及 2 号线西端南半幅未施工顶板区域。人民路保持双向 6 车道,解放南路—人民路交叉口南口封闭围挡施工,恢复人民剧场门前建中路段 4 条车道,只是线型向西偏移;解放北路—人民路交叉口处新增一处人行过街横道,解放北路—明德路交叉口处新增一处人行过街横道,解放北路—人民路交叉口西口、解放南路—人民路交叉口北口两处人行横道取消,其他人行横道保持不变。

第五期(2019 年 3 月 21 日—2019 年 9 月 20 日):围挡 2 号线未施工附属部分,1 号线南端头及物业开发部分区域。所有道路恢复原有车道数量;解放南路南侧人行过街横道北移 47 m,解放北路人行过街横道南移 4 m,解放北路—明德路交叉口处人行横道取消,其他人行横道保持不变。

2) 公交调整方案

南门站沿线相邻常规公交车站有大十字站、南门站、红旗路站以及 BRT 大十字站、BRT 南门站,其中受影响的站点有 BRT 大十字站、常规公交大十字站和南门站(人民路)。

具体调整方案为:BRT 大十字站向北迁移约 270 m;常规公交大十字站与人民广场站(解放北路)合并,停靠大十字站的 37 路公交就近停靠中山路上的人民广场站;南门站(人民路)双向都向东移约 100 m(道路线形改变)。施工围挡期间,BRT 3 号线行驶线路有所调整,其中一、二、三期围挡,上行及下行需绕行至人民路—解放南路交叉口,

四、五期恢复至原线路建中路行驶，线型向西偏移。

3. 交通一体化衔接规划方案

1）步行衔接

整合轨道站点出入口通道、地块开发出入口通道、(解放北路—中山路)人行天桥、(解放南路—饮马巷)景观天桥、(解放南路—人民路)下沉式广场及人行道形成连续的步行设施。在解放南路与饮马巷、永和北巷与建中路、永和正巷与建中路及永和南巷与建中路的交叉口各新增 2 处人行横道，人行横道在前后 75～100 m 处应设置车辆限速、警示及行人指路标志。

2）自行车衔接

南门站周边土地开发强度高，道路设施无条件增设自行车道。建议自行车停车场与地下停车场共同设置。

3）公交衔接

本站建议两种公交衔接方案，具体见“6)总体衔接方案”。

4）出租车衔接

出租车与轨道交通衔接通过设置即停即走停靠站的方式衔接。具体见“6)总体衔接方案”。

5）小汽车衔接

南门站不单独设置小汽车停车场，建议利用周边已规划的停车场，包括：解放南路与人民路交叉口西南角地块初期开发为地下停车场，解放南路与饮马巷交叉口东侧地块中期开发为地下停车场，解放北路与人民路交叉口东北角地块初期开发为地下停车场，永和北巷北侧地块初期开发为地下停车场。

6）总体衔接方案

方案一：保留公交专用道，原 BRT 车站改做常规公交使用，Ⅲ号出入口东侧港湾公交站(人民广场站)取消；建议人民路北侧南门港湾公交车站西移至人民路与文化南路交叉口以西，候车区宽度 2.5～3 m，候车区长度 60 m，停车泊位数 3 个。利用Ⅰ号、Ⅱ号出入口南侧(人民路上)的绿化带设置一个 2 泊位的出租车即停即走停靠站，布设于交叉口的上游，如图 10-47所示。

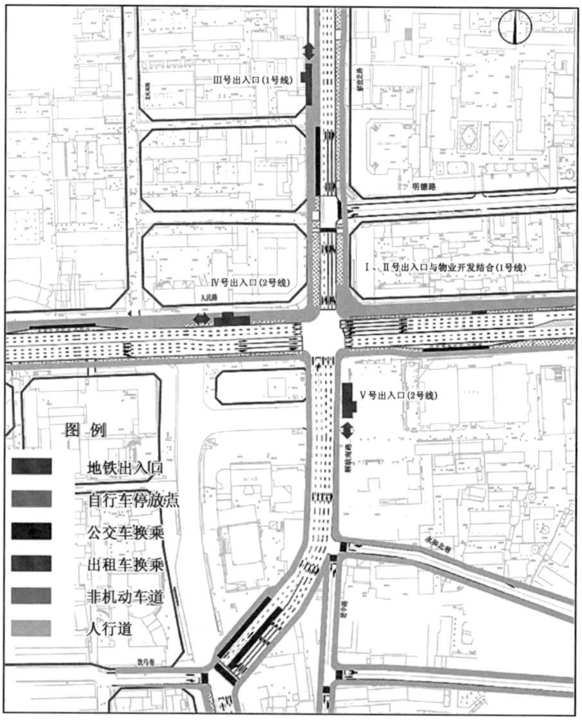

图 10-47　南门站交通一体化衔接概念方案一

方案二(推荐):BRT 3 号线南门站东侧站台取消,公交专用道改为社会车道。BRT 3 号线南门站西侧站台、大十字站改为常规公交站,Ⅲ号出入口东侧港湾公交站(人民广场站)取消;建议人民路北侧南门港湾公交车站西移至人民路与文化南路交叉口西侧,候车区宽度 2.5~3 m,候车区长度 60 m,停车泊位数 3 个。利用Ⅰ号、Ⅱ号出入口南侧(人民路上)的绿化带设置一个 2 泊位的出租车即停即走停靠站,布设于交叉口的上游;Ⅲ号出入口北侧绿化带设置一个 2 泊位的出租车即停即走停靠站,布设于交叉口的上游,如图 10-48 所示。

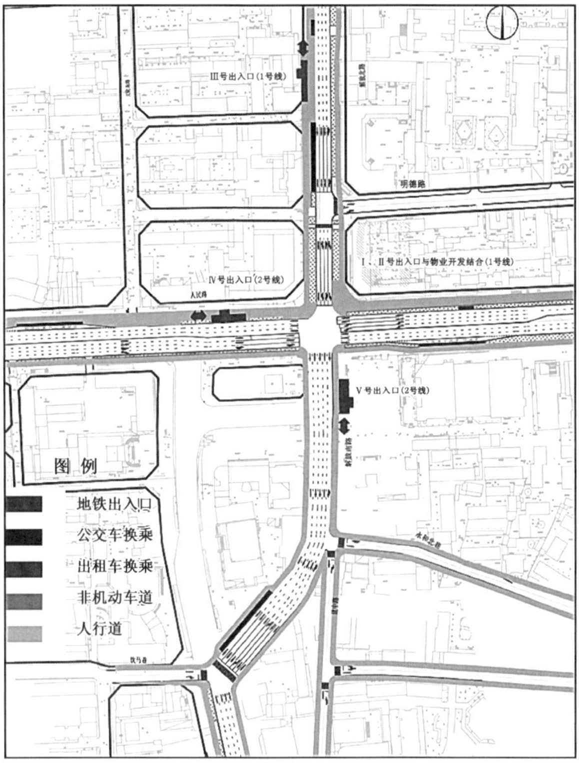

图 10-48 南门站交通一体化衔接概念方案二

10.7 安全策划专题

安全策划从乌鲁木齐轨道交通 1 号线车站内部运营、管理的最基本安全需求出发,为保证城市轨道交通能够更高效、及时地应对各类应急状况,针对不同应急事件的影响特征,不同应急安全措施的有效性,不同应急组织架构和不同应急处理流程的合理性,以及应急辅助决策支持技术的先进性等各类问题和内容进行针对性的研究与分析,并需要综合考虑乌鲁木齐市特殊的人文、地理、气候、环境等特征,评估、优化、指导乌鲁木齐轨道交通 1 号线及其车站的安全措施和安全体制,为轨道交通 1 号线乘客提供最基本的安全服务。

10.7.1 安全评估体系

本次策划首先对国内外城市轨道交通系统所经历的不同种类应急事件[主要包括火灾、踩踏、停电、脱轨、相撞、恐怖袭击(毒气、爆炸、纵火)、设备故障、自然灾害、乘客坠落、可预知的大客流事件,等等]及其相应的事件影响、应急处置过程、应急处置效果进行统计分析,得出影响城市轨道交通安全服务效果的各类因素,并构建相应的安全服务影响因素体系。该影响因素体系既可以用于对已运营城市轨道交通系统的安全服务效果的评估与完善,也可以用于指导乌鲁木齐轨道交通 1 号线的安全服务内容、应急处置措施的构建。本安全服务影响因素体系主要包括四部分内容:设施设备性能因素,管理安全因素,员工综合素质因素以及环境安全因素。

(1) 员工风险评估及预防体系:通过构建相应的“员工素质指标评估体系”来预防和

改进员工的综合素质，以提升其安全服务水平[1]，如表 10-22 所示。

表 10-22　　员工风险评估划分标准

评价指标＼风险水平	低	一般	较高	很高
黄金年龄比	40%～100%	25%～40%	15%～25%	0%～15%
文化程度优秀率	50%～100%	35%～50%	20%～35%	0%～20%
职称优秀率	40%～100%	30%～40%	20%～30%	0%～20%
违章作业率	0%～20%	20%～30%	30%～50%	>50%
违章指挥率	0%～10%	10%～20%	20%～40%	>40%
违反劳动纪律率	0%～15%	15%～30%	30%～50%	>50%
技术水平达标率	80%～100%	70%～80%	60%～70%	0%～60%

(2) 设施设备技术状态风险评估及预防体系：通过构建“设施设备技术状态风险评估及预防体系”，针对设施设备技术状态进行长期的定量评估以优化、预防[1]，如表 10-23 所示。

表 10-23　　设备技术状态风险评估划分标准

评价指标＼风险水平	低	一般	较高	很高
维修保养合格率	90%～100%	80%～90%	60%～80%	0%～60%
设备故障次数	0～15	15～30	30～40	40～50
设备更新率	7%～10%	5%～7%	3%～5%	0%～3%
设备待修率	0%～5%	5%～10%	10%～20%	20%～100%
带病作业率	0%～10%	10%～20%	20%～30%	30%～100%
防护设备完备率	95%～100%	80%～95%	80%～50%	0%～50%

(3) 车站的整体风险水平主要由周边公共交通状况、城市区位类型、车站周边建筑情况、事故救援便捷情况(表 10-24)。

表 10-24　　外部风险因素评价标准

评价指标＼风险水平	低	一般	较高	很高
周边交通	普通中间站，未临近交通枢纽	市内公交枢纽	近郊汽车站/旅游集散中心	火车站/长途客运站
城市区位	以工业文化教育为主，城市外围区域	居住区/土地功能单一	商业中心/大型公用建筑区	商务办公区，土地利用率高/加油站等设施
车站周边建筑	周边少有建筑物，空旷	建筑物较少，站场外场地较宽阔	不与车站接驳，周边建筑密集	与车站接驳，出入口外空间狭小

根据以上标准,参考本项目交通策划中对各个车站不同角度的调查数据,可以得到相应的风险水平。

10.7.2 安全预防措施建议

针对乌鲁木齐安全环境和形势,提出如下安全预防措施建议。

1. 轨道交通安检建议

1) 人物同检方式

进站乘客,除行李需要经过安检设备扫描安检,其本人也需要经过安检门扫描安检,如有问题再通过安检人员的手持安检仪器的二次安检。

2) 人物同检效率

运营前加强地铁乘客的安全教育,使大部分乘客在进入地铁系统前,将所有可能引触安检门警报的物品放入包内安检,则可有效减少人员安检的耗时。

此外,还可以通过超配安检门的方式(例如物品安检仪∶安检门=1∶2)来增加人员安检的效率。

3) 安检人员岗位配备标准

依据乌鲁木齐轨道交通1号线沿线各站点仿真结果,按照各站点各出入口安检设备的配备需求,同时遵循"人物同检"的原则,安检引导员、安检设备监控员和安检人员各司其职,根据每个出入口配备1~3名安检引导员、每台安检设备配备1名安检设备监控员、每扇安全门至少配备0.5名安检人员的标准。考虑轨道交通每日运营服务时间约为18小时,相关安检人员只需覆盖运营时间,因此建议根据安排三班两运转进行合理排班。

2. 限流建议

1) 滞留乘客排队长度

列车满载率高,站台滞留乘客超过站台承载量1/3时,即其站台承载量1/3折算为每个车门前滞留近30名乘客时,车站应及时限流。

2) 模糊拥挤度观测标准[2]

(1) 1级:人体所有部位都可视,即为不拥挤状态。

(2) 2级:只有头和身体可视,即为拥挤趋势。

(3) 3级:只有头和肩膀可视,状态为拥挤,行动受限,应做好限流准备。

(4) 4级:只有头可视,状态为非常拥挤,绝对不可以接受,需立刻限流。

3) 限流原则

(1) 限流标志物:超出输送能力——车辆滞留、站台拥挤。

(2) 指导思想:减缓客流输入数量,与运力相匹配。限外不限内;措施实施由内及外(车站);限流实施由远及近(线路)。

(3) 具体措施:备车加开;出入口关闭;只出不进等。

4) 限流评估

乌鲁木齐轨道交通1号线初期、近期、远期运能均大于客流需求,正常条件下不应进行限流,在大客流事件下的限流建议见后续各车站分析。

10.7.3 大客流事件及其应对措施

1. 乌鲁木齐潜在大客流类型

常见的大客流可以分为偶发性大客流及常发性大客流。偶发性大客流包括大型活动大客流、节假日大客流、演出赛事大客流、恶劣天气大客流，常发性大客流主要是指早晚高峰大客流。

1）高峰小时大客流站点划分

根据国内外对行人行为及公共安全方面的研究成果以及国内城市对轨道交通站点大客流的管理措施，可以以站台客流密度、滞留乘客排队长度、车站超载率等作为判断大客流的主要指标。

$$\text{站台客流密度}=\frac{\text{发车间隔期间站台客流}}{\text{站台有效候车区间}}$$

$$\text{滞留乘客排队长度}=\frac{\text{发车间隔期间客流}-\text{列车该站剩余运载量}}{\text{站台屏蔽门数量}}$$

$$\text{车站超载率}=\frac{\text{高峰断面客流（离站方向）}}{\text{初期行车对数}\times\text{每车额定客流}}$$

综合各项指标计算结果，得到：

（1）站台客流密度较大的站点：三屯碑站、新疆大学站、南门站、南湖北路站、小西沟站。

（2）车厢内客流较密集区间：新兴街至中营工区段。

2）大型活动大客流站点

大型展览活动会吸引大量的游客、市民参观，这类活动举办时间较长，通常为几个星期甚至几个月。如北京汽车展、上海世博会、上海顾村公园樱花展等。乌鲁木齐也曾举办过大型展览活动亚欧博览会，并且随着乌鲁木齐在“一路一带”战略中的核心地位的确定，今后可能举办更多的展览。乌鲁木齐主要高规格展览场馆——新疆国际展览中心，远离轨道交通 1 号线，因此，其影响较为有限。而 1 号线沿线有能力举办大型展览的地点主要为植物园站。

乌鲁木齐植物园占地约 60 hm^2，位于市区北部，距离市中心 7 km，是集科研、科普、游览等功能为一体的综合性植物园，迄今举办过牡丹、菊花、月季等多场花卉展览。乌鲁木齐植物园目前花展期间客流约几千人次/日（周末或假日），但随着轨道交通建成通车，将极大方便市民的到达，因此，举办花展等类似活动时，有可能吸引更多的客流。按照乌鲁木齐城市常住人口与上海常住人口的比例，基于该站点的通达性与顾村公园相似，如果花展内容更丰富、前期宣传更广，有可能吸引 1 万～2 万人次/日的市民在周末或节假日前来参观，并且该参观人数会随着花展举办的成熟度以及植物园内其他配套娱乐设施的开发而增加，预计未来高峰小时客流将会达到 6 000～7 000 人，比运营初期高峰小时进出站客流量增加 15%～30%。

3）恶劣天气大客流及站点

乌鲁木齐冬天持续时间较长，从每年的 11 月初至次年的 4 月初，长达 150 天，轨道交通相对地面交通在冬季服务水平更加稳定有保障，因此在大风雨雪天气，乘客可能更多地选择乘坐轨道交通;当客流量过大时,则发生大客流事件。

根据国内近年的相关报道,许多城市轨道交通系统都在大风雨雪天气经历过类似客流猛增、常规状态运营组织难以满足客流需求的情况。乌鲁木齐冬季较为漫长,且降雪量大,轨道交通站点将普遍性受恶劣天气影响,因此,在对乌鲁木齐所有站点进行恶劣天气条件下的客流仿真时,将高峰时段进出站的客流按照交通专题预测值扩样120%,以检验各站点主要环节在恶劣天气条件下的服务水平。

4)节假日大客流及站点

根据乌鲁木齐轨道交通商业策划专题,轨道交通1号线沿线有南门站、北门站、铁路局站三处市级商业中心,还有民俗特色旅游点二道桥站。此外,1号线沿线还有植物园、八楼等站点拥有公园设施,也会成为越来越多都市人观光休闲的去处。另外,以旅游外出为主的客流还会影响国际机场、三屯碑站等衔接对外交通枢纽的轨道交通站点,该类站点的客流与对外的航班、发车频率等有关,且在节假日期间会有更多的乘客携带行李出行。

综上,乌鲁木齐沿线有可能遭遇节假日型大客流的站点有:

(1)商业中心类:南门站、北门站、铁路局站、二道桥站。

(2)公共娱乐类:植物园站、八楼站。

(3)对外枢纽类:国际机场站、三屯碑站。

5)演出赛事型大客流及站点

演出赛事大客流主要指由体育赛事、大型文艺演出等活动产生的大规模客流。该类赛事或演出通常需要有大型容纳空间的场馆作为演出或赛事的举办场所。乌鲁木齐轨道交通1号线沿线途经体育中心站点,该站点常年举办各类大型明星演唱会、重大体育赛事及重要会展等活动,吸引大量客流前来,因此,1号线也会有发生演出赛事型大客流的可能。

新疆体育中心拥有可容纳5万人的体育场和7 000人的体育馆。体育场和体育馆既可以举办大型的室内外体育赛事(如足球赛、篮球赛、羽毛球赛等),又可以举办大型露天演唱会或较小型室内演唱会。其中,在体育场举办的大型露天赛事或演唱会对紧邻的轨道交通站点会造成更为严重的影响,特别是在活动散场时,会更为集中地产生瞬时散场大客流。因此,对于散场时轨道交通站点承受的客流按如下预测:

(1)活动疏散客流预测:根据全运会组委会要求,体育场附近轨道交通站点为缓解大型活动散场时地面交通压力,需要在1 h内吸纳体育场1/3散场观众,因此该部分客流1.5万~1.7万人/h。

(2)散场背景客流预测:该类活动散场为23:00—24:00,根据可研,约占全天客流7%,上行客流约4 263人次/h,下行客流约4 038人次/h。

(3)体育中心站初期高峰小时双向车厢剩余疏散能力:约20 926人次/h,可满足散场客流需求。但车站各系统环节服务能力(安检、购票、上下行楼扶梯)需要根据该场景下的仿真结果进行调整。

2. 大客流事件的应对措施

为应对轨道交通可能发生的各类大客流事件,行车组织、客运组织、票务组织、人员管理四方面工作需要遵循保证安全和保障效率的原则。保证安全，即通过控制流量和加强引导的方式，避免拥堵、窒息、踩踏等可能造成乘客安全受到威胁的情况发生。保障效率，即通过增加运能和提高车站服务效率，减少乘客进站上车或下车出站各环节的时间耗费，提高乘客进站和离站的效率。主要的应对措施包括以下几类(具体应对措施参见研究报告)。

(1) 运营交路：初期运营阶段应对大客流时，不宜采用大小交路运行的方式；而在近远期，运营经验逐渐成熟后，可采用大小交路联运的运营方法。

(2) 停站方案：体育中心站和植物园站，活动散场时，车站应设法迅速疏散站内乘客，可通过跨站停车或缩短发车频率等方式提高线路运能，迅速疏散乘客。

(3) 发车频率：乌鲁木齐轨道交通 1 号线在初期难以通过提高发车频率增加运能。在近远期，轨道交通 1 号线可根据实际需求提高发车频率应对大客流。

(4) 客流引导：站内客流引导的主要方式包括张贴海报或指引标示、设置分隔渠化栅栏、工作人员人为宣传和引导等[2]，不同区域具体措施参见研究报告。

(5) 车站限流：车站限流按客流位置的不同可分站外限流和站内限流。其中，站外限流按照实际客流量分为只出不进、站外常态性限流与站外灵活性限流。站内限流也可根据客流实际需求对进站闸机限流、进入站台楼扶梯限流等。

(6) 预制票制作：考虑到来疆游客旅游多为乌鲁木齐市内一日游及乌鲁木齐周边游，在旅游高峰期可考虑发行轨道交通一日票，缓解站厅售票区排队拥堵。

(7) 增配备用金：根据乌鲁木齐相关调查，各站点有必要准备充足的零钱与硬币为乘客提供找零服务。

(8) 购票排队溢出及处置方案：需在大型活动持续期间增派临时售票人员，并在自动售票机处安排志愿者，以提高购票效率。

(9) 闸机读票错误及处置方案：在大型活动大客流期间，可配合专场票在部分车站、部分闸机通道实施进出站闸机免检模式或人工检票模式，让乘客迅速进出站点。

10.7.4 突发事件及其应对措施

常见的城市轨道交通突发事件主要包括各种人为或意外的事故、设备故障、自然灾害、袭击类事件等，策划需要结合乌鲁木齐市具体的地理、环境、文化特征，研究其面临的突发事件影响及其针对性的应对措施。

1. 暴恐袭击类事件

目前，乌鲁木齐已提高了公共安防等级，每处公交站点除工作人员外，都设有 2 名以上安检工作人员，对进站乘客逢包必检，并严禁携带任何液体。这种安检强度较为有效地降低了暴恐分子携带大型刀具、易燃物进入站点。执行至今，暂无暴恐事件发生。但轨道交通车站其高峰时段客流密度远大于公交车站，对安检提出了更高的要求。目前，我国多数城市其安检方式主要为设置安检机器对行李进行检查，而对于乘客自身的着装并没有专门检查的习惯；此外，轨道交通作为大运量、高密度的城市交通工具，其高峰时段客流密度大，也较难对每位乘客实行如同机场般的高强度安检。因此，暴恐分子仍有潜在的机会将匕首，爆炸物藏于衣内混入高峰客流中潜入车站。结合相关调查，对于乌鲁木齐轨道交通将来潜在的暴恐类安全威胁主要为爆炸、持械伤人、纵火以及投毒。

2. 火灾事故

乌鲁木齐气候较为干燥，易引发火灾事故。近年，随着乌鲁木齐经济社会的快速发展，城市建设日新月异，人口流动加快，各类火灾危险源也逐年增加，导致火灾的因素不断增多。

3. 自然灾害事件

乌鲁木齐轨道交通 1 号线全线运营区间均位于地下，因此，其运营所受暴风雪、低温冷冻的直接影响较小，但有可能因恶劣天气，产生设备故障及大客流，影响正常运营。此外，乌鲁木齐近年亦有塌陷、滑坡等灾害的报道。虽然在轨道交通 1 号线线路途经区域类暂未出现此类报告，且规划设计之初对潜在的塌方区域都进行了加固措施，理论上该线路发生塌方等地质灾害的可能性较小，但为防患于未然，对此类地质灾害也应做好相应预案。

4. 应急预案编制

基于对不可预知突发事件以及可预知大客流事件的影响特征、处置措施、仿真场景的分析，为保证相关处置措施能够切实落地实施，针对不同应急事件的处置措施分解成各类预案（方便根据实际场景组合处置），以达到日常学习、演练、常备的目的。

10.7.5 轨道交通应急管理体制

为保障上述轨道交通安全控制措施和应急处置措施的落实，乌鲁木齐轨道交通 1 号线的建设需建立高效的应急管理体系，并为后续乌鲁木齐轨道交通网络的应急管理进行预留和衔接，从而从体制和机制等各方面保证对轨道交通应急事件的快速有效反应。

1. 轨道交通应急组织架构

由于轨道交通 1 号线为乌鲁木齐规划建设的第一条城市轨道交通线路，因此其前期投资大，投入多，回收期长，且各方面经验不足；而轨道交通应急体系建设关乎乘客和城市的安全保障，必要性和重要性显而易见，建议参照上海轨道交通应急管理组织架构的模式，在上述理想架构基础上进行调整（图 10-49）。

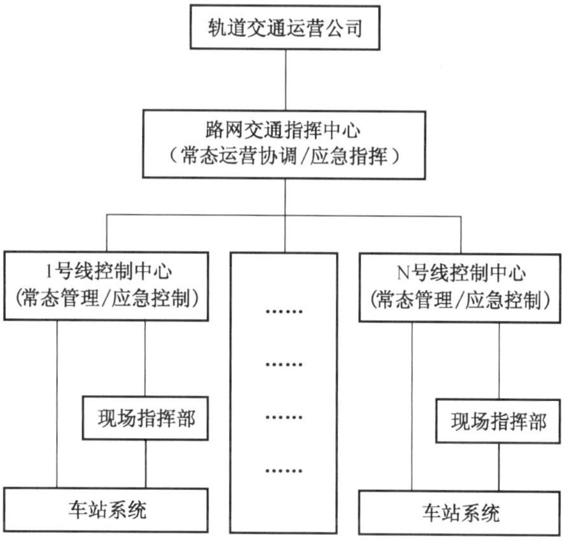

图 10-49 乌鲁木齐轨道交通应急管理组织架构建议

2. 乌鲁木齐轨道交通警务建设

考虑乌鲁木齐当前治安环境及应急体制建设情况，建议乌鲁木齐公安局下设轨道交通治安分局，专门负责轨道交通的治安管理和应急处置。同时，依据乌鲁木齐轨道交通 1 号线沿线各车站的城市区位风险、周边建筑和交通风险，将 21 个站点分为以下三级，分级进行轨道交通警务建设和警察岗位配备(表 10-25)。

表 10-25　乌鲁木齐轨道交通警务建设及警力配备建议

站点	一级	二级	三级
站点名称	三屯碑、二道桥、南门、北门、八楼、铁路局、国际机场	新疆大学、新兴街、南湖广场、南湖北路、王家梁、大西沟、中营宫、小西沟、体育中心、植物园	迎宾路、三工、宣仁墩、地窝堡
警务建设	• 各站点设立警务室； • 按区段设立派出所(三屯碑—北门 1 个，八楼—铁路局 1 个，国际机场 1 个)	各站点设立警务室	各站点设立警务室
警力配备	• 警务室设立 1 名责任民警； • 各站点配备 2～3 名驻站警察； • 各站点配备 4～6 名协警(主要负责各出入口安检)	• 警务室设立 1 名责任民警； • 各站点配备 1～2 名驻站警察； • 各站点配备 4 名协警(主要负责各出入口安检)	• 警务室设立 1 名责任民警； • 各站点配备 4 名协警(主要负责各出入口安检)

10.7.6　应急辅助决策技术

根据上述应急辅助决策系统的架构，及其技术实现要点，乌鲁木齐轨道交通应急辅助决策系统的构建应包括以下内容。

1. 建立各类信息监测和处置平台

轨道交通系统内的各类实时信息监测轨道交通线路和站点的运营状态，是乘客安全出行的基本保障。这些信息的获取依靠各类硬件设备的配备及其后台处理平台的建设。因此乌鲁木齐轨道交通应急辅助决策系统构建的第一步即根据各站点和线路的实际需求，购置并安装相应设备，同时建设综合的信息收集和处理平台。

2. 制定各类应急预案

轨道交通应急预案是轨道交通应急事件发生时应急响应和处置的规范，也是对其处置评价的标准参照。根据乌鲁木齐当前的安全形势和轨道交通系统安全运营面临的风险，应根据各类可能发生的应急情况，尽快制订相应的应急预案，为应急辅助决策系统的建设奠定基础。

3. 实现应急预案电子化管理

传统的纸质媒介无法为计算机所识别，极大地限制了信息资源的利用效率。为了实现信息化的应急处置流程，建设应急辅助决策系统应要求将所有的应急预案文档都转化为电子化的格式，采用信息化的方式进行管理。预案文档电子化后，系统可通过专属的应急预案管理模块，方便实现应急预案的分类管理、设置相关属性、关联其他文件信息等许多扩展功能。

4. 完善预案数据库支持平台,建立应急处置方案生成系统

预案数据库支持平台提供强大的存储空间,用于集中存放预案制定的相关数据资料和预案计划;当应急事件发生时,预案数据库可为应急处置方案的制定提供有力支持,包括历史事件的处置回顾和当前事件的处置要点等。基于数据库平台的完善,可进一步建立如下应急处置方案生成系统。

5. 建立交通信息综合共享平台

一方面,随着乌鲁木齐轨道交通网络的建设,单一的线路运营数据和信息将难以满足高质量的运营服务需求,而网络的扩散效应也对线路的运营提出了更高的要求;因此,建立基于轨道交通网络的信息共享平台有利于从网络层面保障乌鲁木齐轨道交通系统的运营服务质量和乘客安全出行需求。另一方面,当发生突发事件或大客流事件时,轨网交通系统往往需要地面公交或其他交通方式的相互配合以完成对乘客的及时疏散;因此,建立全方位的交通信息综合共享平台,实现各交通方式间客流信息、线路拥堵信息等内容的交互,有利于乌鲁木齐轨道交通系统及整个交通系统的协调发展。

6. 构建应急联动配合机制

轨道交通应急事件产生的影响往往难以通过轨道交通系统自身减缓或者消除,而是需要多个专业、多个部门、多种运输方式的相互协作。因此,构建应急联动配合机制是应急指挥和应急处置的重点,各部门应根据指挥和预案要求指挥调度所属应急处置单位的人力、物力资源,在现场配合处置应急事件。

依照乌鲁木齐轨道交通线路(线网)的建设顺序,并结合其应急辅助决策系统建设的需求和紧迫性,系统内各关键子系统及功能要素的建设和完善建议根据乌鲁木齐实际情况进行分步实施。

10.7.7 安全策划——以体育中心站为例

1. 区位、功能特征

体育中心站位于乌鲁木齐高新区(新市区),处于轨道交通 1 号线的中间偏北位置,是轨道交通 1 号线以文化体育功能为主的一般性站点。目前站点周边区域基本都已发展成熟。体育中心站 1 000 m 范围内主要物业有新疆体育中心、新疆财经大学、新疆铁道职业技术学院、解放军四七四医院、乌鲁木齐阳光大酒店、中国电信等。因此,本站属于重要度及风险水平一般的车站,定位为二级站点。

2. 行人基本属性

体育中心站客群主要以中青年企业上班族为主,家庭收入处于中等偏下水平,周边客群消费能力处于中等水平。

3. 行人服务需求

(1) 本站乘客出行需求以学习办公为主,另有部分休闲娱乐出行;

(2) 本站乘客对所处街道方位和名称信息,以及周边标志性建筑物信息需求较高,应布设更多的相关标志;

(3) 本站乘客最期望的换乘衔接方式为步行,其次为普通公交,其他换乘方式需求较小;

(4) 本站乘客对公共空间/设施的需求主要包括休闲散步设施，规划层面应着重考虑该类公共空间/设施；

(5) 该站点客群希望地下商业发展中档或中高档的便民服务、餐饮美食、购物、休闲娱乐等，并在地上发展商业设施。

4. 车站安全仿真分析

城市轨道交通系统内部的大客流、恐怖袭击、设备故障、自然灾害等应急事件容易扰乱正常的运输秩序，影响实际的运输服务过程，特别是在人流密集的车站，二次客流拥挤事故所带来的人员伤亡和损失往往比源发事故更大。因此，为维护城市轨道交通日常运营的持续、稳定和安全，采用客流仿真技术，鉴于不同场景特点，预测并改进应急条件下城市轨道交通车站客流的运营服务水平，能够为车站空间的个性化设计、服务能力的协调配置、不同条件下的客流组织和运营管理工作提供依据。

首先，在乌鲁木齐轨道交通1号线设计方案的基础上，进行站内行人仿真分析，重点研究应急场景下安检处、购票处、检票处、站厅、站台、楼梯通道的客流服务能力，以及不同场景条件下客流组织与运营管理工作等。然后，对设计和组织方案的仿真结果进行评价，依次判定方案中的瓶颈点和问题，并提出优化改进方案，并进一步仿真直到得到系统均衡的方案。最后，根据评价结果和优化方案得出各个轨道交通站点具体的导则与指引。

1) 仿真场景一(初期冰雪大客流模型)

设置初期冰雪大客流场景(基础客流数据之上，增大20%)的客流、列车运行等输入数据，开展相应的仿真分析。

(1) 车站平面布局

体育中心站属于轨道交通1号线中途商业站，共有4个出入口，如图10-50所示。站厅平面布局如图10-51所示。

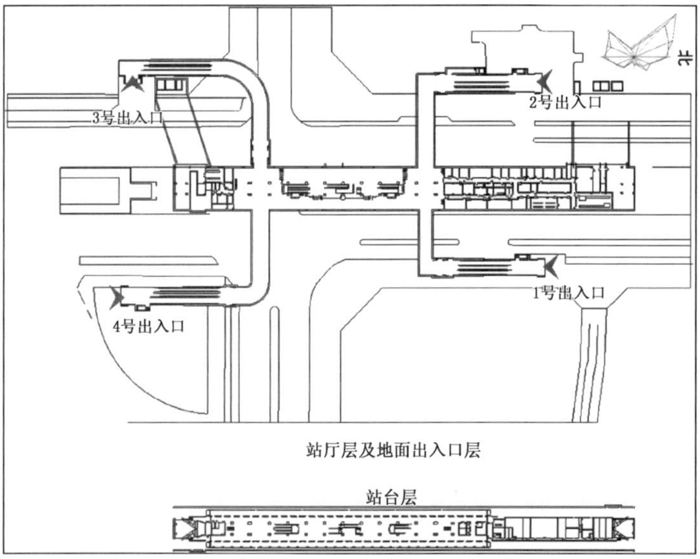

图10-50 体育中心站出入口

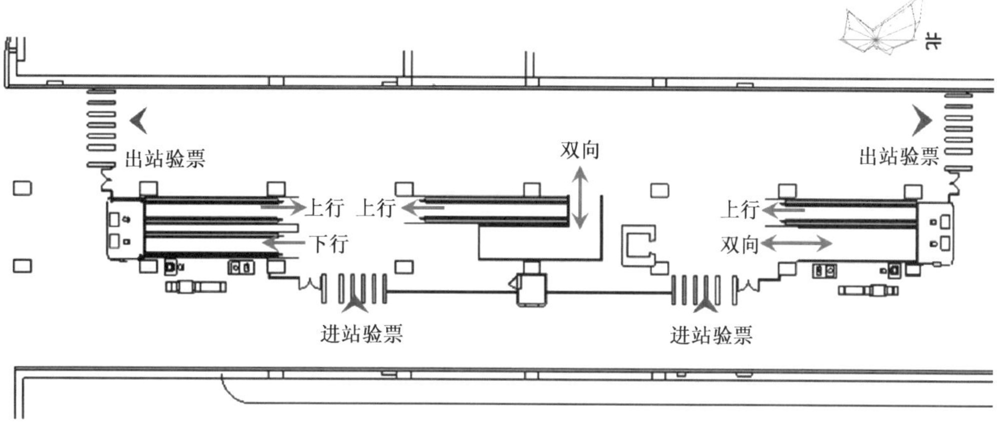

图 10-51　体育中心站站厅平面布局

(2) 安检及售票能力分析

安检及售票能力分析图如图 10-52 所示。

结论:出入口安检能力充足,但右侧售票能力不足,随着时间的推移,购票排队阻塞了通行空间。

建议:在偶然性大客流条件下,建议通过加强引导或临时售票等形式增加售票能力。

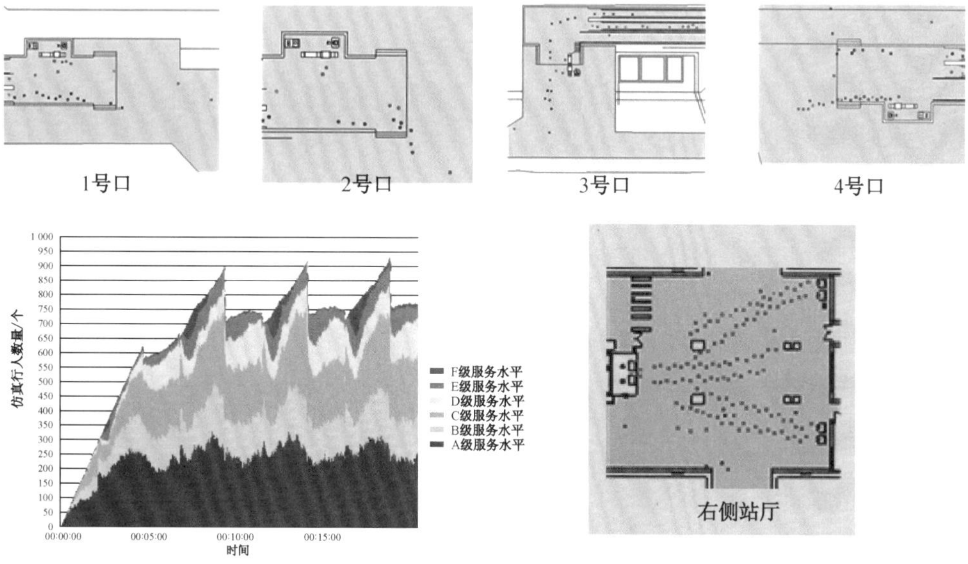

图 10-52　安检及售票能力分析图

(3) 闸机与楼扶梯能力分析

闸机与楼扶梯能力分析如图 10-53 所示。

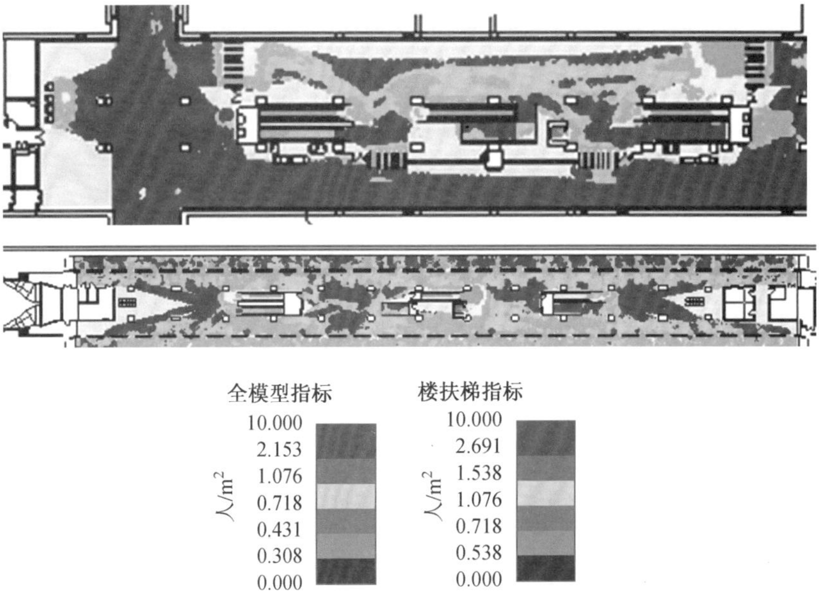

图 10-53 闸机与楼扶梯能力分析

结论：付费区三部上行扶梯服务水平全部降为橙色；站厅右侧出站闸机能力紧张（橙色服务水平范围扩大）。

建议：右侧出站闸机处加强出站引导，或打开闸机附近边门，以纾解出站验票压力；上行扶梯处加强引导，充分利用楼梯上行。

2）仿真场景二（初期冰雪大客流优化模型）

基于场景一的问题分析，进行如下方案的优化，并开展优化仿真（图 10-54、图 10-55）。

（1）增加 4 台售票设备；

（2）加强客流引导，提升楼梯使用比例。

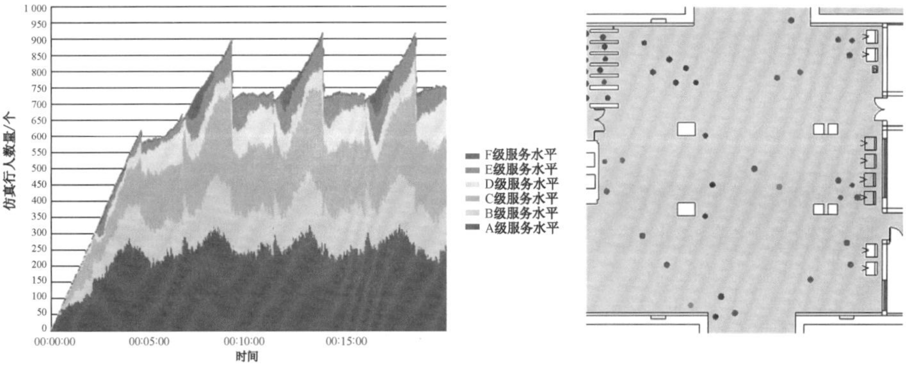

图 10-54 优化后售票能力分析

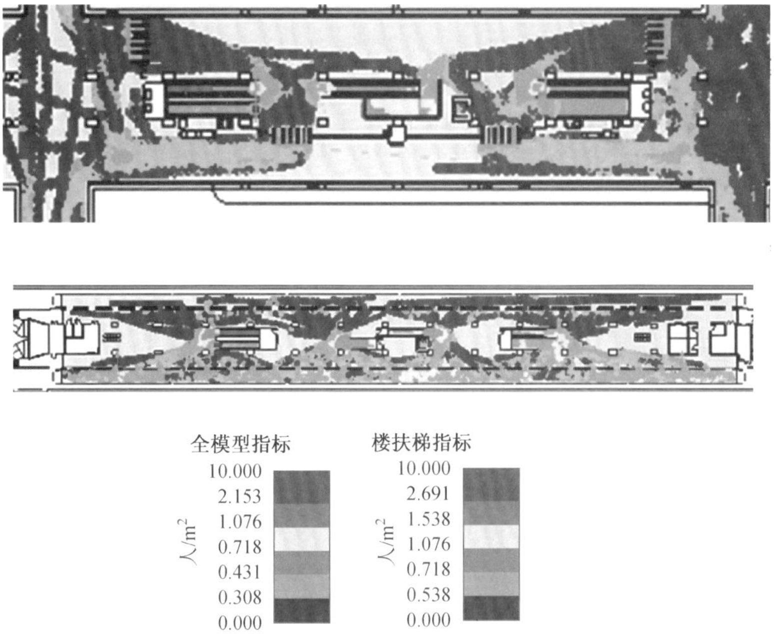

图 10-55 优化后闸机与楼扶梯能力分析

结论:右侧售票区的能力瓶颈得到解决,客流服务水平有所提高。

3) 仿真场景三(初期疏散模型)

依据前文介绍的仿真技术,设置初期疏散场景(站内客流达到稳定状态后,实施全站疏散)的客流、列车运行等输入数据,开展相应的仿真分析。

(1) 疏散开始时间:仿真开始 15.8 min。

(2) 闸机:进出站闸机免检出站。

(3) 出入口扶梯:下行扶梯不反转。

(4) 站台左侧下行自动扶梯 16.8 min 后停转,以增加疏散能力。

(5) 验票闸机边门:打开。

疏散时间分析如图 10-56 所示。

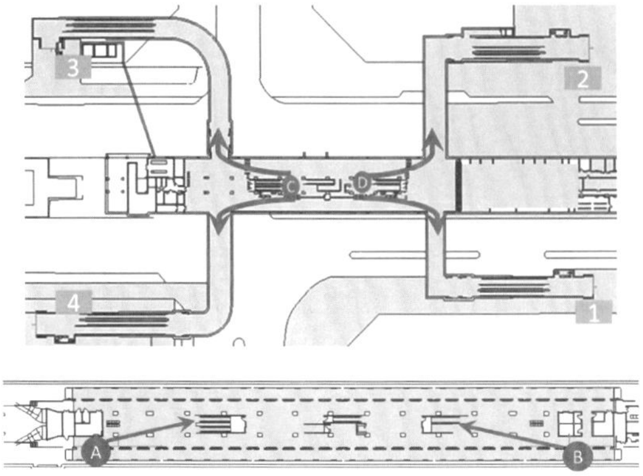

图 10-56 初期疏散时间分析图

各方向监测疏散时间：A→C→3，210 s；A→C→4，218 s；B→D→1，192 s；B→D→2，202 s。

得出如下结论：

（1）由于车站结构比较对称，按照左侧乘客向3号、4号口疏散，右侧乘客向1号、2号口疏散的原则组织疏散，四个方向的疏散时间均相差不大。

（2）站台的自动扶梯是明显的疏散瓶颈，且与列车到站客流量及楼体布局位置紧密相关。左侧下行楼梯停转过晚，没有起到疏散的良好效果，导致其疏散服务水平降到了红色级别，这属于危险信号，容易产生拥挤、踩踏等二次事故。

建议：加强疏散引导，使左侧疏散客流充分利用右侧楼梯疏散，或在左侧增设楼梯，为应急疏散或体育中心的散场大客流预留能力，并提高常态自动扶梯的服务水平。

4）仿真场景四（初期散场大客流模型）

依据前文介绍的仿真技术，设置初期散场场景（"新疆体育中心"散场大客流对车站的冲击）的客流、列车运行等输入数据，开展相应的仿真分析（图10-57）。

（1）全运会（中华人民共和国全国运动会）组委会曾要求：体育场附近地铁车站为缓解体育场大型活动散场时地面交通的压力，必须在1 h内吸纳体育场1/3的散场观众。

（2）散场背景客流量：全天客流量7%。

（3）上行背景客流量：4 263人次/h。

（4）下行背景客流量：4 038人次/h。

（5）初期高峰小时双向剩余疏散输送能力（人次/h）：20 926人次/h。

（6）体育中心包括容纳5万观众的体育场、容纳7 000名观众的体育馆等设施，所以其大客流场景设置为1.7万人次/h（在高峰小时单向设计输送能力承受范围内）。

（7）考虑到大规模客流进站不宜大规模穿越北京路、河北路（且1号、2号、3号口处没有广阔的开敞空间进行安检），所以设置其主要进站口为4号口。

（8）仿真开始前初步估计其4号口的安检能力为首要瓶颈，故首先对其能力进行反复优化调试，最终满足需求的安检能力为24。

通过仿真分析可以看出，在解决安检能力瓶颈后，主要的服务瓶颈下传至通道、站厅的各环节：

（1）"乘客总量与服务水平堆类图"显示系统内部的乘客总量快速增长，没有明显的消散折点，车站服务能力严重不足。

（2）4号口楼梯区："高密度图"显示楼梯区密度超过2人/m^2的状态经久不散（楼梯区为行人自行运动，故密度和压力难以控制，极易产生拥挤、踩踏等二次事故）；"平均密度图"显示楼梯入口处的客流密度更大（超过了2.153人/m^2）。

（3）左侧站厅购票区能力严重不足。

（4）左侧站厅进站闸机能力严重不足。

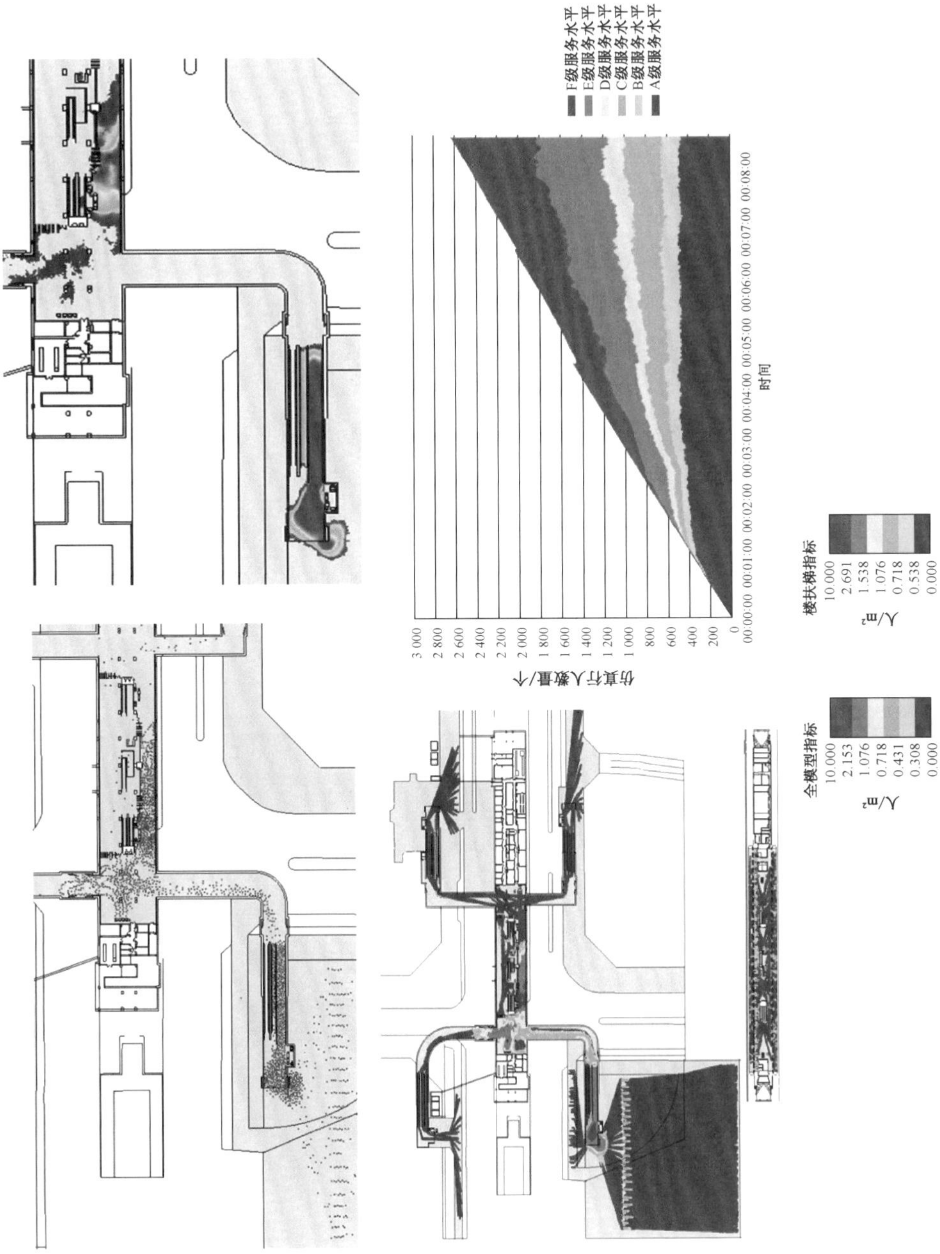

图 10-57 体育中心站散场大客流分析图

(5) 左侧站厅与右侧站厅的连接通道能力严重不足，严重阻碍进站乘客充分利用右侧售票设备(人工、自动)。

5) 仿真场景五(初期散场大客流优化模型)

基于场景四的问题分析，进行如下方案的优化，并开展优化仿真(图 10-58)。

(1) 4 号口自动楼梯全部向下，并增大自动扶梯比例，4 号口不再出站。

(2) 左侧自动售票:39，右侧自动售票 12，并且效率提高为近期自动售票效率(加强引导)。

(3) 需要增大左侧非付费区的空间，以容纳更多的自动售票机或临时售票设施(非大客流条件下可用于各类附属物业开发)。

(4) 左侧进站闸机:26(包括左侧出站闸机翻转进站)。

(5) 付费区内左侧、中间向上自动扶梯转为向下，引导出站乘客全部采用右侧 1 部自动扶梯上行出站台。

(6) 仅反转自动扶梯依然会产生拥堵，因为下往站台的自动扶梯与楼梯的通行能力并不相同，瓶颈容易出现在(楼梯/扶梯)入口处，所以建议自动扶梯与楼梯的流量比为 2 : 3(加强引导)。

(7) 站厅下方(东侧)车站内壁下移 3.5 m，保证下方购票通道畅通并为进站闸机预留排队空间。

(8) 站厅下侧付费区栅栏下移 1.7 m，保证下侧付费区分隔栅栏能够增设更多的进站闸机。

(9) 付费区垂直电梯仅服务于出站乘客(进站乘客不适用垂直电梯)，以减少冲突。

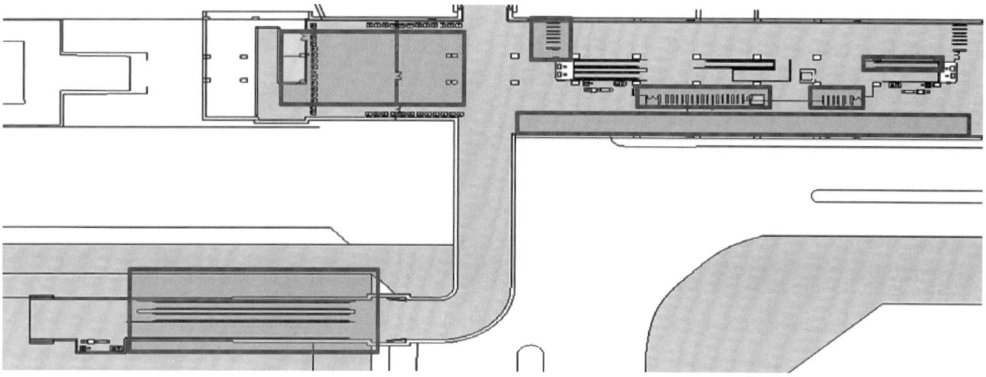

图 10-58　体育中心站散场大客流优化方案

反复仿真优化后，车站各环节的服务能力基本满足大客流场景的需求，但服务水平较低(图 10-59)：

(1) "平均密度图"显示 4 号口楼梯、扶梯，付费区楼梯、扶梯以及站台的服务水平较低(大多处于橙色水平)。

(2) "高密度图"显示 4 号口扶梯及其入口处，以及付费区西侧扶梯高于 2 人/m^2 的持续时间依然较长(虽然低于"平均密度图"的阈值 2.153 人/m^2)。

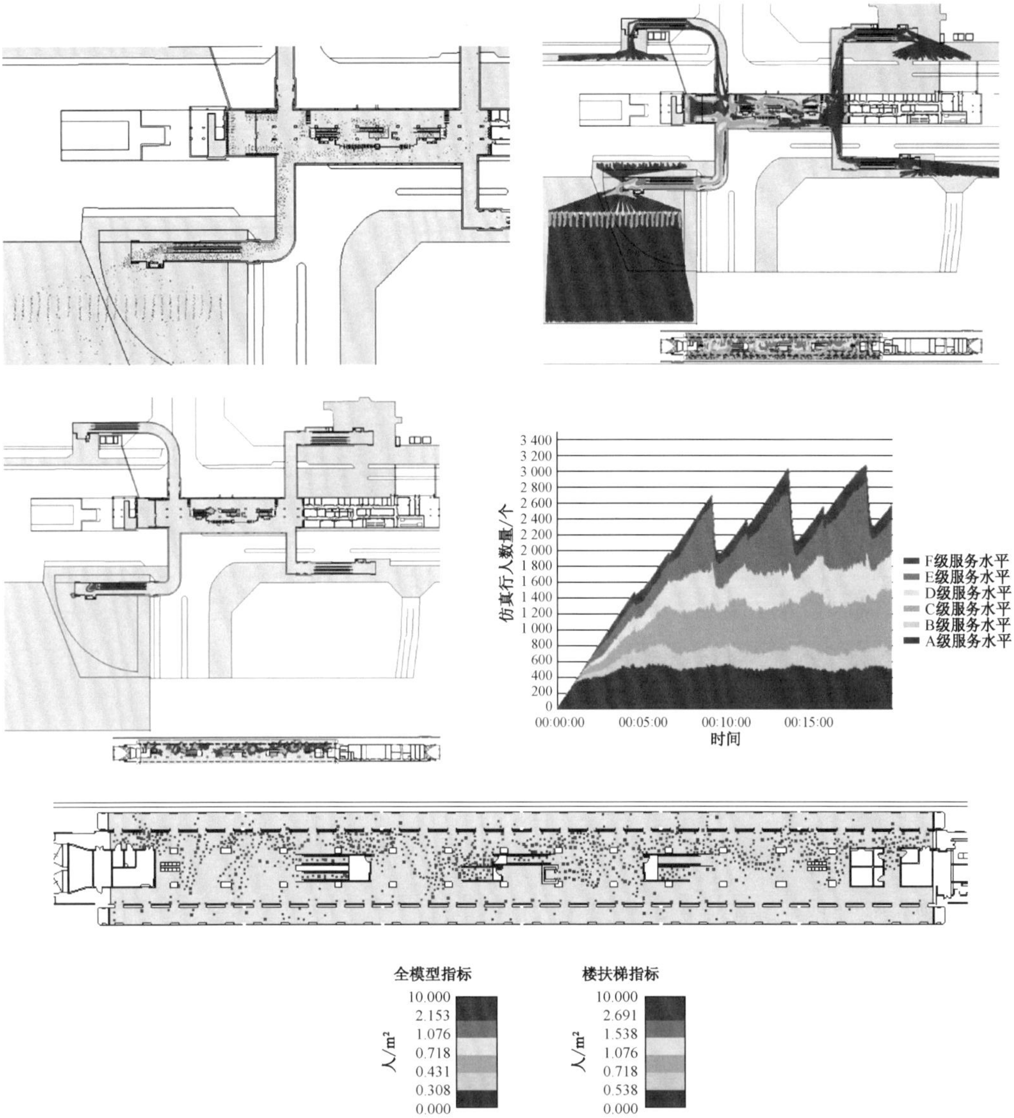

图 10-59 体育中心站散场大客流优化分析图

(3) 站台下行候车排队过长,几乎占据了站台面积的 2/3,站台面积不足。

建议:对 4 号出入口及其上下扶梯,付费区楼/扶梯数量,以及站台宽度进行展宽设计,为未来可能面临的大客流场景预留足够的服务能力与空间。

6) 仿真场景六(远期疏散模型)

依据前文介绍的仿真技术,设置远期疏散场景(站内客流达到稳定状态后,实施全站疏散)的客流、列车运行等输入数据,开展相应的仿真分析。

- 疏散开始时间:仿真开始 15.4 min。
- 闸机:进出站闸机免检出站。
- 出入口扶梯:下行扶梯不反转。

- 站台左侧下行自动扶梯 16.4 min 后反转，以增加疏散能力。
- 验票闸机边门：打开。

（1）疏散瓶颈分析

远期疏散瓶颈分析如图 10-60 所示。

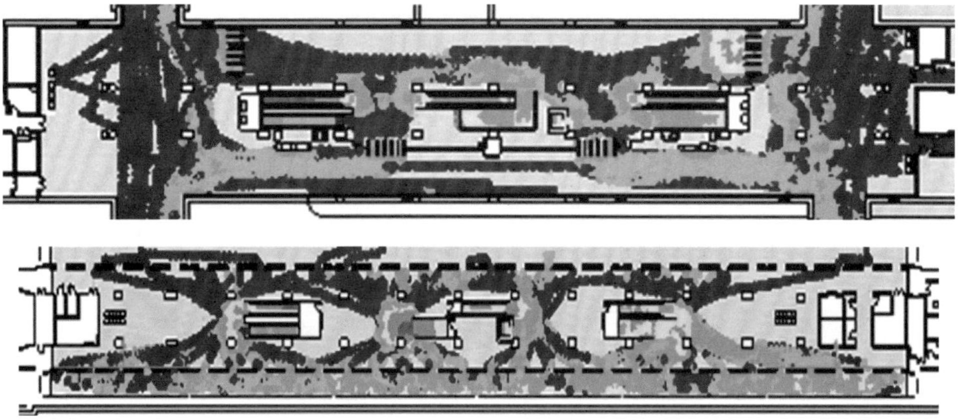

图 10-60　远期疏散瓶颈分析图

结论：站台的自动扶梯是明显的疏散瓶颈，且与列车到站客流量及楼体布局位置紧密相关。左侧下行楼梯反转过晚，没有起到疏散的良好效果，导致其疏散服务水平降到了红色级别，这属于危险信号，容易产生拥挤、踩踏等二次事故。

建议：加强疏散引导，使左侧疏散客流充分利用右侧楼梯疏散，或在左侧增设楼梯，为远期客流疏散或体育中心的散场大客流预留能力，并提高常态自动扶梯的服务水平。

（2）疏散时间分析

疏散时间：A→C→3，228 s；A→C→4，232 s；B→D→1，265 s；B→D→2，218 s。远期疏散时间分析如图 10-61 所示。

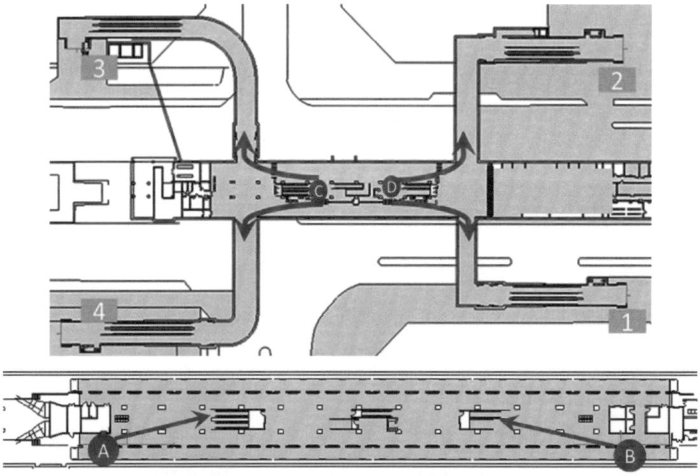

图 10-61　远期疏散时间分析图

结论:相比于初期各方向疏散时间均有不同程度的延长,这主要是因为客流量增大,相互干扰、冲突加剧导致的。

7) 仿真结论

整合上述的各类仿真结论,可以得到该站整体的分时期(初、远期)优化建议。

(1) 初期冰雪大客流

问题1:右侧售票能力不足。

建议:加强引导或临时售票等形式增加售票能力。

问题2:站台三部上行扶梯服务水平全部为橙色。

建议:上行扶梯处加强引导,充分利用楼梯上行。

问题3:站厅右侧出站闸机能力紧张(橙色服务水平范围扩大)。

建议:右侧出站闸机处加强出站引导,或打开闸机附近边门,以纾解出站验票压力。

问题4:右侧非付费区购票能力不足。

建议:站厅右侧增加售票设备4台,变为8台。

(2) 初期疏散

问题:站台的自动扶梯是明显的疏散瓶颈。

建议:加强疏散引导,使左侧疏散客流充分利用右侧楼梯疏散,或在左侧增设楼梯,为应急疏散或体育中心的散场大客流预留能力,并提高常态自动扶梯的服务水平。

分析:各区域的疏散时间均满足6 min的安全疏散基本要求。

(3) 初期散场大客流

问题1:在解决安检能力瓶颈后,主要的服务瓶颈下传至通道、站厅的各环节:

① 4号口楼梯区通行能力严重不足;

② 左侧站厅购票区能力严重不足;

③ 左侧站厅进站闸机能力严重不足;

④ 左侧站厅与右侧站厅的连接通道能力严重不足,严重阻碍进站乘客充分利用右侧售票设备。

建议:

① 4号口自动楼梯全部向下,并增大自动扶梯比例,4号口不再出站;

② 左侧自动售票:39,右侧自动售票12,并且效率提高为近期自动售票效率(加强引导);

③ 需要增大左侧非付费区的空间,以容纳更多的自动售票机或临时售票设施(非大客流条件下可用于各类附属物业开发);

④ 左侧进站闸机:26(包括左侧出站闸机反转进站);

⑤ 付费区内左侧、中间向上自动扶梯转为向下,引导出站乘客全部采用右侧1部自动扶梯上行出站台;

⑥ 仅反转自动扶梯依然会产生拥堵,因为下往站台的自动扶梯与楼梯的通行能力并不相同,瓶颈容易出现在(楼梯/扶梯)入口处,所以建议自动扶梯与楼梯的流量比为

2∶3(加强引导);

⑦ 站厅下方(东侧)车站内壁下移 3.5 m,保证下方购票通道畅通并为进站闸机预留排队空间;

⑧ 站厅下方付费区栅栏下移 1.7 m,保证下侧付费区分隔栅栏能够增设更多的进站闸机;

⑨ 付费区垂直电梯仅服务于出站乘客(进站乘客不使用垂直电梯),以减少冲突。

问题 2:反复仿真优化后,车站各环节的服务能力基本满足大客流场景的需求,但服务水平较低。

建议:对 4 号出入口及其上下扶梯,付费区楼/扶梯,以及站台进行展宽设计,为未来可能面临的大客流场景预留足够的服务能力与空间。(如果由于施工及设计问题导致不能进行站台展宽,可以参照本策划提供的限流标准,针对站台的拥挤情况,在运营过程中进行限流)

(4) 远期疏散

问题:站台的自动扶梯是明显的疏散瓶颈。

建议:加强疏散引导或增设楼梯。

10.8 政策策划专题

10.8.1 城市轨道交通政策架构分析

结合乌鲁木齐轨道交通 1 号线沿线区域规划、文化、商业物业、交通、行人行为和安全等研究内容和相关策划,明确乌鲁木齐轨道交通政策的基本原则和目标,从职责分配、规划管理、建设管理、运营管理、安全与运营措施等方面入手,提出乌鲁木齐轨道交通政策架构和内容,发挥轨道交通政策对轨道交通和城市发展的重要推动作用。乌鲁木齐城市轨道交通政策体系分为综合性政策、投融资政策、规划管理政策、建设管理政策、运营管理政策,政策架构体系如表 10-26 所示。

表 10-26　　乌鲁木齐城市轨道交通政策架构体系表

序号	分 类	文 件 名 称
1	综 合	乌鲁木齐轨道交通管理条例
2	投融资	乌鲁木齐轨道交通建设发展专项资金管理暂行办法
		乌鲁木齐推广政府与社会资本合作(PPP)模式指导意见
		对乌鲁木齐轨道交通的配套优惠性政策
3	规 划	乌鲁木齐轨道交通规划管理办法
		乌鲁木齐轨道交通站点及周边地区土地储备与利用管理办法
		乌鲁木齐地铁沿线地下空间开发利用管理规定
		关于推进乌鲁木齐轨道交通场站及周边土地综合开发利用的实施意见

(续表)

序号	分 类	文 件 名 称
4	建 设	乌鲁木齐轨道交通工程安全质量管理办法
		乌鲁木齐轨道交通建设管理办法
		乌鲁木齐轨道交通房屋征收和征地拆迁工作管理办法
		乌鲁木齐轨道交通工程建设征地拆迁补偿安置办法
5	运 营	乌鲁木齐轨道交通运营安全管理办法
		乌鲁木齐轨道交通运营特许经营管理办法
		乌鲁木齐轨道交通票制票价暂行规定
		乌鲁木齐轨道交通运营补贴办法
		乌鲁木齐轨道交通车站服务设施设置规定
		乌鲁木齐轨道交通车站商业网点管理规定
		乌鲁木齐轨道交通固定资产更新改造管理规定

10.8.2 轨道交通政策分析

依据乌鲁木齐城市轨道交通政策架构体系,对各阶段需要制定的政策分析其必要性和主要内容,并搜集国内其他城市已经颁布的相关政策,供城轨集团及相关部门制定政策做参考。

1. 综合性政策

从综合角度对轨道交通投融资、规划、建设与运营各个方面进行管理,保障轨道交通安全,维护轨道交通各方主体的合法权益,需制定《乌鲁木齐轨道交通管理条例》,就投融资、规划、土地控制、综合开发、建设、运营、安全应急管理等方面明确轨道交通相关部门的职责。

2. 投融资管理政策

为落实轨道交通建设资金,乌鲁木齐市已经制定了《乌鲁木齐市轨道交通建设发展专项资金管理暂行办法》(乌财建〔2014〕212 号)和《乌鲁木齐市推广政府与社会资本合作(PPP)模式指导意见》(乌政办〔2015〕58 号),需要制定《对乌鲁木齐轨道交通的配套优惠性政策》。

3. 规划管理政策

乌鲁木齐轨道交通规划管理政策体系如图 10-62 所示。

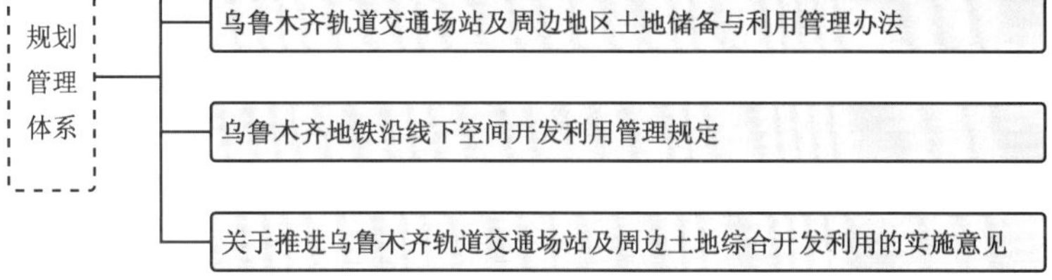

图 10-62 乌鲁木齐轨道交通规划管理政策体系

4. 建设管理政策

乌鲁木齐轨道交通建设管理政策体系如图 10-63 所示。

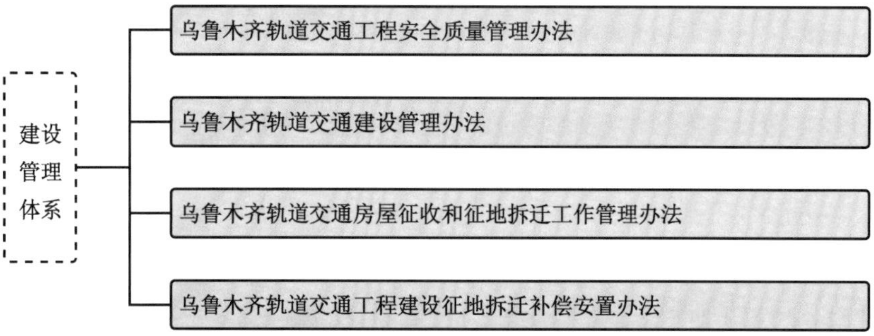

图 10-63　乌鲁木齐轨道交通建设政策管理体系

5. 运营管理政策

乌鲁木齐轨道交通运营管理政策体系如图 10-64 所示。

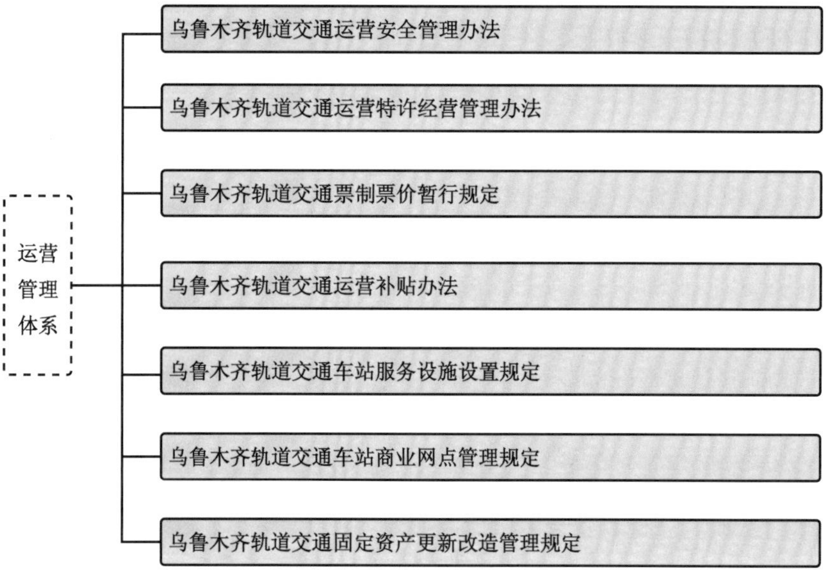

图 10-64　乌鲁木齐轨道交通运营管理政策体系图

10.8.3　轨道交通的专题政策研究

1. 沿线资源综合利用

1）轨道交通沿线资源分类

轨道交通沿线资源包括土地资源和附属资源。土地资源包括沿线物业、地下空间和上盖物业；附属资源包括广告资源、通信资源、小商业资源等。

2）国内城市轨道交通沿线资源利用分析

通过对国内 7 个城市轨道交通沿线土地开发及资源利用实施方式、政策环境、具体

做法展开分析,总结出沿线资源综合利用有如下特点:

(1) 轨道交通规划设计引导资源开发;

(2) 沿线资源开发用地获得方式以招拍、挂、出让为主;

(3) 项目开发方式以合作开发方式为主;

(4) 地下空间在开发、建设融资及经营方面可采用多种模式。

3) 乌鲁木齐城市轨道交通沿线资源利用建议

(1) 土地开发方案建议

结合乌鲁木齐地铁 1 号线沿线概况、站点周边土地开发梳理情况、沿线资源利用综合分析,以及政策措施的现状,乌鲁木齐轨道交通沿线资源利用可考虑从以下三种方案中选择:广州市循序渐进式开发方案;武汉市一步到位式的开发方案;北京市专题研究的开发方案。

(2) 相关政策建议

建议乌鲁木齐市制定的相关配套政策文件有《乌鲁木齐轨道交通场站及周边地区土地储备与利用管理办法》《乌鲁木齐轨道交通规划管理办法》。

2. 投融资体制

1) 融资模式和融资手段

(1) 融资模式

城市轨道交通项目融资模式有政府融资模式、商业融资模式、混合融资模式和项目融资模式。政府融资模式又分为政府财政出资和政府财务融资。项目融资模式包括 BOT,TOT 等。

(2) 融资手段

按融入资金的性质可分为债务融资和股权融资。债务融资包括国内银行贷款、国外贷款、企业债券、信托融资、融资租赁、ABS 融资和商业票据。股权融资包括 PPP 和股票市场融资。

2) 国内城市轨道交通投融资模式

香港地铁和广州地铁均采用一体化模式进行管理,香港成立了香港地铁公司负责地铁项目的投融资、建设、运营和沿线商业市场的开发,广州同样设立了广州地铁总公司;上海地铁的管理运用的是专业化的管理模式。北京地铁经营管理的模式正从一体化管理模式向建设、运营专业化管理模式转变,设立了专业化的投融资机构和建设、运营企业。

3) 乌鲁木齐城市轨道交通投融资体制建议

(1) 投融资方式建议

① 近期及中期采用政府主导的负债型投融资方式,迅速筹措巨额资金;

② 着手建立多元化的投融资模式,最终实现地铁项目的市场化运作。

(2) 政策建议

建议乌鲁木齐制定如下相关政策或文件:《乌鲁木齐轨道交通建设发展专项资金管理办法》《乌鲁木齐轨道交通 2 号线(一期)PPP 项目实施方案》《给予地铁 * 号线轨道交

通项目政策性优惠有关问题的通知》。

3. 票价机制

1）轨道交通票价制式

目前实行的票价政策主要有单一票价制、计程票价制以及计时票价制（表 10-27）。

表 10-27 国内外代表城市轨道交通票价政策

<table>
<tr><th>票制</th><th colspan="2">形　式</th><th>代表城市</th><th>优　点</th><th>缺　点</th></tr>
<tr><td rowspan="3">基本票制</td><td colspan="2">单一票价制</td><td>莫斯科</td><td>制作相当简便；设备投资成本</td><td>缺乏公平感，出行费用不平衡；票价与运营成本的联系不直接</td></tr>
<tr><td rowspan="2">计程票价制</td><td>里程计程票价制</td><td>北京</td><td rowspan="2">对乘客最公平；车票价格与运营成本的联系非常直接；保证运营公司收入的公平性</td><td rowspan="2">乘客较难理解计费规则；换乘其他公司线路时票价骤增，不利于不同公交模式的换乘，无法满足综合票价政策的需要</td></tr>
<tr><td>区段计程票价制</td><td>成都</td></tr>
<tr><td rowspan="2">辅助票制</td><td colspan="2">计时票价制</td><td>温哥华</td><td rowspan="2">操作较为简便；便于不同公交模式间的换乘，符合综合票价政策的需要</td><td rowspan="2">服务准点率对票价的影响较大；车票价格与运营成本的联系不够直接</td></tr>
<tr><td colspan="2">计次票价制</td><td>昆明</td></tr>
</table>

2）国内城市轨道交通票价总结

武汉、郑州等城市的票价相对较低，上海、广州、深圳等城市的票价相对较高，北京地铁短途票价相对较高，但 30 km 以上远途票价相对较低，在定价上对通勤上班族有一定倾斜。

3）我国地铁票价管制模式存在的问题

（1）政府定价缺乏预期和弹性，信息传导机制不畅；

（2）政府调价滞后于市场情况，过长的调价周期不符合经济发展的渐进规律；

（3）现行票价政策下财政补贴风险大。

4）乌鲁木齐城市轨道交通票价政策建议

（1）政策建议

轨道交通票价实行政府定价，建议采用计程计价，可参照西安等城市做法，结合乌鲁木齐实际制定具体票价。

（2）配套措施

建立价格政策与法规，保证价格的有效执行；通过 1 号线运行后，广泛收集居民的反映和意见，进行对比分析，逐步完善乌鲁木齐价格执行跟踪机制；开展公共交通换乘优惠研究，借鉴国内外其他城市经验，形成乌鲁木齐特色的轨道交通票价管理体制。

4. 运营成本控制

1)城市轨道交通运营成本构成

城市轨道交通运营成本包括维持轨道交通运营所需人工成本、能源消耗费用、设施设备维护维修费用、设施设备耗材采购费用、各类车票采购费用、运营车站车辆保洁及环境整治费用、管理人员办公费用、乘客保险费用以及运营后勤保障服务费用等。近年来我国城市轨道交通运营成本各要素构成比例如图 10-65 所示。

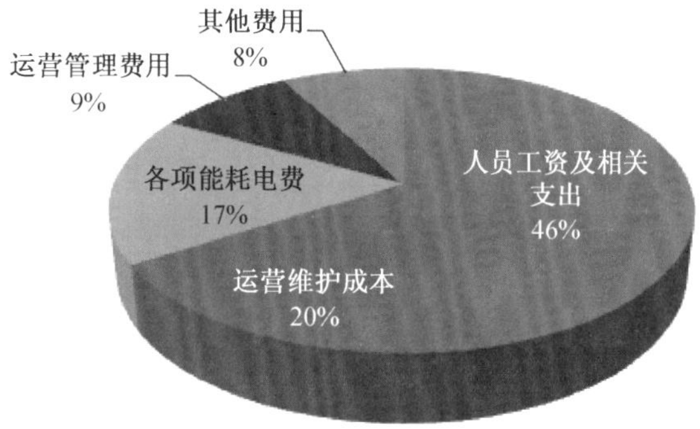

图 10-65 国内城市轨道运营成本各要素构成图

2)运营成本控制过程存在的问题

(1)运营成本管理意识不强;

(2)轨道交通建设运营体系复杂,难以从全生命周期进行投资全盘优化;

(3)建设前期盲目提高设备选型标准,采购不必要的设施设备,后期维护费用高,设施设备更新缺乏规划。

3)乌鲁木齐城市轨道交通运营成本控制建议

(1)申请优惠电价;

(2)建立预算制度,强化预算的弹性控制和硬性约束;

(3)加强成本管理意识,设立与成本控制指标挂钩的奖惩机制;

(4)精减人员,降低人工成本,加强员工培训,提高工人技术素质;

(5)加强节能措施,降低能源消耗成本;

(6)合理控制设施设备的更新、维护费用。

5. 补贴政策

1)补贴途径

城市轨道交通补贴的实质是界定政府和市场在城市轨道交通中的角色。其补贴分为资本性补贴、经营性补贴及资源性补贴,如图 10-66 所示。

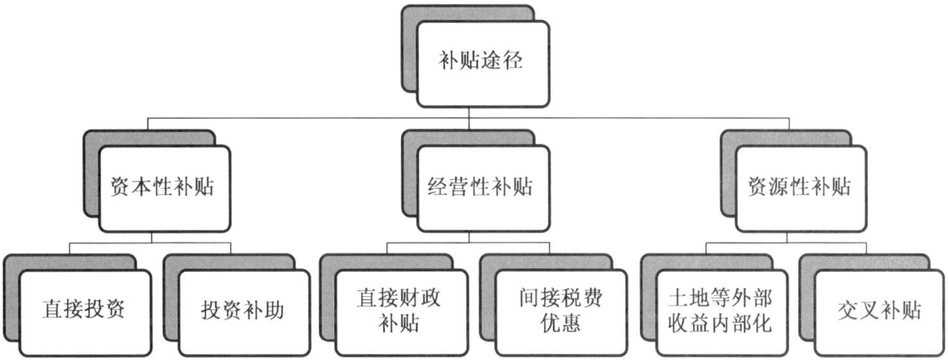

图 10-66 国内城市轨道补贴途径分析图

2）国内城市轨道交通补贴政策

国内城市轨道交通补贴政策见表 10-28。

表 10-28　　国内城市轨道交通补贴政策

香　港	北　京
特区政府直接投资，其他资金来源，如债券、财团贷款、浮息票据和出口信贷等，通常都由特区政府担保，增强了香港地铁公司的信用等级，降低了融资成本。在资源性补贴方面，特区政府赋予香港地铁公司开发沿线房地产的权利，通过物业开发利润实现外部性的内部化	2004 年以前，北京补贴的思路基本是“亏多少、补多少”（成本加成式）。从 2004 年开始北京市补贴政策转换为“固定补贴、盈亏自负”（财政包干式）

3）乌鲁木齐城市轨道交通补贴政策建议

（1）运营初始阶段（开通运营 3 年）采用成本加成式的补贴模式；

（2）运营发展阶段（开通运营第 3 年至第 10 年）采用财政固定补贴额度的模式；

（3）运营稳定阶段（开通运营第 10 年至第 25 年）采用激励性分成合约补贴的模式；

（4）制定《乌鲁木齐轨道交通运营补贴资金管理办法》。

6. 征地拆迁政策

征地和拆迁是城市轨道交通建设的工作和基础。城市轨道交通的征地拆迁包含表 10-29 中的四部分内容。

表 10-29　　国内城市轨道交通征地拆迁内容

项　目	定　　义
房屋征收	征收国有土地上单位、个人的房屋，对被征收房屋所有权人给予公平补偿的行为
征地	依法定程序将农民集体所有的土地转变为国有土地，并依法给予被征用土地的单位和个人一定补偿的行为
永久占地	占用有权属的国有土地，给予被占用土地的单位和个人一定补偿的行为
拆迁	对现存建设用地上的房屋进行拆除，对房屋所有者或使用者进行迁移安置并视情况给予一定补偿的活动

乌鲁木齐城市轨道交通征地拆迁政策建议如下。

1）拆迁工作建议

（1）借鉴北京的线路指挥组模式；

（2）简化行政审批手续；

（3）调动沿线地区积极性；

（4）在初设阶段即对征地拆迁问题展开评估；

（5）由城轨集团配合区政府向市政府申请政策优惠；

（6）做好征地拆迁问题预案。

2）具体政策建议

参照其他城市编制:《集体土地房屋拆迁管理办法》《乌鲁木齐市国有土地上房屋征收停产停业损失补偿暂行办法》《房屋征收及征地拆迁资金拨付及监管工作实施细则》《房屋征收和征地拆迁工作管理办法》。

7. 固定资产更新改造

城市轨道交通属公益性设施,不仅前期投资巨大,建成后的固定资产更新改造费用也不菲,如果不能采取有效的机制对城市轨道交通固定资产进行设施设备和技术能力的更新改造,将影响到城市轨道交通的可持续发展和运营安全。国内外城市轨道交通固定资产更新改造管理模式如表 10-30 所示。

表 10-30　部分城市轨道交通固定资产更新改造模式

北　京	墨尔本
北京市轨道交通固定资产更新改造采用的激励性合约机制,在保证轨道交通安全运营前提下,既能够提高运营管理企业的积极性,又能合理节约固定资产更新改造资金	墨尔本地铁设置有独立的仲裁机构来确定更新改造企业需要的更新改造费用,并设定资产维护最低标准和服务标准,定期对其进行考察,建立有托管账户,保证更新改造费用专款专用,且建立有灵活规范的更新改造项目计划调整机制和更新改造的激励机制

乌鲁木齐城市轨道交通固定资产更新改造建议如下。

1）更新改造建议

建议乌鲁木齐轨道交通 1 号线固定资产更新,将激励合约机制引入乌鲁木齐轨道交通 1 号线固定资产更新改造管理过程。具体实施办法如图 10-67 所示。

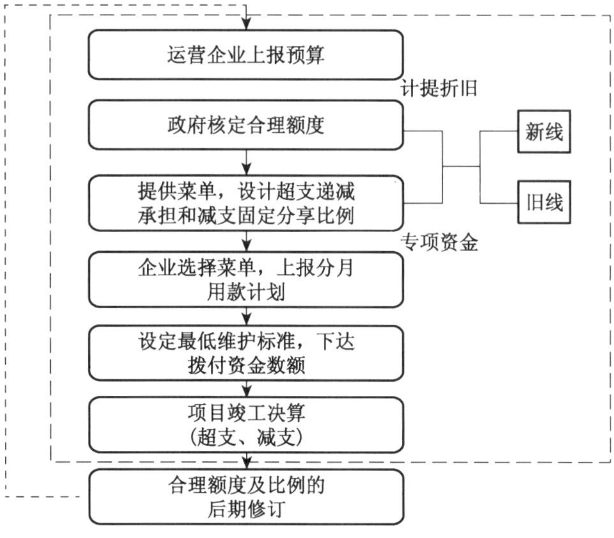

图 10-67　乌鲁木齐城市轨道交通固定资产更新改造流程

2）具体政策建议

为规范轨道交通固定资产更新改造专项资金管理,乌鲁木齐可编制《乌鲁木齐轨道交通固定资产更新改造项目财政专项资金管理办法》,对轨道交通固定资产更新改造项目的申报、调整与预算审批、专项资金的拨付及企业账务处理、资金的监督管理等做出具体规定。

8. 网络化运营

城市轨道交通网络化运营是指在线路与线路之间通过节点实现链接所形成的城市轨道交通客运路网中采取综合协调、集中控制、资源共享的经营行为和进行安全保障、提高服务质量进行的管理措施。

乌鲁木齐轨道交通网络化运营建议如下。

1) 网络化运营管理架构

乌鲁木齐轨道交通网络化运营体系呈网格状,按照“网络化、扁平化、信息化、集约化”的思路,纵向包括运营功能体系、管理业务体系、规范标准体系。横向采取集中分级管理的模式建立,分为网络集中管理层、线路区域控制层、车站现场执行层。

2) 网络化运营系统

进入网络化运营阶段后,城轨集团应建立由“一个基础平台、三大运营系统”构成的网络化运营支持系统(图 10-68)。

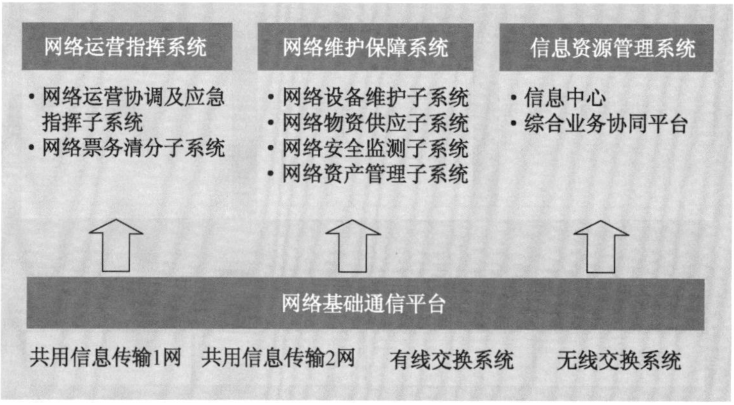

图 10-68 乌鲁木齐轨道交通网络化运营系统图

3) 具体政策建议

乌鲁木齐应在轨道交通发展到一定程度后,可制定《乌鲁木齐轨道交通运营安全条例》,确定轨道交通网络化运营的主体责任部门,并明确轨道交通相关设备、设施应符合网络化需求。或者制定专门的网络化运营管理办法,但目前国内尚无其他城市制定出针对网络化运营的办法。

10.8.4 轨道交通政策的实施

1. 乌鲁木齐地方性法规立法程序

依据《中华人民共和国立法法》,地方性法规制定流程如图 10-69 所示。

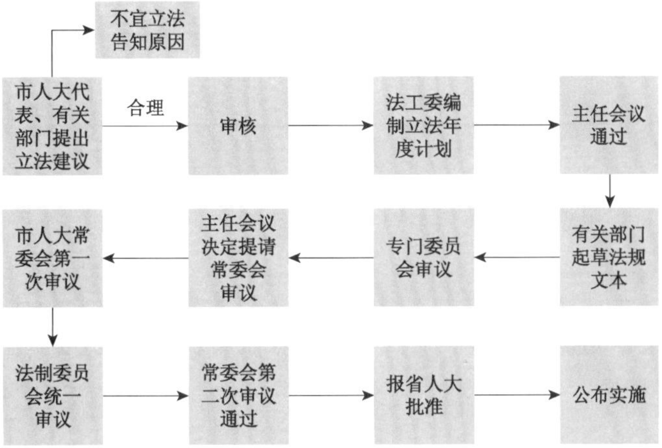

图 10-69 地方性法规制度流程图

2. 分阶段实施计划

根据乌鲁木齐轨道交通线网规划建设时序,将轨道交通政策制定也划分为三个阶段(图 10-70),分阶段实施,具体实施计划见表 10-31。

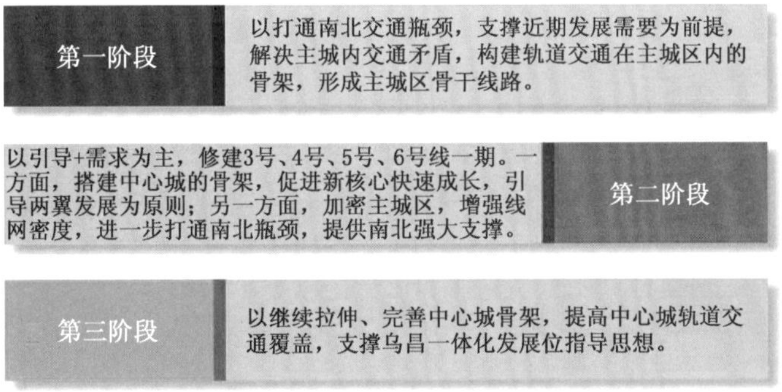

图 10-70 乌鲁木齐轨道交通政策制定三阶段

表 10-31 乌鲁木齐轨道交通政策分阶段实施计划表

序号	分类	文件名称	政策性质	制定部门	建议编制阶段		
					第一阶段	第二阶段	第三阶段
1	综合	乌鲁木齐轨道交通管理条例	地方性法规	市政府、交通部门	√		
2	投融资	乌鲁木齐轨道交通建设发展专项资金管理办法	地方性规章	财政部门	√		
		乌鲁木齐推广政府与社会资本合作(PPP)模式指导意见	规范性文件	市政府	√		
		对乌鲁木齐轨道交通的配套优惠性政策	规范性文件	市政府	√		

（续表）

序号	分类	文件名称	政策性质	制定部门	建议编制阶段		
					第一阶段	第二阶段	第三阶段
3	规划	乌鲁木齐轨道交通规划管理办法	地方性规章	规划部门	√		
		乌鲁木齐轨道交通站点及周边地区土地储备与利用管理办法	地方性规章	国土部门		√	
		乌鲁木齐地铁沿线地下空间开发利用管理规定	规范性文件	规划部门		√	
		关于推进乌鲁木齐轨道交通场站及周边土地综合开发利用的实施意见	规范性文件	规划部门、城轨集团	√		
4	建设	乌鲁木齐轨道交通工程安全质量管理办法	地方性规章	建委	√		
		乌鲁木齐轨道交通建设管理办法	地方性规章	建委	√		
		乌鲁木齐轨道交通房屋征收和征地拆迁工作管理办法	规范性文件	建委	√		
		乌鲁木齐轨道交通工程建设征地拆迁补偿安置办法	规范性文件	建委	√		
5	运营	乌鲁木齐轨道交通运营安全管理办法	地方性法规	市政府、交通部门		√	
		乌鲁木齐轨道交通特许经营管理办法	地方性规章	市政府、交通部门		√	
		乌鲁木齐轨道交通票制票价暂行规定	规范性文件	交通部门		√	
		乌鲁木齐轨道交通运营补贴办法	地方性规章	交通部门		√	
		乌鲁木齐轨道交通车站服务设施设置规定	规范性文件	城轨集团	√		
		乌鲁木齐轨道交通车站商业网点管理规定	规范性文件	城轨集团		√	
		乌鲁木齐轨道交通固定资产更新改造管理规定	规范性文件	交通部门、城轨集团			√

参考文献

[1] 王志华. 地铁车站运营安全风险评价研究[D]. 北京：北京交通大学，2012.
[2] 田琳. 城市轨交车站大客流管理研究[J]. 地下工程与隧道，2013(1)：34-37.

11 导则和指引——以南门站为例

导则和指引是城市轨道交通运行服务效果策划工作成果的提炼和总结，以使轨道交通的各相关方能够很方便找到相关的成果，来指导相关的工作。导则和指引分全线和站点两个范围，站点范围同时按照涉及的城市轨道交通各环节工作，又分为站点总则、规划层面、设计层面、施工层面和运营管理层面。以下内容为乌鲁木齐轨道交通1号线的南门站的导则和指引。

11.1 站点总则

1. 区位、功能特征

南门站位于乌鲁木齐天山区，周边区域是乌鲁木齐最繁华的地段，是全市的商业、金融业中心，该站点是轨道交通1号线重要站点之一，同时也是轨道交通1号线和2号线的换乘站点。目前站点周边区域都已发展成熟。

2. 行人基本属性

南门站现有客群主要以中青年上班族为主，家庭收入处于中等水平，周边现有客群消费能力处于中等水平，维吾尔族与汉族比例比较接近，外来人口比例较高，学历水平较低。

3. 行人服务需求

(1) 本站乘客出行需求以学习办公和餐饮消费为主；

(2) 本站乘客对所处街道方位和名称信息，以及标志性建筑物的需求较高，应布设更多的相关标志；

(3) 本站乘客最期望的换乘衔接方式为步行和普通公交，其他换乘方式需求较小；

(4) 本站乘客对公共空间/设施的需求以运动健身，以及交流聚会设施为主，规划层面应着重考虑该类公共空间/设施；

(5) 商业服务需求：该站点客群希望地下商业发展中档或中高档的便民服务、购物、餐饮美食、休闲娱乐等，并在地上发展中档或中高档的综合购物中心或餐饮娱乐中心。

4. 车站方案

南门站地面层至地下三层的方案见图11-1—图11-4。

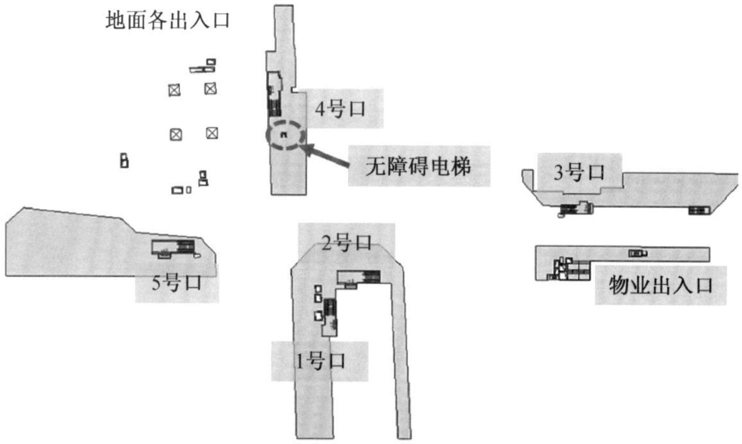

图 11-1　南门站地面层介绍

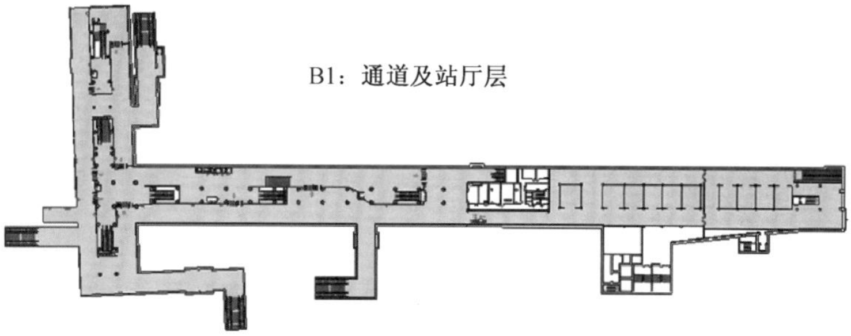

图 11-2　南门站地下一层介绍

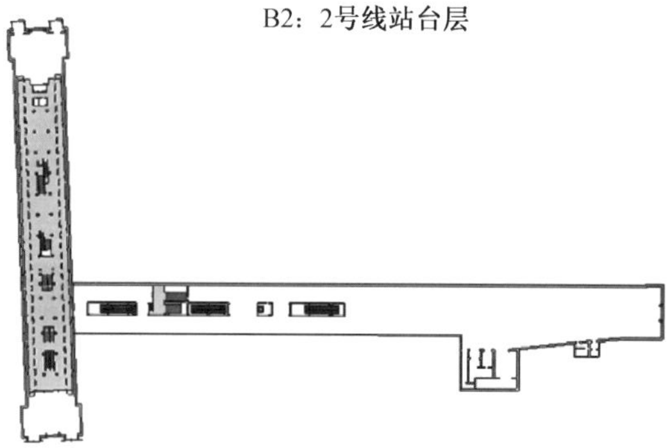

图 11-3　南门站地下二层介绍

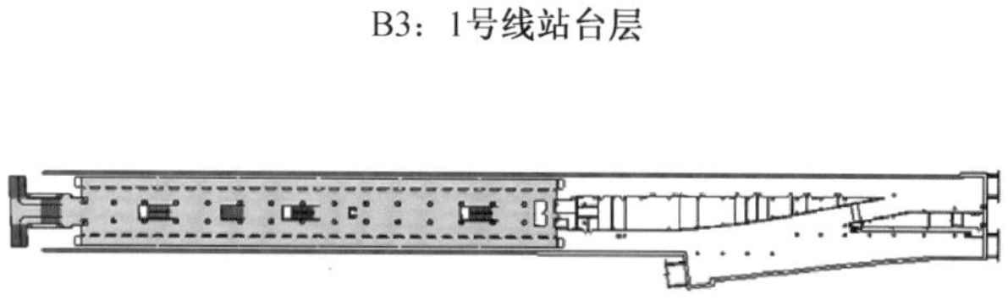

图 11-4　南门站地下三层介绍

11.2 规划层面

(1) 文化主题为都市记忆,表现都市的记忆、多彩和发展。

(2) 结合南门站周边地块 TOD 综合开发,将解放南路线型向东微调,并拓宽为 34 m路宽,拓宽后的解放南路作为主要北部进入地块交通道。

(3) 人民路两侧土地开发成熟,两侧行道人流量较大,两侧行道宽度应保持 7～9 m,受地铁出入口受地铁出入口受地铁出入口设施影响的部分路段宽度不宜小于 3 m。

(4) 解放南路根据 TOD 综合开发进行整体改建,营造良好的步行环境,人行道宽度宜保持为 4～5 m,不应小于 3 m。

(5) BRT3 号线南门站东侧台取消,公交专用道改为社会车。

(6) BRT3 号线南门站西侧台、大十字改为常规公交一般号线南门站西侧台、大十字改为常规公交一般号线南门站西侧台、大十字改为常规公交一般停靠站。其中大十字站改建为候大十字站改建为候车区宽度 3 m,候车区长度 45 m,停车泊位数 3 个。

(7) 取消 3 号出入口附近的人民广场站。

(8) 人民路北侧南门港湾公交车站西移至文化路交叉口,与地铁 4 号口换乘距离小于 150 m,候车区宽度 3 m,候车区长度 45 m,停车泊位数 3 个。

(9) 南门站作为 1 号、2 号线换乘站,1 号线进出站客流进出站客流也对出租车泊位也有需求。综合考虑建议初期在 1 号、2 号出入口 20～50 m 范围内设置一处设置一处 2 泊位的出租车即停走靠点;远期需求可结合 TOD 综合开发考虑,在地块内设置出租车停靠点同时解决商业客流的出租车出行需求和轨道换乘的需求。

(10) 结合地铁站点周边综合开发,整合物业层、轨道站厅层、轨道站点出入口通道、地块开发出入口通道及人行道形成连续的步行设施和地下过街系统。

(11) 区域内应设置 5 组临时停车位,设置如图 11-6 所示。

(12) 区域停车配建指标应降低 10%。

(13) 新开发空间宜采用功能配置:

① 1-04-01:居住区及商业综合体开发。

② 1-04-02:居住、办公及沿街配套商业;至少 5%建筑面积作为公共文化服务设施。

③ 1-04-03:以商务办公为主,结合商业形成综合体;至少 5%建筑面积作为公共文化服务设施;允许 10%的建筑面积作为任意功能调整量;至少 15%用地设计为公共开放空间,每块公共开放空间面积大于 400 m^2。

④ 1-04-04:居住、商业配套设施;允许 10%的建筑面积作为任意功能调整量。

(14) 新开发空间自站点向外宜设置三级高差:180 m,120 m,80 m。

(15) 与新开发空间 1-04-02、新开发空间 1-04-03 应分别在 1/2 号出入口、4 号、5

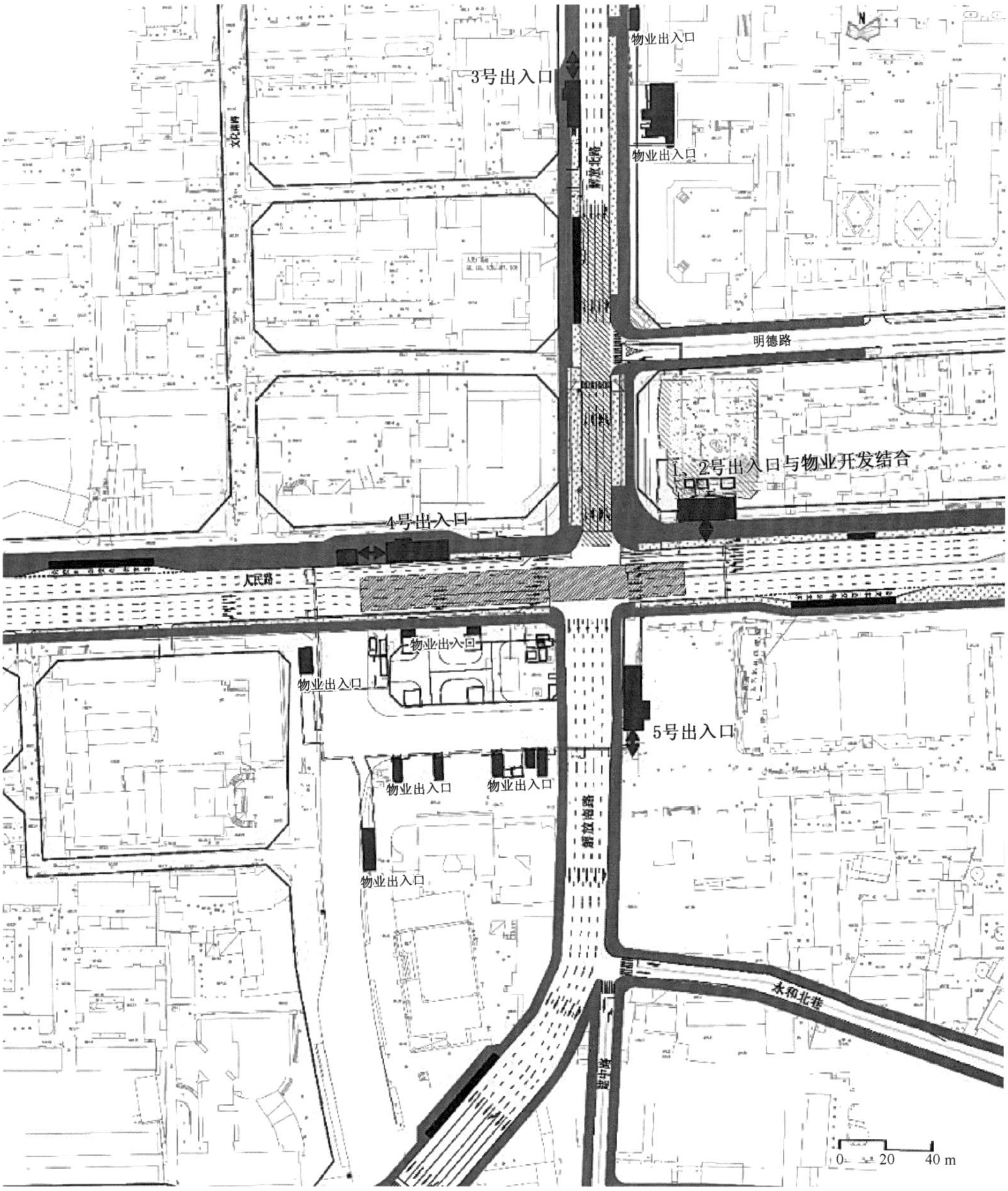

图 11-5　南门站交通一体化接驳方案

号出入口预留面接接口，宽度大于 3～4 跨；与北侧地下商业街，考虑公共通道连接，宽度不小于辰野地下商业街宽度；新开发空间 1-04-02 地下形成商业通道，以连通至新开发空间 1-04-01 地下部分。

(16) 人民路新开发裙房与北侧建筑裙房宜高度一致，提高沿北侧退界，形成一定的沿街开放设施。

图 11-6 南门站空间环境导则和指引图

(17) 新开发空间 1-04-04,建筑退让用地红线 20 m 范围内控制高度应不超过剧场高度;新开发空间 1-04-02 裙房建筑高度应不超过人民剧场。

(18) 宜进行解放路道路市政改造及沿街立面整治:结合北侧商业综合体裙房屋顶平台,架设人行天桥。整治文化街,管理摊位。中心岛周边道路市政改造:西侧支路结合公共开放空间,布置混行道路,减少车行。人民路沿街立面整治。

(19) 由于沿街商业超过 80 m,在地铁站 200 m 范围内一侧宜沿街商业设置连廊。

(20) 在新开发空间 1-04-03 地块应设置超高层塔楼,成为区域新的地标。建筑以现代风格为主，外立面材料以铝板，玻璃为主。

(21) 5 号地铁口宜避让南移，保留较好的正对景观视角；新开发空间 1-04-04，建筑退让用地红线 20 m 范围内控制高度宜不超过剧场高度；新开发空间 1-04-02 裙房建筑高度宜不超过人民剧场。

(22) 宜提升新开发空间 1-04-03 北侧的建筑密度，降低地面绿化率要求，鼓励利用屋顶平台营造立体绿化公共开放空间，并考虑与南侧天桥产生联系。

(23) 宜设置十二类生活便利设施，位置如图 11-6 所示。

(24) 区域内宜设置公共开放空间，位置如图 11-6 所示。

(25) 1-04-03 地块周边的地铁附属设施应考虑结合建造问题，控制设施出口范围位于建筑建造范围内。

(26) 站点类型为中心站，位于乌鲁木齐南部商务、金融、交通中心综合区，建议功能定位为中心城区商务金融核心区，主要业态功能为商务金融、交通换乘，配置高档住宅、公寓、星级酒店以及文化服务配套服务设施。

(27) 站点北侧 01 地块现状为居住混合用地，规划二类居住用地，建议用地调整为商办混合用地，用地面积 0.99 hm^2，建议开发容积率为 7.0，详见表 11-1。

(28) 站点北侧 02 地块现状为商业用地，规划商业金融用地，建议用地调整为商住混合用地，用地面积 1.26 hm^2，建议开发容积率为 7.0，其中商业和住宅的功能业态比例宜为 3∶7，详见表 11-1。

(29) 站点南侧 03 地块现状为商业金融、办公、绿地等，规划绿地、公共设施用地，建议用地调整为商办混合用地，用地面积 2.25 hm^2，建议开发容积率为 7.0，详见表 11-1。

(30) 站点北侧 04 地块现状为商业、办公、居住等混合用地，规划位公共设施、商业用地，建议用地调整为商办混合用地，用地面积 1.35 hm^2，建议开发容积率为 7.0，详见表 11-1。

表 11-1　　南门站控制图则

地块编号	土地面积 /hm^2	权　属	空间类型	建议用途	建设开发容积率
1-04-01	0.99	市政公共绿地	地上	商业办公	7.0
1-04-02	1.26	烟草局家属院	地上	居住商业办公	7.0
1-04-03	2.25	书店、医院、纺织招待所	地上	商业办公	7.0
1-04-04	1.35	书店、医院、纺织招待所	地上	商业办公	7.0

(31) 01 地块、04 地块地下空间类型为服务型地下空间，主要功能为地块地下停车库，局部配置地下相关设备用房，详见图 11-7、图 11-8。

(32) 02 地块、03 地块地下空间类型建议为公共型地下空间，靠近站点部分地下空间宜与地铁一体化同步实施开发，主要功能为零售商业及配套设施，详见图 11-7、图 11-8。

图 11-7 用地开发建设图

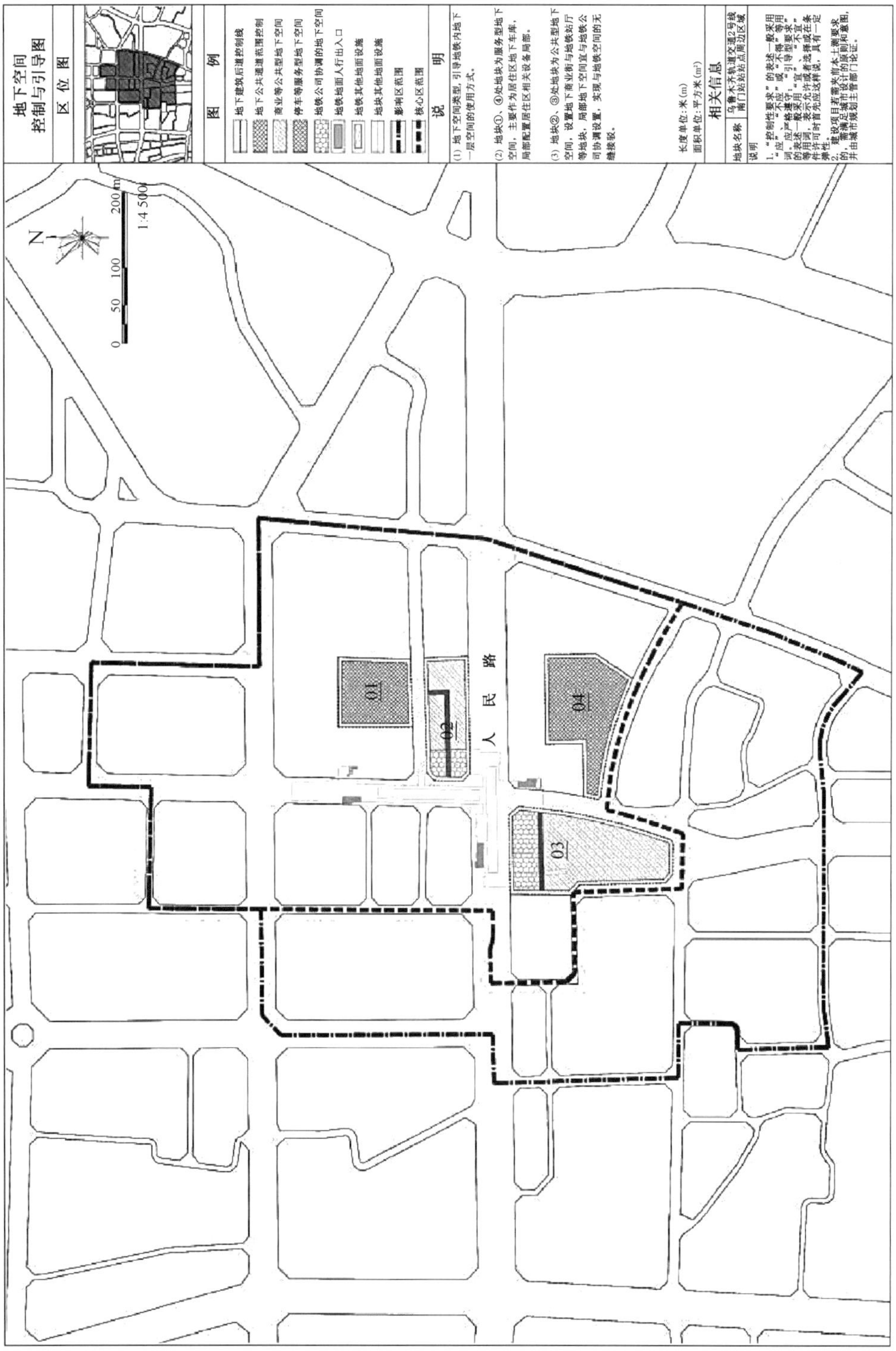

图 11-8 地下空间控制与引导图

(33) 南门站为轨道交通 2 号线与 1 号线换乘站，建议利用地处乌鲁木齐市中心的区位优势，打造成为乌鲁木齐 CBD 核心区时尚消费的 RBD，站内商业打造全新概念生活购物及休闲娱乐中心，站外物业发展高端商务办公、商业服务及高端居住，实现站点区域一体化综合开发。

(24) 站厅层（地下一层）可利用商业面积约 95 m^2，最大单块商业面积约 50 m^2，根据不同业种对规模空间的不同需求，建议站厅层主要布局便民服务类业种，站台层（地下二层）只考虑便民服务类对自助设施。从具体业种布局来看，应以满足交通功能为前提，充分利用付费区及非付费区及站台空间，布局各类便民自助设施。

(35) 站点物业开发空间（地下一层）与地铁站厅层无缝衔接，二号线站厅层可进行物业开发空间面积约 3 920 m^2，店铺采用两侧布局；一号线站厅层可进行物业开发空间面积约 1 200 m^2，中间布局商铺，形成双排式走廊。物业开发层结合周边客群特点，发展精品购物、休闲娱乐、餐饮服务等业种，打造“南门”时尚消费 RBD。

11.3 设计层面

(1) 地面无障碍电梯设计：确保地面到站厅无障碍电梯不能绕过出入口的安检环节。

(2) 换乘通道设计：南门站换乘客流量较大，通过站台连接楼梯直接换乘将造成较大的客流冲突与拥堵，确保：

① 尽量避免站台直接连通换乘；

② 如果采用站台换乘，站台直接连通换乘至少保证 2 条换乘通道；

③ 渠化换乘通道可以增大通行能力。

(3) 站外安检能力配置：确保本站各方向的安检设备能力如表 11-2 所示。

① 出入口设计预留相应的安检空间；

② 按照安全策划中建议的安检方式进行人员分配。

表 11-2 南门站外安检能力配置

运营时间	初期					近期					远期				
出入口	1 号口	2 号口	3 号口	4 号口	5 号口	1 号口	2 号口	3 号口	4 号口	5 号口	1 号口	2 号口	3 号口	4 号口	5 号口
安检设备	1	1	1	1	1	1	1	2	2	2	2	2	3	3	3
安检人员配置	3	3	3	3	3	3	3	5	5	5	5	5	7	7	7
安检人员合计	15					21					31				

(4) 站厅南侧人工售票岗位设置：建议增加站厅南侧的人工售票岗位，为未来的 2 号线客流预留售票服务能力。

(5) 南门站部分出入口及物业出入口位于道路红线外（后期对出入口进行二次改造，如图 11-9 所示）。

(6) 4 号口无障碍电梯绕过安检环节，存在安全隐患。

(7) 建议站厅层北侧付费区（2 号线附近）进站闸机向右挪移（图 11-10）。

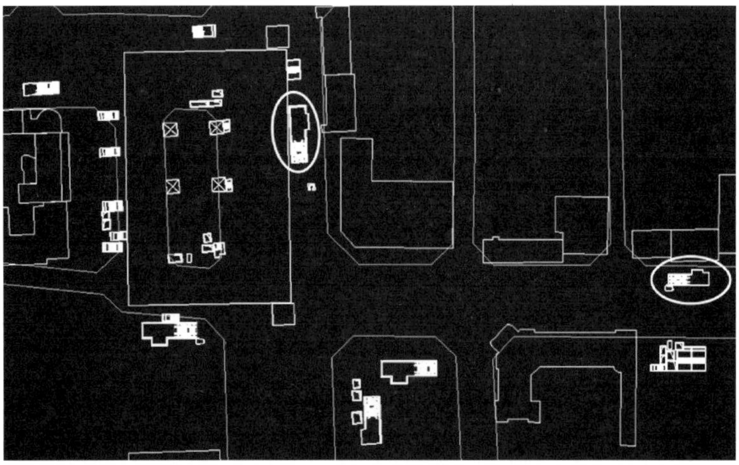

图 11-9　南门站出入口位于道路红线外

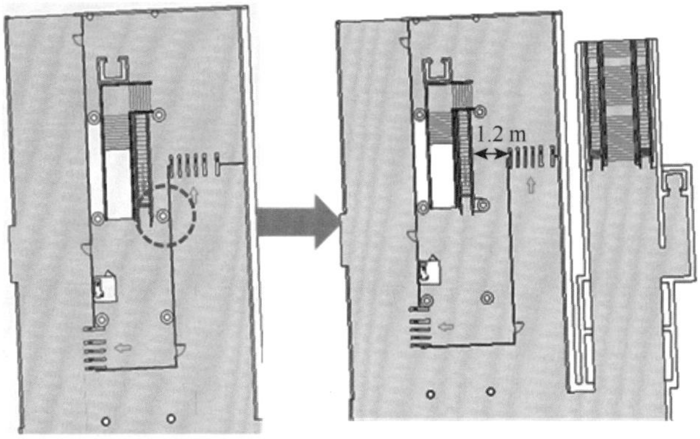

图 11-10　2 号线进站闸机右移

(8) 建议站厅层东侧进站闸机组(1 号线附近)位置向右挪移，如图 11-11 所示。

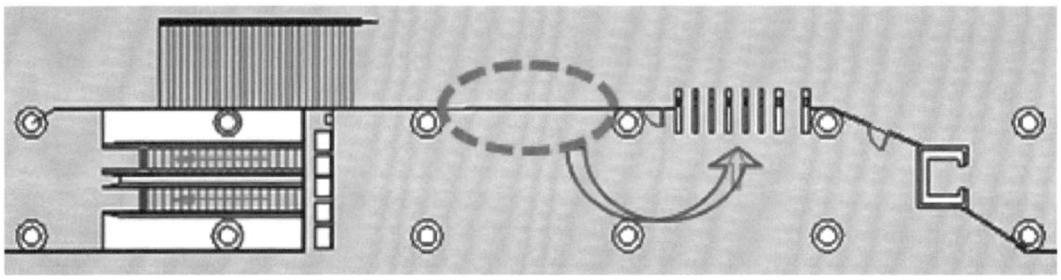

图 11-11　1 号线进站闸机右移

(9) 2 号线北侧站厅增加 4 台出站闸机，共 8 台。

(10) 2 号线南侧自动售票区域增加 2 台自动售票机，共 8 台。

(11) 安检空间预留：1 号、2 号口各 2 台安检设备，3 号、4 号、5 号口各 4 台安检设备，出入口空间相应拓展(图 11-12)。

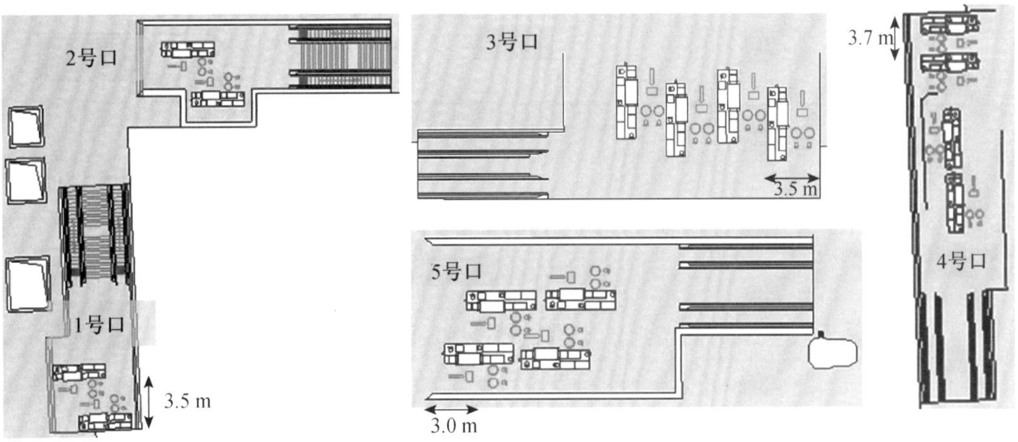

图 11-12 1～5 号口出入口空间布局

(12) 该站由于客流量大,相应安检需求也大,站厅层空间不足,近/远期无法实现安检内移。

(13) 公交候车站必须安装等候雨棚、座椅、清晰的信息提示板、护栏等设施,以保证候车环境,提高候车安全。

(14) 公交停靠站候车区四周宜设置安全栏杆。

(15) 步行道宜进行硬化铺装设计,并进行安全边界设计。

(16) 道路两侧出入口宜设计减速丘,确保慢行交通连续。

(17) 结合地铁建设进行地下商业空间开发,地铁站厅层与周边物业商业无缝接驳,有效吸引乘客,提升地铁商业价值。

(18) 站点出入口宜靠近大十字路站、人民广场站、南门站和 BRT 南门站等,实现与轨道交通的便捷换乘,提高站点可达性和客流吸引力。

(19) 根据本站 5 个出入口周边物业情况,建议本站地铁出入口尽量与站点周边的商务办公建筑相结合,形成自然过渡空间。

(20) 周边道路系统加强对地铁出入口指引,方便客流顺利到达地铁站及地铁商业。

(21) 南门站地铁站内商业整体营造时尚的空间形象,形成乌鲁木齐时尚消费的新地标。数码音像体验店、原创生活概念店等以时尚、潮流为特色;休闲娱乐类则以休闲、动感为特色;餐饮类以快捷、便利为特色。

(22) 物业开发层商业与车站站厅公共区同层相接,应采用防火墙等划为不同的防火分区。

11.4 施工层面

(1) 交通组织:结合南门站周边区域交通流特点,通过与解放路平行的和平路、新华路合理分流，最大限度减少施工对交通造成的负面影响。在无法做到“占一还一”的道路区段，优先保障慢行出行，减少绕行距离；视情况保障公交通行，尽量不改。

（2）方案影响评估：通过合理有效的施工期间交通组织措施，人民路—解放北路节点在各期围挡施工期间，交叉口服务水平维持在 C～D 级，属于可以忍受的状态。

11.5 运营管理层面

（1）限流措施：本站可能遭遇的大客流类型包括“恶劣天气大客流”（客流量比高峰小时增大约 20%），“节假日大客流站点”（商业中心类站点，客流量比高峰小时增大 20%～30%），“高峰小时大客流”（客流量比高峰小时增大约 20%）。

① 本站常态条件下站台密度、排队及区间能力等均处在线路设计能力之内，所以常态条件下不应限流；

② 在客流量最大增加 30%的条件下，远期高峰小时站台密度有可能降到 Fruin 行人服务指标的 E 级别，站台工作人员应该酌情采取“站内限流”措施。

（2）警务建设，本站总体定位被划定为一级站点，确保其警务建设标准不低于：

① 警务室设立 1 名责任民警；

② 本站配备 2～3 名驻站警察；

③ 本站配备 4～6 名协警（主要负责各出入口安检）。

（3）疏散策略准备：

① 初期车站的整体清空时间在 360 s 以下，远期车站的整体清空时间在 600 s 以下，车站工作人员可以参考本站疏散时间安排相应的疏散、救援、救灾等工作顺序；

② 应急疏散条件下，站台南侧的楼梯区和换乘通道易发生拥堵，建议加强疏散引导，使南侧疏散客流均衡利用北侧楼梯疏散。

（4）站台自动扶梯运行速度高峰时段增加至 0.75 m/s。

（5）换乘方式：1 号线采用站台通道换乘，2 号线采用站厅换乘。

（6）调整运营组织，尽可能减少 1 号线、2 号线列车同时到站的情况。

（7）在站台层，对乘客加强引导，均衡利用各组楼扶梯（图 11-13）。

（8）在站厅层，加强对乘客换乘流线的引导，减少因秩序混乱引起的客流交织（图 11-13）。

（9）疏散情境下，停止下行扶梯的运转，使疏散乘客可将其作为疏散楼梯使用。

（10）严格管理人行通道，禁止停放机动车。

（11）宜利用道路绿化带设置自行车停车架。

（12）结合西南象限综合开发的内部道路设置路侧临时停车位，并设置停车位标志，私家车可在此临时停车接送乘客，与轨道交通形成衔接换乘提供便利。

（13）站点接驳设施规模，如表 11-3—表 11-5 所示。

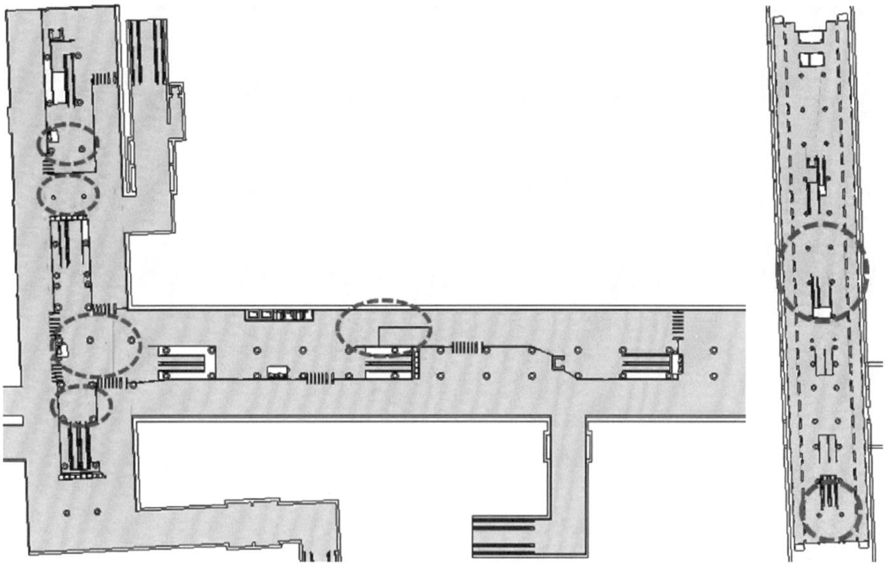

图 11-13 南门站重点引导区域

表 11-3 自行车停车点设置

南门站	停放点泊位数		停放点面积/m²	
自行车停车点	初期	远期	初期	远期
	64	103	128	206

表 11-4 出租车停靠线设置

出租车停靠点位置	泊位数	候车区宽度/m	候车区长度/m
1 号出入口	2	3	12

表 11-5 公交站设置

公交站	泊位数	候车区宽度/m	候车区长度/m	候车面积/m²
南门站(人民路)上行	3	3	45	135
南门站(人民路)下行	3	3	45	135
大十字站	3	3	45	135
南门 BRT 站	3	3	45	135

(14) 物业层商业以整体租赁为主,确保商业业种统一和氛围营造。站厅层商业以分割租赁为主。

(15) 根据策划业态和市场定位选择商家,优先考虑知名连锁品牌商家。精品购物业种优先考虑知名连锁品牌;休闲娱乐重点引入国内知名品牌,兼顾本地连锁品牌;餐饮娱乐品牌以国际、国内品牌为主，并考虑部分本地连锁品牌；便利店、面包/食品店优先考虑本地连锁品牌；自助类服务设施重点引入国内知名品牌。

(16) 为商家提供良好的经营环境，整体打造国际化的时尚消费空间，引领新疆时尚消费潮流，形成乌鲁木齐国际化商业中心的核心区。

(17) 南门区域为乌鲁木齐城市商业核心区域，商业面积大，客群多元，建议加强消防和安全管控，确保地铁商业良好运转。

12 策划成果落实和推进①

城市轨道交通运行服务效果策划工作既是一项全面系统的咨询研究工作，也更是一项涉及规划、设计、施工以及运营管理各城市轨道交通各环节工作的城市轨道交通实施性工作。所有策划成果都需要和轨道工程本身设计以及轨道相关的各政府部门、企业等进行紧密沟通和衔接，以确保策划成果得到有效落实以及策划的相关项目得到推进。策划成果的落实和推进贯穿策划工作全过程。在策划工作过程中，除了策划专题小组之间在策划总顾问的统筹管理下进行全面对接协调策划专题工作，同时也与轨道交通相关的规划、设计、施工以及运营管理的单位和政府部门进行及时沟通，听取相关意见和建议，并在成果中得到优化和完善，以使策划成果具有可操作性。对于不能完全落实和推进的策划成果，也将相关的原因等记录在案，以便后续进一步分析研究。

基于以“服务”为导向的城市轨道交通体制机制研究，本次策划成果还应该成为未来乌鲁木齐轨道交通 1 号线运营验收的依据以及具体运营管理工作的指南，贯穿到乌鲁木齐轨道交通 1 号线的全过程。

12.1 项目工作会议

项目工作会议既是成果推进和落实的手段，也是策划过程中主要的沟通协调方法。通过项目工作会议，使得各专题的工作得到融合，实现策划工作有效协调和策划成果有效落实。乌鲁木齐轨道交通 1 号线的主要项目工作会议主要包括以下几类。

1. 项目启动会

业主单位和总体策划单位通过项目启动会的方式，将轨道交通内部各相关部门（房产部、运营公司等）、策划咨询团队、设计总体及各工点单位、市相关单位（建委、规划局、交通局等）召集在一起：阐述项目目的和意义，明确各相关部门的责任和配合要求，为策划项目的启动提供各种资料、数据、资源支持，建立相互之间顺畅的沟通渠道，并确定项目开展过程中的沟通、对接、落实机制（主要包括内部例会、专题对接会议、中期咨询会、终期评审会、策划成果落实效果跟踪会议等机制）和关键的时间节点。市相关单位会根据行业特点，向策划项目组提出针对性的工作要求，进一步丰富、充实策划项目的工作内容。策划项目的各专题咨询团队介绍各专题的工作内容、工作计划、资料需求等内

① 本章内容来源《乌鲁木齐轨道交通 1 号线运行服务效果策划总报告与专题报告》。

容。表 12-1 为乌鲁木齐轨道交通 1 号线运行服务效果策划——启动会主要内容。

表 12-1　乌鲁木齐轨道交通 1 号线运行服务效果策划——启动会主要内容

序号	内　容	参加人员
1	业主、总体策划	××××
	(1) 项目目的。 (2) 主要工作内容。 (3) 各相关单位的责任与资料支持	
2	市相关单位	××××
	(4) 交通衔接换乘的要求。 (5) 市容市貌的和谐性。 (6) 文化发展的特色要求。 (7) 政策法律的局限性。 (8) 安全服务的重要性。 (9) 行人服务的多样性	
3	商业物业策划	××××
	(10) 目前正在进行基础研究工作： 市场分析。 (11) 政府访谈工作： 发改委、商务局。 (12) 开展在乌鲁木齐问卷调研。 (13) 3 月份开展站点的研究，4 月份出中期成果	
4	空间环境、综合开发、文化、政策策划	××××
	(14) 工作内容增加地铁四小件。 (15) 增加对地铁站点周边的分析。 (16) 与商业物业、交通专题互动分析： ● 调整周边用地开发强度； ● 出入口与商业空间结合。 (17) 资料、设计图纸： 四个车站	
5	交通策划专题	××××
	(18) 目前工作—调研数据统计分析。 (19) 站点设施布局： ● 需要开发功能定位； ● 对每个站点进行方案设计	
6	行人行为、安全策划	××××
	(20) 图纸处理已完成。 (21) 开始各个站点的建模工作： 需要考虑与各个站点开发量的客流量	

（续表）

序号	内　　容	参加人员
7	轨道交通企业调研	××××
	（22）调研提纲： ● 按照规划与前期、建设、运营管理、综合开发等四个方面整理出问题； ● 提交业主讨论	
8	其他问题	××××
	（23）列出需要与设计单位对接的问题及调研清单。 （24）交通一体化专题研究需要根据一体化交通的理念提出对综合开发的要求。 （25）及时更新 FTP 上各专题研究成果	

2. 工作例会

各专题根据工作需要开展内部或者更大范围的定期例会，汇报工作进展，并提出基础资料（外部提供）及专题成果（内部交互）的支持需求，以及成果落实的对接安排。由总体策划组织基础资料的搜集工作，以及内部各专题之间相互的成果支持工作。保证各专题之间的工作成果是充分融合，相互支持的。表 12-2 为乌鲁木齐轨道交通 1 号线运行服务效果策划——内部工作例会示例。

表 12-2　乌鲁木齐轨道交通 1 号线运行服务效果策划——内部工作例会示例

序号	内　　容	参加人员
1	策划总顾问单位汇报总体工作情况	××××
	（1）总体工作进展。 （2）下一步工作。 （3）问题与建议	
2	各专题工作进度情况汇报	××××
	（4）文化策划。 （5）行人行为策划。 （6）综合开发策划。 （7）商业物业策划。 （8）空间环境策划。 （9）交通一体化策划。 （10）安全策划。 （11）政策策划	
3	设计单位意见	××××
	（12）需要对接的内容： ● 根据仿真结果对接设计成果； ● 出入口交通一体化及时对接； ● 空间环境、出入口、四小件的及时对接。 （13）设计工作进展： ● 施工图边界条件已稳定，方案再进一步优化核实； ● 安排各工点设计单位与咨询单位进行逐站点对接	

（续表）

序号	内　　容	参加人员
4	业主单位意见	××××
	(14) 加强对接： ● 部分车站方案已修改，加强对接； ● 提供最新的各车站平面图，与房地产公司、前期处对接，周边环境、一体化开发要落地； ● 部分车站的物业开发要提前，稳定设计理念； ● 部分车站的 P+R 要纳入一体化设计； ● 车站运行传真结合 1 号线经验及现状，落实安检设备。 (15) 加强配合与落实： ● 咨询公司牵头协调； ● 各单位要重视，需站在一定的高度； ● 加强各方的沟通和配合工作； ● 要有大局观，有较强的执行力	

3. 专题对接会议

各专题根据工作成果情况，按月（或随时）提出阶段性成果对接需求，由总体策划单位组织相关专题团队，经由业主单位联系，与外部相关单位进行阶段成果对接（如设计对接、商业物业对接、运营管理对接、城市规划对接、交通衔接对接等）。表 12-3 为乌鲁木齐轨道交通 1 号线运行服务效果策划——专题对接会议示例。

表 12-3　乌鲁木齐轨道交通 1 号线运行服务效果策划——专题对接会议示例

序号	内　　容	参加人员
1	成果汇报	××××
	(1) 策划总顾问。 (2) 文化策划。 (3) 行人行为策划。 (4) 综合开发策划。 (5) 商业物业策划。 (6) 空间环境策划。 (7) 交通一体化策划专题。 (8) 安全策划。 (9) 政策策划	
2	市交通局意见	××××
	(10) 图上的站点名称与批准的名称一致。 (11) 交通一体化人行道调查，增加周边小区行人服务，交通设施提出需求	
3	市规划局意见	××××
	(12) 增加地面安检，测试地面排队的情况。 (13) 地面的社会安全。 (14) 老城区与新城区区别对待	

（续表）

序号	内　　容	参加人员
4	市发改委意见	××××
	(15) 考虑车站周边的综合开发。 (16) 需要听取国土部门的意见	
5	市建委意见	××××
	(17) 道路改扩建,需要参考已有的老城区专项规划。 (18) 物业开发需要结合周边的需求统筹考虑。 (19) 在车站附近考虑 P+R 停车设施	
6	市城市规划院意见	××××
	(20) 图表名称要更新。 (21) 具体实施情况做好对接	
7	市商务局意见	××××
	(22) 数据更新到 2015 年。 (23) 21 个站点名称和最后采用的名称一致。 (24) 地上地下的开发要和周边结合起来。 (25) 轨道开发和旅游产品结合起来。 (26) 重点发展现代服务业、乌鲁木齐旅游集散中心。 (27) 地下商业网点规划	
8	市城管委意见	××××
	(28) P+R 停车总体偏少,考虑增加	
9	工点设计单位	
	(29) 按照仿真优化提出的各类问题逐一核对、落实、回复: ● 地面无障碍电梯设计; ● 出入口安检空间设计; ● 设备能力调整; ● 二级出入口预留; ● 楼扶梯能力设计; ● 换乘通道设计; ● 站台宽度设计; ● 站厅布局设计; ● 设备资源统一调配	
9	业主单位	××××
	(30) 落实各个部门的要求,结合本地实际情况。 (31) 静态设计(功能性)与动态设计(策划)结合起来。 (32) 理念、创新点要突出。 (33) 商业要结合实施 (34) 商业策划布局: ● 商业对比的比较,和客流的关系; ● 结合客流增长情况与商业规模的变化	

4. 中期咨询会议

在项目进程过半时，各专题应结合实际情况完成大部分工作成果，并与相关单位进行了充分对接。根据对接、反馈、落实效果，聘请国内外各领域的知名专家、学者对工作成果和对接、落实方式进行充分的分析、讨论，为后续的工作完善和成果落实提供更为广泛的参考意见。表 12-4 为乌鲁木齐轨道交通 1 号线运行服务效果策划——中期咨询会议记录。

表 12-4　乌鲁木齐轨道交通 1 号线运行服务效果策划——中期咨询会议记录

序号	内　　容	参加人员
1	总顾问	××××
	(1) 总体策划、协调、落实汇报	
2	工作成果汇报	××××
	(2) 文化策划。 (3) 行人行为策划。 (4) 综合开发策划专题。 (5) 商业物业策划专题。 (6) 空间环境策划专题。 (7) 交通一体化衔接策划专题。 (8) 安全策划。 (9) 政策策划	
3	专家一	××××
	(10) 本策划还需要进一步与设计方、建设方、业主方进行充分的沟通对接。该项目最终成果需要政、产、学、研、企和谐高效的合作，才能实现城市发展的需求，一座地铁一座城市，最终结果是安全、舒适、和谐。 (11) 平安至上，策划用现代先进的仿真优化分析对行人行为、换乘通道拥堵、出入口安检等问题的精确分析很有价值，希望借此手段，建立服务管理系统的仿真分析平台，构建有效的实时站内行人行为及突发事件的信息反馈平台——基于仿真分析的预警平台	
4	专家二	××××
	(12) 安全策划方案中，建议加强预警方案的研究，提出有效、切实可行的预警方案。 (13) 商业策划，要有所为、有所不为，主要为通行服务，不能盲目追求商业利益	
5	专家三	××××
	(14) 各专题之间的逻辑结构需要再仔细构架，行人行为、驻留空间、空间环境、交通专题等都具有相关性，方案的一级单元、二级单元、三级单元等的架构合理，才能有效地降低时间成本和经济成本。 (15) 文化专题系统性地把创意城市名片和文化相结合，对地铁站内文化构建起到重要示范意义。建议以“丝绸之路文化之旅”为主题更好，博物馆由乌鲁木齐建一座地上建筑更好	

（续表）

序号	内　　容	参加人员
6	专家四	××××
	（16）政策专题是开创性的工作，建议要有可实施性。 （17）充分研究地下空间和地上空间的不同之处，安检与远程监控相结合	

5．终期评审会议

在项目工作全部完成后，由业主首先审查工作成果，然后组织国内外的专家、学者对项目成果和落实情况是否达到预期的工作目的和水平进行充分的审核，包括对项目研究报告、调查/调研报告、导则与指引、模型等成果文件、资料进行详细的审查和建议。策划项目的各专题单位依据评审建议对相关成果进行答辩和修改，进而最终完善工作成果。表12-5为乌鲁木齐轨道交通1号线运行服务效果策划——终期评审会议记录。

表12-5　乌鲁木齐轨道交通1号线运行服务效果策划——终期评审会议记录

序号	内　　容	参加人员
1	总顾问	××××
	（1）总体策划、协调、落实汇报	
2	工作成果汇报	××××
	（2）文化策划。 （3）行人行为策划。 （4）综合开发策划专题。 （5）商业物业策划专题。 （6）空间环境策划专题。 （7）交通一体化衔接策划专题。 （8）安全策划。 （9）政策策划	
3	专家一	××××
	（10）行人行为的调查分析在已有静态调研基础之上，进一步考虑乘客在地铁开通前后行为变化的差异。 （11）进一步关注受教育程度较低乘客的服务需求。 （12）依托此行人行为研究成果，提议尽快建立地方轨道交通导向标识标准	
4	专家二	××××
	（13）提出的措施和建议应与另行研究的公共安全防范专题的相关内容进行充分衔接与协调。 （14）细化完善应急预案编制的清单项目类别	

（续表）

序号	内　容	参加人员
5	专家三	××××
	（15）对相关数据进行更新；梳理并完善交通导则指引文本；采用的技术参数与现行规划管理技术标准和建设规范标准相衔接。 （16）提出 BRT、常规公交线网与轨道交通 1 号线衔接的基本原则和方向。 （17）针对相应的实施项目明确实施责任主体，并从技术和政策方面提出保障措施	
6	专家四	××××
	（18）结合现有上位规划成果，对相关数据进行更新。 （19）校核停车配建折减系数；补充并细化内部空间衔接原则；梳理并完善空间环境导则	
7	专家五	××××
	（20）补充对乌鲁木齐社会、经济特点分析，特别是在未来“一带一路”战略规划中的西部核心地位的特点分析。 （21）注意政策文件（建议稿）与我国现行相关法律法规及乌鲁木齐现有地方法规的衔接。 （22）建议分类整合政策文件（建议稿），区分法规、规章和规范性文件，文件内容上注意前后保持一致	
8	专家六	××××
	（23）增加交通文化与地铁文化内涵的表述。 （24）提炼乌鲁木齐地域文化内容和特色建筑文化符号（天山、胡杨、王洛宾、穆斯林建筑等），丰富方案内容。 （25）按照历史时间轴串联起来，讲述丝绸之路从古至今“穿越之旅”的故事。 （26）明确总体定位；风格简洁、明快、现代；强调交通功能优先；因地制宜、就地取材、开发地方元素，少花钱，多办事。 （27）地上与地下呼应，标记明确，反映百姓的乡愁	
9	专家七	××××
	（28）对于站厅内的商业物业综合开发，其通风、配电、给排水、消防等系统接口应与商业业态建议相吻合，力争同步建成投入使用。 （29）对于站厅以外的商业物业综合开发，应充分考虑区域规划的现状和配套修编。 （30）站内的商业形象设计应与标识系统、车站环境等相协调	

6. 策划成果落实效果跟踪会议

策划成果的落实效果需要到城市轨道交通运营后才能最终评定，本着对项目、业主负责的态度，总体策划需要根据各专题不同的落实特点，会同业主不定期（运营初期、近期、远期)召开策划成果的落实效果评定会议,分析研究策划效果的落实情况、项目收益、不足之处、社会影响、调整策略等内容。不但为本项目的推进落实保驾护航,同时为其他城市轨道交通策划项目的有效开展提供宝贵的反馈建议。

12.2 工作成果对接

工作成果对接是将策划成果与轨道相关的运营单位、设计院、政府相关部门等进行逐个车站对接,是在工作过程对接基础上进行的全面成果对接,以使相关策划成果得到落实。乌鲁木齐轨道交通1号线各车站的主要策划工作成果对接模式见表12-6(以“三屯碑站”对接为例)。

表12-6 乌鲁木齐轨道交通1号线运行服务效果策划——三屯碑站对接记录

沟通对象	日期	工作事项(策划建议)	回复意见	备注
工点设计单位	2/16	三屯碑站的站厅层的一部楼梯设计有疑问		
	2/18	三屯碑站站厅楼梯可能有误;需要与设计者直接沟通		
	3/07	(1) 自动扶梯梯级宽度不标准; (2) 楼扶梯连接不合理	车站疑问确实需要调整、修改	
	3/07	(1) 建议无障碍电梯、1号出入口、1号安全口与1号风亭组结合设置,规整形体; (2) 建议2号风亭组与4号物业口结合设置,规整形体; (3) 建议新开发地块内出入口以及风亭组等设备结合地块开发一体化设计	(1) 同意建议,1号出入口、1号安全口与1号风亭组结合设置,规整形体; (2) 2号风亭组与4号物业口结合设置,增加造价较多; (3) 新开发地块内出入口以及风亭组等设备结合地块开发进行一体化设计需与有关部门协调解决	
	3/07	建议三屯碑2号出入口、3号物业出入口往西分别偏移	三屯碑站因出入口方案与现状建筑距离已很近,无法再有大的调整,该侧人行道和自行车道出入口部分按规范下限设置	

（续表）

沟通对象	日期	工作事项（策划建议）	回复意见	备注
工点设计单位	3/06	由于规划道路设置原因，建议 4 号出入口相应移位		相关建议详细描述以书面形式提交，等待反馈意见
	6/07	（1）调整、增加售票设备布局和能力，增加楼扶梯； （2）调整、增加安检能力并展宽相应出入口空间； （3）增加、调整、减少进站闸机； （4）封闭狭窄通道； （5）平移、调整、渠化垂直电梯； （6）展宽站台	会根据具体车站的实际情况，在设计中参考落实，并给予书面回复	
运营部门	6/07	（1）均衡利用售票设备； （2）提高扶梯运转速度，达到 0.75 m/s； （3）疏导站台出站客流，均衡利用站台上行楼扶梯资源	针对上述运营优化建议，建议分阶段（初/近/远期）提供运营优化建议（已分阶段考虑）	
建委	3/07	（1）建议在对三屯碑局部进行道路整治：布置雕塑等文化设施，布置驻留设施，沿栏杆外侧布置绿化灌木，丰富人行道环境； （2）改造提升周边环境，以加强城市意象； （3）为保证乘客集散，建议抬高出入口高度，保证高度与两侧人行道一致； （4）建议在商铺前绿地营造街头绿地； （5）建议营造小游园	物业开发需要结合周边的需求统筹考虑	其他相关建议详细描述以书面形式提交，等待反馈意见
	6/08	（1）建议周边道路与轨道交通 1 号线一期地上建筑同步实施建设； （2）建议增设人非共板自行车道； （3）建议在周边道路附近（距离轨道出入口不大于 50 m）设置集中式的自行车停放点，并根据近、远期规模需求，分期设置，自行车停车场宜由轨道运营公司直接管理，免费停车； （4）建议在周边设立“P＋R”停车场，由轨道公司统一管理，收费相对优惠和低廉，以鼓励小汽车使用者选择换乘轨道交通进入城市中心区	增加对 P＋R 停车场设置的考虑	其他相关建议详细描述以书面形式提交，等待反馈意见

（续表）

沟通对象	日期	工作事项(策划建议)	回复意见	备注
规划局	3/07	建议在1号出入口布置便民服务设施		相关建议详细描述以书面形式提交,等待反馈意见
交通局	6/08	(1) 建议周边部分现状公交站点调整位置,与轨道接驳距离不大于150 m,形成便利的一体化衔接; (2) 建议部分现状公交站点增加泊位数,以满足与轨道接驳的规模需求; (3) 建议对现状周边候车设施较差的公交站点进行优化升级,加设等候雨棚、座椅、清晰的信息提示板、护栏等设施,以改善候车环境,提高候车安全		相关建议详细描述以书面形式提交,等待反馈意见